Ahmed Rashid

Heiliger Krieg am Hindukusch

Der Kampf um Macht und Glauben in Zentralasien

Aus dem Englischen von Norbert Juraschitz und Werner Roller

Droemer

Die englische Originalausgabe ist 2002 unter dem Titel
Jihad. The Rise of Militant Islam in Central Asia
bei Yale University Press, New Haven und London, erschienen.

Besuchen Sie uns im Internet:
www.droemer.de

Redaktion: Cornelia Greiner
Umschlaggestaltung: ZERO Werbeagentur, München
Umschlagabbildung: dpa, München
Satz: Ventura Publisher im Verlag
Druck und Bindung: Clausen & Bosse, Leck
Printed in Germany
ISBN 3-426-27278-4

5 4 3 2 1

Für Angeles und ihre Liebe
und in Erinnerung an Johnny Das und
Philippe Topalian.
Sie hätten diese gewaltige Landschaft
aus Himmel und Steppe geliebt.

Inhalt

Vorwort 9

Einleitung: Zentralasiens islamische Krieger 17

**Teil I
Der Islam und die Politik in Zentralasien
gestern und heute**

Kapitel 1
Eroberer und Heilige: Das Gestern im Heute 33
Kapitel 2
Der islamische Untergrund in der Sowjetunion 53
Kapitel 3
Das erste Jahrzehnt der Unabhängigkeit 83

**Teil II
Islamische Bewegungen in Zentralasien
seit 1991**

Kapitel 4
Die Partei der Islamischen Wiedergeburt und der
Bürgerkrieg in Tadschikistan 129
Kapitel 5
Die Hizb ut-Tahrir: Wiedererrichtung des Kalifats 151
Kapitel 6
Namangani und die Islamische Bewegung Usbekistans 176
Kapitel 7
Namangani und der Dschihad in Zentralasien 197
Kapitel 8
Das neue große Spiel? Die Vereinigten Staaten,
Russland und China 232
Kapitel 9
Zentralasien und seine Nachbarn 256

Kapitel 10
Eine ungewisse Zukunft 279

Anhang

Karten 300
Der Aufruf zum Dschihad der
Islamischen Bewegung Usbekistans 303
Anmerkungen 306
Glossar 320
Register 325

Vorwort

Bei meiner ersten Reise nach Zentralasien 1988 war ich dem Schreckgespenst des afghanischen Krieges auf der Spur. Ich wollte mehr über Afghanistans ethnische Minderheiten erfahren, die nach dem Rückzug der Sowjetarmee ihr Schicksal zum ersten Mal selbst bestimmen konnten. Um diese Volksgruppen verstehen zu können, musste ich ihre Ursprünge kennen, und die lagen in Zentralasien, das damals noch ein Teil der zusammenbrechenden Sowjetunion war. Drei Jahre später, als die Sowjetunion schließlich auseinanderfiel, war ich wieder in Zentralasien und wurde Augenzeuge der Entstehung von fünf neuen Staaten.

Nach weiteren Reisen in diese Region schrieb ich mein erstes, 1994 erschienenes Buch *The Resurgence of Central Asia: Islam or Nationalism?* (Das Wiedererwachen Zentralasiens: Islam oder Nationalismus?).

Die Frage, die ich damals stellte, konnte ich nicht auf Anhieb beantworten: Würden die eben erst unabhängig gewordenen zentralasiatischen Regime eine demokratische Staatsordnung aufbauen, die den ethnisch geprägten Nationalismus als einigende Kraft nutzte, oder würde dieser Nationalismus dem islamischen Fundamentalismus weichen? Das vorliegende Buch ist zum Teil auch ein Versuch, diese vor Jahren gestellte Frage zu beantworten.

In der Einleitung untersuche ich die vielschichtige Bedeutung des Begriffes Dschihad – der im Westen so häufig wie vereinfachend als heiliger Krieg bezeichnet wird – und die Entstehung der neuen Dschihad-Bewegungen. Aber die Menschen im Westen sind nicht die Einzigen, die die Idee des Dschihad missdeuten. Die Entstellung seiner übergeordneten Bedeutung – des inneren Ringens, durch das man ein guter und frommer Muslim wird – durch die neuen fundamentalistischen und militanten islamischen Bewegungen sagt sehr viel über die aktuellen Konflikte, die Zentralasien zu zerreißen drohen.

Der erste Teil des Buches gibt einen Abriss der Geschichte Zentralasiens vom 6. Jahrhundert vor Christus bis zum Ende der kommunistischen Ära und beschäftigt sich mit den in dieser Region verwurzelten islamischen Bewegungen. Nur durch einen Blick auf die Vergangenheit können wir die Gegenwart verstehen: Wir erfahren etwas über die Geschichte der ethnischen Konflikte, die Ausbreitung des Islam und die wichtige Rolle der Geografie. Außerdem gebe ich zu jedem der zentralasiatischen Staaten eine Einschätzung des ersten Jahrzehnts der Unabhängigkeit unter zwei zentralen Gesichtspunkten: Was haben die Regime in dieser Zeit geleistet? In welchen Bereichen haben sie versagt?

Im zweiten Teil des Buches wird das neue Phänomen des radikalen Islam in Zentralasien untersucht. Ich konzentriere mich dabei auf die drei größten Organisationen – die Partei der Islamischen Wiedergeburt (PIW), die Hizb ut-Tahrir (HT) und die Islamische Bewegung Usbekistans (Islamic Movement of Uzbekistan, IMU) – und analysiere ihre Entstehung und Überzeugungen, ihren Einfluss und ihre Aktivitäten. Die wichtigste Erkenntnis aus dieser Arbeit war für mich: Alle drei Bewegungen begannen zwar mit unterschiedlichen Ideologien und Handlungskonzepten und erfuhren unterschiedliche Unterstützung. Doch die allgemeine Lage in Zentralasien, ganz besonders aber die Unterdrückung selbst der moderatesten Erscheinungsformen des Islam durch die Regierungen schweißte alle drei zusammen und brachte sie unter den Einfluss anderer radikalislamischer Bewegungen, zu denen die Taliban oder Osama Bin Ladens al-Qaida gehörten. Und diese Gruppierungen breiteten sich mit unglaublicher Geschwindigkeit auf einem eigentlich fremden Territorium aus, denn die Regierungen vor Ort wie auch die internationale Gemeinschaft versagten im Umgang mit den Menschen Zentralasiens. Sie hatten ihnen außer massiver Unterdrückung, Arbeitslosigkeit, Armut, Krankheiten und Krieg nur wenig zu bieten.

Die beiden größten islamischen Untergrundbewegungen, die Hizb ut-Tahrir und die Islamische Bewegung Usbekistans, sind von einer geheimnisvollen Aura umgeben. Sie veröffentlichen nur wenige Presseerklärungen, geben äußerst selten Interviews und lassen nicht zu, dass ihre Anführer fotografiert werden. Wie konnte der IMU-Anführer Dschuma Namangani zu einer derart mythischen, ja heroischen Gestalt des zentralasiatischen islamischen Untergrunds werden, wenn kaum jemand weiß, wie er überhaupt aussieht? Die Spurensuche nach Namangani und den noch viel schwerer fassbaren Führern der HT, deren Namen nicht einmal bekannt sind, macht einen großen Teil dieses Buches aus. Wenn es sich manchmal wie ein schlechter Detektivroman liest, mit Schlussfolgerungen, die in Sackgassen enden, rätselhafter Beweisführung und wenig überzeugenden Theorien, dann liegt das daran, dass das Ende erst noch geschrieben werden muss.

Nach meinem ersten Besuch habe ich Zentralasien noch dutzende Male bereist. Selbst wenn ich einmal nicht in diesem wunderschönen, kargen Teil der Welt unterwegs bin, verfolge ich das Geschehen dort mit einer Faszination, die an Besessenheit grenzt. Diese unermesslich weite, leere Landschaft, durchsetzt mit Oasen pulsierenden Lebens und politischer Unruhe, liegt über den letzten großen, noch unerschlossenen Energievorräten der Erde. Und die Unwissenheit der Menschen im Westen über diese Region ist heute fast so groß wie die der Europäer im Mittelalter. Eigentlich ist sie noch größer: Das mittelalterliche Europa wusste um die Bedeutung Zentralasiens als Brücke zwischen dem eigenen Kontinent und Asien. Heute reist niemand mehr auf der Seidenstraße, und der Westen hat Zentralasien ins Reich der Legenden verbannt. Über die blutigen Bürgerkriege und politischen Unruhen, die die Region mehr als ein Jahrzehnt lang erschütterten, haben die internationalen Medien nur sehr wenig berichtet. Und das Wenige zeugte von noch weniger Verständnis. Aber Zentralasien ist ein äußerst wichtiger Faktor für eine sichere Zukunft im südlichen Asien, im Nahen und Mittleren Osten, in China und Russland, und die Welt ist im Begriff, dies zu erkennen.

Man kann in Zentralasien Fragen stellen, sollte aber keine direkten Antworten erwarten. Oft bekommt man überhaupt keine Antwort. Es gibt nur kurze Augenblicke der Erkenntnis. Einen davon erlebte ich 1993, als ich über den Bürgerkrieg in Tadschikistan berichtete. In Duschanbe saß ich als Gast eines bekannten tadschikischen Journalisten bei einem gemütlichen sonntäglichen Mittagessen im Garten. Plötzlich begann an beiden Enden der Straße, die vor dem Haus entlangführt, eine Schießerei, die sich schließlich zu einem Gefecht zwischen drei Parteien entwickelte. Kugeln pfiffen durchs Gebüsch, und keiner wusste, wer wen weshalb tötete. Was mich schockierte, war die Tatsache, dass meine Gastgeber, ein Dichter, ein Romancier und ein Journalist, die Elite der liberalen Intellektuellen Tadschikistans, plötzlich bisher verborgene Pistolen zogen und zurückschossen. Sechs Stunden lang saßen wir im Garten fest. Ich wusste die ganze Zeit über nicht, wer die kämpfenden Parteien waren, und überall auf der Straße lagen Leichen.

Ich hoffe, dass dieses Buch eine Erklärungshilfe ist, eine Hilfe bei der Suche nach den heutigen Kombattanten in Zentralasien und den Gründen für die Kämpfe. Solange die internationale Gemeinschaft nicht begreift, dass die Zukunft Zentralasiens auch für die Zukunft der ganzen Welt von Bedeutung ist, wird sich kaum etwas zum Besseren wenden. Ich habe versucht, die wichtigsten Persönlichkeiten und die entscheidenden Themen zu benennen. Erwarten Sie aber von diesem Buch nicht die Antworten auf alle Ihre Fragen.

Ich hätte das Buch nicht schreiben können ohne die Hilfe vieler Freunde in Zentralasien, die anonym bleiben müssen. Unter ihnen sind Regierungsbeamte, Diplomaten, Journalisten, Akademiker, Mullahs, Geschäftsleute, Mitarbeiter von Hilfsorganisationen und einfache Menschen. Ausländische Hilfsorganisationen wie die Vereinten Nationen, ACTED (Agence de l'Aide à la Coopération Technique et au Développement), eine französische Entwicklungshilfeorganisation, die Aga-Khan-Stiftung und die Soros-Stiftung haben mich in diesen Jahren nach Kräften ermutigt und unterstützt, aber sie sind für keine einzige meiner Schlussfolgerungen verantwortlich. Ausländische Journalisten und Diplomaten, die in der Region arbeiten, haben mir sehr viel kostbare Zeit gewidmet und mir Einsichten und Informationen vermittelt.

Zwei Menschen muss ich hier besonders hervorheben, wegen ihres umfassenden Wissens, ihrer Erfahrung und ihrer Freundschaft, die uns in all diesen Jahren verbunden hat: Barnett Rubin und Olivier Roy. Im Lauf der Zeit habe ich so viele ihrer Gedanken aufgenommen, dass ich nicht mehr weiß, welche nun von ihnen und welche von mir stammen. Ich hoffe, sie werden mir vergeben, wenn es mitunter so aussieht, als hätte ich mich bei ihnen bedient.

Danken möchte ich auch Ivo Petrow und Hiroshi Takahashi vom UNO-Büro für die Erhaltung des Friedens in Tadschikistan sowie Lakhdar Brahimi und Francesc Vendrell und ihren Mitarbeitern in der UNO-Sondergesandtschaft für Afghanistan für ihre Freundlichkeit, Gastfreundschaft und Erfahrung. Ich habe in allen Bereichen viel von ihnen gelernt. Sie unterstützten mich in meinen Bemühungen, die Krisen in Afghanistan wie auch in Zentralasien genauer zu beschreiben. Ein Teil dieser Unterstützung bestand aus ganz praktischer Hilfe, zum Beispiel aus Flügen mit UNO-Maschinen. Sie brachten mich an Orte, die ansonsten unerreichbar für mich gewesen wären. Die Autoren und Bergsteiger Nancy und John Bouchard tauchten einmal überraschend auf und schenkten mir ihre Hilfe und ihre Freundschaft. Frederic Roussel, der unermüdlich aktive Vorsitzende von ACTED, ist seit vielen Jahren mein Freund, und in einem kritischen Augenblick gab er dringend benötigte Unterstützung.

Ich möchte auch den Zeitungen und Zeitschriften danken, für die ich schreibe. Sie haben mir die Zeit, die finanziellen Mittel und den publizistischen Spielraum für die Erforschung Zentralasiens gegeben. Und sie fragten nur selten nach, was ich denn nun tat in einem Teil der Welt, für den sich anfangs nur wenige Leserinnen und Leser interessierten. Im Lauf der Jahre habe ich versucht, ihnen mehr Appetit auf Zentralasien zu machen. Fast 20 Jahre lang gewährten mir die *Far Eastern Economic Review* und ihre wunderbaren langjährigen Redakteure Nayan Chanda und Michael Vatikiotis für meine Berichterstattung über Zentralasien einen Spielraum, um den mich viele meiner Journalistenkollegen beneideten. Die beiden stellten meine Schlussfolgerungen nur selten in Frage. Manchmal kam ich von einer langen Reise durch Zentralasien zurück und erklärte ihnen, ich hätte eine Geschichte, die zum Erklären viel zu kompliziert sei. Sie sollten mich einfach nur schreiben lassen. Das haben sie auch immer getan.

In London äußerten der *Daily Telegraph* und davor der *Independent* niemals Zweifel an der Bedeutung einer Berichterstattung über Zentralasien. Alec Russell, zur Zeit leitender Redakteur für Außenpolitik beim *Daily Telegraph*, hat selbst eine besondere Zuneigung zu dieser Region entwickelt, und er hat mich außerordentlich ermutigt. In Pakistan bin ich Arif Nizami von der Zeitung *The Nation* zu Dank verpflichtet. Er räumte mir Platz für meine Artikel über Zentralasien ein, die gleichzeitig auch ein Versuch waren, pakistanischen Lesern die Idee zu vermitteln, dass es für die Erklärung des Geschehens in Zentralasien und Afghanistan mehr als nur einen Zugang gibt.

Ein besonderer Dank gebührt Karl E. Meyer, dem Redakteur des *World Policy Journal*. Er bat mich, einen Artikel über das erste Jahrzehnt der Unabhängigkeit der zentralasiatischen Republiken zu schreiben. Mit Unterstützung von Linda Wrigley, der tatkräftigen Chefin vom Dienst, veröffentlichte das *Journal* schließlich zwei Artikel zum Thema und erlaubte mir freundlicherweise, einen Teil des Materials für dieses Buch zu verwenden.

Die Lektoratsarbeit bei der Yale University Press hatte gerade begonnen, als das Pentagon und das World Trade Center angegriffen wurden. Diese tragischen Ereignisse haben deutlich gezeigt, wie dringend sich der Westen um ein Verständnis der Situation in Zentralasien bemühen muss. Ich möchte meiner Lektorin Larisa Heimert danken, die mich unentwegt gedrängt und ermutigt hat, dieses Buch zu schreiben. Außerdem gilt mein Dank Liz Pelton, die so viel für die Veröffentlichung meines früheren Buches über die Taliban wie auch für dieses neue Buch getan hat. Und ein besonderes Dankeschön geht an die Redakteurin Susan Laity für ihre akribische und gewissenhafte Arbeit am Manuskript. Sie hat sich intensiv mit Zentralasien beschäftigt, bevor sie sich an die schwierige Aufgabe machte, meinen Text zu redigieren.

Dieses Buch wäre nicht geschrieben worden ohne die Unterstützung meiner Frau Angeles und unserer beiden Kinder, die sich mit vielem abfinden mussten, vor allem mit meiner ständigen Abwesenheit. Ich kann ihnen gar nicht genug danken.

Lahore, im Oktober 2001

Einleitung:
Zentralasiens islamische Krieger

Die Geschichte des Islam ist eine Geschichte des Wandels und der Anpassung. Im Lauf der muslimischen Geschichte sind immer wieder Bewegungen aufgetreten, die sowohl den islamischen Glauben als auch das politische und soziale Leben seiner Anhänger verändern wollten. Seit dem 7. Jahrhundert sind die Gefolgsleute des Propheten Mohammed ausgeschwärmt, um seine Botschaft über die gesamte damals bekannte Welt zu verbreiten. Muslimische Nomadenstämme, die meist aus Zentralasien kamen, trugen das Wort über die Steppen und Gebirge der riesigen eurasischen Landmasse. Die einen kamen in friedlicher Absicht, zogen mit Handelskarawanen über die alte Seidenstraße, die anderen traten als Eroberer auf. Die Eroberer schoben jeweils das alte Imperium, dem sie nachfolgten, beiseite und gestalteten es um, doch auch ihre Reiche waren bald schon dem Wandel der Zeiten unterworfen. Die neuen Herren ließen sich in den Städten nieder, bis sie selbst von nachdrängenden neuen muslimischen Nomadenstämmen besiegt wurden. Die religiösen, politischen und sozialen Veränderungen, die die Eroberer mit sich brachten, beruhten oft auf der Idee des Dschihad.

Das westliche Denken wurde stark von den christlichen Kreuzfahrern des Mittelalters beeinflusst, die ihre eigenen Vorstellungen vom »heiligen Krieg« hatten. Deshalb betrachtete man in diesem Kulturkreis den Dschihad stets als islamischen Krieg gegen Ungläubige. Im Westen verweist man immer auf die Eroberung Spaniens durch die Mauren im 8. Jahrhundert und auf das riesige Osmanische Reich des 13. bis 20. Jahrhunderts und hebt das damit verbundene Blutvergießen besonders hervor. Damit werden nicht nur die enormen wissenschaftlichen und künstlerischen Errungenschaften und die grundsätzliche Toleranz dieser beiden Reiche ignoriert, sondern auch die wahre Idee des Dschihad, die dort überall friedliche Verbreitung fand. Das Wesen des Dschihad ist nicht die Aggressivität.

Der große Dschihad, so wie ihn der Prophet Mohammed erklärt hat, ist zunächst nach innen gerichtet. Er schließt das Bestreben jedes Muslims ein, ein besserer Mensch zu werden und nach persönlicher Vervollkommnung zu streben. Bei diesem Prozess kann der Anhänger des Dschihad auch für die Gemeinschaft von Nutzen sein. Außerdem ist der Dschihad für jeden Muslim eine Prüfung seines Gehorsams vor Gott wie auch seines Willens, die göttlichen Gebote auf Erden zu befolgen. Barbara Metcalf beschrieb dies folgendermaßen: »Der Dschihad ist der innere Kampf von moralischer Disziplin und Hingabe an den Islam und politisches Handeln.«[1] Es trifft auch zu, dass der Islam den Aufstand gegen einen ungerechten Herrscher gutheißt, sei dieser nun Muslim oder nicht. Der Dschihad kann in diesem Fall zum Mobilisierungsfaktor für den politischen und sozialen Kampf werden. Dies ist der kleine Dschihad. Die Muslime betrachten das Leben des Propheten Mohammed mit Verehrung, weil es beide Prinzipien beispielhaft veranschaulicht, den großen wie auch den kleinen Dschihad. Der Prophet bemühte sich sein ganzes Leben lang, ein besserer Muslim zu werden. Damit wollte er einerseits den Menschen in seiner unmittelbaren Umgebung ein Beispiel geben, andererseits seine vollständige Hingabe an Gott demonstrieren. Aber er kämpfte auch gegen die korrupte arabische Gesellschaft, in der er lebte, und setzte alle verfügbaren Mittel ein, um sie zu verändern. Nicht nur militärische, aber auch diese.

Die heutigen weltweit aktiven Dschihad-Bewegungen – angefangen bei den Taliban in Afghanistan über Osama Bin Ladens al-Qaida bis hin zur Islamischen Bewegung Usbekistans (Islamic Movement of Uzbekistan, IMU) – ignorieren den großen, vom Propheten selbst propagierten Dschihad und übernehmen für sich nur die kleine Variante, aus der sie eine umfassende politische und soziale Philosophie machen. Aber nirgendwo im muslimischen Schrifttum oder in der muslimischen Tradition wird die Tötung unschuldiger muslimischer oder nichtmuslimischer Männer, Frauen und Kinder wegen ihrer Zugehörigkeit zu einem bestimmten Volk, einer Sekte oder einem Glauben gebilligt. Es ist diese Perversion des Dschihad, die als Rechtfertigung für die Ermordung Unschuldiger dient und zumindest teilweise den radikalen neuen Fundamentalismus definiert, der den meisten extremislamistischen Bewegungen der Gegenwart zugrunde liegt.

Diese neuen islamischen Fundamentalisten haben gar kein Interesse daran, aus einer korrupten eine gerechtere Gesellschaft zu machen. Sie kümmern sich auch nicht um die Schaffung von Arbeitsplätzen, um Bildungsfragen oder das soziale Wohl ihrer Anhänger. Natürlich denken sie auch nicht daran, eine Grundlage für ein harmonisches Miteinander der verschiedenen ethnischen Gruppen in vielen muslimischen Ländern zu schaffen. Die neuen Gruppen, die den Dschihad auf ihre Fahnen geschrieben haben, verfügen über kein wirtschaftliches Konzept. Sie haben auch keine Pläne für bessere Regierungen und den Aufbau politischer Institutionen und schon gar keinen Entwurf für die Einführung demokratischer Mitbestimmung bei den Entscheidungsprozessen in ihren zukünftigen islamischen Staaten. Geht es um Fragen des Regierens, setzen sie ganz auf die einzelne, charismatische Führerpersönlichkeit, den Amir, weniger auf eine demokratisch verfasste Organisation oder Partei. Sie glauben, dass eher der Charakter, die Frömmigkeit und die persönliche Integrität ihren Führer befähigen werden, die Geschicke der neuen Gesellschaft zu lenken, als seine politischen Fähigkeiten, seine Ausbildung oder Lebenserfahrung. So hat sich ein neues Phänomen entwickelt, der Personenkult um Mullah Mohammed Omar bei den Taliban, um Osama Bin Laden, den Anführer von al-Qaida, und um Dschuma Namangani von der Islamischen Bewegung Usbekistans.

Alle neuen Dschihad-Gruppen sind besessen von dem Gedanken, die Scharia, das islamische Recht, einzuführen. Sie sehen die Scharia jedoch nicht als Mittel, eine gerechte Gesellschaft zu schaffen, sondern benutzen sie nur dazu, das persönliche Verhalten zu regulieren und die Kleidervorschriften für Muslime zu etablieren. Dieses Konzept verzerrt eine jahrhundertealte Tradition, Kultur und Geschichte, ja sogar die islamische Religion selbst. Das wichtigste Merkmal der Taliban, der al-Qaida (»die Basis«) und der IMU ist die Ablehnung jeglicher historischer Erkenntnisse und wissenschaftlicher Experimente sowie sämtlicher anderer Formen des Wissens und Wissenserwerbs, die sich Muslime (und andere Gesellschaften) in den vergangenen 1400 Jahren angeeignet haben. Die Taliban haben versucht, die Geschichte Afghanistans umzuschreiben, um ihre Unterdrückungspolitik gegenüber Frauen und ethnischen Minderheiten sowie die Zerstörung von Buddhastatuen zu rechtfertigen. Die neue islamische Ordnung beschränkt sich für diese Dschihad-Gruppen auf ein hartes, repressives Strafgesetz, das dem Islam seine Werte, seine Menschlichkeit und seine Spiritualität nimmt. Gott und der Islam des Propheten Mohammed bieten frommen Muslimen Unterstützung für die Erforschung ihres Innersten und für die Sinnsuche in einer komplexen, sich ständig wandelnden modernen Welt. Für die neuen Dschihad-Gruppen reduziert sich der Islam dagegen auf die Bartlänge und auf die Frage, ob die in Burkas gehüllten Frauen ihre Fußknöchel zeigen dürfen oder nicht.

Bis zum 11. September 2001 blieb diese neue Phase in der langen Geschichte des islamischen Fundamentalismus in der westlichen Welt weitgehend unbemerkt. Dann brachten 19 in Afghanistan ausgebildete Kämpfer von al-Qaida vier Flugzeuge in ihre Gewalt, stürzten sich mit drei dieser Maschinen in das wirtschaftliche und militärische Herz Amerikas und töteten mehr als 3000 Menschen. Die beispiellosen Ereignisse jenes Tages in New York und Washington, D.C., veränderten die Welt für immer. Der Kampf der zivilisierten Nationen gegen den Terrorismus könnte das 21. Jahrhundert ebenso prägen wie der Nationalsozialismus und der Kalte Krieg das 20. Jahrhundert geprägt haben.

Diese Angriffe als bloße terroristische Akte zu bezeichnen, geht allerdings am Kern dieses neuen politischen Phänomens vorbei, das unter den kleinen extremistischen Gruppen in der muslimischen Welt zu beobachten ist. Am 7. Oktober 2001 begann ein

Militärbündnis unter Führung der USA mit der Bombardierung von Stellungen der Taliban und von al-Qaida-Ausbildungslagern. Nur wenige Berichte über die Verteidiger erwähnten die Tatsache, dass angeblich Dschuma Namangani, der militärische Führer der IMU, Kommandant der Taliban-Streitkräfte in Taloqan, einer Stadt im Nordosten Afghanistans, war. Bisher war die IMU angesichts der vielen fundamentalistischen Gruppen, die in den letzten Jahren unter dem Schutz der Taliban Stützpunkte in Afghanistan eingerichtet hatten, kaum aufgefallen. Sie gehört aber zu den bedrohlichsten Gruppierungen, hat sie sich doch den Sturz des Regimes von Präsident Islam Karimow im benachbarten Usbekistan zum Ziel gesetzt. Dieser Plan ist Teil eines Dschihad, der ganz Zentralasien erfassen soll.

Zentralasien besteht aus den Republiken Kasachstan, Kirgistan, Tadschikistan, Turkmenistan und Usbekistan, und es ist fast sicher, dass diese Region zum neuen Schlachtfeld mit globaler Bedeutung werden wird. Sie hat eine konfliktreiche zweitausendjährige Geschichte hinter sich, denn die großen Reiche der Vergangenheit kämpften unablässig um die Herrschaft über die Seidenstraße, die wirtschaftliche Lebensader, die Europa mit Asien verband. (Das Römische Reich war fast das einzige Großreich der Geschichte, das zu keiner Zeit einen Teil Zentralasiens oder gar das ganze Gebiet beherrscht hat.) Die aktuellen Konflikte unterscheiden sich aber von den Kämpfen der Vergangenheit. Sie resultieren hauptsächlich aus den Veränderungen, die die Sowjetunion in der Region durchgesetzt hat – und aus dem Chaos, das mit ihrer Auflösung einherging.

Für die meisten Menschen in Zentralasien bedeutete die Unabhängigkeit vom kommunistischen System der Sowjetunion keineswegs sofort das Bedürfnis nach Demokratie und Marktwirtschaft oder nach westlicher Kultur und westlichem Konsumdenken, wie es andernorts in der ehemaligen Sowjetunion der Fall war, etwa in Russland und den baltischen Republiken. Stattdessen erlebte Zentralasien ein Wiedererstarken des Islam. Eines der zentralen Dogmen des Sowjetsystems war gewesen: Religion ist mit dem

Kommunismus nicht vereinbar. Und die Kommunisten gaben sich alle Mühe, jegliche Form religiöser Praxis im Land systematisch zu unterdrücken. Als das Sowjetreich zerfiel, sahen die Menschen Zentralasiens endlich eine Chance, kulturell und spirituell an die islamische Vergangenheit anzuknüpfen.

Die Menschen wandten sich dem Islam zu, nicht nur in der Absicht, zu ihrer eigenen ethnischen und kulturellen Identität zurückzufinden. Sie wollten auch wieder Kontakt zu den muslimischen Nachbarn im Süden aufnehmen, von denen sie abgeschnitten waren, seit Stalin die Grenzen zwischen der Sowjetunion und dem Rest der Welt geschlossen hatte. Unter den ersten Besuchern der unabhängigen zentralasiatischen Republiken waren islamische Missionare aus Pakistan, Saudi-Arabien, aus der Türkei und anderen Ländern. Sie halfen beim Bau hunderter neuer Moscheen und verteilten Gratisexemplare des Koran, übersetzt ins Russische und andere in der Region beheimatete Sprachen. Millionen von Menschen in Zentralasien ergriffen ganz intuitiv diese Gelegenheit, ihre Identität und ihr kulturelles Erbe wiederzuentdecken, und all dies war eng mit dem Islam verbunden. Als ich die Region in diesem ersten chaotischen Jahr der Unabhängigkeit bereiste, wurde ich von Menschen belagert, die etwas über die islamische Welt außerhalb ihrer Täler und Bergdörfer erfahren wollten. Nur wenige von ihnen hatten von der islamischen Revolution 1979 im Iran gehört, vom erbitterten palästinensischen Widerstand gegen Israel oder von den örtlich begrenzten Kriegen, die militante Islamisten in Kaschmir, Algerien, Ägypten und auf den Philippinen geführt hatten. Viele hatten ihre Gebete und andere islamische Rituale vergessen, obwohl eine Untergrundbewegung aus Wanderpredigern sowie einheimischen Mystikern und Lehrern die Glaubenstraditionen am Leben erhalten hatte – und mit ihnen auch die kulturellen und sozialen Werte, die ein Teil dieses Glaubens waren.

Die Menschen in Zentralasien wussten allerdings genau Bescheid über die Invasion der Sowjetunion in Afghanistan 1979 und den sich anschließenden, zehn Jahre dauernden Krieg, denn viele von ihnen hatten die Folgen unmittelbar zu spüren bekommen.

Tausende von jungen Männern waren für die sowjetische Armee rekrutiert und in den Kampf gegen die afghanischen Mudschaheddin (die islamischen Kämpfer) geschickt worden. Was die Sowjetführung sicher nicht erwartet hatte, war, dass viele der jungen Männer nach ihrer Rückkehr mit großer Bewunderung von der Opferbereitschaft und dem religiösen Eifer ihrer Gegner berichteten. Auch wenn viele ihrer Kameraden in Zinksärgen nach Hause zurückgekehrt waren, sprachen die Überlebenden mit glühender Begeisterung von den Erfolgen der Mudschaheddin und ihrer Tapferkeit angesichts der überwältigenden Feuerkraft der sowjetischen Truppen, denen die Erzähler doch selbst angehört hatten. Man trank zusammen Tee, und die Männer der älteren Generation verglichen die Afghanen mit Zentralasiens eigenen Mudschaheddin, den Basmatschi, die ab 1917 über ein Jahrzehnt lang gegen die bolschewistische Revolution gekämpft hatten. Der Hass der Älteren auf die sowjetische Armee und das politische System war offensichtlich. Die Tatsache, dass es ethnische und sprachliche Gemeinsamkeiten mit vielen der Menschen gab, die sie gegenwärtig bekämpften, machte den Soldaten aus Zentralasien eindringlich klar, wie sehr das kommunistische System der Sowjetunion sie ihres gemeinsamen Erbes und ihres Nationalstolzes beraubt hatte.

Als der Tag der Unabhängigkeit kam, voller Aufregung und religiösem Eifer, erkannten die Menschen Zentralasiens, dass die politische und wirtschaftliche Zukunft ihrer Länder wie auch die Zukunft der islamischen Erneuerung von der Politik und den Taten ihrer Regierungen abhängen würden. Würden die Staatschefs den Volksislam und die Demokratie annehmen und sich wieder der internationalen islamischen Gemeinschaft mit ihrer Kultur der Toleranz anschließen? Oder würden sie die kommunistische Politik der politischen, sozialen und religiösen Unterdrückung fortsetzen und damit größeren Widerstand in der Bevölkerung auslösen, die eben erst wachgerüttelt worden war? Von solch schwierigen Entscheidungen hing es ab, ob die zentralasiatischen Länder den Weg zu Stabilität und Fortschritt einschlagen oder in Instabilität und Bürgerkrieg versinken würden.

Es gab diese zwei Möglichkeiten, aber sehr schnell wurde sichtbar, dass die zentralasiatischen Staatschefs – mit Ausnahme von Kirgistans Präsident Askar Akajew handelte es sich bei allen um Apparatschiks aus der kommunistischen Ära – über diese Alternative niemals auch nur im Ansatz nachdenken würden. Stattdessen bewegten sich diese stark zentralisierten, bürokratischen postsowjetischen Herrschaftseliten weiter auf den ausgetretenen Pfaden, die sie am besten kannten: Sie unterdrückten Meinungsfreiheit, Demokratie, Popkultur und schließlich auch die islamische Erneuerung. (Selbst in Kirgistan bestand die Mehrheit der herrschenden Eliten aus treuen Anhängern der alten kommunistischen Regierung.)

Die Rückkehr Zentralasiens ins Weltgeschehen brachte auch globale Konflikte mit sich. Die enormen Öl- und Gasreserven der Region waren bisher kaum angezapft worden, da es Moskau vorgezogen hatte, die auf russischem Gebiet liegenden Reserven in Sibirien auszubeuten. Jetzt wurde Zentralasien zum Schauplatz eines Kampfes, bei dem die Interessen Russlands, der USA sowie der Nachbarländer Iran, Türkei, Pakistan und China miteinander konkurrierten. Politische Beobachter sprachen schon bald vom »neuen großen Spiel« – im Anschluss an den im 19. Jahrhundert entstandenen Ausdruck für den Konflikt zwischen dem russischen Zarenreich und Großbritannien, in dem es um die Herrschaft über Asien ging. Jetzt kämpften Russland, China und die Vereinigten Staaten um Lizenzen für den Bau von Pipelines, die ihnen Zugang zu den Bodenschätzen und damit auch Einfluss auf die Bevölkerung Zentralasiens verschaffen würden.

Seit 1979 war Afghanistan nur noch eine Schachfigur in der vom Kalten Krieg bestimmten Rivalität zwischen den USA und der Sowjetunion gewesen. Und immer noch stand das Land, trotz der Auflösung der Sowjetunion, zwischen den Fronten. Während des Krieges hatten die Vereinigten Staaten über den pakistanischen Geheimdienst den extremistischsten unter den antisowjetischen islamischen Kämpfern Geld zukommen lassen. Dieses Geld war die Initialzündung für eine Bewegung, die das Spiel gründlich verändern sollte: Eine neue Gruppe, die Taliban, kam an die Macht und errichtete das Modell eines extremen islamischen Fundamentalismus, wie man ihn bis dahin in der muslimischen Welt nicht gekannt hatte. Mit finanzieller und militärischer Hilfe des saudi-arabischen Extremisten Osama Bin Laden wurde das von den Taliban beherrschte Afghanistan zu einem Stützpunkt für militante Islamisten jeglicher Art. Sie erhielten bei den Taliban eine militärische Ausbildung, kehrten dann in ihre Heimat zurück und begannen dort das politische System zu destabilisieren.

Die kurzsichtige, starrsinnige Politik der zentralasiatischen Regime förderte die Sache der Extremisten noch. Die Staatsführungen verweigerten politische und wirtschaftliche Reformen in Ländern, die ihre wichtigste wirtschaftliche Stütze – die Sowjetunion – verloren hatten. Diese Blockadepolitik, verbunden mit religiöser Unterdrückung, trieb moderate und reformorientierte politische Kräfte in die Ausbildungslager der Extremisten. Die zentralasiatischen Regime gingen wiederholt scharf gegen die islamischen Aktivisten vor. Dabei wurden nicht nur militante Regimegegner, sondern auch tausende unpolitischer Muslime, die nur ihren Glauben praktizierten, eingesperrt, gefoltert und zu langen Haftstrafen in neuen Straflagern verurteilt, die in entlegenen Gegenden ihrer Heimatländer eingerichtet wurden. In Tadschikistan tobte fünf Jahre lang, von 1992 bis 1997, ein blutiger Bürgerkrieg, in dem sich islamische Rebellen sowie tadschikische Demokraten auf der einen und das tadschikische Regime auf der anderen Seite gegenüberstanden. Dieser Krieg forderte über 50 000 Menschenleben.

Nach dem Ende des Krieges keimte in Tadschikistan Hoffnung auf, denn beide Seiten, Rebellen und Streitkräfte der Regierung, akzeptierten ein Friedensabkommen, in dessen Folge eine das Volk vertretende Koalitionsregierung etabliert wurde. Seitdem ist diese zerbrechliche Koalition durch wirtschaftliche Probleme und durch Überfälle islamischer Extremisten aus dem benachbarten Usbekistan bedroht, aber während ich diese Zeilen schreibe, hält sie immer noch. Und sie ist die größte Hoffnung für Stabilität in Zentralasien, weil es sich um eine demokratisch gewählte

Regierung handelt, in der auch legale islamische Parteien vertreten sind.

Eine der größten Bedrohungen für die Stabilität Tadschikistans – und Zentralasiens – ist die Islamische Bewegung Usbekistans (IMU). Sie wurde 1998 von Extremisten gegründet, die mit dem maßvollen Kurs der Partei der Islamischen Wiedergeburt unzufrieden und gleichzeitig entschlossen waren, die Regierung von Islam Karimow, dem starken Mann Zentralasiens, zu stürzen. Ihre Guerillaangriffe gegen das Regime startete die IMU seit 1999 von Stützpunkten in Tadschikistan und Afghanistan aus. Unter der militärischen Führung des charismatischen Dschuma Namangani hat sie ihren Dschihad auf ganz Zentralasien ausgedehnt.

Hauptziel der wiederholten Attacken Namanganis ist das unter Usbekistan, Kirgistan und Tadschikistan aufgeteilte Fergana-Tal. Jedes dieser drei Länder sieht sich inzwischen einer direkten militärischen Bedrohung gegenüber. Deshalb haben alle zentralasiatischen Länder – auch diejenigen, die, wie Kasachstan, nicht gerade ein Hauptschauplatz der Kämpfe sind – ihre Verteidigungsausgaben erhöht, um im Falle einer Ausweitung des Krieges gerüstet zu sein. Inzwischen hat eine neue Runde im Kampf um den Einfluss in dieser Region begonnen. Teilnehmer sind die USA, Russland und China, und alle drei sparen nicht an Militärhilfe, Beratern und Ausbildungskursen für die Bekämpfung von Guerillas, wobei sie stets düstere Schreckensszenarien für die Zukunft der Region verkünden. Aber die drei Großmächte unternehmen nur wenig, um die gravierenden wirtschaftlichen, politischen und sozialen Probleme in diesen Ländern zu lindern, und sie üben keinerlei Kritik an der politischen Praxis der Regime. (In der Tat hat, wie ich in Kapitel 10 zeigen werde, Usbekistans Staatschef Karimow nach Beginn der Bombardements am 7. Oktober 2001, im sicheren Gefühl seiner Bedeutung als wichtiger Verbündeter der von den USA geführten Militärallianz, noch schlimmere Menschenrechtsverletzungen begangen.)

Das Ergebnis dieser Politik: Die IMU erhält vermehrt Zulauf. Namangani rekrutiert inzwischen Oppositionelle aus allen wichtigen ethnischen Gruppen Zentralasiens, außerdem Tschetschenen und Dagestanis aus dem Kaukasus und Uiguren aus der muslimischen Provinz Xinjiang in China. Obwohl die IMU mit Ausnahme ihrer Forderungen nach Absetzung des gegenwärtigen Regimes und nach Einführung der Scharia nur wenig Programmatisches zu bieten hat, ist sie dennoch zu einer transnationalen Gruppe geworden, die aus der ganzen Region unterstützt wird. Die Gelder kommen sogar aus Saudi-Arabien, außerdem aus dem von Afghanistan ausgehenden Drogen- und Waffenhandel.

Auch eine andere, noch weiter verbreitete islamische Bewegung, die Hizb ut-Tahrir al-Islami (HT; Partei der Islamischen Befreiung), hat in Zentralasien Fuß gefasst. Während die IMU nur wenig über ihre grundlegenden Ziele verlauten lässt, produziert die HT reichlich Literatur zu ihrer Programmatik und verfügt über eine Website (www.hizb-ut-tahrir.org). Die HT hat ebenfalls den Dschihad für Zentralasien erklärt, will aber im Unterschied zur IMU die zentralasiatischen Republiken und schließlich die gesamte muslimische Welt mit friedlichen Mitteln wiedervereinigen. Ihr Ziel ist es, ein Kalifat zu errichten, welches dem historischen Vorbild gleichen soll, das nach dem Tod des Propheten Mohammed im Arabien des 7. Jahrhunderts herrschte. Aber ebenso wie die IMU hat die HT kein Konzept für die soziale, wirtschaftliche und politische Ordnung dieses Kalifats. Dennoch gewinnen ihre utopischen Vorstellungen besonders unter den Studenten Zentralasiens immer mehr an Popularität, und da die jeweiligen Regime alle Muslime als militante Staatsfeinde einstufen, füllen sich die Gefängnisse und Straflager jetzt mit neu angeworbenen Mitgliedern der HT.

Jeder Akt staatlicher Unterdrückung hat dazu geführt, dass diese Bewegungen zunehmend extremere Positionen einnahmen und dabei die ursprüngliche Botschaft verzerrt wurde. Nach wie vor ist es so, dass die islamische Ideologie der IMU und der HT auf importiertem Gedankengut beruht und nicht auf dem in Zentralasien verwurzelten Verständnis des Islam. Aus Zentralasien stammen der Sufismus, die tolerante Form des islamischen Mystizismus, und der Dschadidismus des 19. Jahrhunderts, eine von der Moderne beeinflusste Interpretation des Islam. Ihre extremistische Botschaft übernahmen die IMU und die HT von den Taliban in Afghanistan, aus der Kultur der militanten Madrassas in Pakistan, an denen ihre Anhänger studiert haben, und aus der extremen wahhabitischen Doktrin in Saudi-Arabien. Nicht die islamische Tradition und Geschichte Zentralasiens, nicht das Prinzip der Idschtihad (Neuinterpretation und Konsens), sondern der Dschihad in seiner schlichtesten Form ist zum wichtigsten Ziel dieser Gruppen geworben. Damit versuchen sie die Menschen zu mobilisieren.

Informationen über diese islamischen Bewegungen zu beschaffen und sie auszuwerten ist keine leichte Aufgabe, denn die zentralasiatischen Regime üben eine strenge Zensur aus. Gerüchte, Mythen und die uralte zentralasiatische Tradition des Geschichtenerzählens haben eine ganz eigene Realität geschaffen. Sie trägt viel zu der geheimnisvollen Aura bei, die diese Gruppen umgibt. In den Dörfern Zentralasiens erzählen sich die Menschen Geschichten von der Vorhut der IMU-Guerillaeinheiten, die angeblich aus hübschen Scharfschützinnen besteht. Ausgerüstet mit den modernsten Zielfernrohren und Nachtsichtgeräten, sollen sie einen Soldaten aus großer Entfernung verführen – oder töten – können. Außerdem wird berichtet, dass die Tornister der Guerilla mit Dollarscheinen gefüllt seien. Und dieses Geld wird an Bauern verteilt, die die Guerillakrieger mit Essen versorgen. Dann gibt es die Heldengeschichte von zwei Kämpfern, die ein ganzes Bataillon der usbekischen Armee in Schach gehalten haben. Oder die Legende von der Segnung der Guerilla durch muslimische Heilige. Die Körper der Kämpfer würden dadurch unverwundbar, so erzählt man sich, oder – eine andere Variante – nach dem Tod einen lieblichen Geruch verströmen. Schließlich erzählt man sich auch viel über die Finanzierung der Extremisten durch Saudis, Pakistanis, Türken, Iraner und Osama Bin Laden. All das muss genau geprüft werden, will man Fakten und Phantasien auseinanderhalten, und dies war einer der Gründe für mich, dieses Buch zu schreiben.

Die Probleme Zentralasiens, so viel ist jedenfalls klar, sind vornehmlich hausgemacht und nicht einfach durch einen Sieg über die IMU zu lösen. Das Ausbleiben von Wirtschaftsreformen und wirtschaftlicher Entwicklung, das Fehlen von demokratischen Strukturen und Meinungsfreiheit, die zentralisierte Kontrollpraxis einer noch der Sowjetzeit verhafteten Bürokratie und die sich ausbreitenden Krebsgeschwüre der Korruption und des öffentlich zur Schau gestellten Zynismus haben diese Länder in allen Lebensbereichen zunehmend destabilisiert. Die Führungsspitze wird älter, die Bevölkerung immer jünger. Über 60 Prozent der insgesamt 50 Millionen Einwohner der Region sind jünger als 25 Jahre. Diese neue Generation ist arbeitslos, schlecht ausgebildet und hungrig. Wie lange noch wird sie sich mit dem sinkenden Lebensstandard und dem Fehlen der elementarsten Freiheitsrechte zufrieden geben? Wenn auf die Forderungen der jungen Generationen nicht eingegangen wird, scheint eine soziale und politische Explosion unvermeidlich.

Aber die Herrschaftseliten klammern sich an die Macht, zum Nachteil aller anderen Bürger. Ihre regionalen Eifersüchteleien und Rivalitäten und der Konkurrenzkampf untereinander haben bisher noch immer die einfachsten Maßnahmen zum politischen Selbstschutz verhindert. Die Regierungen können sich nicht auf einen gemeinsamen Sicherheitspakt verständigen, noch weniger ist in puncto gemeinsamer zentralasiatischer Markt geschehen, der doch die Chance böte, das Los der Menschen zu verbessern.

Religion und Ethnizität bleiben unterdessen außerordentlich brisante Themen. Im Herzen Zentralasiens gibt es ein kulturelles Vakuum, und das Vakuum kann nicht einfach durch Imitationen westlicher Kultur ausgefüllt werden. Die Herrscher Zentralasiens verweigern ihren Völkern die Chance, aus ihrer eigenen Geschichte heraus eine moderne Identität zu entwickeln. Sie ignorieren ein kulturelles Erbe, das ihren Völkern (und auch der gesamten islamischen Welt) so viel gegeben hat. Die Regierungen Zentralasiens schüren das Feuer des Extremismus, indem sie sich Ideen verweigern, die den traditionellen Islam, die Demokratie und die verschiedenen Ethnien zu einem harmonischen Ganzen verbinden wollen.

Nun aber bietet sich diesen Regimes eine neue Chance, den Trend umzukehren. Sie haben sich der von den USA geführten Allianz gegen die Taliban und Osama Bin Laden angeschlossen und damit ihren Ländern eine große Chance auf Wandel, wirtschaftliche Entwicklung und Demokratie eröffnet. Der Westen, Russland und China sind jetzt in der Dankesschuld: bei zukünftigen Abkommen zur Erschließung von Bodenschätzen, beim Aufbau neuer politischer Institutionen und bei der Arbeit an einem besseren Leben für die Völker Zentralasiens. Die Chance ist da. Zentralasien – und die ganze Welt – muss sie nutzen.

Teil I
Der Islam und die Politik
in Zentralasien
gestern und heute

Kapitel I
Eroberer und Heilige:
Das Gestern im Heute

Die Geschichte der ethnischen, politischen und religiösen Gruppen, die heute um die Vorherrschaft in Zentralasien streiten, ist fast so alt wie die Geschichte der zentralasiatischen Kulturen. Seit zweieinhalb Jahrtausenden ist diese Region Schauplatz von Kriegen und Machtkämpfen, gleichzeitig aber auch Drehscheibe für Kunst und Kultur, Religion und Handel. Es begann um 500 v. Chr., als Darius I. die Provinz Transoxanien (das heutige Usbekistan und Tadschikistan) dem Persischen Reich einverleibte, und blieb so bis in die zwanziger Jahre des vergangenen Jahrhunderts, als Stalin die Region gewaltsam in fünf sozialistische Republiken aufteilte, die den heutigen unabhängigen Republiken entsprechen. Die Geografie ist ein wichtiger Faktor für das Verständnis der wechselvollen Geschichte Zentralasiens: Seine riesige Landmasse liegt im Herzen des eurasischen Doppelkontinents. Früher hielt man Zentralasien für den Mittelpunkt der Welt, denn über die berühmte Seidenstraße verband es China mit Europa. In Wirklichkeit setzte sich diese Straße aus mehreren Routen zusammen, die man angelegt hatte, um den Händlern und ihren Kamelkarawanen den Warentransport über zwei Kontinente zu ermöglichen. Aber die Reisenden transportierten mehr als nur Seide oder Gewürze. Sie verbreiteten sowohl neue Technologien, etwa die Herstellung von Papier und das Schießpulver oder die Seidenspinnerei, als auch neue Ideen und Religionen. Die Religion des antiken Griechenland, der Buddhismus, das Judentum, der Zoroastrismus, das nestorianische Christentum, der Hinduismus, der Manichäismus und die meisten Glaubensrichtungen des Islam: Sie alle schlugen irgendwann einmal Wurzeln in Zentralasien. Unentbehrlich für das Verständnis der Konflikte, die die Region heute bedrohen, ist die Vorherrschaft der unterschiedlichen Richtungen des Islam – und die Art und Weise, wie sie von den einzelnen Herrschern in Zentralasien rezipiert wurden.

Die Bedeutung der Geografie

Zentralasiens größter Vorteil in der Vergangenheit – und sein größtes Problem in der Gegenwart – ist die Tatsache, dass es von Festland umschlossen ist. Im Süden grenzt es an den Iran und Afghanistan, im Osten an China, im Norden und Westen an Russland. Die riesige zentralasiatische Steppe wird im Westen vom Kaspischen Meer begrenzt, im Süden von Hindukusch und Pamir, im Osten, entlang der Grenze zu China, vom Tienschan-Gebirge. Im Norden, wo die kasachische Steppe in die Weiten Sibiriens übergeht, gibt es keine eindeutigen geografischen Grenzen.

Zentralasien war einst als »das Land zwischen den beiden Flüssen bekannt«: Amudarja (antiker Name: Oxus) und Syrdarja (Jaxartes), die beiden größten Flüsse, schließen einen großen Teil dieses Territoriums ein und münden in den Aralsee. Dadurch entstanden beeindruckende geografische, kulturelle und politische Grenzen, die Zentralasien vom Rest der Welt trennten, trotz der Verbindungen durch die Seidenstraße. Der Amudarja grenzte zum Beispiel die Reiche der nomadischen Turkvölker und der Mongolen in Zentralasien vom Persischen Reich im Süden ab und diente auch, gemeinsam mit dem unabhängigen Afghanistan, als Puffer zwischen dem britischen Empire in Indien und dem zaristischen Russland. In jüngster Zeit markierte der Fluss die Grenze zwischen dem von den Taliban beherrschten Afghanistan und Zentralasien. Der Syrdarja schützte die zentralasiatischen Königreiche vor den ständig wiederkehrenden Invasionen aus der Mongolei, aus Sibirien und der Wüste Gobi.

Aber Flüsse sind nicht die einzigen natürlichen Grenzen. In Zentralasien treffen die höchsten Gebirgszüge der Welt aufeinander: der Pamir, der 93 Prozent der Fläche des heutigen Tadschikistan einnimmt; das Tienschan-Gebirge östlich und nördlich des Pamir; der Himalaya im Südosten und der Hindukusch im Süden. Marco Polo, der legendäre Reisende, überquerte den Pamir im Jahr 1273 auf dem Weg nach China und gab ihm den Beinamen »Dach der Welt«. »Wenn man ... Berg auf Berg übersteigt, gelangt man endlich auf einen Punkt, wo man glauben könnte, dass die Gipfel ringsum das Land zum höchsten der Welt machen. ... So hoch sind hier die Berge, dass man keine Vögel in der Nähe der Gipfel sieht. ... Sogar inmitten der höchsten Berge wohnt hier ein wilder, böswilliger und götzendienerischer Stamm, der von wilden Tieren lebt und sich in deren Felle kleidet«, schrieb Marco Polo in seinem Reisebericht.[1]

Im Zentrum dieser riesigen, großartigen Landschaft aus Bergen und Steppe erstrecken sich zwei der größten Wüsten der Erde. Die Karakum-Wüste (türkisch für: »schwarzer Sand«) nimmt mit über 35 0000 Quadratkilometern einen großen Teil der Fläche Turkmenistans ein. Hier regnet es nur einmal alle zehn Jahre. Nördlich davon, in Usbekistan, dehnt sich die Kysylkum-Wüste (»roter Sand«) aus. Aber zwischen diesen trostlosen Wüsteneien liegen gut bewässerte Täler mit üppiger Vegetation, Oasen, um die sich Siedlungen und Städte entwickelt haben. Jede dieser Oasen war eine eigenständige wirtschaftliche Einheit, deren Bewohner mit den örtlichen Nomaden und den durchziehenden Karawanen Handel trieben. Die raue, dünn besiedelte Landschaft Zentralasiens lockte Eroberer an, war aber schwer zu beherrschen. Die Reiche kamen und gingen – eine sich ständig wiederholende Geschichte des Aufstiegs und Niedergangs.

Die zentralasiatische Landschaft blieb bis Ende des 19., Anfang des 20. Jahrhunderts im Wesentlichen unberührt – bis dieses Gebiet ein Teil des russischen und schließlich des Sowjetreichs wurde. Die russische und die sowjetische Regierung griffen massiv in die Landschaft ein. Sie intensivierten den Baumwollanbau zwischen Amudarja und Syrdarja und errichteten zu diesem Zweck gewaltige Bewässerungsanlagen, die von riesigen Stauseen gespeist wurden. Dabei kam es zu nicht wieder gutzumachenden Umweltschäden. Das Wasser wurde knapp, Seen und Flüsse trockneten aus, die Wüsten drangen weiter vor. Die Wasserleitungen waren viele Jahre lang die Grundlage der Landwirtschaft und des Ackerbaus. Heute liegen diese Bewässerungssysteme brach, fielen den politischen Auseinandersetzungen zum Opfer, die diese Region spalten.

Zentralasien besteht gegenwärtig aus fünf unabhängigen Republiken: Kasachstan, Usbekistan, Turkmenistan, Kirgistan und Tadschikistan. Die heute heftig umstrittenen Grenzen dieser Staaten hat Stalin im Rahmen seiner Teile-und-herrsche-Strategie gezogen. Die riesige Landmasse von 3,995 Millionen Quadratkilometern zählt gerade einmal 52 Millionen Einwohner, die in mehr als 100 ethnische Gruppen aufgeteilt sind. Neben den vorherrschenden Usbeken, Kasachen und Tadschiken finden sich darunter auch Deutsche, Koreaner und Tibeter. Die größte ethnische Gruppe sind die Usbeken, die 72 Prozent der Einwohner Usbekistans ausmachen und außerdem eine nicht unbeträchtliche Minderheit in allen anderen zentralasiatischen Republiken stellen. Vor dem Zerfall der Sowjetunion lebten auch noch etwa 10 Millionen Russen in diesem Gebiet, ein Fünftel der Gesamtbevölkerung. Viele von ihnen waren Opfer von Stalins Zwangsumsiedlungspolitik, die den Einfluss der alteingesessenen ethnischen Gruppen schmälern sollten. Viele dieser Russen sind seit 1991 nach Russland abgewandert.

Das Fergana-Tal ist schon immer das Zentrum Zentralasiens gewesen. Dieser fruchtbare Landstrich, nur 320 Kilometer lang und bis zu 110 Kilometer breit, war jahrhundertelang am dichtesten besiedelt. Heute leben hier 10 Millionen Menschen, das sind 20 Prozent der Gesamtbevölkerung Zentralasiens. Der Großmogul Babur (1483–1530), Eroberer Afghanistans und Gründer des indischen Mogulreichs im 16. Jahrhundert, wurde im Fergana-Tal geboren und beschrieb es in seinen Erinnerungen als den Ort, der dem Paradies auf Erden am nächsten komme. In seinem prunkvollen Palast in Delhi erinnerte sich Babur an die 140 verschiedenen Trauben- und Wassermelonensorten, die im Fergana-Tal wuchsen. Nomadenstämme, ja, sogar Herrscher im fernen China priesen die Pferde aus diesem Tal als hervorragende Kavallerietiere.[2] Aber im Fergana-Tal gediehen nicht nur Feldfrüchte und Tiere. Diese Landschaft ist stets das Zentrum des politischen und kulturellen Islam in Zentralasien gewesen. Von hier stammten Heilige, Gelehrte, Mystiker und Krieger, deren Lehren in der gesamten muslimischen Welt Verbreitung fanden. Die Grenzstadt Osch, heute die zweitgrößte Stadt Kirgistans, war im 10. Jahrhundert ein Zentrum islamischer Gelehrsamkeit. Der Legende nach hat König Salomon selbst den mächtigen Berg im Zentrum der Stadt gesegnet. Er trägt noch heute den Namen Takht-i-Sulaiman (Salomons Thron) und war lange Zeit ein Reiseziel muslimischer Pilger. Westlich von Osch liegen die alten muslimischen Zentren Buchara und Samarkand. Die 360 Moscheen und 113 Madrassas (Koranschulen) des mittelalterlichen Buchara brachten zahlreiche Gelehrte hervor, die ihren Glauben in alle Himmelsrichtungen trugen: nach Russland, nach China, in den Süden Asiens und in den Nahen Osten. Eine mittelalterliche Redensart lautet: »Die Sonne scheint nicht über Buchara, denn der Glanz Bucharas überstrahlt auch die Sonne.«

Auch noch nach 1868, als Buchara ein russisches Protektorat geworden war, gab es in der Stadt 100 Madrassas mit rund 10 000 Schülern.

Eine Geschichte der Eroberungen

Die Geschichte Zentralasiens ist eine Geschichte der Eroberungen. Mongolische »Horden« und Arabiens heilige Krieger durchzogen seine Steppen, überquerten seine Berge und nahmen das Land für die größten Reiche ihrer Zeit in Besitz. Alexander, Tamerlan (Timur), Dschingis Khan: Jeder dieser Eroberer gliederte auch Zentralasien seinem Riesenreich ein und gründete Dynastien, die sich jahrhundertelang an der Macht hielten – bis der nächste Invasor vor der Tür stand.

Die Rivalität zwischen den Persern und den Turkstämmen im Norden prägte die frühe Geschichte Zentralasiens. Letztere versuchten immer wieder, die reichen Oasenstädte unter ihre Kontrolle zu bringen. Der Perserkönig Darius I. annektierte Transoxanien um 500 v. Chr., aber die Perser wurden von Turkstämmen aus Sibirien und der Mongolei wieder vertrieben. Diese Stämme hatten ursprünglich (ab etwa 1000 v. Chr.) im Alatau-Gebirge im östlichen Zentralasien gelebt. (Die Chinesen benutzten das Wort *Tur* oder *turkisch* ursprünglich als Bezeichnung für alle Nomadenstämme, die ihr Reich bedrohten. Das sind die antiken Ursprünge des Wortes *Turkestan*, Heimat der Turkstämme, das heute noch für Zentralasien verwendet wird.) Das wiedererstarkte Persien wurde schließlich von Alexander dem Großen besiegt. Dieser eroberte zwischen 329 und 327 v. Chr. Baktrien und Sogdiana (das antike Usbekistan, Tadschikistan und Afghanistan) und gründete Alexandreia Eschate, das heutige Chudschand. Alexander festigte seine Herrschaft, indem er seine Männer drängte, Frauen aus den eroberten Gebieten zu heiraten. Er selbst vermählte sich mit Roxane, einer sogdischen Prinzessin.

Alexanders griechisch-sogdische Nachfahren schufen das baktrische Reich, das von 300 bis 140 v. Chr. große Teile Zentralasiens und Afghanistans beherrschte. Das westliche Zentralasien, das heutige Turkmenistan, kontrollierten die Parther, eine Dynastie, die aus den Saka-Stämmen hervorgegangen war. Ihr Reich bestand bis zur Niederlage gegen die persischen Sassaniden im Jahr 226 n. Chr. Das nördliche Zentralasien wiederum erlebte im letzten Jahrhundert vor der Zeitenwende eine Reihe von Invasionen der Saka-Stämme, die ihrerseits von einer anderen Nomadengruppe aus dem Bereich der Wüste Gobi vertrieben worden waren. Das waren die Hsiung-nu, die Vorfahren der Mongolen. Die Hsiung-nu hatten sich nach einem Sieg über den rivalisierenden Stammesverband der Uiguren nach Westen ausgebreitet. Die Uiguren beherrschten damals die heutige Provinz Xinjiang (Sinkiang) und das westliche China.

Bei ihrer weiteren Expansion nach Westen und quer durch Zentralasien erreichten die Hunnen, wie sie inzwischen hießen, im Jahr 400 n. Chr. die Wolga. Ihr Reich, das erste Großreich nomadischer Mongolen, erstreckte sich jetzt von Korea bis zur Wolga. Im 5. Jahrhundert drangen die Hunnen unter ihrem Fürsten Attila in Europa ein und marschierten auf Rom. Während die Hunnen weiter nach Westen zogen, rückten im östlichen Zentralasien Turkvölker nach und füllten das Machtvakuum, das sich dort auftat. Derartige Einfälle wiederholten sich mehrere Jahrhunderte lang. Die Nomadeninvasionen aus der Mongolei und dem westlichen China haben nur wenige politische und kulturelle Spuren hinterlassen. Über das politische System, das diese Völker errichteten, um die riesige Landmasse zu beherrschen, ist nur wenig bekannt. Der Ablauf war immer derselbe: Die Eroberer kamen und zogen später in westlicher Richtung weiter, dann trafen andere Stämme ein und nahmen den Platz der vorhergehenden Invasoren ein.

Ein Nomadenreich allerdings hinterließ eindrucksvolle Spuren: das Kushan-Reich im 1. und 2. Jahrhundert n. Chr., zu dem auch das nördliche Indien, der Iran und die heutige chinesische Provinz Xinjiang gehörten. Der große Kushan-König Kanishka wurde im 2. Jahrhundert zum Förderer der buddhistischen Mahayana-Schule, der ersten Glaubensrichtung des Buddismus, die dem Religionsstifter eine menschliche Gestalt gab. (Zuvor war Buddha nur durch Symbole abgebildet worden, etwa durch das Gebetsrad.) Bei archäologischen Grabungen in Afghanistan und Tadschikistan im 20. Jahrhundert sind massive, wunderschön gearbeitete Buddha-Statuen aus der Kushan-Zeit freigelegt worden. Bemerkenswert ist zudem, dass die Kushan-Herrscher im Einklang mit der religiösen Toleranz, die Zentralasien stets gekennzeichnet hat, neben dem Buddhismus auch dem Zoroastrismus und dem Hinduismus alle Freiheiten ließen und so für eine blühende Vielfalt sorgten.

In den ersten Jahrhunderten nach der Zeitenwende kämpften verschiedene Völker um die Herrschaft über Zentralasien: die Hunnen, die Sassaniden, die Turkvölker und die Chinesen, die ins Fergana-Tal eindrangen. Die nächste folgenschwere Reihe von

Invasionen begann aber erst um das Jahr 650, als die ersten Araber kamen und den neuen islamischen Glauben mitbrachten. In den folgenden 100 Jahren drangen sie nach Transoxanien vor und eroberten Buchara und Samarkand. 751 besiegte eine arabische Armee bei Talas im heutigen Kirgistan ein chinesisches Heer. Damit machte sie den chinesischen Ambitionen in diesem Teil der Welt ein Ende und etablierte den Islam in Zentralasien als dominierende Religion, obwohl die Araber nicht blieben und auch kein dauerhaftes Herrschaftssystem errichteten.

In den Oasenstädten entwickelten sich in der Folgezeit unabhängige muslimische Königreiche. Das bedeutendste dieser Reiche war das der persischen Samaniden (874–999), die Buchara zu ihrer Hauptstadt machten. Mit einer gut organisierten Verwaltung und einer schlagkräftigen Armee beherrschten die Samaniden die Seidenstraße und bauten sie weiter aus. Sie förderten die Verbreitung der persischen Sprache und machten Buchara zu einem Zentrum der islamischen Welt, in dem Handel, Verkehr und Kultur blühten. Ärzte wie Ibn Sina, Mathematiker wie Al Biruni und Dichter wie Firdausi waren die Garanten für die unauslöschlichen Spuren, die der Hof der Samaniden in der persischen Sprache und Kultur hinterließ. Der samanidische Einfluss wirkte in Zentralasien über Jahrhunderte hinweg ungebrochen fort.

Das Samaniden-Reich endete mit dem Beginn einer neuen Serie von Invasionen durch Turkstämme. Die Ghasnawiden (ihr Herrschaftszentrum war das afghanische Ghasni) nahmen Chorasan ein, die Karachaniden besetzten Buchara und wurden ihrerseits dann von den Seldschuken besiegt, die ganz Zentralasien und die Türkei eroberten. 1055 stand schließlich der Seldschukenfürst Tugril Beg vor den Toren von Bagdad. In den folgenden 200 Jahren beherrschten die Seldschuken das Gebiet vom Pamir und der chinesischen Grenze bis zum Irak. Sie vereinten zum ersten Mal Zentralasien und die persische und arabische Welt unter der Oberherrschaft eines Turkvolkes.

Die mongolischen Horden (*Ordas*) waren die nächsten Invasoren, die durch die Region fegten. Die Seldschuken hatten im Jahr 1218

einen Gesandten des Mongolenherrschers Dschingis Khan hinge-
richtet und 450 Händler ermordet, die mit den Mongolen Ge-
schäftsbeziehungen unterhielten. Die wütenden Mongolen machten sich auf, um das Seldschukenreich zu erobern, und spätere His-
torikergenerationen sahen die Arroganz der Seldschuken als
Ursache für den nun folgenden heftigen Angriff der Mongolen.
1220 eroberten sie unter Dschingis Khans Führung Buchara und
töteten 30 000 Menschen. Vor einem Haufen abgeschlagener
Köpfe stehend, rief Dschingis Khan in Buchara aus: »Ihr fragt, wer
ich bin, der so zu euch spricht? So wisset denn: Ich bin die Geißel
Gottes. Hättet ihr nicht gesündigt, so hätte mich Gott nicht hierher
gesandt, um euch zu bestrafen.« Die Mongolen zogen weiter nach
Westen und verleibten ihrem Reich noch Russland und Teile Osteuropas ein. Nachdem sie dieses riesige Gebiet erobert hatten,
wurden sie schließlich sesshaft, um diesen Besitz auszubeuten. Sie
bauten die Seidenstraße aus, die im Verlauf der ständigen Invasionen zum Erliegen gekommen war, errichteten an dieser Route
auch Rasthäuser und etablierten einen regelmäßigen Postdienst.
Unter den Mongolen waren die Karawanenwege sicher, von Kons-
tantinopel, wie Istanbul damals hieß, bis zum heutigen Peking.
Zum ersten Mal seit dem Eroberungszug Alexanders des Großen
war Europa wieder mit Asien verbunden. Nach Dschingis Khans
Tod herrschte sein Sohn Dschagatai über Zentralasien. Dessen
Nachkommen teilten das Gebiet in zwei Khanate auf: Transoxanien im Westen, Turkestan im Osten.
Die letzte große Explosion aus Zentralasien sollte die nachhaltigs-
ten kulturellen Auswirkungen in der Region hinterlassen. Timur
(Tamerlan), der erst im Alter von 40 Jahren mit seinen Erobe-
rungszügen begonnen hatte, schuf das erste Großreich, das aus
Zentralasien selbst hervorging. Timur gehörte dem Turkstamm
der Barlas an. In der Nähe von Samarkand geboren, machte er es
im Jahr 1369 zu seiner Hauptstadt. Nach der Eroberung Zentralasiens fügte Timur seinem Reich auch noch Indien, Persien, Arabien und Teile Russlands hinzu. Samarkand hatte zuvor schon
150 000 Einwohner und war eine der größten Städte der Welt

gewesen. Unter Timurs Herrschaft wurde die Stadt auch zu einem architektonischen Juwel, denn er holte Handwerker und Architekten aus allen eroberten Gebieten an seinen Hof. Zu diesem Zeitpunkt, nach fast 400 Jahren unter der Herrschaft von Turkstämmen, war das Gebiet um Samarkand nicht nur zu einem Zentrum ihres Einflusses in Zentralasien geworden, sondern es führte auch den Widerstand gegen die kulturelle und politische Vorherrschaft Persiens an. Timur führte sogar eine neue Hofsprache ein: Er ersetzte das Persische durch das Dschagatai, eine Turksprache.

Die Schaibani-Usbeken, die ihre Ahnenreihe bis zu Dschingis Khans Enkel Usbek Khan zurückführten, schufen das letzte der großen Nomadenreiche in Zentralasien. Im Jahr 1500 besiegten sie die Timuriden, Timurs Nachfahren, und machten Buchara zu ihrer Hauptstadt. Unter der Schaibani-Herrschaft blühten die usbekische Sprache und Literatur auf. Mir Alisher Navai (1441 bis 1501), der große usbekische Dichter, schuf die erste Schrift für eine Turksprache, die das Persische ersetzte.

Mit dem Ende des 16. Jahrhunderts begann der Zerfall des Schaibani-Reiches. Es wurde durch den Niedergang der Seidenstraße geschwächt. Inzwischen gab es Seewege, die Europa mit Afrika und Indien verbanden. Es bedurfte keiner Großreiche und auch keiner starken Herrscher mehr, um die Sicherheit der Seidenstraße zu gewährleisten. Der dramatische Rückgang der Einnahmen aus dem Handelsverkehr hatte wiederum zur Folge, dass die Herrscher keine großen stehenden Heere mehr unterhalten konnten, die sie für ihre Expansionsbestrebungen brauchten. Obendrein verboten die konservativen Ulema (islamische Gelehrte mit enormem Einfluss auf das Alltagsleben) jegliche Neuerungen in Erziehung und Wissenschaft. Zentralasien geriet deshalb noch weiter ins Hintertreffen. Das Schaibani-Reich zerfiel nach und nach zu einer Ansammlung kleiner, untereinander zerstrittener Stadtstaaten. Im 17. und 18. Jahrhundert entwickelten sich daraus drei voneinander unabhängige, aber schwache Khanate: Chiwa, Buchara und Kokand. Deren Herrscher gründeten später dann Dynastien: die Kungrad in Chiwa, die Mangit in Buchara und die Ming in Kokand. Die verarmten

Khane überlebten durch den Sklavenhandel und die außerordentlich hohen Steuern, die sie der Bevölkerung auferlegten.

Es war unvermeidlich, dass schließlich die russischen Zaren ein Auge auf Zentralasien warfen. Sie hielten ständig nach Expansionsmöglichkeiten für ihr Reich Ausschau. Im Jahr 1650 hatten die Russen Sibirien annektiert und den Pazifik erreicht. In den folgenden 200 Jahren betrieb Russland die Eroberung des Kaukasus und Zentralasiens. Peter der Große drang 1715 in die kasachische Steppe vor und baute die ersten russischen Forts, das allererste davon 1716 in Omsk. Bis 1750 hatten alle kasachischen Khane, die die Russen als ihre beste Versicherung gegen marodierende Usbeken ansahen, Verträge mit Moskau abgeschlossen.

Der riesige militärisch-bürokratische Apparat des russischen Reiches trieb die Expansion voran. Er hatte den Kaukasus unterworfen, aber jetzt fehlte es ihm an wichtigen Aufgaben, selbst als die Zaren die potenziellen Ressourcen Zentralasiens erkannt hatten: Bodenschätze und Baumwolle. Das Verlangen, Zentralasien zu erobern, wurde unwiderstehlich, als der Amerikanische Bürgerkrieg (1861–1865) die russischen Textilfabriken des wichtigsten Lieferanten beraubte. Gleichzeitig beobachtete Russland die von Bengalen ausgehende, kontinuierliche Expansion des britischen Empire in Richtung Afghanistan mit großer Sorge. Dies war die Zeit des »großen Spiels«, des gewaltigen Machtkampfes zwischen Russland und Großbritannien um die Vorherrschaft in Asien. Im Bestreben, den Rivalen auszumanövrieren und die eigene Einflusssphäre zu erweitern, dienten Zentralasien und Afghanistan beiden Großmächten als Schachfiguren. Ende des 19. Jahrhunderts war Afghanistan zum unabhängigen Pufferstaat zwischen dem Zarenreich und dem britischen Empire geworden.

In nur einem Jahrzehnt, von 1865 bis 1876, eroberten die russischen Armeen Taschkent und einen großen Teil des heutigen Usbekistan, Turkmenistan und Tadschikistan. Die tadschikisch-afghanische Grenze blieb allerdings offen, und Stammesführer wie auch Banditen suchten häufig Zuflucht bei ihresgleichen – auf beiden Seiten der Grenze. Diese Tradition wird heute von den islamischen Extremisten Zentralasiens und den Taliban wiederbelebt. Die Russen nannten ihre neue Provinz Turkestan, mit der Hauptstadt Taschkent und einem von Moskau ernannten Generalgouverneur. Die Khanate Buchara und Chiwa behielten nominell ihren Status als unabhängige politische Einheiten, waren in Wirklichkeit aber von Russland abhängig. Während die besiedelten Gebiete leicht zu erobern waren, leisteten die Nomadenstämme noch jahrzehntelangen Widerstand. Im Fergana-Tal brachen immer wieder Aufstände aus. Russische Truppen schlugen 1885 eine Revolte nieder, die in den Städten Osch, Margilan und Andischan von Khan Tura, einem Sufi-Derwisch, angeführt wurde. Im Mai 1898 kam es zur größten Bedrohung für die fremden Herren, als islamische Rebellen in Andischan 22 russische Soldaten töteten. Die Revolte breitete sich auch auf andere Städte aus, bis schließlich russische Truppen eintrafen und den Aufstand mit brutaler Gewalt unterdrückten.

Eine Methode, die Kontrolle über die Region zu erlangen, war die gezielte Ansiedlung von ethnischen Russen und Kosaken in Zentralasien bei gleichzeitiger massiver Förderung des Baumwollanbaus. Allein 1891 kamen mehr als eine Million Russen und Kosaken als Bauern in den an Sibirien grenzenden Teil Kasachstans. Die Russen bauten riesige Baumwollplantagen auf, die durch gewaltige Bewässerungsanlagen möglich geworden waren. Neue Industriezweige wurden eingeführt und von russischen Arbeitern betrieben. Zentralasien war mit Russland durch ein Eisenbahnnetz verbunden, das den russischen Machtbereich erstmals bis zu den Grenzen Afghanistans, des Iran, Chinas und Britisch-Indiens vorantrieb.

Die Zarenherrschaft endete für die Völker Zentralasiens mit einem Völkermord und großem Leiden. 1916 stand die Region vor einer großen Hungersnot. Als Moskau versuchte, in Zentralasien Truppen für den Fronteinsatz im Ersten Weltkrieg anzuwerben, brach eine Revolte aus. Die Regierung hatte außerdem noch die Steuern erhöht und unter Einsatz von Gewalt Weizen aus der Region requiriert. Die kasachischen und kirgisischen Nomaden sahen keinen Grund, für den Zaren im fernen Europa in den Krieg zu ziehen. Sie rebellierten als Erste, und der Aufstand breitete sich schnell über ganz Zentralasien aus. Wie schon bei früheren Revolten schlugen die Truppen des Zaren brutal zurück und töteten Zehntausende von Menschen. Eine Kosakenarmee ging im Tienschan-Gebirge besonders grausam gegen die Kirgisen vor. Sie schlachtete die Viehherden ab, brannte Dörfer nieder und zwang eine große Zahl von Kirgisen zur Flucht über die Grenze ins chinesische Turkestan. Bis heute bezeichnen die Kirgisen die Repressionen von 1916 und 1917 als die schlimmste Zeit in ihrer Geschichte, in der ein Viertel der Kirgisen umgebracht oder zur Flucht gezwungen wurde.

Als 1917 die Russische Revolution ausbrach, hegte Zentralasien keineswegs den Wunsch, ein Teil der Sowjetunion zu werden. Die Menschen Zentralasiens widersetzten sich der Sowjetisierung heftiger als die Bevölkerung der meisten anderen Regionen. Die muslimischen »Basmatschi« (»Banditen«, wie sie von den Bolschewiki genannt wurden) führten den Kampf an. Nach der endgültigen Niederlage der Basmatschi im Jahr 1929 wurden in Zentralasien jedoch die Grenzen gewaltsam neu gezogen. Fünf Sowjetrepubliken entstanden, und der jahrhundertelange Kampf um die Vorherrschaft in dieser Region schien beendet zu sein. Doch das letzte Wort war noch nicht gesprochen.[3]

Der Islam in Zentralasien

Die große Mehrheit der Menschen Zentralasiens sind sunnitische Muslime der hanafitischen Rechtsschule. Die Schiiten sind als Minderheit in einigen der großen Handelszentren vertreten, in Buchara und Samarkand ebenso wie in Tadschikistan. In der Pamir-Region Gorno-Badachschan leben darüber hinaus Angehörige der ismailitischen Sekte, deren geistliches Oberhaupt der Aga Khan ist. (Ismailiten findet man auch in Gebieten unmittelbar südlich des Pamir, auf der afghanischen wie auch auf der pakistanischen Seite.) Seit 1991 ist in Zentralasien ein kometenhafter Aufstieg militanter islamischer Sekten zu beobachten, von denen jede ihr besonderes Verständnis von Orthodoxie und Scharia, dem islamischen Recht, pflegt. Dieses Phänomen hat inzwischen den Blick auf einen der wichtigsten Aspekte des traditionellen zentralasiatischen Islam verstellt: seine Toleranz. Der Islam in Zentralasien hat viele Facetten. Seine Entwicklung wurde begleitet von großen Errungenschaften in der Philosophie, der Ethik, der Rechtskunde und der wissenschaftlichen Forschung unter im Allgemeinen liberalen politischen Herrschern, und er wurde von Arabern, Mongolen und Turkstämmen in jeden Winkel dieser riesigen Region getragen. Die frühen zentralasiatischen Muslime lebten nicht nur untereinander relativ friedlich zusammen, sondern auch mit den Juden, Buddhisten, Hindus, Zoroastriern und nestorianischen Christen, die sich in dieser Region niedergelassen und kulturelle Nischen gebildet hatten.

Die vielleicht bedeutendste islamische Bewegung, die sich in Zentralasien herausbildete, war der Sufismus, eine Form des islamischen Mystizismus, die die unmittelbare Gemeinschaft mit Gott predigte, ebenso Toleranz gegenüber allen anderen Glaubensrichtungen. Der Sufismus entstand bald nach der arabischen Invasion in Zentralasien und Persien. Der Begriff leitet sich von den groben Baumwollgewändern ab, wie sie die frühen Sufi-Brüder trugen (*sufi* bedeutet im Arabischen »Wolle«). Die wiederum übernahmen einige ihrer Symbole von den vorislamischen Nomaden-Mystikern.

Die Sufis ermutigten das Volk zur aktiven Teilnahme an der religiösen Praxis, und sie taten dies durch ihre oppositionelle Haltung gegen Autoritäten, Intellektualismus und die Mullahs, die Geistlichkeit. Die Sufis drängten alle Muslime, Gott unmittelbar zu erfahren, ohne die Vermittlung von Priestern oder Gelehrten. Das war ein wichtiger Faktor bei der Verbreitung des Islam unter der spärlichen nomadischen Bevölkerung Zentralasiens. Die Sufi-Orden, die *Tariqas* (»Der Weg«), sind am besten beschrieben als »Sufi-Bruderschaft(en), die gemeinsame spirituelle Lehrmeister haben (...) und in denen die Ältesten die Schüler einführen und ihnen die förmliche Erlaubnis geben, die allen gemeinsame Lehre und religiöse Praxis weiterzuführen«.[4] Sufis rufen Gott durch die *Zikr* an, gesungene (manchmal auch stumme) Gebete, Gesänge, Lieder, ja auch durch wirbelnde Tänze, die die Derwische – eine weitere Sufi-Sekte – zu einer Kunstform perfektionierten. Viele Tariqas entwickelten sich zu Geheimgesellschaften mit jeweils eigenen Verhaltensregeln und Gebetsvorschriften. Die Sufi-Orden spielten im 13. Jahrhundert bei der Wiederbelebung des islamischen Lebens nach den Zerstörungen durch die Mongolen eine wichtige Rolle. Und auch noch Jahrhunderte später, als der Islam während der Sowjetzeit in den Untergrund gezwungen wurde, waren sie eine Stütze des islamischen Glaubens und seiner religiösen Praxis.

Die wichtigsten Tariqahs sind Naqschbandiyya, Qadiriyya, Yasawiyya und Kubrawiyya. Die Qadiriyya, möglicherweise der älteste noch bestehende Orden, wurde von Abd al-Qadir gegründet. Im 12. Jahrhundert war sie nur ein unbedeutender Sufi-Orden in Bagdad, ging dann nach Zentralasien, erlangte im 13. Jahrhundert großen Einfluss und breitete sich bis nach Afghanistan und Indien aus. Die zentralasiatischen Qadiris waren vor allem in den Städten Transoxaniens zu Hause. Kubra, der Gründer der Kubrawiyya, wurde 1221 während der mongolischen Massaker in Zentralasien zum Märtyrer. Der Kubrawiyya-Orden schlug in Choresm (im heutigen Usbekistan) besonders starke Wurzeln. Der Dichter und Mystiker Ahmed Yasawi, der den Yasawiyya-Orden gründete, starb im Jahr 1166 und wurde im südlichen Kasachstan begraben. Den größten Einfluss hatte dieser Orden im Fergana-Tal und unter den südlichen Turkstämmen. Mohammed ibn Baha ad-Din Naqschband (1317–1389), der Gründer der Naqschband-Tariqa, ist der in Zentralasien und Afghanistan bis heute am meisten verehrte Mystiker und Heilige. Bis zum heutigen Tag ist sein Grabstein bei Buchara der wichtigste Wallfahrtsort Zentralasiens. Im Unterschied zu den anderen Sufi-Sekten setzten sich die Naqschbandis, obwohl sie Mystiker sind, für aktive Missionierung und politische Tätigkeit ein. Viele von ihnen führten Aufstände gegen den Zaren und die Kommunisten an, wie beispielsweise den Aufstand von 1898 in Andischan.

Die Sufi-Orden trugen ihre Lehre das Fergana-Tal hinauf bis nach China und über Afghanistan auch nach Indien und Arabien. Die geistlichen Führer der Sufis, und ganz besonders die Naqschbandis, wetteiferten mit der traditionellen Ulema, zu der sie meist in erbittertem Gegensatz standen, um den größten Einfluss auf die jeweiligen örtlichen Herrscher. Und sie hatten spürbaren Einfluss: Die Herrscher der aus den Turkstämmen hervorgegangenen Dynastien bemühten sich in der Regel bei den führenden Sufi-Heiligen um eine Legitimation ihrer Macht. Die Beziehungen zwischen Herrscher und Mystiker war nach den Worten des Islamwissenschaftlers Bruce Lawrence »voller Spannung«, denn Sufi-Mystiker sahen sich als ewige Herrscher, die mächtiger waren als der rücksichtsloseste, aber nur auf Zeit regierende Autokrat.[5] Im 18. und 19. Jahrhundert dienten die führenden Naqschbandi-Familien – die Führerschaft in der Sekte wurde oft vom Vater auf den Sohn übertragen – zahlreichen Khanen, die in dem politisch mehr und mehr zerplitterten Zentralasien herrschten, als politische Berater und geistliche Führer. Einige Mitglieder dieser Sufi-Familien stiegen selbst zu Herrschern auf. Viele von ihnen wurden im Lauf der Zeit reich und korrupt – einer der Gründe für die Dschadid-Reformen im 19. Jahrhundert. Im 20. Jahrhundert hatte der politische Aktivismus der Naqschbandis großen Einfluss auf die militanten islamischen Bewegungen in Afghanistan, Tschetschenien und, in jüngster Zeit, im Fergana-Tal.

In der zentralasiatischen Steppe, fern der Oasenstädte und fruchtbaren Täler, breitete sich der Islam nur langsam und sporadisch aus. Die kasachische Steppe erreichte er erst im 17. Jahrhundert und blieb selbst nicht unbeeinflusst, denn der vorherrschende Sufismus übernahm alte schamanische Traditionen, etwa die Verehrung von Tieren und Natur. Die islamischen Eroberer missbilligten den Zoroastrismus, die Religion der persischen Könige, aber Elemente der zoroastrischen Überlieferung, ihrerseits vom Islam inspiriert, wirkten in der Steppenlandschaft fort. Ähnliche Entwicklungen gab es auch im Iran und in Indien. Deshalb zeigten sich schon sehr früh in der Geschichte des Islam in Zentralasien zwei verschiedene Richtungen dieser Religion. Einerseits gab es den traditionellen, konservativen, von Gelehrten geprägten Islam der dichter besiedelten Gebiete und Oasengesellschaften. Er wurde von örtlichen Herrschern und der Ulema dominiert. Dann war da noch der sehr viel weniger formelle, weniger restriktive Islam der Nomaden, der sich nach wie vor am Sufismus und an den vorislamischen Traditionen orientierte. Der Historiker Fernand Braudel schrieb dazu: »Der Islam ist im Wesentlichen eine städtische Religion. Also ist der Islam auf wenige dicht besiedelte Regionen beschränkt, die durch weite, leere Landstriche voneinander getrennt sind.«[6] Selbst heute noch sind die nomadischen Kasachen-, Kirgisen- und Turkmenenstämme sehr viel weniger islamisiert als die Bewohner der dicht besiedelten Oasengebiete und deshalb auch sehr viel weniger empfänglich für islamischen Radikalismus.

Die Araber, die den Islam nach Zentralasien gebracht hatten, mussten schon bald Persern und Turkstämmen weichen. Beide hatten den Islam übernommen, aber der persische Einfluss dominierte in der Region und wirkte fort, bis in Persien um 1500 die Safawiden-Dynastie an die Macht kam. Diese änderte die persische Staatsreligion, der sunnitische Islam wurde durch den schiitischen Islam ersetzt, ein Schritt der den persischen Einfluss in Zentralasien erheblich verringerte. Außerdem war Persien vor allem mit dem Kampf gegen das Osmanische Reich an seiner Westgrenze beschäftigt. Deshalb kümmerten sich die persischen Herrscher dieser Epoche deutlich weniger um Zentralasien als ihre Vorgänger.

Aber die vorangegangenen persischen Reiche hatten in Zentralasien ein reiches kulturelles Erbe hinterlassen – in der Kunst, der Sprache, der Dichtung und den Wissenschaften. Erst unter den Schaibani-Usbeken, die ihr Reich auf aggressive Art und Weise turkisierten, schwand der persische Einfluss in Zentralasien. Eine Ausnahme bilden bis heute die Tadschiken: Sie sprechen Persisch und sind stolz auf ihr persisches Kulturerbe. Aber die Spannung zwischen persischer und türkischer Kultur wirkt fort. Das zeigt sich sowohl im Wettstreit zwischen dem Iran und der Türkei um Einflusssphären in Zentralasien als auch in den ständigen Auseinandersetzungen zwischen Tadschikistan und dem türkisch geprägten Usbekistan: Man streitet um die Tadschiken in Usbekistan und die Usbeken in Tadschikistan – und auch um Grenzen. Viele Tadschiken sind der Ansicht, dass die Städte Buchara und Samarkand, die Stalin Usbekistan zugeschlagen hat, von Rechts wegen zu Tadschikistan gehören, weil sie kulturelle und historische Zentren der Tadschiken sind.

Der zentralasiatische Islam verlor unter den Zaren an Dynamik, allerdings nicht, weil die neuen russischen Herren Druck auf den islamischen Klerus ausübten oder sich in seine Gesetzgebung oder die religiöse Praxis einmischten. Es war der Einbruch der Moderne, der die Religion schwächte: Industrie, Erziehung, Bildung und Technologie kamen ins Land. Die Russen unterstützten die ultrakonservative Ulema, gleichzeitig siedelten sie Millionen von ethnischen Russen in der Region an und versuchten aus der einheimischen Bevölkerung gute Russen zu machen.

Aber die neuen Kolonialherren verbuchten nur einen Teilerfolg. Die Einführung westlichen Gedankenguts und westlicher Wissenschaften bereitete den Boden für eine modernistische Neuinterpretation des Islam durch die Dschadiden, eine reformorientierte Sekte der Tataren. Ihr Ideengeber war Ismail Gasprali (1851–1914), der 1883 die in der Folgezeit sehr einflussreiche Tataren-Zeitung *Tercuman* gründete. Auf der Grundlage der *Usul-i-dschadid*, der neuen Erziehungsprinzipien, war der Dschadidismus eine der vielen intellektuellen Reformbestrebungen innerhalb des Islam, die in der kolonisierten muslimischen Welt des späten 19. Jahrhunderts eine enorme Wirkung erzielten. Auf unterschiedliche Art und Weise versuchten all diese Bewegungen die Probleme zu lösen, die sich für Muslime aus dem Aufeinandertreffen ihrer Religion und Kultur mit der modernen westlichen Lebensweise ergaben. Dies galt besonders für Muslime, die in den von Nichtmuslimen beherrschten Kolonien lebten. Diese Strömungen, ob nun in Indien,

Ägypten, der Türkei oder Afghanistan beheimatet, waren in erster Linie antikolonialistisch und panislamisch, aber sie traten auch für religiöse Reformen, moderne Erziehung und die Beschäftigung mit den Naturwissenschaften ein.

Vom Dschadidismus beeinflusste Lehrer und Wissenschaftler in Taschkent und im Fergana-Tal gründeten neue Schulen mit modernen Lehrplänen: Dazu gehörten Mathematik, Naturwissenschaften, Theater, Dichtung, russische und türkische Literatur ebenso wie traditionelle islamische Fächer. Es wurden Theaterstücke und Opern inszeniert und eine Reihe von Zeitungen herausgebracht, die für die Wiederbelebung der Turksprachen und die Herausbildung einer modernen turksprachigen Kultur sehr wichtig waren. Die Literatur, die sie hervorbrachten, war der erste Versuch, die lokale Geschichte, Kultur und Politik aus dem Blickwinkel der Moderne heraus zu analysieren. Indem sie die Moderne mit offenen Armen annahmen, gerieten die Dschadiden sowohl mit den Russen als auch mit der Ulema in Konflikt, die sie für reaktionär und obskurantistisch hielten. Die Russen wiederum hatten die Ulema ermuntert, an ihrer konservativen Interpretation der Scharia festzuhalten, um so antirussisch-islamischen und auch nationalistischen Bewegungen zu begegnen.

Trotz aller Erfolge waren und blieben die Dschadiden eher eine intellektuelle als eine Massenbewegung, zerstritten in Fragen der Ideologie und Politik. Bei Ausbruch der Oktoberrevolution unterstützten einige Dschadiden die Bolschewiki, weil sie die Zarenherrschaft stürzen wollten und in der kommunistischen Ideologie eine Chance für größere Freiheiten sahen, für den Einzug moderner Ideen und eines modernen Erziehungswesens. Andere Dschadiden wiederum wandten sich gegen diese Gruppe, der sie mangelnden Respekt vor dem Islam vorwarfen. Die Dschadiden, die nach 1917 in die Kommunistische Partei eintraten, spielten eine wichtige Rolle beim Aufbau einheimischer kommunistischer Parteien in Zentralasien, doch nützte ihnen das wenig. Die Sowjets bezeichneten die Dschadiden als bourgeoise Reformer und verboten ihre Literatur. Als Stalin an die Macht kam, begann er mit anhaltenden »Säuberungen«. Die letzten Dschadiden kamen bei den Massakern von 1937 um.

Während der kurzen kulturellen Blüte nach der Unabhängigkeit 1991 machten sich usbekische Intellektuelle daran, die Dschadid-Schriften zu publizieren und ihnen neue Popularität zu verschaffen, aber diese Versuche wurden sofort unterdrückt. Der usbekische Präsident Islam Karimow wendet sich gegen alle Bemühungen, das Interesse am Dschadidismus wiederzubeleben, obwohl diese Bewegung für die aktuelle Diskussion von enormer Bedeutung ist. Dabei geht es um Perspektiven für eine Koexistenz von Islam, Nationalismus und Demokratie in Zentralasien.

Kapitel 2
Der islamische Untergrund
in der Sowjetunion

Als die Bolschewiki 1917 in St. Petersburg und Moskau die Macht ergriffen, gärte es in Zentralasien bereits heftig. Für diese Unruhen gab es drei Gründe: die akute Hungersnot von 1916 und 1917, die Unterdrückung der Revolten gegen Zwangsrekrutierungen durch Truppen des Zaren und die wachsende Politisierung der Bevölkerung, verbunden mit einer ausgeprägt antirussischen Stimmung, die von islamischen Intellektuellen genährt wurde. Zunächst fanden die Bolschewiki nur in Taschkent Unterstützung. Dort gründete die zahlenmäßig starke russischstämmige Arbeiterschaft gemeinsam mit einigen Muslimen den Taschkenter Sowjet. Taschkenter Bolschewiki riefen im April 1918 die Autonome Sozialistische Sowjetrepublik Turkestan aus, aber ihr Machtbereich reichte kaum über die Stadtgrenzen hinaus.

Die Bolschewiki hatten 1917 eine Erklärung veröffentlicht, die allen Volksgruppen des Russischen Reiches das Recht auf Selbstbestimmung garantierte. Das eröffnete den Bolschewiki beste Chancen auf Unterstützung durch die vielen Millionen von Nichtrussen im ehemaligen Zarenreich, zumal darin auch den Muslimen die freie Ausübung ihrer Religion versprochen wurde.

Zumindest in Zentralasien stellte sich aber sehr schnell heraus, dass die Idee der Selbstbestimmung hier äußerst eng ausgelegt werden würde. Sie basierte keineswegs auf wirklicher Selbstbestimmung, auch vom Recht auf Sezession für nichtrussische Nationalitäten war keine Rede. Selbstbestimmung war nur für eine Klasse vorgesehen: für das Proletariat. Aber in jener Zeit gab es noch kein zentralasiatisches Proletariat. Die Bolschewiki waren nur bereit, »Rechte« auf Selbstbestimmung anzuerkennen, die die Führungsrolle Groß-Russlands nicht gefährdeten. Das russische Proletariat konnte sich entscheiden, nicht mehr Teil des Zarenreiches zu sein, indem es die Regierung stürzte. Den nichtrussischen Regionen dagegen war nicht erlaubt, sich vom Staat der Bolschewiki abzuspalten, der das Zarenreich ablöste. Ein westlicher Autor, der sich 1918 in Taschkent aufhielt, fasste diese Situation später so zusammen: »Zum Programm der Bolschewiki gehörte auch die Selbstbestimmung, und die einheimische mohammedanische Bevölkerung bezog diese Aussage auch auf sich selbst, angesichts ihrer Mehrheit von 95 Prozent. Aber die Menschen stellten schon bald fest, dass die Selbstbestimmung nach Lesart der Bolschewiki nicht für Turkestan galt.«[1]

Die kurze Blüte der Ideologie

Die Revolution sorgte dennoch für eine intensive politische Debatte. Eine Zeit lang beteiligte sich daran ein Großteil der vielen verschiedenen Völker des ehemaligen Zarenreiches, wobei zahlreiche und sehr unterschiedliche Richtungen und Ideen auf den Plan traten. (Bezeichnenderweise sind viele von ihnen nach der Unabhängigkeit in der einen oder anderen Form wieder aufgetaucht.) Zum ersten Mal entdeckten die Menschen Zentralasiens den Nationalismus und begannen über die Vorteile engerer Interessengemeinschaften innerhalb ihrer eigenen Clans und ethnischen Gruppen nachzudenken. Gemeinsam mit dem neu erwachten Interesse am Islam, einer damals ebenfalls sehr starken Strömung, wurde dieser nationalistische Eifer in eine Reihe neuer politischer Bewegungen umgesetzt.

Der Panturkismus, gefördert von den Dschadiden und anderen städtischen Intellektuellen, beabsichtigte, die turksprachigen Völker Zentralasiens in einem Staat zu vereinen. Turkistan sollte frei sein von russischer Kontrolle und nach den Geboten des Islam regiert werden. Unter den nomadischen Volksgruppen bildete sich eine Spielart des Stammes- oder Clan-Nationalismus heraus. Die kasachischen Ordas zum Beispiel gründeten Alasch Orda, eine politische Partei, der sogar zwischen 1917 und 1920 Regierungsgewalt über einen großen Teil der kasachischen Steppe zugestanden wurde. Der Nationalismus von Alasch Orda richtete sich sowohl gegen Russland als auch gegen ethnische Gruppen, die als Unterdrücker der Kasachen angesehen wurden, zum Beispiel gegen die Usbeken. Mittlerweile befürchteten die konservative Ulema und die Mullahs, die von den Zaren nicht behelligt worden waren, einen Machtverlust sowohl in einem bolschewistischen als auch in einem von ethnischem Nationalismus geprägten Staat. Gleichzeitig sahen sie in der politischen Unruhe dieser Zeit auch eine Chance und riefen zur Gründung eines islamischen Staates auf, der nach den Gesetzen des islamischen Rechts, der Scharia, regiert werden sollte.

Einige zentralasiatische Muslime setzten sogar auf den Kommunismus. Muslimische Delegierte forderten im Jahr 1920 bei einem großen Kongress muslimischer Organisationen, zu dem die Bolschewiki in die aserbaidschanische Stadt Baku eingeladen hatten, die Erlaubnis zur Gründung einer Muslimischen Kommunistischen Partei. Dabei bedienten sie sich des Slogans »Osten ist nicht gleich Westen, Muslime sind keine Russen«. Der führende Verfechter der neuen Muslimischen Partei war Mir Said Sultan Galijew, ein tatarischer Journalist und Schriftsteller aus Kasan. Er schloss sich den Bolschewiki an und wirkte bei der Rekrutierung von 250 000 Muslimen für die Rote Armee mit. Diese kämpfte gegen die zaristischen Streitkräfte (die »Weißen«), die in jener Zeit Zentralasien und den Kaukasus verwüsteten. Galijew war der Ansicht, dass der nationale Kampf in Zentralasien Vorrang vor dem Klassenkampf haben sollte und dass nur eine eigenständige Muslimische Kommunistische Partei und Armee gegen den russischen Chauvinismus bestehen konnte. Er versuchte die Bolschewiki davon zu überzeugen, dass Marxismus und Islam so lange nebeneinander bestehen konnten, wie den Muslimen ein gewisser Grad an Autonomie gewährt würde.[2]

Die Bolschewiki tolerierten solche Ideen nur bis zu ihrem Sieg im Bürgerkrieg gegen die Armeen der Weißen im Jahr 1923. Dann machten sie sich daran, Zentralasien zurückzuerobern und ihre Ein-Partei-Herrschaft durchzusetzen. Sie verhafteten nicht nur Galijew, sondern auch alle anderen, die sich der bolschewistischen Orthodoxie widersetzten: muslimische Kommunisten, Dschadiden, Mullahs, Clan- und Stammesführer und auch Nationalisten wie die Anführer von Alasch Orda. Bei dieser Rückeroberung Zentralasiens verloren Tausende von Menschen das Leben. Bei späteren Repressalien, etwa bei Stalins Zwangsumsiedlungen und Kollektivierungsprogrammen (durch die das Nomadentum de facto ausgelöscht wurde), bei den politischen Säuberungen und der Unterdrückung des Islam gab es Millionen von Todesopfern.

In anderen Kolonien der muslimischen Welt beschäftigten sich die Islamisten mit neuen politischen Ideen, die unter anderem ein Abschütteln des kolonialen Jochs und die Gründung unabhängiger muslimischer Staaten forderten. In Zentralasien jedoch wurde nur eine Spielart des Kolonialismus durch eine andere ersetzt. Die Entwicklung neuer Ideen, die zwischen 1917 und 1923 besonders auffällig gewesen war, ging nach der Rückeroberung der Region durch die Bolschewiki zurück. Dies betraf vor allem die Debatte um die Entwicklung des Islam an der Seite konkurrierender Ideologien wie Kommunismus, Nationalismus, Panturkismus und Modernismus. Das daraus resultierende politische Vakuum wurde bald gefüllt von der offiziellen Staatspartei, der Russischen Kommunistischen Partei (Bolschewiki), die später in Kommunistische Partei der Sowjetunion (KPdSU) umgewandelt wurde. Die Sowjetunion schloss ihre Grenzen zum Iran, zur Türkei, zu Afghanistan und China, und Zentralasien war die nächsten 70 Jahre von der Außenwelt abgeschnitten. Die Menschen Zentralasiens erfuhren nichts von den politischen Ideen, die das 20. Jahrhundert bestimmten, bis die Perestroika in den achtziger Jahren einige der verstopften Kanäle freilegte. Dazu gehörten auch Informationen über islamisches Denken und politische Bewegungen, die sich unmittelbar jenseits der Grenze entwickelten. Als schließlich 1991 die Unabhängigkeit kam, lebte die Bevölkerung Zentralasiens in ideologischer Hinsicht immer noch in den zwanziger Jahren. Die heutige Krise in Zentralasien hat unmittelbar mit der Verhinderung politischer und ideologischer Weiterentwicklung zu tun, die die Kommunisten mit ihren Aktionen im Jahr 1923 und später zu verantworten hatten.

Die Sowjetisierung traf allerdings auf Widerstand, auch unter den Bauern und der Arbeiterklasse. Im Februar 1918 brach eine islamische Revolte aus, die von Mullahs und Clan-Chefs angeführt wurde. Es war der erste der Basmatschi-Aufstände, begonnen von einer ganzen Anzahl voneinander unabhängig agierender Guerilla-Gruppen in der Region, von Turkmenistan bis Tadschikistan. Diese muslimischen Gruppen kämpften für sehr unterschiedliche Motive: Dschihad, Scharia, Nationalismus der Turkvölker, Antikommunismus. Während all dieser immer wieder aufflackernden Kämpfe, die sich bis 1929 fortsetzten, blieben die Basmatschi-Führer zerstritten. Sie waren ihrem Clan oder ihrer Stammeszugehörigkeit verpflichtet und konnten sich zu keinem Zeitpunkt auf eine gemeinsame Führung oder Ideologie einigen. Diese Zerstrittenheit schwächte ihre Kampfkraft in den Auseinandersetzungen mit der Sowjetmacht. Dennoch setzten einzelne Anführer und Banden ihre Rebellion mehr als ein Jahrzehnt lang fort. Mohammed Qurban Junaid Khan, ein reicher Grundbesitzer aus dem Jomut-Stamm, der zum obersten Führer der turkmenischen Stämme ernannt worden war, leistete bis 1927 heroischen Widerstand. Dann wurde er nach Afghanistan ins Exil gezwungen. Die Briten unterstützten die Basmatschi-Revolte mit dem Ziel, die Sowjetmacht zu schwächen, und schickten den Aufständischen von Indien aus Kamelkarawanen mit Waffen und Munition.

Die letzte Basmatschi-Rebellion in Tadschikistan wurde schließlich 1929 niedergeschlagen. Viele Basmatschi-Führer flohen nach Afghanistan und mit ihnen Zehntausende ihrer usbekischen, tadschikischen und turkmenischen Anhänger. 50 Jahre später sollten die Basmatschi-Ideale erneut eine Rebellion entfachen. Diesmal trieben sie die afghanischen Mudschaheddin zum Widerstand gegen die sowjetische Invasion in Afghanistan. Die Geschichte wiederholte sich auch in der Reaktion Großbritanniens, das diesmal gemeinsam mit den USA ein Geheimprogramm zur Destabilisierung der zentralasiatischen Regime unterstützte. Mit dieser Rückendeckung für die Mudschaheddin verband sich die Hoffnung auf religiös motivierte Unruhen (und in der Folge: politische Rebellion) im sowjetischen Zentralasien.

Die Unterdrückung des Islam

Die Basmatschi-Revolten in Zentralasien waren noch im Gange, da entschied Stalin, dass die Isolierung der Rebellen die beste Möglichkeit sei, den Aufruhr zu unterdrücken. So war es nur konsequent, dass er Turkestan in fünf sozialistische Republiken aufteilte. Dabei spielten weder geografische noch ethnische Grenzen eine Rolle. Stalin ging es nur darum, den Aufruhr so effektiv wie möglich zu unterdrücken.

Das Fergana-Tal wurde unter drei Republiken aufgeteilt, und die Grenzen sollten dabei auch Clans, Dörfer und ethnische Gruppen trennen. Die Tadschiken erhielten ihre eigene Republik, aber, und das war der wichtigste Punkt, Buchara und Samarkand gehörten nicht dazu. Diese beiden Städte, die wirtschaftlichen und kulturellen Zentren Tadschikistans, wurden Usbekistan zugeschlagen. Gleichzeitig fanden sich viele Tadschiken in anderen Städten als Bürger von Republiken wieder, die von anderen ethnischen Gruppen dominiert wurden. Jahrzehntelang regierten in der Turkmenischen Republik ausschließlich Russen. Mit diesen künstlichen Trennungen war die politische Unzufriedenheit jedoch nicht beendet. Die neuen Grenzen wurden vielmehr zur Quelle vieler ethnischer Konflikte, sie provozierten Meinungsverschiedenheiten zu Grenz- und Wasserrechtsfragen sowie Infrastrukturprobleme, die Zentralasien heute noch zu schaffen machen.

Die Kollektivierung der späten zwanziger und frühen dreißiger Jahre ebenso wie die Zerschlagung des islamischen Widerstands richteten sich gegen die frei umherziehenden kasachischen, kirgisischen und turkmenischen Nomaden. Zehntausende von Kasachen und Kirgisen flohen wegen der Zwangskollektivierung ihrer Viehherden in den Jahren 1930 und 1931 nach China. Nach Schätzungen von Experten verlor Kasachstan durch Auswanderung, Mord, Hunger oder aus anderen Gründen 1,5 Millionen Menschen – ein Drittel der Gesamtbevölkerung. Herdenbesitzer töteten lieber ihre Tiere, als sie dem Staat zu überlassen. Der Rinderbestand in Kasachstan sank von 7,4 Millionen Tieren im Jahr 1929 auf 1,6 Millionen im Jahr 1933, die Zahl der Schafe im gleichen Zeitraum von 22 Millionen auf 1,7 Millionen.[3] Viele kirgisische Nomaden waren bereits nach China geflohen, als die Rote Armee eintraf, um die Herden zu zählen. Ein europäischer Augenzeuge notierte seine Eindrücke zur Flucht von 500 000 Kirgisen mit ihren Herden von Yaks, Pferden, Kamelen und Schafen nach China: »Ich sah einen endlosen Zug von Kamelherden, eine nach der anderen. Die gesamte Horde war unterwegs, auf der Flucht vor den sowjetischen Regierungsvertretern. [...] Ich dachte damals kaum daran, dass ich Zeuge des letzten Marsches der freien Kirgisen gewesen war.«[4]

In den zehn Jahren von 1917 bis 1927 kam nach Schätzungen ein Viertel der kirgisischen Bevölkerung ums Leben.

Die Sowjets waren aber nicht nur Unterdrücker, sie sorgten auch für fortschrittliche Reformen. Sie ermöglichten Schulbildung und medizinische Versorgung für die gesamte Bevölkerung, industrielles Wachstum, die Mechanisierung der Landwirtschaft und den Ausbau von künstlicher Bewässerung, und sie schufen eine Infrastruktur für die Kommunikation, die vollständig mit Russland vernetzt war. Natürlich dienten diese Verbesserungen nur einem Zweck: Zentralasiatische Produkte, Rohstoffe und Bodenschätze sollten nach Russland fließen. So wurde Zentralasien zu einer Kolonie für Russlands Industrie, später auch noch für den Bevölkerungsüberschuss des Landes, denn Millionen Russen wurden als Bauern oder Fabrikarbeiter zwangsweise nach Zentralasien umgesiedelt.

Nachdem sie ihre Herrschaft konsolidiert hatten, begannen die Sowjets mit Strafaktionen gegen die Ausübung der islamischen Religion. Die Kommunistische Partei bewertete jegliche religiöse

Praxis als »bourgeoise Dekadenz« und hatte bereits mit der Unterdrückung aller Religionen im neuen kommunistischen Russland begonnen. Gegen den Islam gingen die Sowjets aber besonders hart vor, weil sie ihn als rückständig und reaktionär einstuften – und weil sie ihn fürchteten. Während der Basmatschi-Revolte hatten sie erkannt, dass diese Religion ein Potenzial hatte, auf dem der nationalistisch und religiös motivierte Widerstand gegen die kommunistische Herrschaft aufbauen konnte. Die Kommunisten sahen im Islam eine reaktionäre, von Mullahs geführte und von den britischen Imperialisten unterstützte Kraft, die die Revolution untergraben und den allgemeinen Fortschritt mit Erziehung und Bildung für alle verhindern wollte.

Moscheen wurden geschlossen und in Werkstätten verwandelt, muslimische Gottesdienste und Zeremonien verboten, Frauen durften keinen Schleier tragen und Kinder nicht den Koran lesen. Selbst die Kollektivierungsprogramme hatten eine starke antiislamische Basis. 1917 hatte es im russischen Reich noch etwa 20 000 Moscheen gegeben, 1929 waren weniger als 4000 davon übrig geblieben. 1935 existierten in Usbekistan nur noch 60 offiziell registrierte Moscheen, in Turkmenistan ganze vier und in Kasachstan 20. Millionen von Menschen hatten an ihrem Wohnort keine Moschee mehr, in der sie ihren Glauben praktizieren konnten, und die Madrassas wurden alle geschlossen.[5]

Ironie der Geschichte: 1941, nach Hitlers Überfall auf die Sowjetunion, verbesserte sich die Situation geringfügig. Stalin brauchte jetzt jeden Menschen in der Sowjetunion für diesen Krieg. Er beschwichtigte die Muslime durch die Gründung von vier islamischen geistlichen Direktoraten. Sie wurden ganz gezielt so eingerichtet, dass sie Moskau gleichzeitig mit der allgemeinen Mobilisierung auch eine bessere Kontrolle der muslimischen Bevölkerung ermöglichten. Das Islamische Direktorat für Zentralasien und Kasachstan hatte seinen Sitz in Taschkent. Die anderen drei Direktorate befanden sich im russischen Ufa (für den europäischen Teil Russlands und Sibirien), in der aserbaidschanischen Stadt Baku (für Transkaukasien) und in Buinaksk (für Dagestan und den

Nordkaukasus). Zentralasien profitierte während der Kriegsjahre auch von der Ansiedlung neuer, großer Industriebetriebe. Stalin ließ die russischen Fabriken Stein für Stein ab- und fern der Front in Zentralasien wieder aufbauen, wo sie vor deutschen Bomben sicher waren.

Aber der Diktator benutzte Zentralasien auch als Deportationsort ganzer ethnischer Gruppen, die von den Sowjets als potenzielle Sympathisanten der Deutschen eingestuft wurden. Diese Bevölkerungsgruppen wurden in Massen aus dem Kaukasus und der Ukraine vertrieben. Am 23. Februar 1944 deportierte Stalin eine halbe Million Tschetschenen nach Zentralasien und Sibirien. Ein Drittel von ihnen starb noch während der Reise oder später im Exil. Diese Politik verschärfte die ethnischen Spannungen in der Region, wie es zuvor schon die Grenzziehung bei der Gründung der zentralasiatischen Republiken getan hatte, und sie schuf Probleme, die bis heute nicht gelöst sind.

Nach dem Ende des Zweiten Weltkriegs begann die Unterdrückung des Islam von neuem. Schon vorher, im Mai 1944, hatte die Regierung durch einen besonderen Erlass den Rat für Angelegenheiten religiöser Kulte geschaffen. Er wurde später zum federführenden Organ des sowjetischen Staats für den Umgang mit dem Islam und den Muslimen. Durch diese Maßnahmen hatten die Sowjets den Islam auf den Status eines bloßen Kults herabgestuft. Moskau startete eine umfassende Kampagne zur Beseitigung jeglicher Spuren der islamischen Kultur und religiösen Praxis, was zur Schließung weiterer Moscheen führte. Zwar gab es von 1955 bis 1958 unter Nikita Chruschtschow eine kurze Periode der Liberalisierung, als Teil seiner Kampagne gegen einige der brutalen stalinistischen Praktiken, aber der nächste Rückschlag folgte wenig später.

In den sechziger Jahren versuchten es die Sowjets dann mit einem neuen Kurs. Moskau brauchte für seine Außenpolitik die Unterstützung der gesamten muslimischen Welt, also musste es beweisen, dass es den Islam im eigenen Land tolerierte, und ganz besonders in Zentralasien. Ein politisches Konzept wurde entwickelt, das Kritiker als »offiziellen Islam« kennzeichneten. Die Regierung richtete in Taschkent und Buchara zwei »offizielle« Madrassas ein, in denen Mullahs sowohl islamische als auch sowjetische Studien betrieben. Diese staatlich anerkannten Mullahs wurden dann einer behördlich anerkannten Moschee zugewiesen. Einige Studenten durften ihre Kenntnisse sogar im Ausland vertiefen, meist an der Al-Azhar-Universität in Kairo. Muslimische Feiertage wurden respektiert, und einige Muslime durften sogar die Hadsch antreten, die Pilgerfahrt nach Mekka, und andere heilige Stätten im Nahen Osten besuchen. Die Sowjets luden muslimische Würdenträger aus dem Ausland nach Taschkent ein, um ihnen zu zeigen, wie gut sich der Islam mit dem Sozialismus vereinbaren ließ.

Michail Gorbatschow startete im Rahmen seines »Liberalisierungs«-Programms der Perestroika den letzten antiislamischen Kreuzzug, bei dem der Islam als Feind der Modernisierung dargestellt wurde, als Sammlungsbewegung für antirussische Stimmungen unter den ethnischen Gruppen Zentralasiens. Gorbatschows eigene antimuslimische Ansichten wurden durch die führenden Politiker Zentralasiens noch verstärkt. Diese fürchteten, dass ein Wiedererstarken des Islam Forderungen nach mehr Freiheit und Demokratie nach sich ziehen und ihre Machtposition gefährden würde.

Der islamische Untergrund

Während der gesamten sowjetischen Ära hielt der »inoffizielle« Islam den wahren Glauben am Leben, wenn auch nur im Untergrund. Inoffizielle Moscheen blühten im Verborgenen. Sobald die Behörden eine Moschee schlossen, entstand anderswo Ersatz. Schätzungen zufolge gab es in Usbekistan 1945 etwa 600 inoffizielle Moscheen, Tadschikistan verfügte über mehr als 500 Schreine, betreut von 700 behördlich nicht erfassten Mullahs. Dort kamen an Feiertagen regelmäßig Zehntausende von Gläubigen zusammen. Die Menschen betrieben in ihren Privathäusern

Madrassas und versammelten sich abends zum Gebet und zu religiösen Zeremonien. Sie besuchten Schreine und Grabmale und tarnten diese Aktivitäten, indem sie sie auf kommunistische Feiertage legten. Untergrund-Moscheen und -Koranschulen entstanden auf Friedhöfen, wo die Lebenden wie auch die Toten angesprochen werden konnten.

Wandernde Mullahs und Fakire trugen die religiösen Bräuche von Region zu Region weiter und lebten dabei von den Spenden der Gemeinden, die sie besuchten. Im Jahr 1960 schätzte man die Zahl der inoffiziellen Mullahs allein in Tadschikistan auf rund 6000. Auch das Fergana-Tal war ein bevorzugtes Gebiet dieser Mullahs, die ihr Leben damit verbrachten, Zentralasien kreuz und quer zu durchwandern, und dabei der Staatsmacht stets aus dem Weg gingen. Das Tal beherbergte auch eine große Zahl heimlich organisierter häuslicher Madrassas. Kinder aus ganz Zentralasien kamen zum Koranstudium ins Fergana-Tal.[6]

Die geheimen Sufi-Gesellschaften, die Tariqas, hatten einen gewaltigen Anteil am Überleben des Islam in dieser Zeit, und die Wanderprediger trugen viel dazu bei, dass die Zahl und Popularität der Sufis zunahm. Die gut organisierten Sufi-Sekten veröffentlichten im Untergrund religiöse Literatur, die von Hand zu Hand ging und weite Verbreitung fand. Diese Samisdat-Literatur, die den heimlich publizierten Schriften sowjetischer Dissidenten in Russland ähnelte, ist von westlichen wie auch von islamischen Gelehrten weitgehend ignoriert worden.

Sogar einige Funktionäre der kommunistischen Parteien in Zentralasien blieben dem Brauchtum treu und engagierten in aller Heimlichkeit Mullahs und Sufis, die bei wichtigen Anlässen die islamischen Rituale praktizierten: bei Hochzeiten, Geburten und Todesfällen. (Mischehen mit Russen waren selten. Eine Ausnahme stellte die gebildete kasachische und kirgisische Stadtbevölkerung dar, die weniger religiös war.)

1989 erlebte ich eine heimliche muslimische Hochzeit auf einer Kolchose im Fergana-Tal. Die Hochzeit wurde, wie es das Gesetz verlangte, im örtlichen Büro der Kommunistischen Partei eingetragen, und die Braut trug ein weißes Kleid. Kaum aber war das Brautpaar zu Hause, zog sich die Braut um, legte die traditionelle usbekische Tracht an, und ein inoffizieller Mullah vollzog die feierliche Trauung nach islamischem Recht. In dieser Nacht wurde heimlich ein Schaf geschlachtet, und die ganze Hochzeitsgesellschaft blieb wach, kochte, tanzte und sang. Das Hochzeitsmahl wurde im Morgengrauen eingenommen, damit die Polizei nichts bemerkte, aber die örtlichen Funktionäre der Kommunistischen Partei waren ebenfalls eingeladen worden. Sie aßen das traditionelle Hochzeitspilaw, ein Reisgericht mit Hammel- oder Hühnerfleisch, gemeinsam mit den Landarbeitern. Dann gingen alle zur Arbeit und taten so, als seien sie eben erst aufgestanden. Mitgift und Brautpreis waren nach sowjetischem Recht ebenfalls verboten. Die Familie des Bräutigams bezahlte beides vor allem mit Juwelen, Möbeln und Schafen, weniger mit Bargeld. Die Frauen spielten ebenfalls eine wichtige Rolle bei der Bewahrung islamischer Lebensweise. Sie waren keineswegs nur federführend bei der häuslichen Pflege islamischer Überlieferung und Kultur, sie betreuten, reinigten und pflegten auch die Sufi-Schreine, in denen sich die Menschen an Wochenenden zum Gebet einfanden. In den neunziger Jahren besuchte ich mehrere dieser Sufi-Schreine im Pamir. Mir fiel auf, dass die Dorfbewohner die Frauen, die diese Schreine während der schlimmsten Zeit der Unterdrückung durch die Sowjets in Ordnung gehalten hatten, ganz besonders respektierten und verehrten.

Die sowjetischen Behörden in Moskau taten entweder so, als bekämen sie gar nicht mit, was da unter ihrer Nase vor sich ging, oder, was wahrscheinlicher war, sie hatten keine Ahnung von der Kontinuität und Verbreitung islamischer religiöser Praxis in der Bevölkerung. Einheimische Mitglieder der zentralasiatischen kommunistischen Parteien, die selbst Muslime waren, wussten natürlich um den Islam im Untergrund, hielten aber gegenüber Moskau ihr Wissen geheim. Einerseits wollten sie wohl ihre Mitbürger und die Mullahs nicht gegen sich aufbringen, andererseits aber waren sie auch sehr stolz darauf, die Russen an der Nase herumzuführen. Die Sowjets waren niemals in der Lage, die Kluft zwischen der muslimischen und der nichtmuslimischen Welt zu überbrücken, und sie schafften es auch nicht, die Trennung zwischen den Russen und den ethnischen Gruppen Zentralasiens aufzuheben.

Bei den Völkern Zentralasiens spielte der Islam eine Schlüsselrolle für den Fortbestand der Clans und der regionalen und ethnischen Solidarität. Während es sich das kommunistische System zur Aufgabe machte, solche Spuren der Vergangenheit zu tilgen, bauten die kommunistischen Parteien vor Ort de facto genau auf diesen regionalen und Clan-Bündnissen auf. Viele Parteimitglieder waren selbst Muslime. In Usbekistan bestanden die traditionellen Rivalitäten zwischen den einheimischen Eliten aus Regionen wie Samarkand, Taschkent und dem Fergana-Tal auch innerhalb der Kommunistischen Partei ungebrochen fort. Das Zentralkomitee musste in allen Angelegenheiten genau auf die ausgewogene Vertretung der einzelnen Landesteile achten. In Kasachstan und Kirgistan hielt die jeweilige Kommunistische Partei auch eine fein austarierte Balance zwischen den verschiedenen Ordas, während in Turkmenistan die drei größten Stämme in der KP angemessen vertreten waren. In Tadschikistan, dieser stark zergliederten Landschaft mit ihren hohen Gebirgszügen und isolierten Tälern, bewirkte die Mischung von Usbeken und Tadschiken eine strenge Regionalisierung von Clans und ethnischen Gruppen. Die Kollektivierung des Landes und der Aufbau von landwirtschaftlichen Großbetrieben hatten keinen Einfluss auf diese Dynamik. Ganz im Gegenteil, die kollektivierten Betriebe förderten die strenge Orientierung an der Clan-Solidarität durch das Einstellen von Bauern aus einem einzigen Clan oder einer einzigen Region.

Der Aufstieg des militanten Islam während der Perestroika

Mitte der achtziger Jahre verkündete KP-Chef Michail Gorbatschow seine Politik der Perestroika (Umgestaltung) mit ihren liberalen – oder zumindest liberaleren – sozialen und politischen Leitlinien. Dazu gehörte zwar nicht die Aufhebung der Beschränkungen für die Religionsausübung, aber die Menschen in ganz Russland deuteten die Zeichen der Zeit anders, und alle Religionen erlebten sofort einen großen Aufschwung. Die sowjetische Führungselite, die Nomenklatura, war besonders schockiert, als klar wurde, dass zu den ersten Konsequenzen dieses gesellschaftlichen Aufbruchs ein sich explosionsartig entwickelndes Interesse am Islam in Zentralasien gehörte. Tausende von Moscheen wurden neu gebaut, der Koran und andere islamische Schriften wurden aus Saudi-Arabien und Pakistan ins Land gebracht und kostenlos an die Bevölkerung verteilt, wandernde Mullahs wurden über Nacht zu öffentlichen Vorbetern auf den großen landwirtschaftlichen Betrieben und in den Dörfern.

Der entscheidende Grund für diese »Explosion« war natürlich, dass der Islam niemals völlig verschwunden war, nicht einmal während der schlimmsten Repressionen der Sowjetzeit. Je heftiger ihn die Sowjets zu vernichten suchten, desto hartnäckiger verbreitete er sich über ganz Zentralasien als ein Akt ethnisch-regionalen und auch religiösen Widerstandes. Aber es gab auch externe Faktoren, die während der Perestroika zur Wiederbelebung des Islam beitrugen, und diese neuen Faktoren führten zu einer beunruhigenden neuen Strömung innerhalb des zentralasiatischen Islam, zu einer Strömung, die heute noch vorherrschend ist: zum Anwachsen des militanten Islam. Es ist auffällig, dass dieser neue Islamismus viel stärker auf Ideen basierte, die aus der islamischen Welt außerhalb Zentralasiens kamen, und sich weniger aus dem traditionellen Islam der Region selbst entwickelt hatte.

In den achtziger Jahren wurden Tausende junger Männer aus Zentralasien zur Roten Armee eingezogen und mussten gegen die afghanischen Mudschaheddin kämpfen, die sich nach wie vor gegen die sowjetische Invasion von 1979 wehrten. Die zentralasiatischen Muslime traten so, durch einen Krieg gegen ihre Glaubensbrüder, wieder in Kontakt mit der erweiterten Umma (der muslimischen Welt). Viele sowjetische Soldaten waren tief beeindruckt

von der Hingabe ihrer Gegner an den Islam. Soldaten aus Zentral-
asien, die in Gefangenschaft gerieten, schlossen sich häufig den
Mudschaheddin an. Der Krieg dauerte an und zog immer weitere
Kreise, neben anderen interessierten Parteien wurden auch die
USA, Großbritannien, Pakistan und Saudi-Arabien in das Gesche-
hen verwickelt.

1986 einigten sich die Geheimdienste der USA, Großbritanniens
und Pakistans auf einen Plan, Guerillaattacken nach Tadschikistan und Usbekistan hineinzutragen. Dort lagen die Nachschubbasen für die sowjetischen Truppen in Afghanistan. Afghanische
Mudschaheddin-Einheiten überquerten im März 1987 den Amudarja und starteten Raketenangriffe gegen tadschikische Dörfer.
Unterdessen reisten Hunderte usbekischer und tadschikischer
Muslime heimlich nach Pakistan und Saudi-Arabien, um dort in
den Madrassas zu lernen oder eine Guerilla-Ausbildung zu absol-
vieren – mit dem Ziel, sich später den Mudschaheddin anzuschließen. Dies war Teil eines umfassenden Plans der USA, Pakistans
und Saudi-Arabiens, der vorsah, radikale Muslime auf der ganzen
Welt für den Kampf an der Seite der Afghanen zu rekrutieren. Von
1982 bis 1992 kämpften 35 000 radikale Muslime aus 43 islamischen Ländern an der Seite der Mudschaheddin. Zehntausende
junger Männer besuchten zur gleichen Zeit Tausende neu einge-
richtete und von der Regierung finanzierte Madrassas in Pakistan.
Auf diese Weise kamen schließlich mehr als 100 000 radikale
Muslime aus aller Welt in direkten Kontakt mit Pakistan und
Afghanistan.

Schon bald entwickelte sich unter diesen Muslimen die Vorstellung eines Kampfes, der über Afghanistan hinausging. Ende der
achtziger Jahre richteten führende Deobandi-Madrassas in Pakistan Freiplätze für junge zentralasiatische Radikale ein, denen
eine kostenlose Ausbildung und ein Stipendium gewährt wurden.
Schon bald rühmte sich jede Deobandi-Madrassa eines großen
Kontingents zentralasiatischer Studenten, die ohne Pässe oder
Visa heimlich ins Land gekommen waren und Stipendien erhalten
hatten. Diese Studenten wurden auf einen größeren Krieg vorbe-

reitet. Radikale Usbeken und Tadschiken, die ich 1989 in Afghanistan traf, waren davon überzeugt, dass ein Sieg in Afghanistan zu islamischen Revolutionen in ganz Zentralasien führen würde.[7] Die Deobandi-Sekte, bei der sie ihre Ausbildung erhielten, war als sunnitische Erweckungsbewegung im Britisch-Indien des 19. Jahrhunderts gegründet worden. Im Zusammenwirken mit einigen anderen Ablegern des sunnitischen Islam trug der Deobandismus zur Radikalisierung des islamischen Denkens in Pakistan, Afghanistan und später im Fergana-Tal bei. Die Deobandis verabscheuten die Schiiten und hatten sehr restriktive Vorstellungen von der Rolle der Frau, aber ihr wichtigster ideologischer Beitrag zum sunnitischen Islam war die Wiedereinführung der Idee des Dschihad in der zweiten Hälfte des 20. Jahrhunderts. Das Konzept des Dschihad war eine Zeit lang vom schiitischen Iran dominiert worden, als Konsequenz der iranischen Revolution von 1979. In den neunziger Jahren spielten jedoch die pakistanischen Deobandi-Madrassas eine bedeutende Rolle bei der Ausbildung der Taliban-Anführer, und der Dschihad war ein Schlüsselbegriff des Programms dieser Koranschulen. Aber der Deobandismus stieß bei anderen zentralasiatischen Muslimen, auch bei Radikalen, auf Widerstand. Der Einfluss der Deobandi-Taliban auf die neue Generation militanter Muslime, die später die Islamische Bewegung Usbekistans (IMU) gründeten, war wichtig für die Entwicklung der politischen Ideologie der IMU und ihrer Vorstellungen vom Dschihad. Tadschikistans islamische Opposition orientierte sich dagegen an dem afghanischen Militärbefehlshaber Ahmed Schah Massud, einem Tadschiken. Dessen Vorstellungen vom Islam waren eng mit dem tadschikischen Nationalismus verbunden. So spielte die seit langem bestehende Trennung zwischen usbekischer und tadschikischer – türkischer und persischer – Kultur in Zentralasien selbst in den Bereich der neuen radikalislamischen Ideologien hinein. Militante Usbeken fühlten sich zum Radikalismus der pakistanisch-afghanischen Paschtunen hingezogen, die zuerst von Gulbuddin Hekmatjar, später dann von den Taliban angeführt wurden. Die Tadschiken sahen ihr Ideal innerhalb des afghanisch-tadschikischen Milieus. Und sowohl Pakistan als auch Afghanistan mischten bei der Verbreitung radikaler islamischer Ideen in Zentralasien weiter mit.

Der Wahhabismus war die andere bedeutende Sekte innerhalb des sunnitischen Islam, die durch den Afghanistan-Krieg und den späteren Zusammenbruch der Sowjetunion in Zentralasien Fuß fassen sollte. Der strenge wahhabitische Glaube hat seine Wurzeln in einer Bewegung des 18. Jahrhunderts, die unter Führung von Mohammed Abd al-Wahhab (1703–1792) die Ausschaltung des Sufismus unter den arabischen Beduinen zum Ziel hatte. Im 20. Jahrhundert erhob die saudische Königsfamilie den Wahhabismus zur Staatsreligion, und nach dem Ölboom der siebziger Jahre machte Saudi-Arabien den sich ausbreitenden Wahhabismus zu einem Schwerpunkt seiner Außenpolitik. Die Wahhabiten traten in Zentralasien erstmals 1912 in Erscheinung, als Sayed Shari Mohammed, ein Mann aus Medina, im Fergana-Tal wahhabitische Zellen gründete. Diese strenge Glaubensrichtung, die sich nicht nur gegen den Sufismus, sondern auch gegen Gottesdienste in Schreinen wandte, war in Zentralasien nie besonders populär, weil sie mit den gemäßigten islamischen Traditionen der Region brach. Als in den achtziger Jahren die wahhabitischen Führer der afghanischen Mudschaheddin, später auch die Anführer in Zentralasien – viele von ihnen hatten saudische Madrassas besucht – massive finanzielle Unterstützung aus Saudi-Arabien erhielten, gewann der Wahhabismus in diesen Regionen immer mehr Einfluss. Die Regime der einzelnen Republiken förderten durch ihre kurzsichtige, tyrannische Reaktion den Aufstieg des Wahhabismus noch, so wie sie zuvor schon durch ihre Politik viele andere Probleme Zentralasiens verschlimmert hatten. 1992 zum Beispiel belegte die usbekische Regierung jeden, der als Anhänger des radikalen Islam eingestuft wurde oder aufgrund seines islamischen Glaubens regierungsfeindlicher Ansichten verdächtig war, mit der Bezeichnung Wahhabi. 1997 schließlich bezeichnete die Regierung alle Muslime, die ihren Glauben in nicht registrierten Moscheen ausübten oder privat studierten und beteten, als Wahhabis. Jeder

Muslim, der Kontakte zu behördlich nicht registrierten Vorbetern hatte oder Kinder in der Koranlektüre unterwies, war jetzt ebenfalls ein Wahhabi. Heute benutzt die Regierung den Begriff Wahhabi, um alle muslimischen Gläubigen zu diskreditieren, indem sie diese mit der Geschichte des wahhabitischen Extremismus in Verbindung bringt. Eine solche irreführende Bezeichnung veranschaulicht einerseits den Mangel an fundiertem Wissen über den Islam auf Seiten der herrschenden Eliten, andererseits erleichtert sie ihnen auch die Unterdrückung aller islamischen Aktivitäten, indem sie einfach von »Wahhabi« sprechen. Gleichzeitig hat dieses Vorgehen die Sekte auch mit einer populären, geheimnisvollen Aura umgeben. Die Muslime sahen die Wahhabis als verfolgte Anhänger ihres Glaubens. Das ist eine großzügige Interpretation mit dem Ziel, die Unvereinbarkeit dieser Glaubensrichtung mit dem zentralasiatischen Islam zu überwinden und der Bewegung in der Region ihren Schwung zu erhalten.

Zentralasien in den letzten Jahren der Sowjetunion

Die Präsidenten der fünf zentralasiatischen Sowjetrepubliken – Nursultan Nasarbajew (Kasachstan), Rachman Nabijew (Tadschikistan), Askar Akajew (Kirgistan), Islam Karimow (Usbekistan) und Saparmurad Nijasow (Turkmenistan) – trafen sich am 12. Dezember 1991 in der turkmenischen Hauptstadt Aschchabad, um über die Krise zu beraten, die auf dem Nachbarkontinent ausgebrochen war. Vier Tage zuvor hatten die Präsidenten Boris Jelzin (Russland), Leonid Krawtschuk (Ukraine) und Stanislaw Schuschkjewitsch (Weißrussland) den Vertrag von Minsk unterzeichnet. Mit diesem Abkommen wurde die Sowjetunion offiziell aufgelöst und gleichzeitig eine neue Gemeinschaft Unabhängiger Staaten (GUS) gegründet. Die slawischen Präsidenten hatten es nicht für nötig gehalten, sich mit ihren zentralasiatischen Kollegen zu beraten, bevor sie diesen folgenschweren Schritt unternahmen. Als ich die zentralasiatischen Präsidenten an diesem kalten, verschneiten Abend bei ihrer Ankunft auf dem Flughafen von Asch-chabad beobachtete, konnte ich gut an ihren Gesichtern Zorn, Frustration und das Gefühl, verraten worden zu sein, ablesen. Die Präsidenten wussten, dass sie ihr Verbündeter Russland, von dem sie bisher abhängig gewesen waren, im Stich gelassen hatte. Seit dem Putschversuch gegen Präsident Gorbatschow im August 1991 waren die zentralasiatischen Politiker stets an der Spitze der Hard-liner zu finden gewesen, die immer noch nach einem starken Machtzentrum verlangten, als die Sowjetunion schon dabei war, sich aufzulösen. Sie machten sich große Sorgen, ob nicht die öf-fentliche Sicherheit ihrer Republiken, ihre Wirtschaft und ihre sozialen Einrichtungen – all diese Strukturen waren eng mit denen Russlands verzahnt – zerstört würden, falls die Sowjetunion aus-einander fiele. Nun war genau dieser Fall eingetreten.

Zum Abschluss ihres Treffens erklärten die Spitzenpolitiker Zen-tralasiens, ihre Republiken seien zum Beitritt in die GUS bereit – unter der Voraussetzung völliger Gleichberechtigung mit den an-deren Mitgliedsstaaten. In Wirklichkeit bettelten sie bei Russland um Aufnahme in die neue Staatengruppe. Zehn Tage später, am 21. Dezember 1991, wurde in Almaty, damals noch Hauptstadt Kasachstans, eine neue GUS gegründet, der elf von fünfzehn ehe-maligen Sowjetrepubliken angehörten. (Die drei baltischen Re-publiken und Georgien lehnten den Beitritt ab.) Innerhalb eines einzigen Jahrhunderts wurden die Menschen Zentralasiens so in jeweils schnell vollzogenen Umwandlungsprozessen dreimal ver-einnahmt: Zuerst wurden sie mit Gewalt vom Zarenreich ge-schluckt, dann unter Zwang sowjetisiert und Bürger sozialisti-scher Republiken und schließlich ungefragt zu Staatsangehörigen unabhängiger Republiken. Der einzige Unterschied war dabei: Die ersten beiden Umwandlungen waren blutig verlaufen, die dritte ging friedlich vonstatten.

Unter den zentralasiatischen Staatschefs herrschte aber eher Trauerstimmung, nach Feiern war niemandem zumute. Ihre Län-der waren schließlich beinahe unauflöslich mit Russland verbun-den, das reichte vom Stromnetz über Ölpipelines bis zu Straßen und Militärstützpunkten. Industrie und Landwirtschaft waren von Importen aus Russland abhängig, die Exporte größtenteils für den russischen Markt bestimmt. Jede internationale Telefonverbindung nach Zentralasien führte über Moskau. Die Republiken verfügten über keine eigenen, unabhängigen Streitkräfte, und viele der ärmeren Staaten, zum Beispiel Tadschikistan, waren von sowjetischen Subventionen abhängig, die jetzt ausbleiben würden. Aber die zentralasiatischen Präsidenten bewahrten Haltung im Angesicht der Krise und forderten einen gemeinsamen Markt, eine zentralasiatische Wirtschaftsgemeinschaft, die sie vor dem befürchteten Bankrott ihrer Staaten bewahren könnte.

Die Männer an der Spitze dieser neuen Republiken waren erzkonservative Kommunisten, deren Wahrnehmung von der Außenwelt völlig von Moskau abhängig gewesen war. Sie hatten gegen Gorbatschows Reformversuche polemisiert, weil sie befürchteten, dass jede Schwächung der Zentralgewalt die Grundlagen ihrer eigenen Macht bedrohen und schlafende Hunde wecken würde: den Nationalismus in ihren Völkern. Sie waren im Sowjetsystem aufgewachsen und erzogen worden, und viele von ihnen beherrschten nicht einmal die Landessprache. Ihre Privilegien und ihr weiteres Fortkommen hingen von Moskau ab. Die Präsenz der sowjetischen Armee, die jetzt abzuziehen drohte, garantierte ihre Sicherheit. Die Wirtschaft ihres Landes basierte auf den Handelsbeziehungen mit der Sowjetunion. Und die massive sowjetische Finanzhilfe war das Einzige, was die unter Geldmangel leidenden sozialen Dienste, zum Beispiel das Bildungs- und Gesundheitswesen, in Gang hielt.

Die zentralasiatischen Politiker fürchteten die Unabhängigkeit von Moskau ebenso sehr, wie ihre Völker sie willkommen hießen. Jeder der Präsidenten hatte jetzt die Perspektive, ein autonomes Land zu regieren. Sie alle würden sich in Zukunft mit Problemen der Inflation herumschlagen müssen, mit der Schaffung von Arbeitsplätzen, wirtschaftlicher Entwicklung, mit Außen- und Sicherheitspolitik. Die Krise, die ihnen bevorstand, wurde noch verschlimmert, als die Rückwanderung der Millionen von Russen begann, die in allen fünf Republiken Schlüsselpositionen in Armee, Verwaltung und Wirtschaft innegehabt hatten: Beim Management in Zentralasien fehlte es plötzlich an allen Ecken und Enden.

Was der politischen Führung in diesen Staaten aber am meisten Angst einjagte, war die Tatsache, dass sie mit den Erwartungen der Menschen umgehen musste, die nach politischen Freiheiten verlangten, nach Meinungsfreiheit, Demokratie und freier Ausübung des islamischen Glaubens. Gorbatschows Versuche, das Sowjetsystem offener zu gestalten, bedeuteten für Zentralasien auch, dass jetzt neue politische Ideen und religiöse Strömungen ins Land kamen. Zu den Ideen, die tatsächlich Fuß fassten, gehörte unter anderem die Demokratie nach westlichem Vorbild. Sie fand Fürsprecher bei russischen Liberalen und wurde auch durch die Unabhängigkeitsbestrebungen der baltischen Republiken beeinflusst. Der Panturkismus trat auf den Plan. Seine Anhänger wollten einen vereinigten türkischen Staat schaffen, der von der chinesischen Grenze bis zur Türkei reichte. Es gab auch Vorstellungen von einer freien, kapitalistischen Marktwirtschaft. Und den islamischen Fundamentalismus, der die Scharia durchsetzen wollte. Gorbatschow hatte ganz unabsichtlich eine Pandora-Büchse geöffnet. Die zentralasiatischen Politiker bemühten sich verzweifelt, sie wieder zu schließen.

Eines der Probleme, das diese Männer lösen mussten, war, dass keiner von ihnen viel Zeit gehabt hatte, seine Machtbasis zu stabilisieren. Gorbatschows Aufstieg an die Spitze der KPdSU im März 1985 war zusammengefallen mit dem Ausscheiden aller fünf Ersten Sekretäre der zentralasiatischen kommunistischen Parteien innerhalb von vier Jahren. Jeder von ihnen hatte fast zwanzig Jahre nahezu unumstrittener Machtausübung genossen, aber bis Ende 1986 waren diese Männer entweder gestorben oder aus ihren Positionen vertrieben worden. Gorbatschow griff nach der erstbesten guten Gelegenheit, um die sowjetische (russische) Kontrolle über Zentralasien zu festigen. Er versuchte, Russen in die vakanten Positionen zu hieven, aber dieser Plan war alles andere als ein durchschlagender Erfolg.

Im Dezember 1986 machte Gorbatschow den Russen Gennadi Kolbin zum Chef der Kommunistischen Partei Kasachstans. Kolbin ersetzte Dinmuchamed Kunajew, einen ethnischen Kasachen, der die Republik seit 1964 regiert hatte. Wenige Tage nach Kolbins Amtsantritt brachen in Almaty Unruhen aus, die schnell auf andere Städte übergriffen. Bei diesen heftigsten öffentlichen Demonstrationen antirussischer und antikommunistischer Gesinnung seit dem Zweiten Weltkrieg gab es siebzehn Tote und Hunderte von Verletzten. Dieser hemmungslose Ausbruch öffentlichen Protestes und diese Demonstration der Macht des Volkes schockierten die sowjetische Nomenklatura. Sie ersetzte Kolbin durch Nursultan Nasarbajew, einen Kasachen. In den übrigen zentralasiatischen Staaten (mit Ausnahme Usbekistans) hatte Gorbatschow mit seiner Politik, Russen in die Regierung zu bringen, mehr Erfolg. Die Regierungschefs allerdings kamen künftig aus den einheimischen ethnischen Gruppen.

Früher galt Zentralasien als friedliches und gelehrsames Hinterland der Sowjetunion. Jetzt reagierte die Region mit einer Welle der Gewalt auf die wirtschaftliche Misere, die ethnischen Spannungen und die wachsende antirussische Stimmung. Im Mai 1988 kam es in Aschchabad zu Krawallen, als junge Turkmenen gegen die Arbeitslosigkeit demonstrierten. Im Juni 1989 gab es bei Kämpfen zwischen Usbeken und Mescheten im Fergana-Tal Dutzende von Toten. Anlass der Auseinandersetzungen war ein Streit um Land und Wohnraum. Wenige Monate später, im Februar 1990, folgten in Duschanbe blutige Unruhen zwischen Tadschiken und Armeniern, erneut war Wohnungsnot der Grund. Der Juni 1990 schließlich sah die bisher gewalttätigsten ethnischen Konflikte. Im südlichen Kirgistan, am östlichen Rand des Fergana-Tals, kämpften Usbeken gegen Kirgisen. Bei einer ethnisch motivierten Gewaltorgie gab es Hunderte von Toten, die Leichen getöteter Bauern wurden im Basar von Osch an Fleischerhaken aufgehängt. Der Aufruhr endete erst mit der Ankunft sowjetischer Truppen, die Recht und Ordnung wiederherstellten. Militante Islamisten führten im September 1991 in Namangan im Fergana-

Tal einen neuen Aufstand an, der sich gegen den Präsidenten Islam Karimow richtete. Inzwischen war im Kaukasas zwischen Aserbaidschan und Armenien ein Krieg um die umstrittene Region Bergkarabach ausgebrochen. Im Verlauf dieses Konflikts starben 30 000 Menschen.

Die kommunistische Herrscherelite Zentralasiens hatte die öffentliche Ordnung nur mit Hilfe sowjetischer Truppen und der Unterstützung Moskaus wiederherstellen können. Die Unruhen schürten massive Ängste, dass mit der Unabhängigkeit von Moskau noch viel schlimmere Konflikte ausbrechen könnten, ausgelöst von ethnischem Hass und wirtschaftlichen Problemen. Gleichzeitig fühlte sich die Machtelite der Region von Gorbatschow betrogen, der 1988 den Rückzug der sowjetischen Truppen aus Afghanistan beschlossen hatte. Vor dieser Entscheidung waren die zentralasiatischen Politiker nicht konsultiert worden, ebensowenig wie vor der sowjetischen Invasion in Afghanistan im Jahr 1979. In der übrigen Sowjetunion hatte die Ablehnung des Krieges zugenommen, als Tausende von Soldaten in Leichensäcken in die Heimat zurückkehrten. In Zentralasien sah man (das galt zumindest für die Regime) den Krieg dagegen mit Wohlwollen, denn die Region hatte von ihrer strategischen Lage als Nachschubbasis für die sowjetische Armee in Afghanistan wirtschaftlich profitiert. Außerdem fürchtete man sich in Zentralasien vor dem Ergebnis des Machtkampfes in Kabul, den das kommunistische Regime Afghanistans mit den islamischen Mudschaheddin führte. Diese Furcht war begründet, denn im April 1992, nur vier Monate nach der Auflösung der Sowjetunion, fiel Kabul an die Mudschaheddin.

1990 kämpften die politischen Führer Zentralasiens mit einer sich verschlimmernden Wirtschaftskrise. Die Lebensmittelpreise schossen in die Höhe, und die Regale in den Läden leerten sich. Es fehlte überall an Dingen des täglichen Bedarfs, weil die russischen Fabriken Aufträge nur noch gegen Barzahlung ausführen wollten. Russland orderte infolge der eigenen wirtschaftlichen Probleme auch keine Rohstoffe mehr in Zentralasien. Baumwolle und Erze blieben im Lager und auf Halde, und der politischen Führung fehlte es an Konzepten für die Gewinnung von Kunden außerhalb der Sowjetunion. Die sowjetischen Subventionen, mit denen das Sozialsystem bisher finanziert worden war, blieben plötzlich aus. Die Regierungen in Zentralasien waren zahlungsunfähig, es fehlte das Geld für Löhne und Renten. Doch die politische Führung weigerte sich, Wirtschaftsreformen auch nur zu erwägen, um an westliche Hilfsgelder zu kommen. Anders als in den slawischen Republiken gab es in Zentralasien keine einflussreichen Wirtschaftsreformer, die sich für eine Umorientierung in Richtung Marktwirtschaft einsetzten. Das Leben in Kasachstan wurde im März 1991 durch einen Streik der Bergleute lahmgelegt, in dessen Verlauf 70 000 Arbeiter mehrere Monate lang ohne Arbeit waren. In dieser Zeit wurden weder Löhne noch Renten ausgezahlt.

In Russland herrschte jedoch eine Stimmung offener Feindseligkeit gegenüber Zentralasien. Einst galt die Region ganz unbestritten als Teil des Großen Sowjetischen Vaterlandes. Jetzt betonte man plötzlich die kulturellen, ethnischen und religiösen Unterschiede, die Zentralasien von Russland trennten, und betrachtete die Region eher als finanzielle Last denn als Rohstoffquelle. »Warum sollten wir Zentralasien retten, das von Streitigkeiten zerrissen wird und nichts mit uns gemeinsam hat, am allerwenigsten die Religion? Allein kommen wir sehr viel besser zurecht«, grollte ein Berater von Jegor Gaidar, dem stellvertretenden russischen Ministerpräsidenten. Selbst der Dissident Alexander Solschenizyn, berühmt für seine oppositionelle Haltung gegenüber dem Sowjetregime, vertrat in einem viel gelesenen Essay die Auffassung, dass Russland erst zu seiner wahren Stärke finden würde, wenn »wir die drückende Last des mittelasiatischen Hängebauchs los sind«.[8] Moskau schien sich nicht einmal um die großen slawischen Minderheiten zu sorgen, die die Sowjetregierung früher in jedem zentralasiatischen Staat angesiedelt hatte, obwohl die russischen Bürger in diesen Staaten verzweifelt um Schutz baten.

Diese Stimmung war nach Boris Jelzins Wahl zum russischen Präsidenten im Juni 1991 noch deutlicher spürbar. Jelzin erreichte mit einem Wahlkampf, der auf die Ablehnung des Sowjetreichs und gleichzeitig auf den slawischen Chauvinismus setzte, in Russland 60 Prozent der Stimmen. Sein Amtsantritt war eine Bedrohung für den Fortbestand der Sowjetunion, deshalb verhandelte Gorbatschow den ganzen Sommer über verzweifelt über einen neuen Unionsvertrag. Mit diesem Vertrag sollte Moskau einen Teil seiner Machtbefugnisse an die Republiken abtreten und so ein Auseinanderbrechen der Sowjetunion verhindern. Am 20. August 1991, einen Tag vor der geplanten Unterzeichnung des Vertrages, inszenierten einige Hardliner in Moskau einen Putsch und versuchten damit die Regierung in der Hauptstadt zu halten. Der Aufstand wurde nach einigen Tagen niedergeschlagen, aber der neue Unionsvertrag scheiterte mit ihm.

Während die anderen Sowjetrepubliken den Putsch verurteilten, fielen die Reaktionen in Zentralasien gegenteilig aus. Die politische Führung in Turkmenistan, Usbekistan und Tadschikistan unterstützte die Putschisten in aller Öffentlichkeit, weil diese ihrer Ansicht nach die Sowjetunion gerettet hatten. Kasachstans Präsident Nasarbajew schwieg nach dem Putschversuch zwei Tage lang. Nur Kirgistans Präsident Akajew verurteilte den Staatsstreich und verlegte Truppen nach Bischkek, um seine Regierung zu schützen. Als der Putsch scheiterte und Gorbatschow im Triumph nach Moskau zurückkehrte, steckten die zentralasiatischen Führer in ernsten innenpolitischen Schwierigkeiten, denn die jungen Oppositionsparteien forderten sie jetzt zum Rücktritt auf. Die Staatschefs änderten sofort den Kurs, um ihre Macht wieder zu festigen, und bekannten sich eifrig zu Gorbatschows Führungsrolle. Als Gorbatschow am 24. August 1991 die Kommunistische Partei der Sowjetunion auflöste, folgten ihm die zentralasiatischen Parteichefs umgehend und lösten ihre eigene KP auf. In Tadschikistans Hauptstadt Duschanbe jedoch hielten die Oppositionsparteien regierungsfeindliche Kundgebungen ab, die Kachar Machanow, den Generalsekretär der Kommunistischen Partei Tadschikistans, am 7. September zum Rücktritt zwangen – ein Schritt, der sechs Monate später zum Bürgerkrieg führen sollte. Im Dezember, als der Zeitpunkt der Unabhängigkeit gekommen war, steckte Zentralasien bereits tief in der Krise. Die Staatsführungen wirkten desorientiert und schienen von Zukunftsängsten geplagt. Für die Völker Zentralasiens aber war die Unabhängigkeit eine freudige Bestätigung ihrer nationalen und ethnischen Identität. Viele Menschen hofften, dass ihre Führer jetzt allen persönlichen Ehrgeiz und alle Eifersüchteleien begraben und eine Union mit fünf Mitgliedsstaaten gründen würden. Diese Union sollte es nicht nur mit Russland aufnehmen können, sie sollte auch innenpolitische Sicherheit und Stabilität garantieren und den Republiken einen Neuaufbau der krisengeschüttelten Wirtschaft ermöglichen. Es gab enorme, wenn auch naive Erwartungen, dass die politischen Führungseliten der einzelnen Staaten sich in Richtung eines gemeinsamen Marktes bewegen würden, dass sie zu einer gemeinsamen Sicherheitspolitik finden und eine untereinander abgesprochene Außenpolitik entwickeln würden. Viele zentralasiatische Intellektuelle betrachteten solche Schritte als den einzigen Weg, die unzähligen Probleme in den Griff zu bekommen, mit denen jeder einzelne dieser Staaten zu kämpfen hatte. Die Staatsführungen äußerten zwar anfangs ihre Zustimmung zu solchen Plänen und sprachen von der Notwendigkeit eines gemeinsamen Marktes in Zentralasien und gemeinsamer Positionen bei internationalen Verhandlungen. Aber sie verhinderten jegliche demokratische Mitbestimmung und Mitsprache bei Diskussionen über den künftigen politischen Kurs ihrer Republiken. Turkmenistan und Usbekistan begannen sogar mit Zensurmaßnahmen gegen die Moskauer Presse und das Moskauer Fernsehen, die eine offenere Berichterstattung pflegten als ihre eigenen, staatlich kontrollierten Medien.

Im gleichen Maß wie die Staatsführungen die politische Unterdrückung und die Zensur verschärften, flüchteten sie sich in eine engstirnige, nur am Aufbau des eigenen Landes orientierte Politik. Das schien ihnen die einzige Garantie für ihr persönliches politisches Überleben zu sein. Sie waren unfähig, die drängenden wirtschaftlichen und sicherheitspolitischen Probleme gemeinsam anzugehen. Auch den wachsenden Unruhen standen sie hilflos gegenüber. Und Russland trug seinen Teil zu den Problemen in Zentralasien bei. Die russischen Truppen zogen aus den fünf Republiken ab, und die jungen einheimischen Armeen verfügten nur über wenige hochrangige Offiziere aus den eigenen Reihen. Die russischen Wirtschaftslenker verlangten für ihre exportierten Konsumgüter und Fertigprodukte jetzt internationale Marktpreise. Gleichzeitig nötigten sie die zentralasiatischen Staaten aber, ihnen Baumwolle, Erze und Erdöl für ebenso niedrige Preise wie in der Sowjetzeit zu verkaufen. Moskau stoppte alle Kredite, Finanzhilfen und Subventionen für die Region und verlangte von Zentralasien die Rückzahlung der enorm angewachsenen Schulden in US-Dollars. Die Versuche der fünf Republiken, sich der übrigen Welt zu öffnen, scheiterten an vielen Dingen: Es fehlte an Diplomaten, Sprachkenntnissen, Devisen und Know-how. Zentralasien verfügte weder über ausgebildete Verwaltungsfachleute und Fachkräfte noch über Spitzenmanager. All diese Posten hatten Russen innegehabt, und die packten jetzt alle ihre Koffer.

Das Ergebnis war ein dramatischer wirtschaftlicher Niedergang in ganz Zentralasien. Der Lebensstandard ging stark zurück, die Inflation stieg ebenso stark an, die Arbeitslosigkeit wuchs, es fehlte an wichtigen Rohstoffen für Industrie und Landwirtschaft. Die wirtschaftlichen Probleme verschärften wiederum die politischen und ethnischen Spannungen vor Ort, die Streitigkeiten zwischen den Bevölkerungsgruppen und die Auseinandersetzungen um die Grenzen eskalierten. Die Staatsführungen verboten sämtliche Oppositionsparteien, hielten die Medien am kurzen Zügel und untersagten öffentliche Diskussionen über den künftigen politischen Kurs ihrer Länder. Sie setzten auf Trägheit, Unterwürfigkeit und politisches Desinteresse, auf Verhaltensweisen, die den Menschen in der Sowjetzeit eingetrichtert worden waren, um Aufruhr oder Protest erst gar nicht aufkommen zu lassen. Indem sie ihre persönliche Überlebensstrategie zur offiziellen Politik erhoben, zwangen die Staatschefs aber den politisch aktiven Teil der Bevölkerung – Intellektuelle, Mullahs, neu gegründete politische Parteien – in den Untergrund, so wie es dem Islam in der sowjetischen Ära ergangen war. Und wie die Islamisten radikalisierten sich all diese Gruppen und wurden schließlich gewalttätig.

Während die wenigen Demokraten in Zentralasien auf politische Anregungen aus Russland und den baltischen Staaten hofften, orientierten sich viele junge Leute am Islam und an muslimischen Ländern wie Pakistan, dem Iran, der Türkei und Saudi-Arabien. Der rasche Aufschwung des Islam in Zentralasien hatte innerhalb weniger Jahre alte ethnische Bindungen und auch den antirussischen Nationalismus neu belebt. Dieser Aufschwung hatte viele Menschen an das erinnert, was ihnen während der sowjetischen Ära verloren gegangen war und was sie jetzt zurückgewinnen mussten. Die Dynamik der islamischen Renaissance überraschte die Eliten, sie vergrößerte auch die Kluft zwischen der politischen Führung und den Menschen einerseits und zwischen der einheimischen muslimischen Bevölkerung und den Russen in Zentralasien andererseits. Fromme Muslime waren gezwungen gewesen, ihren Glauben im Untergrund zu praktizieren, wenn sie ihre Religion am Leben erhalten wollten. Sie hatten dies auf lokaler Basis und mit Hilfe wandernder Mullahs getan. Es gab keine fest in der Bevölkerung verankerten Parteien, die eine organisierte politische Opposition vertreten konnten. Die herrschenden Eliten wiederum hatten kein politisches Konzept für den Umgang mit dem Aufschwung des Islam, ebensowenig wie für die politische und wirtschaftliche Krise oder für die Auseinandersetzung mit den neuen politischen Parteien.

Schon vor dem Auseinanderfallen der Sowjetunion entstanden plötzlich sehr viele neue Moscheen. In Kirgistan wurden im Oktober 1990 50 neue islamische Gotteshäuser gezählt, ein Jahr zuvor waren es im ganzen Land nur 15 gewesen. Die Zahlen aus drei anderen Republiken: Turkmenistan 30 (vorher: 5); Tadschikistan: 40 (vorher: 17); Kasachstan: 90 (vorher: 37). Wieder ein Jahr später, im Oktober 1991, gab es in jeder Republik mehr als tausend neue Moscheen. Jeden Tag wurde eine neue Moschee eingeweiht. Der Sufismus erlebte eine neue Blütezeit. Die Gläubigen auf den Kolchosen richteten ihre örtlichen Sufi-Schreine wieder ein. An den Wochenenden wurden diese sehr schnell wieder zu Zentren der Meditation und des Gebets, es gab dort Feste und Picknicks von Familien, deren jüngere Mitglieder jetzt etwas über die mystischen Kräfte des Schreins erfuhren und von den Älteren in den Sufi-Ritualen unterwiesen wurden. Frauen richteten zu Hause Schulen ein, in denen sie den Kindern beibrachten, wie man richtig betet.

Diese Wiederbelebung des alteingesessenen, regionalen Islam nahm durch die Ankunft von Fremden schnell eine Wendung hin zum Radikalismus. Der Koran kam ins Land, weitere islamische Literatur und vor allem Geld, das die Prediger aus Saudi-Arabien, den arabischen Staaten am Persischen Golf, aus Pakistan, der Türkei und dem Iran mitbrachten. Jedermann in der muslimischen Welt war darauf aus, neue Anhänger für die eigene Auslegung des Islam zu gewinnen, und das in einem Gebiet, das von allen als jungfräuliches Territorium betrachtet wurde. Diese Prediger sahen sich selbst als Pioniere. Sie wollten die zentralasiatischen Muslime, denen der Glaube durch Unterdrückung so lange vorenthalten worden war, in den Schoß der islamischen Umma zurückführen – am besten anhand ihrer eigenen, sektiererischen Glaubensgrundsätze.

Zu Beginn der Unabhängigkeit versuchten die politischen Führer Zentralasiens zunächst, sich mit einigen der unumgänglichen kosmetischen Korrekturen, die es auch in den anderen ehemaligen Sowjetrepubliken gab, der neuen Situation anzupassen. Sie leiteten politische Reformen ein, verboten die regionalen kommunistischen Parteien und erfanden für sich selbst eine neue politische Identität als Sozialisten oder Repräsentanten des Volks. Sie verstaatlichten den Besitz der kommunistischen Parteien, knüpften Kontakte zur Außenwelt und entsandten Botschafter in die wichtigsten Länder. Über diese Maßnahmen hinaus versuchten sie sich auch noch als die geborenen Muslime zu präsentieren, vor öffentlichen Ansprachen oder Kabinettssitzungen trugen sie Gebete oder Koranverse vor. Aber die führenden Politiker verließen sich auf das alte Netzwerk des »offiziellen Islam«, um den islamischen Aufschwung kontrollieren zu können: auf die noch existierenden

Moscheen und die vom Staat anerkannten Mullahs. Aber dieser offizielle Islam verfügte weder über Geld noch über Einfluss. Die Menschen vertrauten ihm auch nicht, weil sie ihn als Teil des ehemaligen kommunistischen Systems in Erinnerung hatten. Die zentralasiatischen Politiker unternahmen auch keine Versuche, ein Wiederaufleben des Sufismus oder anderer Formen des Volksislam zu unterstützen. Anfangs weigerten sie sich sogar, islamische Feiertage zu arbeitsfreien Tagen zu erklären.

Die Staatsregierungen untersagten zudem jedes politische Auftreten des Islam und verboten jede Partei, die islamische Ideen oder Ideologien vertrat. Nur in Tadschikistan ließ das Regime die populäre Partei der Islamischen Wiedergeburt (PIW) zu, als Reaktion auf eine sich verschärfende politische Krise. Bis zum Jahr 1992 zeigte die repressive Politik der zentralasiatischen Regime bereits Wirkung: Sie förderte die von außerhalb der Region importierten radikalislamischen Ideologien, hinter denen potente Geldgeber standen, während die einheimischen Gruppen untertauchten, um Verhaftungen und Polizeischikanen aus dem Weg zu gehen. Die Regierungen versuchten die Ideologieimporte zu blockieren. Gleichzeitig wollten sie auch die politischen Freiheiten beschneiden, die sich die Menschen allmählich nahmen, und sie versuchten die zunehmend freizügiger berichtenden Medien zu knebeln. Doch die Machthaber waren zu langsam. In vielen gesellschaftlichen Bereichen war die Saat des militanten Islam bereits ausgebracht. Die Sowjetunion existierte nicht mehr, aber die Probleme Zentralasiens waren noch lange nicht gelöst.

Kapitel 3
Das erste Jahrzehnt der
Unabhängigkeit

Mit dem Ende der Sowjetunion am 8. Dezember 1991 standen die zentralasiatischen Staaten vor ihrer größten Herausforderung, und gleichzeitig eröffnete sich ihnen ihre größte historische Chance. Die dort beheimateten Bevölkerungsgruppen waren in der von Russland dominierten Sowjetunion niemals glücklich gewesen. Die Aufstände der muslimischen Basmatschi hatten angedauert, als sich der Rest des ehemaligen Russischen Reiches nach 1917 längst den Bolschewiki unterworfen hatte. Die sowjetische Politik – geschlossene Grenzen, zwangsweise verfügter Baumwollanbau und Kollektivierung der Landwirtschaft, Umsiedlungen und, als folgenreichste Maßnahme, Stalins neue Grenzen, die fünf ungleiche Staaten schufen – hatte die Region in wirtschaftliche Schwierigkeiten gestürzt und ethnisch und politisch zerrissen. Und sie hatte die Menschen gezwungen, den Islam, die Religion der Mehrheit der Bevölkerung, im Geheimen zu praktizieren. Auf der anderen Seite verfügte jede der Republiken über reiche Bodenschätze, besaß Erdöl, Erdgas und Erze. Zentralasien, das größte noch nicht angezapfte Energiereservoir der Erde, lockte Investoren aus aller Welt an. Die fünf Regierungschefs waren deshalb in einer einmalig günstigen Position. Sie konnten ihre Länder aus dem russischen Winterschlaf heraus- und in die internationale Gemeinschaft zurückführen. Doch sie erreichten dieses Ziel nicht.
Einige von ihnen versuchten es zumindest. Askar Akajew übernahm für Kirgistan ein Programm des Internationalen Währungsfonds (IWF) und privatisierte Industriebetriebe. Kasachstans Präsident Nursultan Nasarbajew verhandelte mit US-Ölfirmen und erreichte die Fertigstellung einer wichtigen neuen Pipeline von den Tengis-Ölfeldern zum Schwarzen Meer. Selbst Usbekistans mit

repressiven Methoden herrschender Präsident Islam Karimow ließ für kurze Zeit zu, dass starke Oppositionsparteien zu Wahlen antraten, und bemühte sich um internationale Abkommen zur Wirtschaftsförderung. Aber nach einem Jahrzehnt der Unabhängigkeit standen die zentralasiatischen Länder vor großen politischen Unruhen. In weiten Landesteilen herrschte große Armut, die Arbeitslosigkeit nahm sprunghaft zu, und ein völlig neues Problem, der militante Islamismus, bedrohte die Stabilität der ganzen Region. Auch der große Reichtum an Bodenschätzen hatte nur zu begrenzten Investitionen aus dem Ausland geführt. Die Investoren werden eher nach sichereren, wenn auch weniger ertragreichen Gebieten Ausschau halten – bis die zentralasiatischen Regime eine Methode gefunden haben, ihre Volkswirtschaften und die politische Lage ihres jeweiligen Landes gleichermaßen zu stabilisieren.

Kasachstan: Gewaltige Ressourcen vergeudet

Die kasachischen Nomadenstämme wanderten im 12. Jahrhundert unter der Führung der mythisch-legendären Gründergestalt Alascha Khan vom südlichen Sibirien aus in die kasachische Steppe ein. Ihr politisches System bestand aus drei so genannten Horden (Ordas), die sich wiederum in von einem Khan oder Häuptling beherrschte Stammes-, Clan- und Familieneinheiten gliederten. Obwohl sich die Ordas häufig untereinander bekriegten, standen sie gegen Eindringlinge von außen stets zusammen, etwa gegen die Chinesen im Osten und die Usbeken im Süden. Die Kasachen traten sehr spät zum Islam über. Erst im 17. Jahrhundert gerieten sie unter den Einfluss tatarischer Mullahs. (Diese historische Tatsache ist, zusammen mit dem unter den Kasachen nur schwach ausgeprägten Sinn für ethnische Identität, der Grund, warum der islamische Extremismus in Kasachstan nach wie vor kaum in Erscheinung tritt. Zwar spielt der Islam seit der Unabhängigkeit eine wichtigere Rolle und ist im öffentlichen Leben sichtbarer geworden, Unterstützung für militante Bewegungen gibt es im Wesent-

lichen aber nur bei den im Süden des Landes lebenden Usbeken.)
Als das Russische Reich im 18. und 19. Jahrhundert seine Expansion begann, war die kasachische Steppe das erste Ziel der Eroberer. Sie errichteten im ganzen Land Forts, unterwarfen die kriegerischen kasachischen Khane und schlossen Verträge ab, um die Region zu befrieden. Die Regierung schickte russische und kosakische Bauern in die Steppe. Sie sollten dort Weizen und Baumwolle anbauen und einen Gegenpol zum Nomadentum der Kasachen bilden. Allein im Jahr 1891 wurden über eine Million Russen im nördlichen Kasachstan angesiedelt, das seit dieser Zeit vor allem vom russischen Einfluss geprägt ist.

Die Sowjets setzten diese Siedlungspolitik fort und schickten weiterhin russische und kosakische Bauern in die Steppe. Lokale Aufstände wurden blutig unterdrückt, die Herden der Kasachen beschlagnahmt oder abgeschlachtet. Noch 1954 beanspruchte Moskau das nördliche Kasachstan als unberührtes Territorium, das für die Besiedlung durch russische Bauern zur Verfügung stand. Die Sowjets errichteten im nördlichen Kasachstan außerdem den Weltraumbahnhof Baikonur, der als Raketentestgelände und Abschussrampe diente, und sie machten Semipalatinsk zum wichtigsten Versuchsgelände für Atomwaffen. Diese Stützpunkte haben der einheimischen Bevölkerung gravierende Umwelt- und Gesundheitsprobleme hinterlassen. Auch heute noch ist das Gebiet sehr stark durch radioaktive Strahlung belastet.

Die brutale Unterdrückung der Menschen und die Repressionen gegen die noch jungen politischen Organisationen haben die Kasachen, deren literarische Tradition zur Bewahrung des nationalen Kulturerbes vorwiegend aus mündlich überlieferten Epen besteht, zu dem am stärksten russifizierten Volk Zentralasiens gemacht.

1991 beherrschten viele Kasachen ihre Muttersprache, das Kasachische, nicht mehr, und ethnische Kasachen gingen sehr viel bereitwilliger Mischehen mit Russinnen und Russen ein als die Angehörigen der anderen zentralasiatischen Völker.

Zum Zeitpunkt der Unabhängigkeit lebten auf dem riesigen, mehr als 2,7 Millionen Quadratkilometer großen Staatsgebiet mit einer

West-Ost-Ausdehnung von fast 3200 Kilometern nur 17 Millionen Menschen. Die Kasachen waren mit einem Bevölkerungsanteil von 38 Prozent gegenüber den Russen (41 Prozent) in der Minderheit. Außerdem lebten in diesem Staat weitere 100 ethnische Gruppen, zu denen auch Deutsche, Tschetschenen, Koreaner und Chinesen gehörten. Die Beziehungen zwischen den Ethnien wurden so zum drängendsten politischen Problem, dem sich die junge Republik gegenübersah. Heute sind die Kasachen mit einem Bevölkerungsanteil von 52 Prozent knapp in der Mehrheit, was im Wesentlichen auf die Rückkehr einiger ethnischer Gruppen (das gilt zum Beispiel für Russen und Deutsche) in ihr Heimatland zurückzuführen ist. Durch diese Rückwanderung nahm die Gesamtbevölkerung um acht Prozent ab. Aus Kasachstan flüchteten allerdings weniger Russen als aus den anderen zentralasiatischen Staaten, eine Folge der Integrationspolitik von Präsident Nursultan Nasarbajew.

Eine der umstrittensten Maßnahmen Nasarbajews zur Eindämmung separatistischer Tendenzen unter der russischen Bevölkerung war die Verlegung der Hauptstadt von Almaty, der wunderschönen, im 19. Jahrhundert angelegten Hauptstadt, nach Astana, einem kleinen Dorf inmitten des unmittelbar an den russischen Siedlungsgürtel im Norden angrenzenden Landesteils. Für den Aufbau der neuen Hauptstadt gab Nasarbajew riesige Summen aus. Die Kosten dieses Umzugs haben die ohnehin arg gebeutelte Wirtschaft Kasachstans schwer belastet, ohne dass dadurch den Extremisten unter den Kosaken und Russen der Boden entzogen worden wäre. Diese fordern weiterhin einen eigenen Staat für sich oder den Anschluss an Russland. Auch die kasachischen Ultranationalisten waren so nicht zu beschwichtigen. Sie verlangen ein Ende des russischen Einflusses in ihrem Land und die Abschaffung des Russischen als Verkehrssprache.

In der Folge stand Nasarbajew – ein kasachischer Bauer aus der Großen Horde, der es in der Schule als Ringer im traditionellen Stil zu Ruhm gebracht hatte, bevor er der Kommunistischen Partei beitrat, 1989 zum Ersten Sekretär der kasachischen KP und später zum ersten Staatspräsidenten Kasachstans aufstieg – unter den zentralasiatischen Spitzenpolitikern stets an vorderster Front, wenn es um den Fortbestand der herzlichen Beziehungen zu Russland ging.

Er drängte Moskau, die GUS zu stärken und ihre Strukturen effektiver zu machen, und setzte sich für verschiedene Pläne ein, die engere Wirtschaftsbeziehungen und eine größere politische Einheit der zentralasiatischen Staaten zum Ziel hatten. Aber er hat alle diese Schlachten verloren. Russland ist nicht gewillt, die zentralasiatischen Staaten als gleichwertige Partner anzusehen, und Islam Karimow, der ehrgeizige usbekische Präsident, hat Nasarbajews Pläne bei jeder sich bietenden Gelegenheit durchkreuzt. Dieses Verhalten ist einerseits in persönlichen Rivalitäten begründet, andererseits in Karimows Groll wegen der besonderen Aufmerksamkeit, die Kasachstan im Westen aufgrund seiner riesigen Erdölvorkommen erfahren hat.

Nachdem Kasachstan unabhängig geworden war, umwarb der Westen Nasarbajew, weil dieser noch über 104 SS-19-Raketen aus der Sowjetzeit mit insgesamt über 1000 nuklearen Gefechtsköpfen verfügte. Außerdem liegen die Versuchsanlagen von Baikonur und Semipalatinsk auf kasachischem Staatsgebiet. Die USA waren sofort zur Stelle und versprachen allgemeine Wirtschaftshilfe, besonders gern aber wollten sie die Kosten für die Zerstörung der Raketen übernehmen. Nasarbajew nutzte diesen heiklen Punkt sehr geschickt, um feste Beziehungen zu den USA und anderen NATO-Staaten zu knüpfen, gleichzeitig holte er dabei für Kasachstan auch in finanzieller Hinsicht das Maximum heraus. Bis zum Jahr 1995, als alle Raketen unbrauchbar gemacht worden waren, hatte das Land rund 400 Millionen Dollar aus Washington erhalten.

Obwohl Nasarbajew seitdem weitere Atomtests verboten hat, vermietet er nach wie vor das Raketentestgelände von Baikonur an Russland.

Das Interesse des Westens an Kasachstan seit Beginn der Unabhängigkeit ist aber nicht nur auf die Furcht vor Atomwaffen zurückzuführen. Kasachstan verfügt über enorme Energiereserven, die jedoch während der Sowjetzeit kaum angezapft wurden, weil Moskau es vorzog, die Erdölförderung in Sibirien, einem Teil Russlands, auszubauen. In Kasachstan schlummern an den Ufern des Kaspischen Meeres möglicherweise die größten bisher noch unerforschten Ölvorkommen der Erde. Man schätzt die Erdölreserven auf 100 Milliarden Barrel (knapp 16 Milliarden Kubikmeter) und die Erdgaslager auf 2,4 Billionen Kubikmeter.

Kasachstan hatte jedoch bei der Ausbeutung seiner größten Ressourcen nur mäßigen Erfolg. Nasarbajew war der erste zentralasiatische Staatschef, der ein Abkommen mit einer ausländischen Ölgesellschaft schloss. Nach vierjährigen Verhandlungen unterzeichnete er im Mai 1992 einen Joint-Venture-Vertrag mit der US-Firma Chevron, der die Erschließung des Tengis-Ölfeldes und den Bau einer Pipeline von diesem Feld bis zum russischen Schwarzmeerhafen Noworossijsk vorsah. Mit dem Bau der 2,6 Milliarden Dollar teuren Pipeline wurde aber erst 1997 begonnen. Im März 2001, dreizehn Jahre nach dem Beginn der Verhandlungen, war die 1580 Kilometer lange Verbindung endlich fertig, und man begann mit den ersten Tests. Seit der offiziellen Inbetriebnahme Ende November 2001 transportiert die Pipeline täglich 560 000 Barrel (89 000 Kubikmeter) Öl nach Noworossijsk.

Nach der Unterzeichnung des Vertrages mit Chevron hatten es die internationalen Ölgesellschaften und auch die Botschaften sehr eilig, nach Almaty zu kommen, das damals noch Landeshauptstadt war. Kasachstan hat lukrative Explorations- und Exportverträge mit Ölgesellschaften aus den USA, China, Europa, Indien, Japan und der Türkei abgeschlossen, die jährlich 400 bis 800 Millionen Dollar an Investitionen ins Land bringen. Mitte der neunziger Jahre aber nahmen westliches Interesse und westliche Investitionen dramatisch ab. Das lag einerseits an den niedrigen Ölpreisen auf dem internationalen Markt, andererseits an Einwänden Russlands, die sich gegen die Pipelinepläne westlicher Firmen richteten. Diese wollten mit weiteren Leitungen nach Süden abbiegen und dadurch das russische Territorium umgehen. Die kasachische Erdölförderung, die 1991, als das Land noch Teil der Sowjetunion gewesen war, bei knapp 526 000 Barrel pro Tag gelegen hatte, nahm im Lauf der neunziger Jahre sehr schnell ab. Das lag zum größten Teil an den Versuchen von russischer Seite, die kasachische Ölproduktion in Grenzen zu halten, indem sie deren Export über das bestehende, an Europa angeschlossene russische Pipelinenetz blockierte. Die Investitionen in Kasachstan gewannen im Mai 2000 aber wieder an Dynamik, nachdem ein westliches Ölkonsortium im Gebiet von Ost-Kaschagan im Kaspischen Meer ein neues Ölfeld entdeckt hatte, dem Vernehmen nach eines der größten Ölvorkommen der Welt.

Russland übernimmt in Kasachstan weiterhin die Rolle des Spielverderbers im »neuen großen Spiel« um die Herrschaft über Asien. Mit von der Partie sind die USA, Russland und ein dritter Spieler: China. Moskau hat darauf bestanden, dass Kasachstan keine neuen Pipelines baut, sondern für seine Energieexporte auf das bestehende russische Leitungsnetz zurückgreift. Auf diese Weise bleibt Kasachstan bei Ölexporten in den Westen von Russland abhängig. Russland verlangt außerdem eine Beteiligung an jedem neuen Joint Venture, das Kasachstan mit westlichen Firmen abschließt, und weist kasachische Ansprüche auf einen Anteil am Kaspischen Meer zurück.

In diese jüngste Kontroverse sind auch Turkmenistan, der Iran und Aserbaidschan, die anderen Anrainerstaaten des Kaspischen Meeres, verwickelt. Jedes dieser Länder erhebt Ansprüche auf die Wasser- und Ölressourcen des Kaspischen Meeres. Mit der Entdeckung weiterer Ölvorkommen hat die Auseinandersetzung noch an Schärfe gewonnen.

Kasachstan hat trotz des russischen Drucks die Erkundung aller potenziellen Exportwege fortgesetzt: ostwärts nach China, im Süden durch den Iran, nach Westen in die Türkei. Aber trotz aller großartigen Pläne blieb die Tengis-Pipeline im vergangenen Jahrzehnt die einzige, mit deren Bau überhaupt begonnen wurde. Und diese Pipeline führt zu einem russischen Hafen. Nachdem China 1999 größere Anteile an kasachischen Ölfeldern gekauft hatte, drängte Kasachstan auf den Bau einer Pipeline nach China, aber bis jetzt blieben diese Bemühungen ergebnislos. Allerdings hat sich China in der Region große Marktanteile gesichert und ist seit 1993 nach Russland Kasachstans zweitgrößter Handelspartner. Zu jener Zeit begannen China und Kasachstan mit dem Rückbau und der Demilitarisierung ihrer langen gemeinsamen Grenze. Diese Entwicklung beschleunigte sich nach dem ersten Gipfeltreffen der aus China, Russland, Kasachstan, Kirgistan und Tadschikistan bestehenden Shanghai-Gruppe im April 1996.

Erdöl und Erdgas sind nicht die einzigen Trümpfe Kasachstans. Das Land verfügt auch über riesige Erzlagerstätten – unter den Sowjets wurden 80 verschiedene Erze abgebaut –, und die Steppe produziert enorme Mengen von Weizen, was ebenfalls zu Kasachstans Reichtum und wirtschaftlicher Leistungsfähigkeit beiträgt. Diese Ressourcen haben auch internationale Kreditgeber wie den Internationalen Währungsfonds (IWF) und die Weltbank veranlasst, Kasachstan große Summen für die Privatisierung von Industrie und Grund und Boden zu leihen. Die Umwandlung begann im April 1994 mit dem Verkauf von 50 großen staatseigenen Betrieben an private Investoren. Doch die Verkäufe mündeten in einen großen Skandal, weil viele dieser Firmen an Günstlinge Nasarbajews gingen. Und selbst der große nationale Reichtum reichte nicht aus, um die Wirtschaftskrise zu beheben, die sofort nach der Unabhängigkeit begann. Die Arbeitslosigkeit nahm zu, die Regierung hatte kein Geld und konnte weder Gehälter noch Renten auszahlen. Die Krise verschärfte sich im November 1993, als Russland Kasachstan und die anderen zentralasiatischen Staaten aus der Rubelzone hinausdrängte. Kasachstan führte eine eigene Währung ein, den Tenge, aber dieser blieb instabil, der Kurs schwankte im Verhältnis zum Dollar heftig.

Kasachstans größtes Problem ist die zunehmend autoritär auftretende und korrupte Führungsschicht, die die natürlichen Ressourcen des Landes vergeudet und sein riesiges Exportpotenzial verschleudert hat. An der Spitze steht Präsident Nasarbajew, der unmittelbar nach der Unabhängigkeit sein Amt übernahm, besser gesagt: behielt. Als Generalsekretär der Kommunistischen Partei Kasachstans löste Nasarbajew willig die Partei auf. Er gründete aber sofort seine eigene, die Partei der Einheit, die, begünstigt durch staatlichen Druck, umfassenden Wahlbetrug und die Nichtzulassung von Oppositionsparteien, alle folgenden Parlaments- und Präsidentenwahlen gewann.

Das Regime begann Oppositionsparteien und -zeitungen zu schikanieren. Jetzt sind diese allesamt verboten, oppositionelle Politiker landeten im Gefängnis oder wurden zur Flucht ins Ausland gezwungen. Die Korruption hat sich auf allen Ebenen der Regierung und Verwaltung ausgebreitet, denn die zahlreichen Ölfirmen locken die örtlichen Verwaltungsbeamten schon für die Zulassung zu einer Ausschreibung mit hohen Prämien und Vergünstigungen. Im Jahr 1995, mitten in einer politischen Krise, bei der ihn die Opposition mit kritischen Fragen zur Korruption auf höchster Ebene bedrängte, folgte Nasarbajew einem Trend, den andere zentralasiatische Spitzenpolitiker eingeleitet hatten: Er hielt ein Referendum ab mit dem Ziel, sich die Amtszeit bis zum Jahr 2000 verlängern zu lassen. Im Juni 2000 stärkte er seine Machtposition noch, indem er das Parlament dazu brachte, ein Gesetz zu verabschieden, das ihm und seiner ganzen Familie politische und juristische Privilegien auf Lebenszeit sicherte, eine kollektive Immunität gegenüber bereits erhobenen wie auch gegen alle zukünftigen Klagen.

Nasarbajew scheint eine Familiendynastie gründen zu wollen. Dariga Nas, die 37-jährige Tochter des Präsidenten, wird allgemein als seine mögliche Nachfolgerin angesehen. Nas besitzt bereits ein mächtiges Fernseh- und Zeitungsimperium, das 80 Prozent der Medien des Landes kontrolliert. Ihr Ehemann Rachat Alijew ist Chef des Inlandssicherheitsdienstes. Timur Kulebajew, Nasarbajews anderer Schwiegersohn, sowie sein Neffe Kairat Satibalda sind einflussreiche kasachische Geschäftsleute, die um die Macht wetteifern.

Die offenkundige Korruption in der Politik hat den extremistischen Oppositionsgruppen großen Zulauf gebracht. Junge Kasachen und in Kasachstan lebende Usbeken schließen sich radikalen islamischen Parteien wie der Islamischen Bewegung Usbekistans (Islamic Movement of Uzbekistan, IMU) an, die angeblich die Regierung Usbekistans im Visier hat, in Wirklichkeit aber an vielen Fronten kämpft (siehe hierzu die Kapitel 7 und 8). Dann gibt es noch die weniger politisch argumentierende – und weniger militante – Hizb ut-Tahrir (Partei der Revolution, HT), die in ganz Zentralasien die Scharia, das islamische Recht, einführen will (siehe Kapitel 6). Auf der anderen Seite des politischen Spektrums drohen russische Siedler im Norden des Landes mit Sezession. Diese politischen Bewegungen und der Druck, den sie ausüben, bringen neue Bedrohungen für die Sicherheit Kasachstans mit sich. Im Jahr 2001 verdoppelte das Land seinen Verteidigungshaushalt auf 171 Millionen Dollar (ein Prozent des Bruttoinlandsprodukts) und ermöglichte der Armee damit die Ausrüstung äußerst beweglicher Kampfeinheiten, um möglichen Guerillaattacken der IMU begegnen zu können.

Das restriktive politische Klima führte auch zur Verschlechterung der Situation bei den allgemeinen Menschenrechten. Die Gefängnisse sind überfüllt, die medizinische Betreuung der Häftlinge ist mangelhaft. Kasachstan steht bei Hinrichtungen weltweit an vierter Stelle, allein 1995 wurden 100 Gefangene exekutiert. Die Drogenabhängigkeit hat mit der Einfuhr billigen Heroins aus Afghanistan zugenommen. Im Jahr 2001 waren in Kasachstan 37 000 Menschen offiziell als Drogenkonsumenten registriert, aber Schätzungen zufolge liegt die Zahl der von diesem Problem betroffenen Menschen um einige Zehntausend höher. Der steigende Drogenmissbrauch und die gemeinsame Benutzung von Injektionsnadeln hat eine Aids-Krise hervorgerufen. Heute schätzt man die Zahl der HIV-Infizierten in Zentralasien auf 300 000, und der größte Teil von ihnen lebt in Kasachstan.

Korruption und Inkompetenz haben zu so verschwenderischen Projekten wie dem Bau der neuen Hauptstadt Astana geführt. Immer größer wird die Kluft zwischen der Hand voll eng miteinander verbundener Parteifunktionäre und Geschäftsleute und der übrigen Bevölkerung, die von der Unabhängigkeit bisher kaum profitiert hat. Kasachstans großer Reichtum im Vergleich zu den anderen zentralasiatischen Republiken, die Größe des Landes und die Bodenschätze, ist in diesen Jahren vergeudet worden, und im ganzen Land wächst die Unzufriedenheit unter der Bevölkerung.

Dennoch haben Nasarbajews erfolgreiche außenpolitische Bemühungen um ein Gleichgewicht zwischen Russland und dem Westen wie auch Kasachstans im Vergleich zu den Nachbarn relativ hohe Sicherheit und Stabilität die westlichen Ölfirmen zu höheren Investitionen ermutigt. Im Jahr 2000 stieg Kasachstans Produktion wieder auf 4,8 Milliarden Kubikmeter Erdgas jährlich und 693 000 Barrel Öl pro Tag.

Die rasche Steigerung der Ölexporte führte im Jahr 2000 zu einer Wachstumsrate von 9,5 Prozent beim Bruttoinlandsprodukt. Im Vorjahr waren es nur 1,7 Prozent gewesen. Das war der größte wirtschaftliche Aufschwung seit der Unabhängigkeit. Da die Inflationsrate gleichzeitig auf 9 Prozent zurückgegangen war, kam es bei den Verbraucherpreisen jetzt zu einer relativen Stabilität. Die Tengis-Pipeline sichert inzwischen einen stetigen Fluss der Ölexporte. Dann gibt es noch die Zusage kasachischer Öllieferungen für die geplante US-Pipeline vom aserbaidschanischen Baku nach Ceyhan in der Türkei, vielleicht wird sogar eine weitere Pipeline nach China gebaut. So wird Kasachstan auch in Zukunft Deviseneinnahmen haben.

Die Frage, die das Land jetzt lösen muss, ist: Wie soll das Geld ausgegeben werden? Der Lebensstandard des größten Teils der Bevölkerung ist nach wie vor erbärmlich, und die Regierung hat immer noch Rückstände bei den überfälligen Gehalts- und Rentenzahlungen. Die neue, durch das Öl zu Reichtum gekommene Oligarchie fährt auf den Alleen von Almaty im Mercedes und BMW spazieren, während die Masse der Bevölkerung sich kaum eine Busfahrkarte leisten kann. Nur ein ganz geringer Teil von Kasachstans neuem Reichtum ist bei den kleinen Leuten angekommen. Die wirtschaftliche Ungleichheit, das Fehlen einer echten Demokratie und die Unterdrückung der Religion schüren mittlerweile die politische Unruhe im Land und treiben den radikalen islamischen Bewegungen immer mehr Menschen zu.

Kirgistan: Zwischen den Fronten

Die himmlischen Berge, die 93 Prozent des 198 500 Quadratkilometer umfassenden Staatsgebietes von Kirgistan einnehmen, haben stets von der für die Menschen sehr viel raueren Wirklichkeit abgelenkt. Der Alltag ist für die kirgisischen Nomaden, die einst zu Dschingis Khans Goldener Horde gehörten, schon immer unglaublich schwierig gewesen. Ihr einziger Reichtum waren die Viehherden. Die Bevölkerung zählt nur 4,8 Millionen Menschen (nur 52 Prozent davon sind Kirgisen), die Gesamtzahl der Ziegen, Schafe, Rinder und Pferde ist fünfmal so hoch.

Das Zentrum für diese Bergstämme war damals die Tokmak-Ebene nordöstlich von Bischkek. Dort hielten die Stammeshäuptlinge ihre Beratungen ab. Südöstlich von Tokmak liegt in einer Falte der Tienschan-Berge der Issyk-Kul, ein riesiger See, an dessen Ufern schon Dschingis Khan und Timur lagerten. Die Sowjets machten aus Issyk-Kul ein Erholungsgebiet für kommunistische Spitzenfunktionäre.

Kirgisen und Kasachen sind eng miteinander verwandt. Beide Gruppen verließen Sibirien und wandten sich nach Süden. Die Karakirgisen, wie die Kirgisen ursprünglich hießen, wurden zu Bergbewohnern, während die Kasachen die Steppenlandschaft bevorzugten. Die Russen bezeichneten vor 1917 beide Gruppen als Kirgisen. Stalin schuf die geografischen und ethnischen Trennlinien, mit denen wir es heute zu tun haben. Aber bis in die jüngste Gegenwart ähneln sich die Bräuche, die Traditionen und die Sprache von Kirgisen und Kasachen sehr.

Die Geschichte des Bergvolks der Kirgisen wird in mündlich überlieferten Epen und Balladen erzählt. Die berühmteste ist die *Manas*, eine ausführliche Chronik zur kirgisischen Geschichte, die in die Erzählung vom sagenhaften Helden Manas eingebettet ist. Manas ritt auf einem geflügelten Pferd und vollbrachte unglaubliche Heldentaten zum Wohl der kirgisischen Nation. Überall in dieser erstaunlichen Landschaft mit ihren gewaltigen Bergen und eisigen Seen erzählt man sich solche Legenden.

Die Kirgisen haben am Rand der großen Zivilisationen Zentralasiens überlebt, weil sie sich mit örtlichen Stämmen oder neuen, umherziehenden Stämmen aus China und Sibirien vermischten, die über das Fergana-Tal auf ihr Gebiet vordrangen. Die Kirgisen haben wie die Kasachen den Islam erst sehr spät angenommen. Elemente des vorislamischen Schamanismus sind in vielen ihrer nomadischen Traditionen noch gut zu erkennen.

Schließlich kamen russische Siedler, die auf diesem kleinen Territorium, zu dem auch fruchtbare Täler gehören, Landwirtschaft betreiben wollten. Sie zwangen die kirgisischen Nomaden – wie zuvor schon die Kasachen – zur Flucht aus ihrer Heimat oder drängten sie in entlegene Bergregionen ab. Viele Kirgisen schlossen sich den Basmatschi-Rebellen an, die bis 1929 gegen die Sowjets kämpften. Auch nach der Unterwerfung der Region durch Stalins Politik schlossen sich nur wenige Kirgisen der Kommunistischen Partei an. Das wiederum bedeutete, dass es zum Zeitpunkt der Unabhängigkeit im Jahr 1991 nur sehr wenige Kirgisen gab, die in technischen oder in Verwaltungsberufen ausgebildet worden waren, denn ihr Volk hatte in der Sowjetrepublik niemals privilegierte Positionen besetzt. Stalins eigenwillige Grenzziehungen haben in Kirgistan für besonders schwerwiegende ethnische Probleme gesorgt. Die stark vertretene russische Bevölkerung in den Städten und im Norden des Landes verlangt nach mehr Rechten, während sich die große usbekische Bevölkerungsgruppe in Osch und im Süden über die Diskriminierung durch das Regime der ethnischen Kirgisen beschwert.

Gegen Ende der sowjetischen Ära bestimmten im Wesentlichen drei große Fraktionen die Politik der Kommunistischen Partei in Kirgistan. Turadakun Ussubalijew, der langjährige Erste Sekretär der Kommunistischen Partei Kirgistans, wurde 1985 entmachtet und durch Absamat Massalijew ersetzt. Nach der Wiederwahl Massalijejews in dieses Amt im April 1990 kam es sofort zu heftigen Auseinandersetzungen zwischen den Fraktionen. Mitglieder aus der Region Naryn im Osten des Landes, die die mächtigste politische Gruppierung im Land vertraten, unterstützten den ehemaligen Parteichef Ussubaliew. Die Region Talas im Westen stand hinter Massalijejew, der aber schon bald abgesetzt werden sollte. Die einflussreiche und von Usbeken dominierte Wirtschafts- und Handelslobby aus der im Süden gelegenen Region Osch ärgerte sich, weil sie von den politischen Machtspielen in Bischkek bisher ausgeschlossen gewesen war. Diese Gruppe machte sich für Askar Akajew, einen politisch neutralen Kandidaten, stark, der an einem renommierten Institut in St. Petersburg als Forscher gearbeitet und Andrej Sacharow, dem Physiker und Dissidenten aus der Sowjetzeit, nahegestanden hatte. Ende 1990 wechselte der Naryn-Block die Seiten und votierte ebenfalls für Akajew.

Große Demonstrationen, etwas, was es in dieser Form noch nicht gegeben hatte, erschütterten das Land über ein Jahr lang. Das verschärfte die politischen Spannungen und lockerte gleichzeitig den Zugriff der herrschenden Kommunisten auf das öffentliche Leben. Junge kirgisische Intellektuelle hatten im März 1989 unter dem Namen Aschar (Solidarität) eine informell organisierte Oppositionsgruppe gegründet, die brachliegende Grundstücke in Bischkek besetzte und gegen die Mängel und Versorgungsengpässe im Wohnungsbau und im Transportwesen der Stadt protestierte. Im Juni 1990 kam es schließlich in Osch zu ethnisch motivierten gewalttätigen Auseinandersetzungen zwischen Kirgisen und Usbeken. Diese Unruhen hielten mehrere Tage an. Die Regierung sprach in einer offiziellen Stellungnahme von 200 Toten und rund 300 Verletzten, aber inoffizielle Quellen schätzten die Zahl der Getöteten auf über 1000. Erst als sowjetische Truppen aus Usbekistan in Osch eintrafen, wurde die öffentliche Ordnung wiederhergestellt. Das kommunistische Regime sah sich im Anschluss an diese Ereignisse massiver öffentlicher Kritik ausgesetzt, und dies zu einer Zeit, als es wegen interner Streitigkeiten bereits Auflösungserscheinungen zeigte. Mehrere politische Blöcke unterstützten jetzt Akajew, der am 28. Oktober 1990 zum Präsidenten des Obersten Sowjets von Kirgistan gewählt wurde. Im Herbst 1991 stand Kirgistan an der Schwelle zur Unabhängigkeit, als Akajew, der ohne Gegenkandidat blieb, in allgemeinen Wahlen wieder zum Präsidenten bestimmt wurde. Er ist der erste und bis heute einzige Nichtkommunist, den das Volk zum Präsidenten einer zentralasiatischen Republik wählte.

Als Folge der Unabhängigkeit versiegte aber auch der Geldstrom aus Moskau, und Kirgistan stürzte in die schlimmste Wirtschaftskrise aller zentralasiatischen Staaten. Zehn Jahre lang hat Akajew um den Erhalt der Zahlungsfähigkeit des Landes gekämpft, und das ist keine leichte Aufgabe gewesen. 1993 stieg die Inflationsrate in Kirgistan auf unglaubliche 1200 Prozent, während die industrielle Produktion abstürzte und der sowjetische Absatzmarkt für einheimische Molkereiprodukte verloren ging. Weil das Land nur über geringe Bodenschätze verfügt, versuchte Akajew mit einer neutralen Außenpolitik und umfassenden Wirtschaftsreformen an westliche Finanzhilfen zu kommen. Kirgistan übernahm deshalb 1993 als erster zentralasiatischer Staat ein Programm des IWF und privatisierte staatliche Betriebe sowie Grundstücke aus Staatsbesitz.

Eine Zeit lang schien Akajews Plan zu funktionieren. Nachdem Russland 1993 die zentralasiatischen Staaten aus der Rubelzone gedrängt hatte, unterstützten die westlichen Länder sowie Japan Akajews Reformpolitik und die Einführung einer neuen Währung, des Som. Die Geldgeber hofften, dass Kirgistans Erfolge die übrigen zentralasiatischen Staaten zur Nachahmung ermuntern würden. Kirgistan war 1998 der erste Staat aus der Region, der Mitglied der Welthandelsorganisation (WTO) wurde. Aber das Land war auch nach wie vor bei der Versorgung mit grundlegenden Wirtschaftsgütern wie Öl, Gas und Kohle von Nachbarn wie Usbekistan und Kasachstan abhängig. Die Wirtschaft des Landes war immer noch unterentwickelt und krisenanfällig. Multinationale Firmen zögerten immer noch, wenn es um Investitionen für wichtige Infrastrukturprojekte ging, etwa ein neues Stromnetz oder Staudämme für Bewässerungssysteme, deren Wasser Akajew den zentralasiatischen Nachbarn zu verkaufen hoffte. Kirgistan verfügt über Erzvorkommen, aber bis jetzt haben nur wenige Firmen Geld in Erschließungsprojekte gesteckt. Der Grund für die Zurückhaltung sind Transportprobleme in diesem gebirgigen Binnenland.

Nach und nach häufte Kirgistan im internationalen Handel einen Schuldenberg an, der die Wirtschaftskrise im eigenen Land weiter verschlimmerte. 1999 betrugen die Schulden 1,27 Milliarden Dollar. Das war die höchste Summe unter allen zentralasiatischen Staaten. Als Folge der sich verschlechternden Wirtschaftslage geriet Kirgistan auch bei den Kreditrückzahlungen in Verzug.

Arbeitslosigkeit, Hunger und Armut nahmen zu, der Lebensstandard fiel, die politische Opposition wurde lauter. Akajew regierte zunehmend autoritär, um seine Machtbasis zu sichern. Als einziger zentralasiatischer Staat hatte Kirgistan bis 1995 freie Wahlen mit mehreren konkurrierenden Parteien abgehalten. In diesem politischen Klima war eine lebhafte Opposition entstanden, mit der Akajew recht gut zusammengearbeitet hatte. Aber ab 1996 hatten sich Parlament und Präsident in einen ständigen Machtkampf verstrickt. Die politischen Krisen häuften sich, Korruptionsskandale lähmten das Parlament und Akajews Glaubwürdigkeit als Demokrat schwand im In- und Ausland gleichermaßen.

Die Opposition gegen Akajews Herrschaft kam nicht nur aus den politischen Parteien, sondern auch aus den verschiedenen ethnischen Gruppen des Landes. Die große russische Bevölkerungsgruppe (1991 lag ihr Anteil bei 22 Prozent) drohte mit einem Massenexodus, falls ihre Forderungen nicht erfüllt würden. Angesichts einer drohenden Auswanderung des bestqualifizierten Teils der Bevölkerung gründete Akajew in Bischkek eine slawische Universität, mit der er junge Russen zum Bleiben ermuntern wollte. 1999 machte er Russisch zu einer dem Kirgisischen gleichberechtigten Staatssprache. Jedes Zugeständnis an die Russen führte aber umgehend zu Protesten und Gegenforderungen der kirgisischen

Nationalisten. Unterdessen hielten die ethnischen Spannungen zwischen Usbeken und Kirgisen im Süden Kirgistans an. Die Städte des Südens scheinen immer noch aus zwei völlig verschiedenen Gemeinschaften zu bestehen, denn Kirgisen und Usbeken besuchen getrennte Schulen und Moscheen und kaufen auf getrennten Basaren ein. Die usbekische Bevölkerung in Osch ist von der politischen Willensbildung ausgeschlossen, sie ist weder in der Verwaltung noch in der Polizei vertreten.

Gleichzeitig nahmen die Spannungen mit den Nachbarstaaten Usbekistan und Kasachstan zu, denn deren Führungen verlangten von Akajew ein Ende der demokratischen Reformen, die sie als Bedrohung ihrer eigenen repressiven Regime empfanden. Außerdem drängten die Nachbarn, ganz im Stil ihres Vorgehens im eigenen Land, auf harte Maßnahmen gegen den islamischen Fundamentalismus im Süden Kirgistans. Usbekistan stoppte im Frühjahr 1999 die Öl- und Gaslieferungen an Kirgistan, um Akajew zum Handeln zu zwingen, und wiederholte dieses Vorgehen im Winter 2000. Zeitweise konnten die Flugzeuge in Bischkek nicht starten, weil es an Treibstoff mangelte. Akajew gab dem Druck nach, begann mit der Verhaftung militanter Islamisten und verfügte eine amtliche Meldepflicht für alle Moscheen und Madrassas. Jetzt übte auch China, mittlerweile zum wichtigen Lieferanten für Hilfsgüter und Waren avanciert, Druck auf die kirgisische Regierung aus. Diese sollte die Aktivitäten der muslimischen Uiguren einschränken, denen China vorwarf, unter den chinesischen Uiguren in der Provinz Xinjiang Unruhen zu schüren. Akajew gab auch diesen Forderungen nach und ließ in Bischkek Dutzende von Uiguren verhaften. Kirgistan, zuvor unter den zentralasiatischen Staaten führend in Fragen religiöser Toleranz, war jetzt auf den repressiven Kurs seiner Nachbarn eingeschwenkt.

Trotz seines Eingehens auf die Forderungen der Nachbarregierungen und trotz der Verhaftung militanter Islamisten schaffte es Akajew aber nicht, sein Land aus der Schusslinie zu führen. Im Sommer 1999 drangen mehrere hundert Kämpfer der IMU von Stützpunkten in Tadschikistan aus in den Süden Kirgistans vor, eroberten mehrere Dörfer und nahmen zwanzig Geiseln, unter ihnen vier japanische Geologen, die für eine Goldbergbaufirma arbeiteten. Die Kämpfer wollten das Land unbehelligt durchqueren, um dann im Fergana-Tal Stützpunkte für den Kampf gegen Usbekistans Präsident Karimow einzurichten. Die Pattsituation zwischen der schwachen kirgisischen Armee mit ihren lediglich 8000 Mann und den Guerillas dauerte den ganzen Sommer lang an, bis sich die Eindringlinge schließlich zurückzogen. Im Juli 2000 kehrte die IMU aber zurück und provozierte erneut Zusammenstöße in Kirgistan und Usbekistan.

Das Auftreten der Guerillas hat Kirgistan in der internationalen Gemeinschaft aber auch mehr Einfluss verschafft. Jahrelang war Akajew einer der größten Fürsprecher für eine engere wirtschaftliche Zusammenarbeit zwischen Russland und den zentralasiatischen Staaten gewesen, aber Karimow hatte seine Appelle stets ignoriert, mitunter auch brüsk zurückgewiesen – bis die Bedrohung durch die IMU entstand und diese neue Situation alle betroffenen Staaten enger zusammenrücken ließ. Zum Zeitpunkt der Geiselnahme durch die IMU war Akajew gerade Gastgeber eines Gipfeltreffens der Shanghai-Gruppe, die sich bei dieser Nachricht zur Zusammenarbeit im »Kampf gegen […] internationalen Terrorismus, den illegalen Drogenhandel, Waffenschmuggel, illegale Einwanderung, Separatismus und religiösen Extremismus« verpflichtete. Plötzlich erhielt Kirgistan die dringend benötigte militärische Unterstützung aus den USA, Russland und China. Die damalige amerikanische Außenministerin Madeleine Albright besuchte Bischkek erstmals im März 2000 und versprach bei ihrer Visite eine Finanzhilfe von drei Millionen Dollar für die Aufrüstung der kirgisischen Grenztruppe.

Doch diese Serie von Krisen hat Akajew ermutigt, es seinen Nachbarn gleichzutun, politische Unzufriedenheit zu unterdrücken, Kritiker einzusperren, die Medien zu behindern und Wahlen zu manipulieren – alles nur, um an der Macht zu bleiben. Er hielt eine Reihe von Referenden ab, um die Verfassung zu umgehen, sich seine Politik bestätigen zu lassen und seine persönlichen Machtbefugnisse zu vergrößern.[1] Er schloss die meisten Oppositionsparteien und -kandidaten von der Parlamentswahl im Februar 2000 aus, die wichtigsten Oppositionspolitiker wurden eingesperrt oder flohen aus dem Land. Regimekritische Zeitungen wurden entweder verboten oder so lang schikaniert, bis sie dem Druck nachgaben und ihr Erscheinen einstellten.

Akajews Politik der Unterdrückung war aber kein uneingeschränkter Erfolg. Als die westlichen Geldgeber die Wahlen des Jahres 2000 als undemokratisch brandmarkten, breiteten sich im ganzen Land sofort Streiks und Proteste aus. Und die Opposition wächst. Zehn politische Parteien bildeten im April 2001 unter dem Namen Patriotische Volksbewegung (People's Patriotic Movement) eine Koalition, um gegen die Zentralisierung der Macht durch Akajew zu opponieren. In Kirgistan haben Nichtregierungsorganisationen (Nongovernmental Organisations, NGOs) sehr viel zur Linderung der Armut wie auch zur Überwachung der Regierungspolitik beigetragen. Sie haben inzwischen unter dem Namen Coalition NGO eine Dachorganisation gegründet, einen Verbund von einhundert lokal arbeitenden Organisationen, der diese Tätigkeiten fortführen soll.

Nach Angaben der Weltbank leben inzwischen 60 Prozent der kirgisischen Bevölkerung in Armut. Aids ist zu einem Riesenproblem geworden. Die Regierung weiß das, kann aber nicht viel dagegen tun. Der Staatshaushalt für das Jahr 2000 sah nur 24 000 Dollar für die Aids-Bekämpfung vor. Politiker, Mitarbeiter von Hilfsorganisationen und Intellektuelle haben die Regierung wiederholt gewarnt, dass die wachsende Armut und Arbeitslosigkeit sowie die schlechte Gesundheitssituation die Grundlage für den zunehmenden islamischen Radikalismus bieten. »Eine soziale Explosion ist äußerst wahrscheinlich. Die Menschen sind desillusioniert und sie können nichts tun, um ihr Los zu verbessern«, erklärte Jipar Jekschejew, der Vorsitzende der Partei der Demokratischen Bewegung (Democratic Movement Party).[2] Es gab Proteste in Naryn, Dschalal Abad und Bischkek. Die zunehmende Armut hatte vor allem im Süden des Landes katastrophale Auswirkungen und sorgte für neuen Zulauf zur IMU. Besonders in der Region um Batken, in der es zwei Jahre lang immer wieder zu Angriffen der IMU gekommen ist, versinken ganze Dörfer im wirtschaftlichen und sozialen Elend.

Die Tatsache, dass sich nun sogar ein Teil der Kirgisen, der am wenigsten vom Islam beeinflussten ethnischen Gruppe in Zentralasien, als Reaktion auf die erbärmlichen Lebensbedingungen dem radikalen Islam zuwendet, zeigt deutlich, wie verzweifelt die wirtschaftliche Situation des Landes ist. Wirtschaftlich schwach, praktisch ohne Verteidigung und von ethnischen Problemen zerrüttet, ist Kirgistan von einem potenziellen Modell und Vorbild für die Nachbarstaaten zu einer hilflosen Schachfigur im Machtspiel um Zentralasien geworden.

Turkmenistan: Unter dem Führerkult

Im Zentralasien der postsowjetischen Ära gab es nichts, was auch nur annähernd so bizarr gewesen wäre wie der vom turkmenischen Präsidenten Saparmurad Nijasow entwickelte Personenkult. Es begann 1991, als Nijasow Statuen errichten und im ganzen Land Plakate mit seinem Porträt kleben ließ, die ihn in der Pose des »Turkmenbashi« zeigten, des Vaters aller Turkmenen. Der Kult gedieh so weit, dass Gebäude, Straßen, ja selbst ganze Städte nach Nijasow benannt wurden. Auch Nijasows verstorbene Mutter erlangte den Status einer kultisch verehrten Persönlichkeit, während das Geburtshaus und die ehemalige Schule ihres Sohnes in Schreine umgewandelt wurden. Nijasows Regierungsstil ist einzigartig, selbst im Vergleich mit den anderen autoritären Regimes in Zentralasien: Es ist das repressivste und diktatorischste Regime der ganzen Region. Politische Parteien sind verboten, die Regierung kontrolliert die Medien lückenlos, Versammlungen aller Art sind untersagt, auch an Universitäten, und die geistlichen Führer der Christen und Hindus wurden zusammen mit den Oppositionsführern aus dem Land gejagt. (Es gibt keine islamische Opposition.)

102

Nijasow machte im Januar 1994 den »Vorschlag«, sein Marionettenparlament möge doch seine Amtszeit bis zum Jahr 2002 verlängern. Sein Wunsch wurde sofort erfüllt. Dann schob das Parlament noch ein Votum nach, mit dem Nijasow gebeten wurde, sein Amt auf Lebenszeit auszuüben. Im Februar 2001 kündigte Nijasow jedoch seinen Rücktritt für das Jahr 2010 an und erklärte, dass zu diesem Zeitpunkt mehr als nur ein Kandidat für die Präsidentenwahlen zugelassen werden würde. Amnesty International beschrieb das Regime 1996 als »verschlossen, repressiv und einschüchternd«. Heute wirkt das wie eine enorme Untertreibung.

Das wahllose Verhängen von Todesurteilen, das Foltern von Gefangenen in den überfüllten Gefängnissen, in denen es immer wieder zu Revolten kommt, das spurlose Verschwinden politischer Gegner, all das verweist auf ein Regime, das vom Streben nach Machterhalt besessen ist. Im Juli 2000 kündigte die Regierung an, dass sie alle ausländischen Besucher überwachen werde, auch die ganze internationale Post und sämtliche Auslandstelefonate, außerdem sollten alle Internet-Provider ihre Lizenzen verlieren. Nijasow verbot den Englischunterricht an Schulen ebenso wie jeglichen anderen fremdsprachlichen Unterricht, um den Einfluss westlicher Strömungen auf die Bevölkerung zu verhindern. Turkmenische Studenten durften keine Stipendien aus dem Ausland mehr annehmen.

Im Februar 2001 wurden Nijasows Anordnungen vollends bizarr. Er ersetzte die Straßennamen der Hauptstadt durch Zahlen und verlangte von allen Bürgern das Hissen der Nationalflagge auf den Hausdächern. Die wichtigste Order von allen war die Einführung eines neuen, spirituellen Verhaltenskodexes für die Bürger Turkmenistans auf der Grundlage der Schriften Nijasows. In einer dreistündigen Ansprache verglich der Präsident diesen Kodex mit der Bibel und dem Koran.

Zum Zeitpunkt der Unabhängigkeitserklärung hatte Turkmenistan noch viele Pluspunkte zu verzeichnen. Die Bevölkerung ist die homogenste aller asiatischen Staaten, 72 Prozent der 4,7 Millionen Einwohner gehören zur ethnischen Gruppe der Turkmenen.

Diese Gruppe wiederum ist in über 20 Stämme aufgeteilt, und die beiden größten, die Tekke und die Jomut, stellen die politische Führungsschicht des Landes. Aus diesem Grund blieben Turkmenistan die ethnisch motivierten Kämpfe erspart, die das Zusammenleben in den anderen Staaten so schwer beeinträchtigt haben. Außerdem verfügt Turkmenistan über nachgewiesene Ölreserven von 546 Millionen Barrel und Gaslagerstätten mit 7,4 Billionen Kubikmetern, die siebtgrößten Gasreserven der Welt.

Die Turkmenen stammten ursprünglich aus der Altai-Region im östlichen Zentralasien und zogen gemeinsam mit den Oghus-Turkstämmen westwärts, bis sie in das Gebiet östlich des Kaspischen Meeres kamen. Sie bildeten keinen Staat, lebten aber in einer festen Stammeshierarchie. Man fürchtete sie als Räuber und Krieger, die entlang der Seidenstraße Karawanen überfielen und in Persien, Russland und Afghanistan eindrangen, um dort Sklaven zu nehmen, die sie an die regionalen Fürsten verkauften. Außerdem kämpften sie als Söldner für persische, türkische, afghanische und zentralasiatische Herrscher. Bei Geok Tepe rieben turkmenische Kämpfer 1881 eine komplette russische Armee auf, wurden aber von einer zur Vergeltung ausgesandten russischen Streitmacht unter General von Kaufmann noch im selben Jahr vernichtend geschlagen. Von Kaufmann pries die Turkmenen als Volk mit der besten leichten Kavallerie der Welt, keine Überraschung angesichts der weltweiten Bewunderung für turkmenische Pferde, vor allem für die Achalteke-Zucht. (Alexander der Große zog auf einem Achalteke-Pferd in die Schlacht.) Nach der Oktoberrevolution schlossen sich die Turkmenen der Basmatschi-Rebellion an. Ihr Führer war Mohammed Qurban Junaid Khan, ein reicher Grundbesitzer aus dem Stamm der Jomut. Die Kämpfe dauerten bis zum Jahr 1927.

Drei Viertel des 488 000 Quadratkilometer umfassenden Staatsgebietes von Turkmenistan nimmt die Karakum-Wüste ein. Das einzige landwirtschaftlich nutzbare Gebiet liegt an den Ufern des Amudarja. Die Sowjets bauten Bewässerungsanlagen, um den Baumwollanbau zu ermöglichen, und verboten den Anbau ess-

barer Pflanzen. Ihr Bewässerungssystem hat die Region in ein öko-
logisches Katastrophengebiet verwandelt. Dem Aralsee wurde das
Wasser entzogen, er begann auszutrocknen, dem massiven Was-
serverlust folgte die Versalzung des Bodens. Aber unter dem Wüs-
tensand ruhen enorme Öl- und Gasvorräte. Bei der Ausrufung der
Unabhängigkeit versprach Nijasow, aus Turkmenistan »ein neues
Kuwait« zu machen, doch die Einlösung dieses Versprechens steht
noch aus.

Zweimal im vergangenen Jahrhundert, 1929 und 1948, wurde die
Hauptstadt Aschchabad von Erdbeben verwüstet. Das letzte Be-
ben machte die Stadt dem Erdboden gleich und kostete 110 000
Menschenleben, aber niemand außerhalb Turkmenistans erfuhr
davon. Stalin ignorierte die Nachricht von der Katastrophe, und
sie wurde nie veröffentlicht. Aber viele Turkmenen führen die kulturelle und intellektuelle Armut ihres Landes darauf zurück, dass
die gesamte gebildete Mittelschicht in Aschchabad beim Erdbeben
von 1948 ums Leben kam. Nijasow selbst verlor durch die Katastrophe seine Eltern und wuchs in Waisenhäusern der Kommunistischen Partei auf. Ohne jede Bildungselite waren die Turkmenen
jetzt von russischen Kadern, Investitionen und technischer Ent-
wicklungshilfe abhängig. Die Russen dominieren heute noch das
Geschehen auf allen Ebenen des Verwaltungsapparats. Moskau
hatte kein Interesse an der Ausbeutung der riesigen turkmenischen
Gasvorkommen, es bevorzugte die sibirischen Lagerstätten auf
dem Territorium der Russischen Sowjetrepublik. Turkmenistan
blieb deshalb eine der ärmsten Unionsrepubliken der Sowjetunion.
Zum Zeitpunkt der Unabhängigkeit lag die Arbeitslosigkeit im
Land bei 18 Prozent. Von 1000 Neugeborenen starben 45, zehn-
mal so viele wie in Westeuropa. Kinder mussten auf den Baum-
wollfeldern arbeiten. Es gab keinen Ausweg aus der Armut.

Im vergangenen Jahrzehnt unternahm Nijasow zunehmend verzweifelte Versuche, die westlichen Ölgesellschaften von der Notwendigkeit neuer Öl- und Gaspipelines zu überzeugen, die sein
Land von Russland unabhängig machen würden. Aber Moskau
blockierte all diese Versuche mit brutaler Konsequenz und bestand

darauf, dass das turkmenische Gas nur über das russische Pipeline-System in andere GUS-Staaten und nach Europa exportiert wurde, natürlich zu Preisen deutlich unter dem internationalen Niveau. Das Gas, das durch diese Pipelines strömt, bringt aber wirtschaftlich weniger ein, als nötig wäre. Kunden aus der GUS wie etwa die Ukraine oder Armenien sind zu arm, um für ihr Gas zu bezahlen. Turkmenistan musste wegen ausgebliebener Zahlungen schon häufiger den Hahn zudrehen. Bis zum Jahr 2000 hatten die GUS-Mitglieder einschließlich Russlands für ihre Gasimporte bereits 1,5 Milliarden Dollar Schulden bei Turkmenistan.

Nijasow hat seit den frühen neunziger Jahren bereits mehrere Optionen für neue Pipelines durchgespielt, die das Binnenland Turkmenistan an das internationale Handelsnetz anschließen sollten. Dazu gehörten eine über 1500 Kilometer lange Pipeline über den Iran in die Türkei für den europäischen Markt, eine 1800 Kilometer lange Route durch Afghanistan nach Pakistan und Indien und eine über 8000 Kilometer lange Verbindung nach China. Das einzige Projekt, das über das Planungsstadium hinausgekommen ist, war eine kleine 190-Kilometer-Pipeline, die im Jahr 1996 von Teheran fertig gestellt wurde und Gas in den Nordiran liefert. Die Iraner haben auch eine neue Eisenbahnlinie gebaut, die die Millionenstadt Meschhed im Nordosten des Iran mit Turkmenistan verbindet und auf diesem Weg erstmals die Ausfuhr von Exporten aus Zentralasien zum Golf von Oman und zum Arabischen Meer ermöglicht. Aber das internationale Machtspiel hat bisher jeden größeren Nutzen aus diesem Projekt verhindert. Washington verweigerte den US-Ölfirmen die Erlaubnis für den Bau neuer Pipelines durch den Iran, gleichzeitig blockierte Russland alle Vorschläge für Pipelines in die Türkei, und der afghanische Bürgerkrieg hat den Bau einer Pipeline nach Pakistan verhindert. Washington versucht gegenwärtig, Nijasow für den US-Plan zu gewinnen, der den Bau einer Öl- und Gas-Pipeline von Baku in Aserbaidschan nach Ceyhan an der türkischen Mittelmeerküste vorsieht. Russland und der Iran bekämpfen diesen Plan.

Turkmenistans Probleme mit den Pipelines führten zu einem dramatischen Rückgang bei der Gasproduktion des Landes und bei den Deviseneinnahmen. 1989 verkaufte Aschchabad 79,3 Milliarden Kubikmeter Erdgas, 1998 waren es nur noch 13,6 Milliarden. Allerdings stieg der Absatz im Jahr 2000 wieder auf 45,3 Milliarden. Einige kleinere westliche Ölfirmen haben in Turkmenistan investiert, aber die großen Unternehmen haben sich zurückgehalten, weil sich die Regierung einem wirtschaftlichen Reformprogramm verweigert, zu dem Privatisierungen ebenso gehören müssten wie die Anerkennung der internationalen Rechtsprechung, die für das Werben um ausländische Investoren unerlässlich ist. Als Aschchabad im Jahr 1997 über 110 000 Quadratkilometer seines Festlandsockels im Kaspischen Meer für die Erkundung durch westliche Ölfirmen freigeben wollte, fiel die internationale Resonanz nur sehr schwach aus. Dabei liegen die Schätzungen für die Offshore-Reserven Turkmenistans bei über 500 Millionen Barrel Öl und 2,9 Billionen Kubikmeter Gas. Auch der Internationale Währungsfonds und andere multilaterale Geldgeber schreckten vor Investitionen in Turkmenistan zurück, weil die Wirtschaftsreform nicht in Gang kam. Die Europäische Bank für Wiederaufbau und Entwicklung (EBWE) fror im April 2000 aus Protest gegen die antidemokratische Politik der turkmenischen Regierung Kredite in Höhe von 209 Millionen Dollar ein. Unter der Herrschaft Nijasows und seiner Spitzenbeamten im Regierungsapparat, die unter allgemeinem Korruptionsverdacht stehen, sind Reformen wenig wahrscheinlich.

Turkmenistan hält an seinem außenpolitischen Neutralitätskurs fest, was für Distanz zu Russland und den rivalisierenden Staaten in Zentralasien sorgt und gleichzeitig das Land weiter isoliert. Nijasow hat den Beitritt zu wirtschaftlichen oder militärischen Bündnissen innerhalb der GUS verweigert. Er verweigerte außerdem die Entsendung von Soldaten für die gemeinsame zentralasiatische Friedenstruppe in Tadschikistan und schloss sich den Nachbarn in der Region auch nicht an, als diese die Politik der Taliban in Afghanistan verurteilten. Der letztgenannte Punkt ist politisch in gewisser Weise schlüssig, denn als Konsequenz unterhält Turkmenistan gute Beziehungen sowohl zu den Taliban als auch zur Anti-Taliban-Allianz. Letztlich verhinderte dies, dass turkmenische Dissidenten und Islamisten in Afghanistan Zuflucht suchten. Der größte Teil der turkmenischen Opposition lebt gegenwärtig im Moskauer Exil, und bis jetzt gibt es im Land keine Anzeichen für eine starke islamische Untergrundbewegung.

Trotz seiner Neutralitätspolitik unterhält Turkmenistan aber nach wie vor enge militärische Beziehungen zu Moskau. Russische Truppen bewachen die iranisch-turkmenische Grenze, in Turkmenistan lebende Russen erhielten die doppelte Staatsbürgerschaft. Diese Maßnahme stoppte auch den Exodus gut ausgebildeter russischer Bürger nach der Ausrufung der Unabhängigkeit. Turkmenistan hat ein enormes Wirtschaftspotenzial, seine strategische Lage macht das Land zum idealen Ausgangspunkt für zentralasiatische Gasexporte nach Westen, Osten und Süden. Das Regime hat bisher allerdings nur wenig zur Lösung der verheerenden sozialen Probleme oder zur Einführung von Wirtschaftsreformen getan, die das Land zu einem wichtigen und verlässlichen internationalen Partner machen könnten.

Usbekistan: Im Zentrum des Sturms

Die Usbeken bewohnen Zentralasiens islamisches Kerngebiet mit den Städten Buchara und Samarkand und dem Fergana-Tal. Sie sind das älteste städtisch geprägte Kulturvolk in der Region. Der sogdische König Afrasiab gründete bereits im 5. Jahrhundert v. Chr. Samarkand, die spätere Hauptstadt Timurs. Die Städte des modernen Usbekistan waren in früherer Zeit die Hauptstädte der vielen wechselnden Reiche Zentralasiens. Das fruchtbare Fergana-Tal war stets das am dichtesten besiedelte Gebiet der Region, gleichzeitig ein kulturelles Zentrum der islamischen Frömmigkeit wie auch des islamischen Rebellentums. Die Russen folgten der Tradition und machten Taschkent zum politischen und industriellen Zentrum und gleichzeitig zum Mittelpunkt des Handels in

Zentralasien. Mit einer Bevölkerung von 2,2 Millionen Menschen und breiten, von Bäumen gesäumten Boulevards, mit einer trostlosen, aber imposanten Architektur im sowjetischen Stil und riesigen Industrieanlagen, die einst zu den großen Waffenschmieden der Sowjetunion gehörten, ist die Stadt Taschkent zu einem Symbol der Macht geworden.

Usbekistan ist heute die mächtigste zentralasiatische Republik. Bei einer Fläche von 447 400 Quadratkilometern hat es mit allen anderen vier Staaten eine gemeinsame Grenze. Die ethnischen Usbeken stellen 69 Prozent der Gesamtbevölkerung von 25 Millionen Menschen, und das gibt dem Land eine gewisse Homogenität. Die Usbeken sind die bevölkerungsreichste, offensivste und einflussreichste ethnische Gruppe Zentralasiens. Sie stellen auch in drei anderen Staaten eine beachtliche Minderheit: in Tadschikistan (23 Prozent), Turkmenistan (13 Prozent) und Kirgistan (13 Prozent). Außerdem leben noch etwa 25 000 Usbeken in der chinesischen Provinz Xinjiang, zwei Millionen Usbeken sind Bürger Afghanistans. Für Präsident Karimow sind diese verstreut lebenden Landsleute äußerst nützlich. Sie verleihen ihm enormen Einfluss, weil sie eine dauerhafte Bedrohung für die ethnische Stabilität ihrer Heimatländer sind. Nach der Eroberung Kabuls durch die Mudschaheddin im Jahr 1992 unterstützte Karimow den usbekischen Kriegsherrn Rashid Dostum. Dieser rief eine autonome usbekische Region mit dem Zentrum Mazar-i-Sharif aus, als Gegenpol zur traditionell von Paschtunen beherrschten Hauptstadt Kabul.

Vergleicht man die Usbeken mit den nomadischen Kasachen und Kirgisen und mit den verstreut lebenden tadschikischen Clans, dann haben sie in Zentralasien die tiefsten nationalen Wurzeln geschlagen. Die Schaibani-Usbeken gründeten ihr Reich im Jahr 1500 mit dem Sieg über die Timuriden und führten in ihrem Herrschaftsraum auch die usbekische Sprache und Literatur ein. Mahmud Ibn Wali, ein Historiker des 16. Jahrhunderts, beschreibt die Usbeken als »bekannt für ihren schlechten Charakter, ihre Gewandtheit, Kühnheit und Unverblümtheit«, und er fügt hinzu, dass die Usbeken ihren Ruf als Gesetzesbrecher genossen, während sie gleichzeitig eine Kultur der Gastfreundschaft entwickelten, die in der muslimischen Welt ihresgleichen suchte.[3]

Nach dem Niedergang des Schaibani-Reiches fiel die Region nach und nach an Russland. Die von den Russen erzwungene Modernisierung führte zum Erstarken der vor allem in den Städten verankerten Reformbewegung der Dschadiden, die hauptsächlich aus Usbeken und muslimischen Tataren bestand. Nach der Oktoberrevolution 1917 versuchten einige Dschadiden den Islam mit dem Kommunismus zusammenzubringen, aber Stalin vernichtete diese Gruppe. Die Ideen der Dschadid-Bewegung tauchten 1991 in den Programmen nationalistischer Oppositionsparteien wie Birlik und Erk wieder auf, die Karimow beide sofort verbot. Durch diese Maßnahme verhinderte er die Entstehung einer demokratischen Grundlage für die Erneuerung des Islam und des islamischen Nationalismus.

Die Russen hatten Usbekistan in ein wirtschaftliches Kraftzentrum verwandelt, und die Sowjets setzten diese Arbeit fort. Taschkent wurde zum größten Industrie- und Handelszentrum in Zentralasien ausgebaut, Tausende von russischen Soldaten und Verwaltungsfachleuten kamen in die Stadt, um das neue Grenzland zu kolonisieren. Die Sowjets schufen in Usbekistan eine starke landwirtschaftliche Grundlage. Durch die massive Förderung des Baumwollanbaus entstand praktisch eine reine Plantagenwirtschaft. Zwischen 1940 und 1980 vervierfachte sich die Baumwollproduktion von 2,6 Millionen auf 10,9 Millionen Tonnen. Dadurch wurde Usbekistan zum drittgrößten Baumwollproduzenten der Welt. Die der Region aufgezwungene Baumwollwirtschaft führte aber zu katastrophalen Umweltschäden. Der Aralsee büßte 55 Prozent seiner ursprünglichen Fläche und 31 Prozent seiner Wassermenge ein, denn seine Zuflüsse dienten zur Bewässerung der Baumwollfelder. Es entstand ein riesiges Trockengebiet, Probleme mit Luft- und Bodenverschmutzung kamen hinzu. Die Baumwollproduktion sank bis zum Jahr 1989 auf 5,4 Millionen Tonnen und hat sich bis heute nicht wieder erholt. Usbekistan verfügt aber auch über große Bodenschätze, Gold inklusive. Es gibt geschätzte Erdgasvorkommen von knapp 2 Billionen Kubikmetern, und Usbekistan kann seinen Erdölbedarf selbst decken. All dies steigert die Wirtschaftskraft des Landes.

Usbeken, die in der Kommunistischen Partei Usbekistans (KPU) seit 1920 Karriere machten, entwickelten ein ambivalentes Verhältnis zu Moskau. Sie waren gehorsame Kommunisten, widersetzten sich aber auch immer wieder der Moskauer Dominanz, worauf Stalin wiederum mit mehreren brutalen Säuberungen reagierte. Scharif Raschidow, Vorsitzender der KPU von 1959 bis 1983, beging den sowjetischen Jahrhundertbetrug: Er erleichterte die Staatskasse durch gefälschte Produktionszahlen für Baumwolle um riesige Summen. Für die Usbeken, die die Korruption innerhalb der KPU als Abfuhr für Moskau interpretierten, war Raschidow ein Held. Diese Tradition besteht bis heute fort und bringt große Probleme für die Modernisierung der Wirtschaft mit sich.

Die KPU musste auch die Ansprüche auf Einfluss und Patronage ausbalancieren, die von den regionalen Parteifürsten in Usbekistan angemeldet wurden. Auch das ist heute noch ein Thema. Der aus Samarkand stammende Karimow muss ständig Rivalen aus anderen lokalen Führungseliten abwehren, die ihre Machtbasis in Taschkent und im Fergana-Tal haben.

Wie die anderen Staatschefs in Zentralasien war Karimow Erster Sekretär der herrschenden Kommunistischen Partei, der es fertig brachte, diese Machtposition vor und auch nach der Unabhängigkeit in eine Präsidentschaft umzuwandeln. Wie seine Amtskollegen hat er seit Beginn der Unabhängigkeit ein autoritäres Regime angeführt, abweichende Meinungen unterdrückt und alle politischen Parteien verboten. (Mit Ausnahme einer kurzen Zeit der Freiheit.) Er übte eine lückenlose Kontrolle über die Medien aus und schickte seine gefürchteten Sicherheitsdienste sogar in die Nachbarstaaten, um dorthin geflüchtete politische Gegner zu kidnappen. 1991 verbot Karimow die KPU und gründete die Volksdemokratische Partei Usbekistans, die in ihrer Organisations- und Mitgliederstruktur mit der KPU praktisch identisch war. Bei Präsidentenwahlen lässt er *einen* Gegenkandidaten zu, um den Eindruck zu vermitteln, es gebe eine echte Wahl, aber diese Gegenkandidaten bekommen entweder nie eine Chance, der Öffentlichkeit ihre politischen Ansichten zu vermitteln, oder sie sind selbst Anhänger Karimows. Im 250 Abgeordnete zählenden Parlament, dem Olij Madschlis, sitzen viele Bürokraten, die von den örtlichen und staatlichen Institutionen delegiert werden. Es trifft sich jedes Jahr nur zu einigen kurzen Sitzungen, bei denen Karimows Politik abgesegnet wird. Im März 1995 hielt Karimow ein Referendum ab und ließ sich seine Amtszeit bis zum Jahr 2000 verlängern. Zu diesem Termin folgte dann eine Verlängerung durch Wiederwahl.

Karimow ist ein mürrischer, wenig inspirierender und äußerst autokratischer Mensch. Er wurde in Samarkand geboren. Seine Mutter war Tadschikin, sein Vater Usbeke, und der Sohn wurde schon im Kindesalter Vollwaise. Wie sein turkmenischer Kollege Nijasow wuchs Karimow in einem staatlichen Waisenhaus auf. Diese Einrichtungen gehörten zu den beliebtesten Rekrutierungsfeldern der Sowjets. Karimow wurde zum Maschinenbauingenieur ausgebildet. Und wie alle anderen zentralasiatischen Führer lebte er im Lauf der Jahre in zunehmender Isolation von der Öffentlichkeit und öffentlicher politischer Aktivität, dafür umgab er sich mit korrupten Speichelleckern. Wie seine Höflinge zeigt er eine zunehmende Unfähigkeit, mit den drängenden Problemen seines Landes fertig zu werden, denn er weigert sich, ihre Ursachen zu erkennen.

Im Unterschied zu den anderen zentralasiatischen Staatschefs, die zumindest die Möglichkeit eines Umbaus der Wirtschaft erkundeten, um Anschluss an die internationale Wirtschaftsgemeinschaft zu gewinnen, verweigerte Karimow von Anfang an jeden Gedanken an Reformen und Privatisierungen. Usbekistan hat deshalb seit der Unabhängigkeit eine ganze Reihe schwerer Wirtschaftskrisen erlebt. In Taschkent kam es 1992 wegen Nahrungsmittelknappheit zu Unruhen, die schließlich mit militärischer Gewalt niedergeschlagen wurden. Als Usbekistan 1994 zur Einführung einer eigenen Währung gezwungen wurde, stieg die Inflationsrate des usbekischen Som (der mit dem kirgisischen Som nicht identisch ist) sofort auf 1500 Prozent. (Die durchschnittliche Inflationsrate lag von 1991 bis 1995 bei 465 Prozent.)

Karimow widersetzt sich aber nach wie vor dem Druck des Internationalen Währungsfonds, der auf eine Stabilisierung und Reform der usbekischen Währung dringt. Im April 2001 schloss der IWF sein Büro in Taschkent. Diese Maßnahme war begleitet von scharfer Kritik am mangelnden Reformwillen des Regimes. Dessen größte Sorgen sind gegenwärtig die zunehmende Armut und Arbeitslosigkeit (im Fergana-Tal liegt sie bei bis zu 80 Prozent), aber es ist nur wenig Aktivität zur Lösung der Probleme zu erkennen. Jedes Jahr drängen etwa 400 000 junge Menschen auf den Arbeitsmarkt, inzwischen sind 60 Prozent der Bevölkerung jünger als 25 Jahre. Diese jungen Leute suchen Arbeit, sie sind unruhig und hungrig, und ihre Zahl nimmt zu. Die staatliche Planungsbehörde Usbekistans schätzt, dass die Bevölkerung bis zum Jahr 2115 auf 36 Millionen Menschen anwachsen wird.

Zu Investitionen aus dem Ausland kam es bislang nur sporadisch. Internationale Investoren behalten Usbekistan allerdings nach wie vor im Auge: wegen seiner strategischen Lage, wegen der reichen Bodenschätze, aber auch wegen der qualifizierten Arbeitskräfte des Landes. Usbekistans fortgesetzte Verweigerung von Wirtschaftsreformen macht das Land jedoch zu einem riskanten Arbeitsgebiet. Gemeinsam mit der Weltbank beschloss der IWF bereits 1995, sechs Jahre vor seinem völligen Rückzug aus dem Land, die Aussetzung von Kreditabkommen für die Dauer von zwei Jahren. Begründet wurde dies mit dem Ausbleiben von Wirtschaftsreformen. In Abwesenheit internationaler Beobachter nahmen Korruption, Günstlingswirtschaft und ineffizientes Wirtschaften rapide zu. Diese Probleme haben aber ausländische Investitionen nicht völlig verhindert. Die Türkei steckte Hunderte Millionen Dollar in 400 Joint-Venture-Projekte, die Vereinigten Staaten sind ein wichtiger Geldgeber im Bergbau- und Energiebereich, und südkoreanische und deutsche Firmen engagieren sich in der Autoproduktion. All diese Abkommen wurden direkt mit

Karimow und dem Präsidentenbüro geschlossen, denn der Staat betreibt keine systematische und organisierte Politik zur Anwerbung ausländischer Investitionen.

Die USA, zunächst ein scharfer Kritiker von Karimows unsäglichen Menschenrechtsverletzungen, ignorierten dieses Thema seit 1996 völlig und steigerten ihre Investitionen in der Region vor allem wegen zunehmender Sorgen über die Entwicklung in Afghanistan. Außerdem wollte man den Iran isolieren und fürchtete den wachsenden russischen Einfluss in Zentralasien. US-Bergbaufirmen investierten 1997 massiv in Usbekistan. Das Handelsvolumen zwischen den USA und Usbekistan stieg von armseligen 50 Millionen Dollar im Jahr 1996 auf 420 Millionen Dollar im Folgejahr. Usbekistan reagierte auf diese Entwicklung, indem es Russland auf Distanz hielt. Allerdings scheint die Politik des Landes gegenüber Russland eher von den Stimmungsschwankungen des Präsidenten Karimow als von durchdachten politischen Initiativen geprägt zu sein. Usbekistan war der erste zentralasiatische Staat, der sich an einem militärischen Ausbildungsprogramm der NATO unter der Bezeichnung »Partnerschaft für den Frieden« beteiligte. Später schlossen sich auch Kirgistan und Kasachstan an. Seit 1998 hielten die usbekischen Streitkräfte gemeinsame Manöver mit US- und anderen NATO-Truppen ab. Doch im Frühjahr 2000 unterzeichneten Usbekistan und Russland einen Geheimpakt über militärische Zusammenarbeit (von dem sich Karimow dann im Herbst distanzierte).[4] Karimow verweigert, anders als das Nachbarland Turkmenistan, den in Usbekistan lebenden Russen auch die doppelte Staatsbürgerschaft.

Die politischen Kurswechsel des Präsidenten, denen kaum einmal Konsultationen oder Debatten innerhalb des Verwaltungsapparates vorauszugehen scheinen, haben die usbekische Elite in tiefe Zukunftssorgen gestürzt. »Unseren Führern fehlt es an Realitätsbezug. Sie werden von den Problemen, denen sie sich gegenübersehen, überwältigt und sind wie gelähmt«, sagte mir ein höherer usbekischer Verwaltungsbeamter in Taschkent. Und er fügte hinzu: »Von einem auf den anderen Tag wissen wir nicht, wie es weitergeht, welche Kurswechsel in der Außen- und Innenpolitik uns der Präsident als nächstes befehlen wird. Die Feinde von gestern sind die Freunde von heute. Wir können keine durchdachten Ratschläge geben, wenn wir gar nicht gefragt werden. Die politische Linie ändert sich ohne Grund oder Rechtfertigung.«[5] Das war eine schneidende Kritik aus einem bürokratischen Apparat, dessen Mitarbeiter in zehn Jahren niemals – auch nicht in privaten Unterhaltungen – gewagt hatten, von Fehlern des Präsidenten zu sprechen.

Karimows Politik hat seine Nachbarn verständlicherweise misstrauisch gemacht. Er versucht Usbekistans Führungsrolle in Zentralasien durchzusetzen und drängt dabei kleinere Länder wie Kirgistan und Tadschikistan massiv, seinen Kurs zu unterstützen. Karimow ist vor allem bestrebt, dem Rivalen Kasachstan ständig Schwierigkeiten zu bereiten, seit dieses Land bedeutende Investitionen westlicher Ölfirmen erhielt. Usbekistan unterbricht immer wieder die Erdgaslieferungen an Kasachstan, Kirgistan und Tadschikistan, um diese Länder unter Druck zu setzen, obwohl Usbekistan im Jahr 2000 mit der Lieferung von 54 Milliarden Kubikmeter Gas an die Nachbarn rund 310 Millionen Dollar verdiente. Zu den machtpolitisch motivierten Initiativen Usbekistans in der gesamten Region gehörte auch die militärische Unterstützung für das Regime in Duschanbe während des Bürgerkriegs in Tadschikistan und für die afghanischen Usbeken, die gegen die in den Norden Afghanistans vordringenden Taliban kämpften. Diese Politik blieb aber weitgehend erfolglos. In Tadschikistan bildete Präsident Rachmonow im Jahr 1997 eine Koalition mit den Islamisten, was Karimow außerordentlich wütend machte, und General Dostum, der Anführer der afghanischen Usbeken, wurde von den Taliban besiegt. Dennoch hat Usbekistan den Gedanken, es sei die regionale Polizeimacht, mit Erfolg sowohl an die USA wie auch an Russland verkauft. Beide Länder unterstützen Usbekistan weiterhin und versuchen den künftigen politischen Kurs dieses Partners zu beeinflussen. Unterdessen beobachten die übrigen zentralasiatischen Staaten Karimows Absichten mit äußerstem Misstrauen.

Die wirklichen Probleme dieses Mannes sind aber hausgemacht. Die wirtschaftliche Lage ist schlecht, und der Präsident sieht sich wegen seiner autokratischen Herrschaft einer wachsenden politischen Opposition gegenüber. Nach Erlangung der Unabhängigkeit verfügte Usbekistan für kurze Zeit über die stärksten und bestorganisierten Oppositionsparteien der ganzen Region. Die populärste dieser Parteien war Birlik (Einheit). Zu ihren politischen Kundgebungen, die ich in Taschkent besuchte, erschienen trotz massiver Polizeipräsenz Tausende von Anhängern. Birlik war eine demokratisch-nationalistische Partei, gegründet 1988 von usbekischen Intellektuellen. Bei einer ganzen Reihe von Themen kritisierte sie die Regierung scharf, und sie war stark antirussisch eingestellt. Im April 1990 spaltete sich unter dem Namen Erk (Freiheit) eine Splittergruppe ab, deren Anführer der Dichter Salai Madaminow war, bekannt unter dem Pseudonym Mohammed Solih. Erk zeigte sich gegenüber dem Regime kompromissbereiter. Solih wurde sogar als Kandidat für die Präsidentenwahlen im Dezember 1991 zugelassen, im Gegensatz zu Aburahim Polat, dem Parteichef von Birlik. Aber 1992 verbot Karimow beide Parteien und zwang ihre Anführer ins Exil. Später gründeten beide Parteien Menschenrechtsgruppen: Birlik betreibt die Menschenrechtsgesellschaft Usbekistans (Human Rights Society of Uzbekistan), Erk die Unabhängige Menschenrechtsorganisation Usbekistans (Human Rights Organization of Usbekistan).

Nach der Zerschlagung der Opposition im Jahr 1992 nahm Karimow als nächstes die islamisch-fundamentalistischen Gruppen ins Visier, die ihre Basis im Fergana-Tal hatten. Bei einer Serie von Razzien ließ Karimow 1992, 1993 und nach 1997 Hunderte einfacher, frommer Muslime wegen angeblicher Verbindungen zu islamischen Fundamentalisten verhaften, klagte sie als »Wahhabis« an, schloss Moscheen und Madrassas, warf die Mullahs ins Gefängnis oder trieb sie ins Exil. Die Partei der Islamischen Wiedergeburt (PIW), als islamische Partei noch in der sowjetischen Zeit gegründet, mit selbstständigen Ablegern in allen zentralasiatischen Staaten, erhielt im unabhängigen Usbekistan nie eine Zulassung als legale politische Partei. Im Jahr 1998 verabschiedete die Regierung das infame »Gesetz zur Freiheit des Gewissens und zu religiösen Organisationen«, mit dem neue Unterdrückungsmethoden gegen Muslime eingeführt wurden. (Andere religiöse Organisationen waren von diesem Gesetz nicht betroffen.) Am 16. Februar 1999 versuchten unbekannte usbekische Extremisten Karimow zu ermorden: Sie zündeten in Taschkent sechs schwere Autobomben, dreizehn Menschen starben, über hundert wurden verletzt. Karimow antwortete mit massiven Razzien. Die Polizei verhaftete mehrere tausend Menschen, und die Regierung beschuldigte sowohl Erk als auch militante Islamisten der Täterschaft.

Als Ergebnis dieser repressiven Politik entwickelte sich genau das, was Karimow gefürchtet hatte: extreme islamische Militanz. Der Aufstieg der IMU, der zur Zeit mächtigsten Gruppe aktiver militanter Islamisten in Zentralasien, ist direkt mit Karimows Politik verbunden: mit seiner Weigerung, den Muslimen die Ausübung ihrer Religion zu erlauben, und mit seiner extremen Ablehnung von religiöser Praxis und politischer Kritik. Die IMU tritt Jahr für Jahr durch Überfälle in Usbekistan, Kirgistan, Tadschikistan und überall im Fergana-Tal in Erscheinung. Sie erhält in ganz Zentralasien ständig neuen Zulauf, ihr Anführer Dschuma Namangani hat enge Bande zu den Taliban und Osama Bin Laden in Afghanistan geknüpft. Dies hat die Macht und den Einfluss der Extremisten weiter gestärkt.

Karimow hat mit seiner Regierung alle Macht in Usbekistan an sich gezogen und sich damit unter den regionalen Eliten des Landes Feinde geschaffen. Seine Politik untergräbt das traditionelle Machtgleichgewicht zwischen den regionalen Gruppen, weil diesen jetzt Jobs, Gönnerschaft und Einfluss vorenthalten werden, Dinge, an die sie sich gewöhnt hatten. Viele Usbeken glauben, dass die Autobomben von Taschkent nicht das Werk muslimischer Extremisten waren, sondern von Leuten aus der Regierung selbst gelegt wurden, die Karimow loswerden wollten. Im Januar 2000 gewann Karimow die Präsidentenwahlen mit 92 Prozent der Stimmen. Dieses Mandat hätte wohl mehr Gewicht gehabt, hätte nicht

Abdulhafis Dschalalow, der einzige Gegenkandidat, öffentlich eingeräumt, er selbst habe für Karimow gestimmt, und zwar im Interesse der »Stabilität, des Friedens, der Unabhängigkeit unserer Nation und der Entwicklung von Usbekistan«.[6] Ausländische Beobachter nannten die Wahl eine Farce.

Der Machterhalt der Regierung einschließlich ihres Verständnisses von Recht und Ordnung ist sowohl auf die Passivität der Bevölkerung als auch auf harte Gesetze und die überwältigenden Befugnisse des staatlichen Sicherheitsapparates zurückzuführen. »Das autoritäre Auftreten hat eine drohende wirtschaftliche und politische Krise im günstigsten Fall aufgeschoben, aber nicht entschärft«, warnt ein Bericht der International Crisis Group aus dem Jahr 2001.[7] Andere Beobachter gehen davon aus, dass die Krise bereits zum Greifen nah ist: Usbekistan ist zum Zentrum des islamischen Widerstands und des islamischen Extremismus in Zentralasien geworden. Es ist das schwächste Glied in einem Bogen der Instabilität, der sich über die ganze Region spannt. Die Bevölkerung wird unter dem ungebrochen autoritären Regime allmählich unruhig. Manche Intellektuelle mögen immer noch auf einen friedlichen Übergang zu einem demokratischeren Regime hoffen, aber inzwischen rufen nicht nur militante Islamisten zu Karimows Sturz auf.

Tadschikistan: Eine verpasste Gelegenheit?

Tadschikistan ist mehr als jeder andere zentralasiatische Staat ein Modellfall für das, was geschehen kann, wie auch für das, was geschehen könnte. Nach den Zerstörungen durch einen fünfjährigen Bürgerkrieg (1992–1997), der unmittelbar nach der Unabhängigkeit begann, erhob sich das Land wie Phönix aus der Asche. Tadschikistan erhielt eine demokratisch gewählte Koalitionsregierung, die, erstmals in Zentralasien, religiöse und weltliche Parteien zusammenbrachte. Manche Beobachter haben für diese Regierung geworben und sie als Modellfall bezeichnet, der innenpolitischen

Frieden mit guten Chancen für Investitionen aus dem Ausland verbindet. Inzwischen verschlimmert sich jedoch die Wirtschaftskrise, militante Extremisten benutzen Tadschikistan als Zufluchtsort, und der usbekische Präsident Karimow schürt die Unruhe unter der großen usbekischen Minderheit. Mal bietet er Hilfe an, dann hält er sie wieder zurück. Tadschikistan ist außerdem ein warnendes Beispiel dafür, wie schnell auch die besten Absichten unter dem Druck von Armut, Repression und dem zunehmenden Drogenhandel aus Afghanistan scheitern können.

Tadschikistan ist ein kleines Land mit nur 5,2 Millionen Einwohnern, von denen 60 Prozent Tadschiken und etwa 23 Prozent Usbeken sind. Eine Million Tadschiken leben in Usbekistan, weitere 200 000 in der chinesischen Provinz Xinjiang. In Afghanistan gibt es 4,5 Millionen Tadschiken, die meisten von ihnen sind Gegner der Taliban. Ahmed Schah Massud, der am 9. September 2001 ermordete Widerstandskämpfer gegen die Taliban, war ein Tadschike aus dem Pandschir-Tal nördlich von Kabul. Der Binnenstaat Tadschikistan hat eine 1050 Kilometer lange gemeinsame Grenze mit Afghanistan und ist von Pakistan nur durch den schmalen Streifen des afghanischen Wachan-Korridors getrennt – an manchen Stellen ist dieser bloß zehn Kilometer breit –, den Russland und Großbritannien im 19. Jahrhundert auf der Landkarte gezogen haben, um sicherzustellen, dass sich die beiden Reiche nicht direkt berühren. Tadschikistan hat auch eine 430 Kilometer lange gebirgige Grenze mit der chinesischen Provinz Xinjiang. Peking beansprucht rund 30 Prozent des Territoriums der tadschikischen Ostprovinz Gorno-Badachschan, in der es große Goldvorkommen und andere Bodenschätze gibt. Dieser Grenzstreit ist auch im vergangenen Jahrzehnt nicht beigelegt worden.

Das Pamir-Gebirge nimmt etwa 93 Prozent der Fläche Tadschikistans ein und schränkt die Möglichkeiten für Kommunikation, industrielle Entwicklung und Landwirtschaft stark ein. Trotz des schwierigen Terrains gab es in der Region immer einen bemerkenswerten kulturellen Reichtum, denn durch diese Landschaft führten wichtige Routen für Handel und Eroberungszüge, einschließlich der berühmten Seidenstraße. Als Nachfahren von Bewohnern des antiken Perserreichs gehören die Tadschiken kulturell und sprachlich zum persischen Kulturkreis. Sie bilden die einzige ethnische Gruppe der Region, die nicht zu den Turkvölkern gehört. Die Tadschiken dominierten jahrhundertelang Handel und Wirtschaft in den Städten Zentralasiens. Sie sprachen sowohl Persisch als auch die jeweiligen lokalen Turksprachen und lebten mit Usbeken und anderen Turkvölkern in relativer Harmonie zusammen, während ein Reich das andere ablöste. Die Sowjets gruben die Überreste dieser Kulturen aus, schlossen die Fundstücke aber weg, weil sie nicht wollten, dass die Tadschiken etwas über die Geschichte ihres Volkes erfuhren. Heute kann man diese Funde im neu eröffneten Nationalmuseum in Duschanbe besichtigen. Besonders eindrucksvoll sind die buddhistischen Artefakte aus der Zeit des Kushan-Reiches im 2. Jahrhundert. Das berühmteste Einzelstück ist die Figur des schlafenden Buddha, mit einer Länge von über zwölf Metern der größte Buddha in Zentralasien. (Die riesigen stehenden Buddhastatuen in Bamian waren größer, aber die Taliban zerstörten sie im März 2001.)

Russland verleibte Tadschikistan im 19. Jahrhundert als letzte Region Zentralasiens seiner Provinz Turkestan ein. Die Grenze zwischen Afghanistan und Tadschikistan blieb jedoch offen, und Stammesführer und Banditen suchten häufig Zuflucht auf der anderen Seite der Grenze, während zentralasiatische Khans afghanische Wachen für den Dienst in ihren Palästen rekrutierten. Tadschikistan wurde später zu einem Zentrum der Basmatschi-Rebellion, und deren muslimische Anführer suchten ebenfalls Zuflucht in Afghanistan. Der Widerstand gegen die Machthaber in Kabul, den Ahmed Schah Massud bis zum September 2001 anführte, nutzte Tadschikistan als Nachschubbasis. Dorthin lieferten Russland, der Iran und Indien die Waffen.

Regionale und auf Streitereien zwischen den Clans basierende Rivalitäten hat es in Tadschikistan, in dessen Hochgebirgslandschaft die Dörfer und regionalen Unterzentren voneinander abgeschnitten waren, immer gegeben. Der Hauptverantwortliche jedoch für die Verschärfung alter Konflikte in dieser Region heißt Stalin. Durch seine willkürlichen Grenzziehungen in den zwanziger Jahren des vorigen Jahrhunderts schuf er Republiken, die den geografischen und ethnischen Voraussetzungen nur ansatzweise entsprachen. Stalin schwächte die Tadschiken zugunsten der Usbeken und säte ganz gezielt den Streit zwischen den beiden größten ethnischen Gruppen Zentralasiens. Buchara und Samarkand, die Zentren der tadschikischen Kultur, wurden Usbekistan zugeschlagen. Damit war den Tadschiken ein urbanes Zentrum genommen, das die Nachteile eines Staates ausgleichen konnte, dessen Kernlandschaft die unproduktiven Berge des Pamir waren. Die landwirtschaftliche Basis war schwach, die Hauptstadt Duschanbe im Jahr 1925 nur ein Dorf mit 6000 Einwohnern, in dem jeden Montag (auf Persisch: *Duschanbe*) ein Bauernmarkt abgehalten wurde. Tadschikistan war Moskaus Stiefkind und hatte das niedrigste Pro-Kopf-Einkommen, die höchste Arbeitslosigkeit, die höchste Geburtenrate und den niedrigsten Industrialisierungsgrad in der Sowjetunion. Zwischen 1979 und 1989 stieg die Einwohnerzahl um 34 Prozent, eine der höchsten Wachstumsraten weltweit.

Es gab noch andere Diskrepanzen, die Tadschikistans ethnische Probleme verschärften. Die Stadt Chudschand (von 1936 bis 1991: Leninabad) im Norden des Landes mit ihrer gemischten Bevölkerung aus Usbeken und Tadschiken wurde zu einem Industriezentrum ausgebaut, gleichzeitig auch zum wichtigsten Rekrutierungsgebiet für den Kadernachwuchs der Kommunistischen Partei Tadschikistans (KPT). Die Täler im Süden des Landes wurden dagegen vernachlässigt. Die Ostprovinz Gorno-Badachschan mit ihrer gemischten, nichttadschikischen Bevölkerung – zu den Ethnien des Pamir gehören auch ismailitische Muslime, Anhänger des Aga Khan – blieb unverändert arm. Die Folge dieser Strukturprobleme waren Rivalitäten im ganzen Land, nicht nur zwischen Tadschiken, Usbeken und Pamiris, sondern auch zwischen den einzelnen tadschikischen Clans: ein Hauptgrund für den Bürgerkrieg, der später ausbrechen sollte. Die tadschikischen Clans in der südöstlichen Region Kuljab hatten enge Verbindungen zur ehemaligen kommunistischen Nomenklatura aus Chudschand, was sie zu erbitterten Rivalen der Nachbarclans in Kurgan-Tjube machte. Diese wiederum unterstützten während des Bürgerkriegs die islamischen Aufständischen. Einige dieser proislamischen Clans in Kurgan-Tjube stammten ursprünglich aus Garm. Die Kommunisten hatten sie zwangsweise in den Süden umgesiedelt, wo sie die Baumwollfelder bearbeiten sollten. In der KPT hatten die Chudschandis und die russischen Siedler das Sagen. Diese ethnischen Unterschiede, der Regionalismus, das Clanwesen, alle Faktoren zusammen machten in Verbindung mit der weit verbreiteten Armut den Bürgerkrieg unausweichlich. Als Tadschikistan 1991 unabhängig wurde, hatten seine Bürger nur ein sehr schwach entwickeltes Gefühl nationaler Zusammengehörigkeit.

Mit der Unabhängigkeit verlor Tadschikistan die sowjetischen Subventionen, und die Lieferungen von Nahrungsmitteln und Hilfsgütern wurden eingestellt. Das führte sofort zur Krise, in Duschanbe gab es Unruhen. Zwischen 1990 und 1992 wechselte die Staatsführung dreimal. Diese Wechsel waren eine unmittelbare Reaktion auf die anhaltende politische Instabilität und den Machtverlust der KPT. Deren Schwäche wurde besonders deutlich, wenn man sie mit dem Stil verglich, den die anderen zentralasiatischen Führer entwickelt hatten, um ihre Macht aus der Zeit vor der Unabhängigkeit auch zu behalten. Rachman Nabijew, der ehemalige Generalsekretär der KPT und erste Präsident der unabhängigen Republik, musste im September 1992 nach wochenlangen Unruhen und Protesten, bei denen es in den Straßen von Duschanbe Hunderte von Toten gegeben hatte, zurücktreten. Die Russen hatten zwar Soldaten eingeflogen, aber diese reichten nicht aus, um Nabijew die Kontrolle über das Land zurückzugeben. Bis heute ist Nabijew der einzige zentralasiatische Staatschef, der als Folge von Protesten der Bevölkerung zurückgetreten ist. 200 000 Russen flohen 1992 aus Tadschikistan, als sie erkannten, dass Russland sie nicht schützte.

Eine Gruppe von Islamisten unter dem Banner der neu gegründeten Partei der Islamischen Wiedergeburt (PIW) führte die breite, aus vielen politischen Gruppen bestehende Opposition gegen die Kommunisten und das Regime Nabijews an. Dies war die erste populistische Erscheinungsform des islamischen Fundamentalismus in Zentralasien. Inzwischen drohten die auf Clanbasis organisierten mächtigen Parteien in Chudschand und Gorno-Badachschan mit Sezession und der Gründung eigener Staaten. Mit Nabijews Rücktritt begann in Tadschikistan eine Zeit des Chaos. Die PIW sowie verschiedene demokratische und nationalistische Gruppen bildeten eine Koalitionsregierung, die aber den Frieden im Land nicht sichern konnte. Im Dezember 1992 kam es dann zu einem blutigen Staatsstreich. Neokommunistische Kräfte aus Chudschand und Kuljab drangen in Duschanbe ein und ernannten Emomali Rachmonow zum Präsidenten. Als sich die PIW in ihre Hochburgen nach Kurgan-Tjube, Gorno-Badachschan und ins Karategin-Tal zurückzog, begann der blutige Bürgerkrieg. Innerhalb der nächsten fünf Jahre starben mehr als 50 000, möglicherweise bis zu 100 000 Menschen bei einer Gesamtbevölkerung von fünf Millionen Einwohnern. 250 000 Menschen flohen nach Afghanistan, Pakistan, in den Iran oder in andere Staaten der GUS, eine weitere halbe Million wurde obdachlos.

Die PIW hatte ein breites Bündnis mit anderen nationalistischen Parteien geschmiedet, die sich als Vereinigte Tadschikische Opposition (russische Abkürzung: OTO) bezeichneten, und Nachschubbasen im Pamir und in Afghanistan angelegt. Von dort startete sie ihre Guerillaattacken gegen die Regierung. Ahmed Schah Massud, der in Afghanistan gegen die Sowjets gekämpft hatte, unterstützte die PIW bei ihrem Eintreffen im nördlichen Afghanistan militärisch.

Inzwischen wüteten in Tadschikistan undisziplinierte, von Clan-Kriegsherren angeführte Regierungsmilizen. Sie plünderten die Dörfer und ermordeten Zivilisten. Die 8000 russischen Soldaten, die den Waffen- (und Drogen-)Schmuggel über die afghanisch-tadschikische Grenze unterbinden sollten, unterstützten die Regierung auch im Landesinneren, hielten sich aber aus größeren Gefechten heraus. Die anderen zentralasiatischen Staaten entsandten kleine Truppenkontingente zur Unterstützung der Russen, weil sie die Ausbreitung des Konflikts fürchteten. Ausländische Diplomaten flohen aus Duschanbe, denn die Stadt wurde von Bombenanschlägen erschüttert, und immer wieder kam es zu Schießereien und Mordanschlägen. Die Wirtschaft brach zusammen, auch die Lebensmittelproduktion kam zum Erliegen. Das zwang die Regierung dazu, ihr Industriekapital an Moskau zu verpfänden, damit sie Waffen, Nahrungsmittel und Treibstoff kaufen konnte.

Russland, der Iran und die zentralasiatischen Staaten unterstützten die von der UNO finanzierten Friedensgespräche zwischen der tadschikischen Regierung und der OTO, die im April 1994 in Moskau begannen. Diese Gespräche zogen sich über drei Jahre hin, begleitet von ständigen heftigen Kämpfen in Tadschikistan, bis es im Februar 1997 im Iran zu einem Abschluss kam. Rachmonow und der OTO-Führer Abdullah Nuri einigten sich auf die Gründung eines nationalen Versöhnungskomitees, und die Streitkräfte beider Seiten sollten in eine neue nationale Armee eingegliedert werden. Die Regierung erließ eine Generalamnestie und versprach die Zulassung der Oppositionsparteien. Das Abkommen wurde im Juni 1997 in Moskau unterzeichnet. Der schwer bewachte Nuri kehrte im September nach Duschanbe zurück, aber die Kämpfe gingen weiter, denn die Kriegsherren, die am Abkommen nicht beteiligt worden waren, starteten weiterhin ihre Guerillaangriffe. Die vollständige Umsetzung des Abkommens erfolgte erst im Februar 2000, als Parlamentswahlen unter Beteiligung mehrerer Parteien, auch der PIW, abgehalten wurden. Rachmonows Volksdemokratische Partei Tadschikistans gewann mit 64,5 Prozent der Stimmen.

Beide Seiten hatten dem Druck von außen nachgegeben. Abtrünnige PIW-Kämpfer sorgten während des ganzen langwierigen Friedensprozesses immer wieder für örtlich begrenzten Widerstand. Rachmonow wiederum akzeptierte das Abkommen nur, weil Russland und die zentralasiatischen Staaten ihn unter Druck setzten und eine neue Bedrohung aufgetaucht war – die Taliban in Afghanistan. Die Taliban hatten 1996 Kabul erobert, sie stießen weiter nach Norden vor und besiegten die Allianz aus afghanischen Usbeken, Tadschiken und Hasaras, die zuvor noch ganz Nordafghanistan kontrolliert hatte. Jetzt gab es neue, wichtige Sicherheitsinteressen für Russland und die zentralasiatischen Staatschefs: Man wollte den Vormarsch der Taliban stoppen und einen Puffer aus Anti-Taliban-Kämpfern zwischen Afghanistan und den zentralasiatischen Staaten erhalten. Rachmonow öffnete für Massud den Luftwaffenstützpunkt Kuljab, von dort erhielt der Widerstand gegen die Taliban jetzt seine militärische Unterstützung.

Das Friedensabkommen war ein Meilenstein für Tadschikistan, trotz aller noch folgenden Probleme. Zum ersten Mal waren Zentralasiens neokommunistische Politiker gezwungen, die Macht nicht nur mit oppositionellen politischen Gruppen, sondern auch mit regionalen islamischen Kräften zu teilen. Das Abkommen für Tadschikistan gewann als Modell für andere zentralasiatische Republiken wie Usbekistan noch an Bedeutung, als die IMU im Sommer 1999 und erneut 2000 angriff und versuchte, das Fergana-Tal unter ihre Kontrolle zu bringen und das usbekische Regime zu stürzen.

Das Friedensabkommen von 1997 hat vier Jahre lang gehalten, vier Jahre des Mordens, der sozialen und gesellschaftlichen Unruhen, der ausgebliebenen humanitären Hilfe und der bitteren Armut. All diese Faktoren haben es verhindert, dass sich das Land sichtbar erholt. Tadschikistan bleibt die am meisten benachteiligte zentralasiatische Nation. Die Wirtschaft ist zerrüttet, die Regierung hat keine Kontrolle über weite Teile des Landes. Der Drogenschmuggel aus Afghanistan, für den Absatzmarkt Europa bestimmt, ist zu einem wichtigen Faktor der anhaltenden Destabilisierung des Landes geworden. Positiv gewirkt haben der IWF und die Weltbank mit bescheidenen Krediten für den Wiederaufbau und die Aga-Khan-Stiftung, die in Gorno-Badachschan ein äußerst effektives Entwicklungsprogramm gestartet hat. Tadschikistan erhält ansonsten nur wenig internationale Unterstützung. Doch das Land braucht dringend Hilfe, wenn die Koalitionsregierung Erfolg haben und mit diesem Modellfall für politische Integration auf andere zentralasiatische Staaten wirken soll. Tadschikistan ist in vieler Hinsicht der Schlüssel zu Frieden und Stabilität in Zentralasien. Die internationale Gemeinschaft muss das endlich erkennen, und zwar bald.

Teil II
Islamische Bewegungen
in Zentralasien seit 1991

Kapitel 4
Die Partei der Islamischen Wiedergeburt und der Bürgerkrieg in Tadschikistan

Der blutige Bürgerkrieg in Tadschikistan forderte von allen Bürgerkriegen in den letzten 50 Jahren im Verhältnis zur Bevölkerung die höchste Zahl an Opfern. Es handelte sich hier um den ersten Versuch einer einheimischen islamistischen Bewegung in Zentralasien, an die Macht zu gelangen. Die tadschikischen Islamisten, Erben der Basmatschi, stellen einen Sonderfall unter den militanten islamischen Gruppierungen Zentralasiens dar. Die Bewegung vereinigt die verschiedenen Richtungen des Islam und erhebt damit einen Vertretungsanspruch, der weit über den anderer radikaler Gruppierungen im heutigen Zentralasien hinausreicht. Beispielsweise leitet sich die Lehre der Islamischen Bewegung Usbekistans (Islamic Movement of Usbekistan, IMU) weitgehend von dem saudiarabischen Wahhabismus und einer Auslegung des Deobandismus durch die Taliban ab. Zu den tadschikischen Islamisten zählen die »inoffiziellen« Ulema, die während der Sowjetzeit im Untergrund operieren mussten, die eingetragenen Geistlichen, die dem »offiziellen« Islam angehören, die sufistischen Pirs und ihre Anhänger im Pamir-Gebirge sowie eine jüngere Generation von Islamisten, die von dem Afghanistankrieg und dem Wiederaufleben eines tadschikischen Nationalismus nach dem Zusammenbruch der Sowjetunion geprägt waren. All diese Gruppierungen schlossen sich im Zuge des rasanten Aufstiegs des Islam in Tadschikistan nach 1991 zusammen – ein Wiederaufleben, das die zentralasiatischen Herrscher schockierte. Von 1990 bis 1992 wurden 1000 neue Moscheen in Tadschikistan eröffnet, mehr als eine jeden Tag. Viele waren in Wohnhäusern, Schulen und Arbeitsstätten untergebracht. Nach Ausbruch des Bürgerkriegs gelang es diesen Gruppierungen, noch mehr Anhänger für ihre Sache zu gewinnen.

Der Aufstieg des Islam war auch eng mit dem tadschikischen Nationalismus verknüpft. Die Tadschiken konnten den Aufstand der Basmatschi gegen die Sowjetregierung in den zwanziger Jahren nie vergessen, obwohl die Sowjets versucht hatten, ihn in Geschichtsbüchern als reaktionäre Bewegung darzustellen. Nach deren Version wurde die Bewegung von Mullahs angeführt und vom britischen Imperialismus unterstützt. Nach der Unabhängigkeit im Jahr 1991 erforschten viele Tadschiken ihre Seite der Geschichte und sahen darin das Bestreben, nationalen Konsens und eine Identität zu schaffen, wo zuvor nichts Entsprechendes gewesen war. Anders als in Usbekistan, wo ein antirussischer, usbekischer Nationalismus als erste wichtige politische Strömung nach der Unabhängigkeit ein großusbekisches Nationalbewusstsein hervorbrachte, besaß Tadschikistan keine nationalen historischen Wurzeln, weil die Tadschiken über ganz Zentralasien verstreut sind. Zudem wurden im Zuge der Kollektivierung der Landwirtschaft die Clans zerschlagen. Die Usbeken machen 23 Prozent der Bevölkerung Tadschikistans aus, die Mehrzahl von ihnen ist im Norden und Südwesten des Landes anzutreffen. Dabei waren die Usbeken zuvor überproportional in der kommunistischen Partei vertreten gewesen. Viele Tadschiken hielten folglich das Wiederaufleben des Islam für ein geeignetes Mittel, um eine tadschikische Identität zu prägen und den Zusammenhalt Tadschikistans als Staat zu sichern.

Die große Armut Tadschikistans während der Sowjetzeit, seine Abhängigkeit von dem zwangsweise eingeführten Baumwollanbau, die karge Landschaft, in der viele abgelegene Dörfer in den Tälern des Pamir vom Zentrum des Landes und sogar von den Nachbarn abgeschnitten sind – all diese Faktoren haben zur Folge, dass Tadschiken sich überwiegend mit ihrer Region und ihrem Clan identifizieren und nicht mit ihrem Land.

In Anbetracht des fehlenden Nationalbewusstseins waren die politischen Ziele auf beiden Seiten des Bürgerkriegs eng begrenzt, weil die von Clans unterstützten Kriegsherren mehrmals die Seite wechselten. Unter dem Deckmantel der »ethnischen Säuberung« begingen sie in dem von ihnen kontrollierten Gebiet Gräueltaten. Als sich nach dem Bürgerkrieg allmählich ein stärkeres tadschikisches Nationalbewusstsein herausbildete, hatte es deshalb ausgeprägt antiusbekische und weniger antirussische Züge. Die harten politischen Maßnahmen von Usbekistans Präsident Karimow gegenüber Tadschikistan sowie seine Entschlossenheit, die tadschikische nationale Renaissance zu verhindern oder zu stören, steigerten lediglich die Ressentiments der Tadschiken gegen Usbekistan.

Der Ursprung der Partei der Islamischen Wiedergeburt

Der Islam bot sich als Nährboden für ein tadschikisches Nationalbewusstsein geradezu an, weil in Tadschikistan während der Sowjetzeit ein politischer Islam im Untergrund viel weiter verzweigt war als in irgendeinem anderen Staat Zentralasiens. Der einflussreichste geistige Führer in der Sowjetzeit war Mullah Mohammed Rustamow Hindustani, der in der Koranschule im indischen Deoband studiert hatte, bevor er in den siebziger Jahren nach seiner Rückkehr eine geheime Koranschule in Duschanbe gründete. Hindustani brachte das neue Gedankengut nach Zentralasien, das die muslimische Welt und die Ideologie islamischer fundamentalistischer Bewegungen in Indien, Pakistan und den arabischen Staaten geprägt hatte. Er verkündete seine Botschaft sowohl unter den Tadschiken wie auch unter den Usbeken im Fergana-Tal. Zu dieser Bewegung gibt es kaum historische Quellen, aber es ist bekannt, dass 1982 mindestens 22 illegale Madrassas existierten, die allesamt von den Sowjets geschlossen wurden. Hindustani selbst wurde zu 15 Jahren Gefangenschaft in Sibirien verurteilt, wo er 1989 starb.[1]

Einer von Hindustanis Schülern war Abdullah Saidow, bekannt

als Said Abdullah Nuri, der 1947 in der Stadt Tawildara geboren wurde. Wie andere Clans aus dem Tal wurde auch Nuris Familie 1953 von den sowjetischen Behörden zwangsumgesiedelt, weil sie die Baumwollfelder im Wachsch-Tal im Süden des Landes bebauen sollte. Bis 1974 arbeitete Nuri an der Gründung einer illegalen islamischen Bildungsorganisation mit, Nahzar-i-Islami (islamisches Wissen), während er Vermessungswesen studierte. Im März 1987 führte er die erste öffentliche Demonstration zur Unterstützung der afghanischen Mudschaheddin in Pjandsch an, in der Nähe der Grenze zu Afghanistan. Nur wenige Wochen zuvor hatten Guerillakämpfer, die Gulbuddin Hekmatjars Hizb-i-Islami (Partei des Islam) angehörten, von afghanischer Seite aus die Stadt mit Raketen angegriffen. Nuri wurde mit 40 anderen Tadschiken verhaftet, weil sie angeblich illegale islamische Schriften in Umlauf gebracht und einen Protest gegen die sowjetische Besetzung Afghanistans organisiert hätten. Nach seiner Freilassung 1988 setzte Nuri seine heimliche politische Tätigkeit fort und wurde zu einem Gründungsmitglied und Anführer der Partei der Islamischen Wiedergeburt (PIW).[2]

Auch Mohammed Sharif Himmatsoda war ein Schüler Hindustanis. Er wurde zum Anführer des militärischen Flügels der PIW. Im Dezember 1991, als er sich immer noch versteckt hielt, traf ich mich mit Himmatsoda in einem kleinen Haus in den verwinkelten Gassen Duschanbes. Der große und bärtige Mann stammte aus einer Bauernfamilie und war gelernter Mechaniker. Er hatte an der Seite der Mudschaheddin in Afghanistan gekämpft, pflegte engen Kontakt zu afghanischen und pakistanischen Islamisten wie Hekmatjar und Qazi Hussein Ahmed (dem Anführer von Pakistans Jamiat-i-Islami, Islamische Partei). 15 Jahre lang hatte er im islamischen Untergrund gelebt, ohne verhaftet zu werden. Einige seiner Gesinnungsgenossen nannten ihn den Gulbuddin Hekmatjar Zentralasiens, weil Hekmatjar als der rücksichtsloseste und radikalste Anführer aller Mudschaheddin galt, die die Sowjets in Afghanistan bekämpften. »Die Kommunisten versuchten 75 Jahre lang, die Erinnerung an Allah auszulöschen, aber noch heute erinnert sich jeder Tadschike an Allah und betet für den Erfolg der Partei Allahs«, sagte Himmatsoda zu mir.[3]

Nuri und Himmatsoda waren bereits alte Freunde, als sie bei der Gründung des tadschikischen Zweigs der Partei der Islamischen Wiedergeburt mitarbeiteten. Tatarische Intellektuelle waren federführend bei der Gründung der PIW im Juni 1990 im russischen Astrachan. Ihr Ziel war es, die Muslime in der damaligen Sowjetunion dafür zu gewinnen, die Einführung der Scharia (des islamischen Rechts) in Russland zu fordern. Auf dem Höhepunkt der Glasnost unter Präsident Michail Gorbatschow wurde die PIW als politische Partei in Russland registriert, aber in den zentralasiatischen Republiken von den dort herrschenden kommunistischen Parteien verboten. Die tadschikischen Delegierten, die an dem Treffen in Astrachan teilgenommen hatten, kehrten ins Land zurück und wollten einen Ableger der PIW gründen. Die Regierung schob dem jedoch sofort einen Riegel vor.

Mit Unterstützung der Jugendorganisation Nuris sowie der Clans im Karategin-Tal und der ehemaligen Karategini, die im Wachsch-Tal um die Stadt Kurgan-Tjube angesiedelt worden waren, entstand jedoch ein geheimer Zweig der PIW in Tadschikistan. Die (illegale) Gründungsversammlung der tadschikischen PIW fand am 26. Oktober 1991 statt. An ihr nahmen 650 Delegierte teil, die Himmatsoda zum Parteivorsitzenden wählten, eine islamische Zeitung ins Leben riefen und sich sogar ein Wappen und eine Flagge gaben. Die PIW verschrieb sich der Verbreitung des Islam, sprach sich für eine geistige Erneuerung aus und arbeitete auf die politische und wirtschaftliche Unabhängigkeit Tadschikistans hin. Himmatsoda versicherte dem Land auf einer Pressekonferenz, dass es das Ziel der Partei sei, einen demokratischen Rechtsstaat zu gründen und nicht einen islamischen Staat.[4]

Die Partei war bereits im Februar 1990 nach den Straßenunruhen in Duschanbe in der Öffentlichkeit aufgetreten. Anlass für die Unruhen waren Gerüchte, dass armenische Flüchtlinge in der tadschikischen Hauptstadt neu angesiedelt würden. Aktivisten der PIW gelang es, islamische Forderungen unter den Massen zu verbreiten,

die das Hauptquartier der Kommunistischen Partei Tadschikistans belagerten. Tagelange Sitzstreiks wurden organisiert und
Transparente hochgehalten mit der Aufforderung, neue Moscheen
zu eröffnen, Läden zu schließen, in denen Schweinefleisch und
Alkohol verkauft wurde, und russische Straßennamen durch tadschikische zu ersetzen.

Als sich Ende 1991 die politische Lage zuspitzte (siehe Kapitel 2
und 3), brachen innerhalb der KPT Grabenkämpfe aus, die einen
ständigen Wechsel an der Parteiführung nach sich zogen. Hard-
liner unter den Kommunisten im Parlament setzten im September
die Wahl des 62-jährigen Rachman Nabijew zum Staatspräsidenten durch. In Duschanbe kam es zu Massendemonstrationen.
Zehntausende campierten auf dem Leninplatz – inzwischen umbe-
nannt in Azadi-Platz (Freiheitsplatz) – im Stadtzentrum. Als ich
durch die Menge ging, konnte ich mit eigenen Augen ihren Enthu-
siasmus sehen, ihre offenkundige Missachtung der Behörden und
ihre Bereitschaft, tagein, tagaus auf dem Platz sitzen zu bleiben,
hungrig und durstig. Es war eine bewegte Zeit für die PIW, die sich
damals um die Menschen auf der Straße kümmerte und sie mit Essen versorgte. Damals sammelte sie erste Erfahrung in Sachen
Massenmobilisierung und politischer Agitation. Keine andere islamische Bewegung in Zentralasien hat jemals wieder eine vergleich-
bare Gelegenheit zum Kontakt mit den Volksmassen erhalten wie
die tadschikische PIW in diesen Jahren. Als die PIW dann im Dezember von den Behörden als politische Partei anerkannt wurde,
nur wenige Tage nach dem Zerfall der Sowjetunion, verzeichnete
sie bereits gut 20 000 Mitglieder.

Unterdessen war Nabijew gezwungen worden, in der neuen Republik Präsidentschaftswahlen abzuhalten. Die Wahl vom 24. November gewann er mit einem vergleichsweise knappen Vorsprung
von 58 Prozent der Wählerstimmen. Noch schockierter waren russische und zentralasiatische Politiker jedoch über die Tatsache,
dass Dawlat Chudonasarow, der Kandidat der Opposition, 34
Prozent der Stimmen erhielt. Der Filmregisseur Chudonasarow
wurde von einer wachsenden Koalition aus Demokraten, Natio-

nalisten und Islamisten unterstützt. Zum ersten Mal zeigte sich in Zentralasien, wie schnell eine gut organisierte und engagierte Opposition, der auch eine islamische Partei angehörte, breite Unterstützung in der Bevölkerung mobilisieren konnte. Das Wiederaufleben des Islam beschränkte sich eindeutig nicht auf die Rückbesinnung auf kulturelle Werte und Frömmigkeit. Wenn die regierende Partei in Tadschikistan herausgefordert wurde, dann drohte allen postkommunistischen Regimes in Zentralasien die gleiche Gefahr. Die umstrittenen Wahlergebnisse hatten im März 1992 weitere Demonstrationen und Unruhen zur Folge. Die Regierung ging mit äußerster Härte gegen die Demonstranten vor, viele Menschen kamen dabei ums Leben. In Duschanbe brachen anarchische Zustände aus, Attentate, Entführungen und Morde waren an der Tagesordnung. Mittlerweile zeichnete sich ab, dass ein Bürgerkrieg bevorstand. Die Führung der PIW zog sich in die Berge zurück und errichtete militärische Stützpunkte im Karategin- und im Tawildara-Tal nördlich von Duschanbe.

Das enge Netzwerk der Islamisten, die in Duschanbe tätig waren und aus derselben Familie, demselben Clan oder derselben Region stammten, gewährleistete, dass die Extremisten der PIW auch Kontakt zum staatlich unterstützten »offiziellen« Islam hielten. Zu den Hauptsympathisanten zählte Qazi Akbar Turadschonsoda, der Großmufti (Qazi) der Muslime in Tadschikistan während der letzten Jahre der Sowjetunion. Der 1954 in der Nähe von Duschanbe geborene Turadschonsoda studierte an der offiziellen, von den Sowjets unterstützten Madrassa in Buchara und reiste in den siebziger Jahren zur Vertiefung seiner islamischen Studien nach Jordanien. Nach seiner Rückkehr war er eine Zeit lang im Zentralrat der Muslime für Zentralasien in Taschkent tätig. Im Jahr 1988 wurde er zum ersten Großmufti von Tadschikistan ernannt und 1990 sogar in den Obersten Sowjet in Moskau gewählt, ein sicheres Zeichen, dass die Russen ihm vertrauten. In Duschanbe hatte er eine eigene Fernsehsendung. Der große, unüberhörbare Turadschonsoda, der als ebenso humorvoll wie skrupellos und opportunistisch galt, knüpfte enge Kontakte zur Basis und förderte den regen Moscheenbau, der 1990 in der Hauptstadt eingesetzt hatte. Häufig segnete er mit seinen Gebeten Moscheen bei der Eröffnung, die eigentlich nicht in seinem Amtsbezirk lagen.

Als ich ihn 1991 traf, war er außerordentlich populär. Er empfing täglich Hunderte von Menschen in Duschanbes Hauptmoschee und hielt heimlich Kontakt zur PIW. Zuversichtlich sagte er den Sturz von Nabijews Regierung und den darauf folgenden Kampf zwischen Regierung und Opposition voraus. »Der Islam ist stark, und die Menschen trauen den Kommunisten nicht«, sagte er stolz, selbst als er an den Kabinettssitzungen von Nabijews Regierung teilnahm.[5] Später erklärte Turadschonsoda, die PIW habe weder ein Interesse daran, gegen die Regierung zu kämpfen, noch wolle sie einen islamischen Staat gründen, sondern sei wegen der massiven Unterdrückung durch die Regierung gezwungen gewesen, sich zu verteidigen. (Nuri behauptete dasselbe.)

Nach Ausbruch des Bürgerkriegs wechselte Turadschonsoda die Seite und wurde im iranischen Exil zu einem bekannten Anführer der oppositionellen Allianz. In dieser Zeit warb er auf seinen Reisen in der ganzen Welt für die PIW. Aufgrund seines offiziellen Status, seiner Gelehrtheit und seiner Beliebtheit erhielt die PIW eine in Zentralasien beispiellose Legitimation – geradeso als sei der Papst aus dem Vatikan ausgezogen und Guerillaführer geworden. Zugleich betrachtete er selbst die PIW mit einer gehörigen Portion Misstrauen, weil ihre Führung versuchte, seine Beliebtheit zu untergraben. Turadschonsodas Anhänger in der PIW argumentierten, dass eine einzige Partei die islamische Revolution in Tadschikistan nicht erreichen könne; vielmehr müsse die Gesellschaft langsam von unten islamisiert werden. Ebendiese Position, die Turadschonsoda 1997 nach dem Ende des Bürgerkriegs vertrat, hatte seinen Ausschluss aus der PIW zur Folge.

Während es Tadschikistans PIW gelang, wichtige Bündnisse mit anderen tadschikischen Clans und ethnischen Gruppen zu schließen, fiel es den Parteien der Islamischen Wiedergeburt in anderen zentralasiatischen Republiken viel schwerer, sich nach deren Unabhängigkeit zu etablieren. In Kasachstan wurde die PIW von

Nichtkasachen dominiert und verzeichnete deshalb wenig Zulauf aus dem Rest des Landes. In Kirgistan hingegen fasste die PIW nur im Süden, unter der usbekischen Minderheit, Fuß. In Turkmenistan konnte die PIW sich nie durchsetzen, im Nachbarland Usbekistan breitete sie sich zwar rasch im Fergana-Tal aus, verlor aber ihre Stoßkraft, als ihr Anführer Abdullah Utajew 1992 spurlos verschwand. Es wird allgemein angenommen, dass er vom usbekischen Geheimdienst entführt und ermordet worden ist. Andere, radikalere Gruppierungen wurden 1991/92 im Fergana-Tal gegründet und lösten die PIW weitgehend ab. Zu ihnen zählten Tauba (Reue), Islam Lashkarlary (Kämpfer für den Islam) und Adolat (Gerechtigkeit).

Das Fergana-Tal entwickelte sich unter massivem ausländischem Einfluss zum Zentrum der islamischen Renaissance in Usbekistan. Saudische, pakistanische und türkische Missionare kamen mit Koffern voller Dollarnoten und warben um Sympathisanten für ihre besondere sunnitische Sekte oder ihre Variante des militanten Islam. Der Iran versuchte, sich in das persischsprachige Tadschikistan hineinzudrängen und eine Basis innerhalb der PIW zu gründen, aber die sunnitischen Tadschiken hegten wenig Sympathie für die iranischen Schiiten. Trotz der kulturellen und sprachlichen Verwandtschaft der beiden Gruppen besaß Teheran nie großen Einfluss unter den Islamisten.

Der Bürgerkrieg

Der politische Machtkampf in Duschanbe im Jahr 1992 löste Unruhen in ganz Tadschikistan aus, weil andere Regionen eine größere Autonomie forderten oder drohten, sich von der Republik abzuspalten. Die Bewohner des Pamir erklärten Gorno-Badachschan im April zur autonomen Region, hingegen drohten neokommunistische Parteiführer in Chudschand im Norden und Kuljab im Südosten, unabhängige Republiken zu bilden, wenn Präsident Nabijew nicht die PIW zerschlüge. Bewaffnete Milizen aus Kuljab begannen damit, Dorfbewohner in der Umgebung von Kurgan-Tjube zu ermorden, die die PIW unterstützt hatten. Tadschikistan trieb ins Chaos, und Nabijew wurde zusehends hilfloser. Als die Gewalt eskalierte, war der Präsident im September gezwungen zurückzutreten – zum ersten Mal wurde ein zentralasiatischer Politiker von der Gewalt der Straße und durch öffentlichen Druck abgesetzt. Usbekistans Staatschef Karimow schrieb an UN-Generalsekretär Boutros Boutros-Ghali: »Der gesamten Region drohen Anarchie und Chaos.«[6] Die Regierung meldete, dass in den ersten sechs Monaten des Jahres 1992 sage und schreibe 40 000 Menschen ums Leben gekommen seien.

Russische Soldaten übernahmen die Kontrolle über den Flughafen von Duschanbe und die Grenze zu Afghanistan, als Zehntausende von Russen das Land verlassen wollten – im Jahr 1992 wanderten über 200 000 Russen aus. Die Kämpfe im Süden, wo ganze Dörfer leer standen und Menschen aus allen Richtungen nach Duschanbe flohen, nahmen zu – eine der größten Wanderungsbewegungen in Zentralasien seit der Kollektivierung. Anhänger der PIW hingegen flohen nach Afghanistan. Nach einem Putschversuch durch neokommunistische Milizen aus Kuljab im Oktober wählte das tadschikische Parlament Emomali Rachmonow, einen kommunistischen Parteiführer aus Kuljab, zum Präsidenten. Rachmonow übertrug die Leitung sämtlicher Ministerien kurzerhand Kuljabern und zerstörte damit alle Hoffnungen, dass die Regierung einen Ausgleich mit der PIW anstreben werde.

Der Bürgerkrieg ging in einen langwierigen Guerillakrieg über. Von ihren Stützpunkten im Karategin- und Tawildara-Tal, in Kurgan-Tjube und in Afghanistan aus attackierte die PIW immer wieder Regierungstruppen und kuljabische Milizen. Anführer der PIW flohen in den Iran, nach Pakistan, Russland und Afghanistan, wo rund 80 000 Flüchtlinge zu ihnen stießen. Mit Erlaubnis der Regierung in Kabul, damals unter Kontrolle der Tadschiken Burhanuddin Rabbani (Präsident) und Ahmed Schah Massud (Verteidigungsminister), gründeten sie im Nordosten in Kunduz und Taloqan Stützpunkte. Unterdessen flohen Tadschikistans weltliche

Oppositionsführer nach Moskau, wo sie gemeinsam mit der Partei der Islamischen Wiedergeburt ein Büro einrichteten, um ihr Anliegen publik zu machen. Der Konflikt in Tadschikistan war mittlerweile in das Interesse der Weltpolitik gerückt und zu einem transnationalen Krieg geworden: Flüchtlinge wurden in Afghanistan ausgebildet, bewaffnet und nach Tadschikistan in den Kampf geschickt, während Anführer der PIW in den Iran, nach Pakistan und nach Saudi-Arabien reisten und um militärische und finanzielle Hilfe baten. Russland und Usbekistan unterstützten die tadschikische Regierung, entsandten Truppen, Flugzeuge und militärischen Nachschub, auch wenn sie unterdessen den Dialog mit der Opposition weiterführten.

Während des gesamten Konfliktes hatte sich die PIW flexibel genug gezeigt, mit anderen Parteien Bündnisse zu schließen. Dazu zählte etwa die Volksfront Rastoches (Wiedergeburt), eine kleine, prodemokratische Gruppe Intellektueller in Duschanbe, die Demokratische Partei Tadschikistans und Lali Badachschan, die Partei der Ismailiten im Pamir, die Gorno-Badachschan mittlerweile de facto selbst regierte. Im Jahr 1995 gründeten diese Parteien unter Führung der PIW die Vereinigte Tadschikische Opposition (OTO) mit Sitzen in Moskau und im afghanischen Taloqan. Während Tadschikistans Wirtschaft zusammenbrach und die Regierung immer stärker auf russische Hilfe angewiesen war, nahmen die Gräueltaten und Massaker kein Ende. Beide Seiten erkannten allmählich, dass keine von ihnen stark genug war, um den Gegner in die Knie zu zwingen. Eine Pattsituation entstand: Die OTO führte im Sommer von Afghanistan aus Guerillaangriffe durch, und die Regierung versuchte im Winter, die verlorenen Gebiete zurückzugewinnen. Die Sinnlosigkeit dieser Aktionen hatte zur Folge, dass beide Seiten sich Schritt für Schritt in Richtung Friedensgespräche bewegten.

Im Jahr 1996, als die Taliban Kabul einnahmen und die regierenden afghanischen Tadschiken absetzten, verschob sich das regionale Kräfteverhältnis dramatisch. Zentralasiatische Politiker fürchteten, dass die Taliban, unterstützt von der Volksgruppe der

Paschtunen, versuchen würden, ihre strenge Auslegung des Islam in Zentralasien zu verbreiten. Sowohl die Regierungen als auch die OTO erkannten jetzt, dass es in ihrem gemeinsamen Interesse lag, den Bürgerkrieg auf dem Verhandlungsweg zu beenden. Die Vereinten Nationen schickten zur Vermittlung einen Sondergesandten, es folgten mehrere Verhandlungsrunden in Moskau, Teheran und Islamabad. Allerdings kam der Friedensprozess erst in Gang, als Rachmonow sich im Dezember persönlich mit Nuri in Chostdech, in Afghanistan, traf.

Auch wenn die unmittelbaren Interessen der Bürgerkriegsparteien kaum unterschiedlicher sein konnten, hatten sie nunmehr handfeste Gründe, eine Einigung zu suchen. Die Partei der Islamischen Wiedergeburt wusste, dass Russland und Usbekistan sie isolieren wollten; und sie würden sogar in Kauf nehmen, dass sich das Leid und die Armut in Tadschikistan verschlimmerten, um die Partei und den Islam zu diskreditieren. Präsident Rachmonow erkannte, dass er das Land nicht allein mit einer kleinen Truppe aus kuljabischen Milizen regieren konnte und sein ohnehin schwacher Rückhalt durch die anhaltenden anarchischen Zustände gefährdet war. Russland und Iran, die Massuds langjährigen Kampf gegen die Taliban unterstützten, wollten den Einfluss Saudi-Arabiens und Pakistans begrenzen, die wiederum den Taliban beistanden. Usbekistan ging davon aus, dass die tadschikische Regierung trotz der militärischen Hilfe für Rachmonow nicht imstande war, die usbekische Minderheit in Tadschikistan zu schützen oder die Kontrolle über das Land wiederzuerlangen. Rabbani und Massud erkannten, dass sie ein sicheres, stabiles Hinterland in Tadschikistan brauchten, über das sie militärische Hilfe aus Russland und dem Iran beziehen konnten. Eine Friedenslösung war dafür die unerlässliche Voraussetzung, folglich spielten die beiden bei den Vermittlungen auch eine wichtige Rolle.

Mehrere UN-Vermittler erhielten vom Sicherheitsrat das Mandat, den Krieg zu beenden und die bewaffneten Parteien an den Verhandlungstisch zu bringen. »Der Erfolg des Friedensprozesses hing von der UN-Beteiligung ab, von der Unterstützung aller

Nachbarstaaten – die zu Garanten des Friedensabkommens wurden – und von der Bereitschaft der Tadschiken, den Krieg zu beenden«, sagte mir Ivo Petrow, der UN-Sondergesandte in Tadschikistan im Jahr 2001.[7] Die Vermittler übergingen jedoch einige wichtige Gruppierungen, wie die Chudschander Gruppe unter Führung des ehemaligen Ministerpräsidenten Abdulmalik Abdulladschanow und eine usbekische Gruppe unter dem abtrünnigen Armeeoffizier Oberst Machmud Chudoiberdijew, die mehrmals versuchten, den Friedensprozess zu stören. Im November 1998 griffen sie sogar Chudschand an.

Dennoch hatte das Friedensabkommen Modellcharakter für andere zentralasiatische Staaten, auch wenn sie es nur zähneknirschend akzeptierten. Eine Generalamnestie wurde verkündet, Gefangene wurden ausgetauscht, und zum ersten Mal wurde in Zentralasien eine Koalitionsregierung zwischen den beiden Kriegsgegnern gebildet, der eine ausgesprochen islamistische Partei angehörte. Die Rebellen der PIW wurden unter Aufsicht der UNO in die Armee aufgenommen, tadschikische Flüchtlinge, die aus Afghanistan zurückkehrten, wieder in ihren Dörfern angesiedelt. Die PIW und andere Parteien wurden legitimiert, und im Februar 2000 fanden Parlamentswahlen statt, an denen sechs Parteien teilnahmen – eine beispiellose Abkehr von einem autoritären Regime. Internationale Beobachter kritisierten Wahlfälschungen seitens der Regierung, und an einigen Orten kam es zu Protesten, aber Rachmonows Volksdemokratische Partei erzielte mit 64,5 Prozent der Stimmen einen überwältigenden Sieg. Die Kommunisten landeten auf dem zweiten Platz, die Partei der Islamischen Wiedergeburt kam mit enttäuschenden 7,5 Prozent nur auf Platz drei. Dennoch erklärte Nuri, dass seine Partei die Ergebnisse, so umstritten sie waren, anerkenne und dass der Friedensprozess »unumkehrbar« sei. Ein vergleichbarer Kompromiss und Konsens waren in Usbekistan und anderen zentralasiatischen Staaten undenkbar, in denen mit Ausnahme von Kirgistan noch nie Wahlen mit mehreren Parteien abgehalten wurden.

Der Niedergang der Partei der Islamischen Wiedergeburt

Der Frieden stand aber auf tönernen Füßen. Bereits im Jahr 1999 drohte das Abkommen mehrmals zu scheitern, weil die OTO eine schnellere Umsetzung der Vereinbarungen forderte, die Hardliner hinter Rachmonow hingegen bremsten. In Duschanbe kam es zu einer Reihe von Bombenanschlägen, Attentaten und Entführungen, und außerhalb der Hauptstadt wurden die Kämpfe zwischen Regierungstruppen und islamistischen Rebellen fortgesetzt. Während dieser Gewalttaten war es vor allen Dingen dem UN-Vermittler Gerd Merrem zu verdanken, dass der Dialog zwischen den Kriegsparteien fortgeführt wurde.

Der klägliche Zustand der Volkswirtschaft Tadschikistans erleichterte nicht gerade die Umsetzung der Vereinbarungen. Die Landwirtschaft war schwer geschädigt, Fabriken waren geschlossen worden, es herrschte Massenarbeitslosigkeit. Nach Ende des Bürgerkriegs im Jahr 1997 hatten laut Schätzungen der Vereinten Nationen 60 Prozent der Tadschiken unter 30 Jahren keine Arbeit. Der Wiederaufbau des Landes war dringend notwendig, damit beide Seiten ihren Anhängern klarmachen konnten, dass der Frieden ihnen zugute käme. Die Hilfsarbeiten und die Reintegration der Vertriebenen gerieten jedoch immer wieder ins Stocken, weil es an den nötigen Geldern fehlte und die internationale Gemeinschaft kein Interesse zeigte.

Trotz der Bitten um Unterstützung tat die internationale Gemeinschaft wenig, um den Wiederaufbau voranzutreiben. Die Vereinten Nationen beantragten humanitäre Hilfslieferungen in Höhe von 34,8 Millionen Dollar für das Jahr 2000, am Ende des Jahres war jedoch nur die Hälfte der Summe eingegangen. 2001 forderten sie 85 Millionen Dollar, doch ein halbes Jahr später waren lediglich 25 Prozent dieser Summen eingetroffen. Die Lebensbedingungen in Tadschikistan blieben erschreckend schlecht. Akuter Mangel an Strom, Wasser und Lebensmitteln hatten einen Anstieg der Armut zur Folge, zugleich war die Bevölkerung von 5,2 Millionen Einwohnern im Jahr 1991 auf 6,5 Millionen 2001 gestiegen. Ein hoher tadschikischer Diplomat bezog 2001 ein Gehalt von acht Dollar im Monat, der Außenminister erhielt 20 Dollar. Eine verheerende Dürre in den Jahren 2000 und 2001 ließ die landwirtschaftliche Produktion weiter schrumpfen, allerdings lieferte das Welternährungsprogramm der UNO mehrere Millionen Tonnen Weizen, um die über 1,2 Millionen notleidenden Menschen zu ernähren.

Da es an Arbeitsplätzen fehlte, bestritten die Tadschiken ihren Lebensunterhalt auf andere Weise. Nach Angaben der International Organization of Migration (IOM) verließen jedes Jahr 200 000 Männer Tadschikistan und suchten in Russland eine Saisonarbeit. »Es hat den Anschein, dass so gut wie jede Familie einen Verwandten oder Freund hat, der im Ausland arbeitet, in der Regel in Russland«, sagte IOM-Sprecher Igor Bose.[8] Andere schlossen sich den riesigen Drogenkartellen an, die von Afghanistan aus operierten. Nachdem die Taliban 1998 Teile Nordafghanistans erobert hatten, wurde Tadschikistan zum Hauptumschlagplatz für afghanisches Heroin auf dem Weg nach Russland und Europa. Im Mai 2000 meldeten tadschikische Regierungsbeamte, dass zehn Mal so viel Heroin nach Tadschikistan gelangt sei wie im Vorjahr. Das mit Drogenschmuggel erwirtschaftete Geld vergrößerte die Korruption und verzögerte die Umsetzung der dringenden Wirtschaftsreformen. Darüber hinaus stellten die Scharmützel zwischen Drogenmafia und Sicherheitskräften eine ständige Gefahr für die innere Sicherheit dar. Es war fast ein Wunder, dass die Koalitionsregierung diese Phase überlebte – oder es war nur ein Zeichen für die Kriegsmüdigkeit in Tadschikistan.

Die Partei der Islamischen Wiedergeburt hatte ihre eigenen Probleme mit dem Frieden. Eine heftige Diskussion entbrannte um die Frage, wie die Partei ihre politische Zukunft und die Zukunft des Islam in Zentralasien sichern sollte. In Tadschikistans disparatem Gemisch aus ethnischen, regionalen und Clan-Beziehungen hatte die Basis der PIW kaum über die persönlichen Clans der Anführer oder ihre regionalen Kontakte hinausgereicht. Der Bürgerkrieg hatte sich mehr zu einem Konflikt zwischen Clans entwickelt als zu einem islamischen Dschihad. Also war die PIW in manchen Regionen stark vertreten, in anderen hingegen überhaupt nicht. Dort konnte die Regierung ohne Schwierigkeiten Kriegsherren aus feindlichen Clans für sich gewinnen. Der PIW gelang es nie, die Probleme der Regionalisierung zu überwinden. Gegen Ende des Kriegs spitzten sie sich sogar zu, nachdem es nicht gelungen war, eine landesweite Partei zu gründen. Splittergruppen und interne Streitigkeiten schwächten ihren Einfluss, was sich ganz deutlich in den Wahlergebnissen von 2000 niederschlug.

Qazi Turadschonsoda wurde im März 1998 von Rachmonow zum Ersten Stellvertretenden Ministerpräsidenten ernannt und in der Folge aus der PIW ausgeschlossen, weil er Rachmonows Kandidatur zum Amt des Präsidenten unterstützte. Im Februar 2000 entging er in Duschanbe einem Attentat. Die Täter wurden später als Mitglieder der radikalen Fraktion innerhalb der PIW identifiziert. Viele Anführer der PIW lehnten Turadschonsodas Plattform der Mäßigung ab. Er argumentierte, der Islam könne nicht von einer einzigen Partei institutionalisiert werden, sondern müsse allmählich die Bevölkerung für sich gewinnen. Einige Anführer der PIW hielten selbst Nuri für zu nachgiebig gegenüber der Regierung, andere hingegen akzeptierten Nuris Kompromisse mit Rachmonow. Eine weitere Zersplitterung der Partei war die Folge.

Darüber hinaus weigerten sich einige Befehlshaber sowie einfache Kämpfer, dem Befehl der PIW Folge zu leisten und der Regierungsarmee beizutreten. Viele von ihnen schlossen sich dem usbekischen Feldherrn Dschuma Namangani an, der im Bürgerkrieg auch für die PIW gekämpft, das Friedensabkommen aber abgelehnt hatte. Stattdessen beschloss er, seinen Kreuzzug fortzusetzen, nunmehr gegen das Regime seines Heimatlandes Usbekistan. Namangani gründete die Islamische Bewegung Usbekistans (IMU), die von Afghanistan und vom tadschikischen Tawildara-Tal aus operierte. Seine Angriffe gegen Usbekistan in den Jahren 1999, 2000 und 2001 und die darauf folgenden peinlichen Erklärungen der Regierung in Duschanbe vertieften die Gräben innerhalb der PIW.

Rachmonow gelang es dadurch, die Partei für seine Zwecke zu instrumentalisieren. Andere einfache Soldaten, die nicht in die Armee eintraten, wurden kriminell und bereiteten der Regierung mit Entführungen und Bankrauben große Probleme. Noch im Sommer 2001 trieb eine solche Bande von rund 100 Männern, angeführt von einem niederen Befehlshaber der PIW namens Rachmon Sanginow, in Dörfern um Duschanbe ihr Unwesen. Am Ende griff die tadschikische Armee ein und umstellte nach mehr als einem Monat heftiger Kämpfe die Rebellen im August. Sanginow wurde mit 45 seiner Männer getötet.

Innerhalb der PIW sprachen sich die Gemäßigten mit Nuri an der Spitze dafür aus, dass der Dschihad, wie er ursprünglich von der PIW propagiert und von der IMU aufgegriffen worden war, nicht die einzige Funktion islamischer Bewegungen in Zentralasien sein dürfe. »Dschihad kann nicht, wie von der IMU behauptet, das einzige Kriterium sein. Vielmehr wird eine politische Struktur benötigt, in der die Sache des Islam vorangetrieben werden kann«, sagte Moheyuddin Kabir, ein stellvertretender Parteiführer der PIW und Berater von Nuri, der für die jüngere Generation der Realisten innerhalb der PIW sprach. Andere Anführer der PIW wie Sharif Himmatsoda, der ehemalige militärische Befehlshaber, mit dem ich zehn Jahre zuvor im islamistischen Untergrund gesprochen hatte, waren mittlerweile auf die Seite der Regierung gewechselt. Himmatsoda war Parlamentsmitglied. Sein ehemals langer Bart war gestutzt, und er trug einen gut geschnittenen Anzug und Krawatte. »Der Friedensprozess in Tadschikistan kann ein Vorbild für Zentralasien sein, wenn alle Parteien genau wie wir bereit sind, an einer Friedenslösung mitzuarbeiten«, erklärte er. »Die Regierungen in der Region müssen jedoch ihre Haltung gegenüber den islamischen Bewegungen aufgeben und ihnen eine legale, verfassungsmäßige Möglichkeit bieten, sich zu äußern und sich an der Politik zu beteiligen. Wenn sie das nicht tun, schließen sich die Menschen den Extremisten an.«[9] Seine Äußerungen erwiesen sich als beängstigend scharfsichtig: Mittlerweile führen die IMU und die usbekische Regierung einen Kampf auf Leben und Tod.

Als die PIW ihren politischen Rückhalt verlor, ging ihre größte Gruppierung mit Nuri an der Spitze in die parlamentarische Opposition, nicht zuletzt, weil die Gruppe erkannte, dass der PIW – und dem Land – ernste Gefahr von noch extremistischeren islamischen Parteien und Ideologen drohte. Der Bürgerkrieg war zu Ende, aber Tadschikistan lag immer noch im Zentrum eines insgesamt politisch instabilen Gebiets in Zentralasien und Afghanistan, eine Situation, die von der internationalen Gemeinschaft kaum beachtet wurde. Duschanbe diente weiterhin als Nachschubbasis für Massuds Widerstand gegen die Taliban – und die Lage wurde noch kritischer für Massud, als er im September 2000 nach monatelanger Belagerung Taloqan verlor, sein Hauptquartier in Nordafghanistan. Jetzt kontrollierten die Taliban einen langen Abschnitt der Grenze zwischen Afghanistan und Tadschikistan, zum ersten Mal standen sie den russischen Grenzsoldaten auf tadschikischer Seite Auge in Auge gegenüber.

Die Länder der Region, die Massud unterstützten, erkannten rasch, dass er mehr Militärhilfe benötigte, wenn er die Grenze gegen die Taliban halten sollte. Am 26. Oktober 2000 kamen der russische Verteidigungsminister Igor Sergejew, der iranische Außenminister Kamal Kharrazi und Präsident Rachmonow in Duschanbe mit Massud zusammen und verpflichteten sich, ihre Unterstützung zu verstärken. Massuds Anti-Taliban-Allianz hielt im kommenden Sommer stand und verhinderte, dass die Taliban Badachschan einnahmen, die letzte nordafghanische Provinz unter seiner Kontrolle, die ebenfalls an Tadschikistan grenzt. Aber dadurch wurde Tadschikistan stärker als je zuvor zu einem Frontstaat gegen die Taliban, die geschworen hatten, das Land zu destabilisieren. Angesichts dieser äußeren Gefahren und der Angst, dass Zehntausende afghanischer Flüchtlinge nach Tadschikistan strömen könnten, fiel es der Regierung schwer, sich auf den Aufbau der Wirtschaft zu konzentrieren.

Die Taliban waren keineswegs die einzige Gefahr. Tadschikistan bildete außerdem für die IMU, die immer noch im Tawildara-Tal einen Stützpunkt unterhielt, das Tor zum Fergana-Tal. Im Sommer 2001 rekrutierte sie ihre Anhänger bereits aus allen ethnischen Gruppen Zentralasiens und entwickelte sich schnell zu einer überregionalen islamischen Bewegung in ganz Zentralasien. Wegen der Anwesenheit der IMU auf tadschikischem Boden spitzten sich die Probleme Duschanbes mit Usbekistan und Kirgistan zu. Auch die Gräben innerhalb der PIW vertieften sich, weil Namangani heimlich von ehemaligen PIW-Befehlshabern wie Mirso Sijojew unterstützt wurde, der heute als Minister in der tadschikischen Regierung sitzt. Er sah in der IMU ein Mittel, Usbekistan unter Druck zu setzen. Auch in Tadschikistan fasste eine neue panislamische Bewegung Fuß, die in allen zentralasiatischen Republiken auf dem Vormarsch war: die Hizb ut-Tahrir al-Islami (Partei der islamischen Befreiung, HT). Anders als die PIW, deren Anhänger vor allem aus ländlichen Gegenden stammten, rekrutierte die HT ihre Anhänger in erster Linie aus der städtischen, gebildeten Oberschicht. Aber obwohl die HT nicht militant war, lehnte die Regierung es ab, eine zweite islamische Bewegung zu tolerieren, und ging mit aller Schärfe gegen sie vor – ein Schritt, der ironischerweise von den PIW-Politikern in der Koalition unterstützt wurde. Was Rachmonow als Gefahr für die innere Sicherheit ansah, betrachtete die PIW als Konkurrenz für die eigene islamische Basis. Von jetzt an standen sich zwei radikale islamische Kräfte gegenüber.

Tadschikistan war immer noch stark auf Unterstützung aus Russland angewiesen, aber Moskau konnte keine ausreichende Wirtschaftshilfe liefern, die es dem Land ermöglicht hätte, nach dem Bürgerkrieg den Wiederaufbau in Angriff zu nehmen. Der Westen ignorierte Tadschikistan weiterhin. Erst im Jahr 2001 – fast fünf Jahre nach der Unterzeichnung des Friedensabkommens – erkannte die internationale Gemeinschaft allmählich die strategische Bedeutung der Koalitionsregierung in Duschanbe und die Notwendigkeit, sie materiell zu unterstützen. Der Staatengemeinschaft schien endlich klar zu werden, dass Tadschikistan von den Taliban, der IMU und der HT bedroht wurde – und dass diese Bedrohung auch für sie selbst Folgen haben könnte.

Als die Vereinigten Staaten versuchten, die Taliban und Osama

Bin Laden zu isolieren, erkannten sie allmählich, wie wichtig ein stabiles Tadschikistan für dieses Vorhaben war. General Tommy Franks, der Chef des US Central Command (das für den Nahen Osten und Zentralasien zuständig ist), stattete im Mai 2001 Duschanbe einen ersten Besuch ab. US-Regierungssprecher nannten Tadschikistan zum ersten Mal »ein strategisch wichtiges Land«, das gestärkt werden müsse, um den Frieden und die Sicherheit in Zentralasien zu garantieren. Sie sagten US-Militärhilfe zu, um die Sicherheit des Landes zu festigen.[10] Im Gegenzug willigte die tadschikische Regierung ein, dem Sicherheitsprogramm für Zentralasien im Rahmen der NATO-Partnerschaft für den Frieden beizutreten. Die Beratergruppe der Länder für Tadschikistan, deren wichtigste Geldgeber die Vereinigten Staaten, Japan und die Europäische Union waren, sagte Kredite und Hilfszahlungen in Höhe von 430 Millionen Dollar zu. Das Hilfspaket wurde Rachmonow im Mai in Tokio vorgelegt, im Rahmen des Jahrestreffens der zehn Geberländer und der fünfzehn internationalen Institutionen, an deren Spitze der IWF und die Weltbank stehen. Das fertige Paket war fast doppelt so hoch wie die zugesagte Summe des Vorjahres, als Tadschikistan lediglich 280 Millionen Dollar erhielt. Ich hielt mich damals ebenfalls in Tokio auf und sprach mit hohen Beratern des Ex-Präsidenten Nabijew, die mir gegenüber ihre Freude zum Ausdruck brachten, dass die Welt erstmals die Bedeutung Tadschikistans erkannt habe.

Der Bürgerkrieg in Tadschikistan, genau wie der in Afghanistan, nährte bei vielen Politikern Zentralasiens die Überzeugung, dass regionale oder von Clans gestützte islamische Bewegungen, die den Status quo zu verändern suchten, das Volk spalteten, das Land zerstörten und einen raschen wirtschaftlichen Niedergang zur Folge hatten. Als ich im Frühjahr 2001 im Karategin- und im Tawildara-Tal Dorfbewohner und örtliche Clanchefs interviewte, die einst die größte Unterstützergruppe der PIW bildeten, zeigte sich ganz deutlich, dass der Einfluss der PIW drastisch abgenommen hatte und sogar die Islamisierung in den Jahren des Bürgerkriegs rückgängig gemacht worden war. Nur noch wenige Madrassas waren in Betrieb, und in den Tälern konnte ich nur selten offene Bemühungen um eine islamische Erziehung beobachten. Örtliche Mullahs hatten sich wieder in ihre Moscheen und Bauernhöfe zurückgezogen. Im Vergleich zu Pakistan und Afghanistan, wo in den Madrassas Hunderttausende von fanatischen Islamisten herangezogen wurden, war Tadschikistan zu einer viel weltlicheren Lebensweise zurückgekehrt. Der Partei der Islamischen Wiedergeburt war es nicht gelungen, dem Land ihre Auffassung von Koranschulen aufzudrängen, und ohne sie gab es keine Basis, die die Partei in der Zukunft unterstützt hätte. Nicht zuletzt war dieses Scheitern darauf zurückzuführen, dass die Gelder für Madrassas überwiegend aus Pakistan und Saudi-Arabien stammten. Diese Staaten waren aber der PIW feindselig gesinnt, weil sie sich gegen die Taliban gestellt und Massud unterstützt hatte. Keines der beiden Länder übte in Tadschikistan großen Einfluss aus. Außerdem hatte die Regierung schon 1993 die Finanzierung von Madrassas durch ausländische Geldgeber untersagt.

Selbst die örtlichen Mullahs besaßen anscheinend weniger politischen Einfluss als noch während des Bürgerkrieges; sie konnten nicht länger bestimmen, wen die Menschen wählen sollten oder wie sie ihr Leben zu führen hatten. Zu den Gebeten in den Moscheen kamen keine jungen Menschen mehr, stattdessen waren sie jetzt wie zu Sowjetzeiten mit Alten gefüllt. Die Jungen hatten entweder auf der Suche nach Arbeit ihr Zuhause verlassen oder verbrachten ihre Freizeit mit dem Training von Kampfsportarten oder mit Videos. Das Schulwesen war wiederum weltlich statt islamisch. Andererseits erfreute sich der Brauch, vor Sufi-Schreinen zu beten und zu picknicken, der einst von den Hardlinern in der PIW verboten worden war, wieder großer Beliebtheit. Einige Dorfälteste begrüßten Besucher sogar mit Wodka oder Branntwein. Auf meine Frage, was denn aus dem islamischen Alkoholverbot geworden sei, grinsten die Dorfbewohner und antworteten, es gebe jetzt keines mehr. »Als die PIW hier war, versteckten wir diese Flaschen, aber jetzt sind sie weg, und wir haben den Schnaps wieder hervorgeholt und trinken ganz offen«, sagte ein Bauer in

Tawildara – einst das Hauptquartier des militärischen Arms der PIW.

Nach den Verlusten, die die PIW im Bürgerkrieg erlitten hatte, war die Partei ganz offensichtlich unfähig, sich selbst neu zu konstituieren oder einen wirtschaftlichen oder politischen Plan für ein Wiederaufleben des Landes zu präsentieren. Aus dem gleichen Grund war sie auch außerstande, einen politischen Islam zu institutionalisieren oder zumindest seine Anziehungskraft zu bewahren. Die Unterstützung an der Basis für die PIW und ihre politische Aktivität nahm ab, ihr Einfluss auf die jüngere Generation war inzwischen weit geringer als noch vor fünf Jahren. An ihrer Stelle hatten Regionalismus und Clan-Politik in den Tälern stärker Fuß gefasst, während die Menschen sich um die spärlichen Entwicklungshilfen stritten, die von der Regierung angeboten wurden, und versuchten, sich trotz der drückenden Armut über Wasser zu halten. Die Kriegsmüdigkeit hatte jeden Wunsch nach einem radikalen politischen Wandel erstickt. Die Menschen im ganzen Land hatten jedoch nicht ihre Einstellung zum Islam geändert, sondern waren zu der Lebensweise zurückgekehrt, die sie aus der Sowjetzeit kannten. Im Verlauf des Bürgerkriegs und in den Jahren danach waren die Tadschiken insgesamt gläubigere Muslime geworden, doch die radikalen und politischen islamistischen Untertöne aus der Zeit des Bürgerkriegs verstummten allmählich. Die Menschen waren zum Altbewährten zurückgekehrt. Sie respektierten zwar den Islam, aber sie waren nicht bereit für eine offene politische Manifestation. Die militante Richtung des Islam war in Tadschikistan gescheitert, aber noch nicht besiegt. Und bei all der Armut stehen die Tadschiken immer noch vor dem dringenden Problem, dass sie ein Nationalbewusstsein schaffen müssen, das die Clans vereinigen und eine demokratische Ära einläuten könnte.

Kapitel 5
Die Hizb ut-Tahrir
Wiedererrichtung des Kalifats

Im Zusammenhang mit den heutigen islamischen Bewegungen in Zentralasien drängt sich eine Frage geradezu auf: Wie konnte eine streng geheime panislamische Strömung, die im Nahen Osten entstanden war und wichtige Themen von öffentlichem Interesse in Zentralasien nicht einmal ansprach, zur beliebtesten und verbreitetsten Untergrundbewegung in Usbekistan, Kirgistan und Tadschikistan werden? Wie sehr sich die Regierungen dieser Länder von der Hizb ut-Tahrir al Islami (Partei der islamischen Befreiung, meist nur Hizb ut-Tahrir genannt, HT) bedroht fühlen, lässt sich an der Tatsache ermessen, dass in Zentralasiens Gefängnissen mehr Anhänger der HT sitzen als von irgendeiner anderen Gruppierung, die bekanntere Islamische Bewegung Usbekistans nicht ausgenommen. Gerade als die Regime versuchten herauszufinden, wie die Bewegung sich so weit und so schnell ausbreiten konnte, gingen sie immer härter und brutaler gegen die HT vor.
Dieses Phänomen ist umso bemerkenswerter, als die HT von allen radikalislamischen Bewegungen auf der Welt wohl die esoterischsten und anachronistischsten Ziele verfolgt. Nach der Vision der HT sollen Zentralasien, die chinesische Provinz Xinjiang und später die ganze *umma* (islamische Weltgemeinschaft) zu einem *khilafat* (Kalifat) vereinigt und so das historische Khilafat-e-Rashida wiederhergestellt werden, das kurze Zeit nach dem Tod des Propheten Mohammed im Jahr 632 über die arabischen Muslime herrschte. Während der Zeit dieses Kalifats, das bis zum Jahr 661 Bestand hatte, breitete sich die Lehre des Islam durch Eroberung und Konvertierung rasch im Nahen Osten und in Afrika aus. Viele radikalislamische Bewegungen, auch die Taliban, glorifizieren diese Periode als die einzige Zeit in der islamischen Geschichte, in der

eine echte muslimische Gesellschaft existierte. Aber nur die HT fordert mit einem beispiellosen Eifer die Wiedereinführung des Kalifats. Nach dem Szenario in den Tahrir-Schriften sollen zunächst eines oder mehrere islamische Länder unter die Kontrolle der Bewegung gelangen, in der Folge werde sie dann den Rest der islamischen Welt gewinnen. Anführer der HT sind überzeugt, dass Zentralasien einen, wie sie es nennen,»Siedepunkt« erreicht habe und für die Übernahme reif sei. Für Scheich Abdul Qadeem Zaloom, den gegenwärtigen Anführer und einen der kreativsten Autoren, stellt sich die Situation folgendermaßen dar:»Die Länder in eine Heimat des Islam umzuformen und sie mit den übrigen islamischen Ländern zu vereinen, ist ein Ziel, das die Muslime erreichen wollen, und die geeignete Methode, um dieses Ziel zu erreichen, ist die Wiedererrichtung des Kalifats.«[1]

Ursprung, Aufbau und Überzeugungen

Die Hizb ut-Tahrir wurde 1953 in Saudi-Arabien und Jordanien von Exil-Palästinensern gegründet, die von Scheich Taqi ud-Din an-Nabhani Filastyni (dem Palästinenser) angeführt wurden. Scheich an-Nabhani, ein Absolvent der Al-Azhar-Universität in Kairo, war Lehrer und islamischer Richter, bevor er Palästina verlassen und vor dem neu gegründeten Staat Israel fliehen musste. Er ließ sich 1953 in Jordanien nieder und gründete dort die Bewegung.[2] An-Nabhani schrieb in seinem Leben zahlreiche Bücher und Pamphlete, die im Kern die Ansichten der HT bilden. »Das Denken der Muslime ist von der heutigen Situation ganz vereinnahmt worden und kann sich unter einer Regierungsform nur noch die lasterhaften demokratischen Regime vorstellen, die den muslimischen Ländern übergestülpt wurden ... Es geht gerade darum, nicht mehrere Staaten zu gründen, sondern einen einzigen Staat für die gesamte muslimische Welt«, schrieb er 1962.[3] In seinem bekanntesten Werk *The Islamic State* (Der islamische Staat) deutet an-Nabhani auf seine Weise das Leben Mohammeds und schildert, wie der Prophet anfangs die Lehre des Islam heimlich verbreitete, dann mit seinen Zielen an die Öffentlichkeit trat und schließlich in seinen Reden zum Dschihad aufrief. An-Nabhani verlegt Mohammeds Leben in einen modernen Kontext und verweist auf die genannten drei Phasen der Ausbreitung des Islam unter dessen Führung. Mit dieser Anlehnung an die ersten Jahre des Islam gibt er seiner Partei einen Leitfaden für die Verbreitung der Botschaft der HT und die Gründung politischer Strukturen an die Hand.

Die Flucht des Propheten und seiner Anhänger von Mekka nach Medina, eine historische Reise in der Geschichte des Islam, wird von an-Nabhani als der Moment bezeichnet, in dem »die Phase der Einladung der Menschen zum Islam« überging in »die Phase der Gründung einer islamischen Gesellschaft und eines Staates«, auf die wiederum die »Phase« der Ausdehnung durch den Dschihad folgte. Nach den Plänen der HT sollte sich dieser Vorgang in Zentralasien wiederholen. An-Nabhani nennt die Unterdrückung, der sich die ersten Muslime seitens der nichtmuslimischen Gegner ausgesetzt sahen, »Folter, innere und äußere Propaganda und Sanktionen« – ein genaues Abbild der Maßnahmen, die zentralasiatische Regime heute gegen die HT ergreifen. In seinen Schriften instrumentalisiert an-Nabhani geschickt die Geschichte und Lehren des frühen Islam für einen revolutionären Aufruf zu den Waffen in der heutigen Zeit.

Aber obwohl die HT den Dschihad für ein legitimes Mittel zur Mobilisierung der eigenen Anhänger gegen Nichtmuslime hält, ruft sie, im Gegensatz zu anderen extremistischen Gruppierungen wie Osama Bin Ladens al-Qaida, nicht zu einem gewaltsamen Sturz muslimischer Regimes auf. Vielmehr ist die HT überzeugt, dass sie die Unterstützung der Massen gewinnen werde und diese Anhänger sich eines Tages in friedlichen Demonstrationen erheben und die Regierungen Zentralasiens stürzen werden. In dem repressiven Klima, das in Zentralasien zur Zeit herrscht, reicht schon dies – zusammen mit der steigenden Beliebtheit der HT – aus, damit die Regierungen scharf gegen die Bewegung vorgehen, vor allem in Karimows Usbekistan.

In dem Werk *Draft Constitution of the Islamic State* (Verfassungsentwurf des islamischen Staates) kündigt an-Nabhani siegessicher die spätere Übernahme der gesamten islamischen Welt durch die Partei an und die Ausbreitung des Islam in der nichtmuslimischen Welt. Nach an-Nabhanis Entwurf des künftigen islamischen Staates soll der Kalif, der von einer islamischen Schura (Rat) gewählt wird, über diktatorische Machtbefugnisse in einer außerordentlich zentralisierten Staatsordnung verfügen. Der Kalif kontrolliert das Militär, das politische System, die Wirtschaft und die Außenpolitik. Es gilt das islamische Recht (Scharia), Arabisch wird Staatssprache, und Frauen spielen eine stark untergeordnete Rolle. Der Verteidigungsminister, mit dem Titel Amir des Dschihad, soll das Volk auf den heiligen Krieg gegen die nichtmuslimische Welt vorbereiten. Für alle Männer sollte dann ab dem vollendeten 15. Lebensjahr die Wehrpflicht gelten, die militärische Ausbildung dient der Vorbereitung auf diesen heiligen Krieg.

Anführer der Bewegung in Zentralasien sagten mir, die Hizb ut-Tahrir habe ihren Ursprung in der Wahhabi-Erneuerungsbewegung Saudi-Arabiens, aber die HT habe sich in einigen Punkten von den Wahhabiten distanziert. »Wir hatten einen gemeinsamen Plan mit den Wahhabiten, aber schon bald kam es zu Meinungsverschiedenheiten und zum Bruch. Die HT wollte mit dem Volk in jedem Land getrennt zusammenarbeiten und auf friedlichem Weg der Scharia Geltung verschaffen, aber die Wahhabiten waren Extremisten, die einen Guerillakrieg und die Schaffung einer islamischen Armee anstrebten«, erklärte mir ein HT-Führer aus Usbekistan, den ich einfach Ali nenne, im Herbst 2000.[4] Gewiss sind die Überzeugungen der HT eng verwandt mit dem Wahhabismus, aber wenn die usbekische und andere Regierungen einfach alle radikalen Islamisten Wahhabiten nennen, so werden die Unterschiede zwischen der HT und der IMU oder zwischen gewaltbereiten und friedfertigen Muslimen einfach unter den Tisch gekehrt. Die HT stand früher auch der Ikhwan-ul-Muslimeen, der Muslimbruderschaft, in Ägypten nahe. In den dreißiger Jahren hatte diese als erste Organisation einen islamisch geprägten Kampf gegen den Kolonialismus und die Gründung moderner islamischer Staaten gefordert. Die Botschaft der Muslimbrüder wurde in Pakistan von der Jamiat-i-Islami, in Afghanistan von Ahmed Schah Massud und Gulbuddin Hekmatjar und in Tadschikistan von der Partei der Islamischen Wiedergeburt weiterentwickelt.

Nach dem Verbot der Hizb ut-Tahrir im Nahen Osten gingen einige Anführer in Länder des Westens und richteten Büros in Europa ein, vor allem in Deutschland und England. London gilt heute als die wichtigste Schaltzentrale. Hier sammelt die HT Spenden und bildet Rekruten aus, die die Bewegung in Zentralasien ausbreiten sollen. Die HT ist unter muslimischen Studenten an britischen Universitäten außerordentlich beliebt. Zu einer Konferenz in den Docklands von London am 26. August 2001, bei der über die politische Krise in Pakistan gesprochen wurde, kamen aus ganz Großbritannien Busse voller Anhänger. An dem Rahmenprogramm der Konferenz ließ sich ablesen, wie gut organisiert – und bemittelt – die HT ist: Es gab Vorrichtungen für Behinderte und Räume für Kinder, ein voll ausgerüstetes medizinisches Team vor Ort, Bücherstände, Gebetsräume und einen Internet-Auftritt. Die HT hat auch in der Türkei, in Ägypten und Nordafrika großen Zulauf und gewinnt in Pakistan an Popularität.

Der gegenwärtige Führer, Scheich Zaloom, der ebenfalls Palästinenser ist und früher an der Al-Azhar-Universität lehrte, hat bereits zahlreiche Bücher und Broschüren über die Philosophie und Methoden der Bewegung veröffentlicht. Sein jetziger Aufenthaltsort, vermutlich in Europa, bleibt geheim. Es gibt keine Aufnahmen von zentralasiatischen Anführern der HT und keinerlei Hinweise, wer ihre Drahtzieher sind, wie die Befehlskette funktioniert oder wo ihre Stützpunkte liegen.

Mein ausführliches Interview mit »Ali« aus Usbekistan wurde unter strengster Geheimhaltung arrangiert. Bedingung war, dass weder sein Name noch der Ort des Interviews genannt würden. Es ist das erste Interview, das ein zentralasiatischer HT-Führer den Medien gab. Mir wurde versichert, dass Ali, ein junger Mann mit wallendem Bart und in traditioneller usbekischer Kleidung, ein

155

hoher Anführer von HT-Zellen in mehreren Provinzen Usbekistans sei. Seine Kenntnisse über die Geschichte der Bewegung, ihre Lehre, Taktik und politische Haltung gegenüber anderen radikalislamischen Bewegungen bestätigten diese Behauptung.

Laut Alis Ausführungen operiert die HT im Verborgenen mit dezentralen Zellen aus fünf bis sieben Mitgliedern in ganz Zentralasien. Deshalb fällt es den Behörden außerordentlich schwer, in die Organisation einzudringen. Bei den Zellen, genannt *daira* (Kreis), handelt es sich um Studienkreise, die sich der Ausbreitung des Islam und der Tahrir-Schriften widmen. Der Leiter einer Zelle, die einzige Person, die die nächsthöhere Stufe der Parteiorganisation kennt, stellt seinen Mitglieder jede Woche eine neue Aufgabe. Von ihnen wird etwa erwartet, dass sie neue Zellen gründen. Der usbekischen Polizei gelang es vor kurzem, Agenten in einige Zellen einzuschleusen und Mitglieder zu verhaften, aber sie ist noch nicht in der Lage, die Befehlskette weiterzuverfolgen. Der bislang größte Erfolg war die Verhaftung von Nodir Alijew in Moskau am 29. Mai 2001 durch die russische Polizei. Alijew gilt als ein wichtiger usbekischer HT-Führer und wurde nach Usbekistan ausgeliefert.

Die HT hat sich jedoch gewaltig vergrößert. Beim Zerfall der Sowjetunion hatte die Bewegung Zentralasien noch nicht einmal erreicht. Die Partei zählte auch nicht zur ersten Welle asiatischer und arabischer Missionare, die in der Hoffnung kamen, die Region zu islamisieren und Rekruten anzuwerben. Laut usbekischen Regierungsbeamten wurde die Bewegung erst 1995 von einem Jordanier namens Salahuddin in Usbekistan eingeführt, der nach Taschkent kam und mit der Unterstützung zweier Usbeken die erste HT-Zelle gründete. Die ersten Tahrir-Schriften kursierten 1995/96 im usbekischen Untergrund. Anfangs ignorierten die Behörden sie, weil sie harmlos schienen. (Beispielsweise waren sie auf Arabisch geschrieben, was nur wenige lesen konnten.) Als jedoch die ersten Zellen in Taschkent und im Fergana-Tal gegründet wurden und die Bewegung sich in ganz Usbekistan und nach Tadschikistan und Kirgistan ausbreitete, griff die Regierung hart durch. Laut Ali hatte die

HT mittlerweile allein in Taschkent über 60 000 Anhänger und Zehntausende in anderen Städten – diese Behauptung wird durch die hohe Zahl der Verhaftungen von HT-Mitgliedern in allen drei Ländern von 1999 bis 2001 erhärtet. Die Schriften wurden inzwischen ins Usbekische, Kirgisische und Tadschikische übersetzt, das Parteiorgan *Al-Vai* (Bewusstsein) und Bücher wie *The Islamic State, The Economic System in Islam* und *How the Khilafah Was Destroyed* von an-Nabhani und Zaloom sind in allen drei Sprachen und auf Russisch erhältlich.

Zum Teil lässt sich die rasche Ausbreitung der HT durch den Einsatz modernster Technik erklären. Auch wenn die HT ihre geistige Inspiration aus einer Zeit vor über 1300 Jahren bezieht, möchte sie keineswegs einen mittelalterlichen Staat schaffen. Anders als die IMU erkennt die HT die Errungenschaften der nichtmuslimischen Kulturen und Gesellschaften an und möchte sie für ihr künftiges Kalifat adaptieren. Tatsächlich stützt sich die Organisation bei der Verbreitung ihrer Botschaft auf modernste Technik. Bei Verhaftungen von Zellenmitgliedern wurden Computerdisketten, Videokassetten, CDs, die neuesten Druck- und Kopiergeräte sichergestellt sowie eine intensive Nutzung der E-Mail entdeckt – all diese Dinge sind in Zentralasien, wo nur wenige Menschen über moderne Technik verfügen, eine Seltenheit. Ein großer Teil der Ausstattung wurde vom Ausland aus finanziert und importiert, das heißt, vermutlich besteht eine geheime Absprache mit hohen Zollbeamten. Die beliebteste Form der Propaganda ist der *shabnama* (Nachtbrief), der in der Nacht gedruckt und wie eine Zeitung unter der Tür durchgeschoben wird. Die afghanischen Mudschaheddin benutzten diese Methode in Kabul zum ersten Mal während der sowjetischen Besatzung ihrer Städte in den achtziger Jahren. Außerdem werden nachts Plakate an die Wände geklebt, sogar an die von Polizeistationen.

Die Hizb ut-Tahrir macht von sämtlichen Methoden und Technologien der Globalisierung Gebrauch. Das Ziel der Gruppe, eine einzige weltweite islamische Regierung zu schaffen, lässt sich durchaus als das Modell des radikalen Islamismus bezeichnen, das dem westlichen Konzept der Globalisierung am nächsten kommt. Die HT lehnt jedoch die moderne Staatsform ab und hat für Nationalismus, Demokratie, Kapitalismus oder Sozialismus nichts übrig. All diese politischen Konzepte werden als westliche Erfindungen angesehen, die dem Islam fremd seien. Sie wehrt sich auch gegen die meisten Formen der Kultur und der Unterhaltung und möchte Frauenarbeit auf den eigenen Haushalt beschränken. Allerdings wird Frauen ein Recht auf Bildung zugestanden. Mit einer Argumentation, die an die der Taliban und der Wahhabiten erinnert, verkündet die HT, dass durch die Einführung der Scharia sämtliche ethnischen, sozialen und wirtschaftlichen Probleme der Menschen gelöst würden. Der französische Islamexperte Olivier Roy nennt derartige Bewegungen »neofundamentalistisch«, weil sie »nicht so politisch orientiert sind wie die (früheren) islamistischen Bewegungen – sich weniger mit der Definition eines echten islamischen Staates befassen als mit der Einführung der Scharia«.[5]

Bewegungen nach dem Vorbild der Muslimbruderschaft trachten danach, die Staatsmacht zu erringen und jedes Land in einen islamischen Staat umzuformen. Hingegen gehen Organisationen wie die Taliban, die HT und selbst die IMU auf die neue Deobandi-Wahhabi-Tradition zurück, die die Machtübernahme lediglich als ein Mittel zur Einführung der Scharia und zum Wandel des gesellschaftlichen Verhaltens betrachtet. Wenn das einmal erreicht ist, dann entsteht ihrer Ansicht nach von selbst ein islamischer Staat. Innerhalb der HT wird offenbar kaum die Frage diskutiert, wie die dringenden wirtschaftlichen und sozialen Probleme Zentralasiens mit der Vorstellung vom Kalifat in Einklang zu bringen sind. In ihren Schriften wird großer Wert auf die Bildung einer Dschihad-Armee gelegt, aber wovon sie bezahlt werden soll, bleibt in der Regel unbeantwortet. Auch Fragen zur Wirtschaftsorganisation oder zum Sozialsystem werden ausgeklammert.

Viele Menschen fühlen sich von der HT angezogen, weil sie das Osmanische Reich bewundern – ein Kalifat, das die HT nach der Überzeugung vieler Anhänger wiedererrichten wird. Das osmanische Kalifat hatte seinen Sitz in Istanbul und herrschte seit dem späten Mittelalter über einen großen Teil der islamischen Welt, etwa den Nahen Osten und den Balkan. Es propagierte die Einheit aller muslimischen Völker unter osmanischer Herrschaft, ein Gedanke, der den panturkischen Ansichten vieler Usbeken nahe kommt. Der türkische Militärreformer und Modernisierer Kemal Atatürk schaffte das Kalifat 1925 ab. Nach Auffassung der HT war dies die Folge einer westlichen Verschwörung mit der weltweit agierenden zionistischen Bewegung. Seit dieser Zeit haben sich viele Organisationen in Zentral- und Südasien, auch die HT, zum Ziel gesetzt, das Kalifat wiederzuerrichten. Bemerkenswerterweise ignorieren HT-Führer die Tatsache, dass unter dem osmanischen Kalifat viele islamische Glaubensrichtungen ihre Blütezeit erlebten und dass etwa auf dem Balkan sogar nichtmuslimische Gemeinschaften toleriert wurden. Diese Form der Toleranz lässt sich mit den Überzeugungen der HT nicht vereinbaren.

Die HT hat den Gedanken einer islamischen Herrschaft übernommen, stellt aber viele Dinge allzu sehr vereinfacht dar. Es fehlen eine historische Perspektive sowie die Bereitschaft, sich an die islamischen Traditionen Zentralasiens anzupassen. Die HT lehnt den Sufismus oder jede öffentliche Glaubensäußerung wie das Beten vor Sufi-Schreinen vehement ab, beides hat jedoch in Zentralasien lange Tradition. Auch wenn HT-Führer erklären, dass sie von den Schriften der Dschadiden beeinflusst seien, ist in ihren Ansichten von den modernisierenden Einflüssen des Dschadidismus nichts zu spüren. (Wenn sie moderne Technik einsetzen, so heißt das nicht, dass sie moderne Vorstellungen vom Islam übernommen hätten.) Wie die Wahhabiten sind auch die Anhänger der HT unversöhnliche Gegner der Juden und des Staates Israel. Karimow wird in vielen Schriften als Jude dargestellt, als »Helfershelfer« Israels und der »zionistischen Weltverschwörung«. HT-Führer lassen die Tatsache außer Acht, dass in Zentralasien über 2000 Jahre lang eine große jüdische Gemeinde angesiedelt war – Anfang des 20. Jahrhunderts lebten 200 000 Juden in Zentralasien, die noch heute Bucharer genannt werden. »Wir wollen die Juden nicht umbringen, aber sie müssen Zentralasien verlassen, weil sie nicht hierher gehören«, beharrt Ali.

Und ebenso wie die Wahhabiten ist auch die HT extrem antischiitisch eingestellt. Die Gruppe würde sämtliche schiitischen Muslime aus Zentralasien vertreiben, wenn sie an die Macht käme. Mit dieser Haltung macht sie sich ganz eindeutig die schiitischen Gemeinden in Südusbekistan und Osttadschikistan zu Feinden. »Wir sind entschieden gegen Schiiten und gegen den Schiismus, der nicht der islamischen Lehre entspricht«, sagt Ali. Diese kompromisslose, dem Wahhabismus nahe stehende Haltung hat mit der Hauptströmung des Islam in Zentralasien wenig gemeinsam. Sie war immer überaus tolerant gegenüber anderen Auffassungen und religiösen Minderheiten gewesen. Die HT hat ihre Überzeugungen aus der arabischen Welt importiert und von den Debatten und Streitigkeiten innerhalb des dortigen radikalen Lagers übernommen. Offenkundig beabsichtigt sie nicht, diese Auffassungen an die Verhältnisse in Zentralasien anzupassen. Die Tahrir-Schriften sind von der täglichen Not und den Sorgen der Menschen weit entfernt und wurden vermutlich im Ausland geschrieben, und zwar eher für die globale als für die lokale Verbreitung. In ihnen werden internationale Probleme der islamischen Welt wie der Nahostkonflikt oder die so genannte »zionistische Verschwörung gegen den Islam«, angesprochen anstelle der Sorgen der Menschen in Zentralasien: steigende Preise, Arbeitslosigkeit und fehlende Bildungseinrichtungen.

Die Hizb ut-Tahrir ist außerdem felsenfest überzeugt, dass ihr zwar andere radikalislamische Bewegungen vorausgegangen seien und sogar jetzt noch neben ihr bestünden, dass alle anderen früher oder später jedoch als »falsch« entlarvt würden. Die HT hingegen werde sich als die einzige echte islamische Bewegung erweisen. »Der Koran und *hadith* [Äußerungen des Propheten] sagen, dass es am Ende der Welt 73 islamische Bewegungen geben wird, aber nur eine von ihnen wird die Richtige sein. Allah allein weiß, welche Bewegung die Richtige sein wird«, erklärt Ali. Die HT stützt diese Behauptung auf einen Vers aus dem Koran, in dem es heißt:

»Es sollte unter euch eine Gemeinschaft sein, die zum Rechten auffordert und das *Gute* gebietet und das *Böse* verwehrt. Diese allein soll Erfolg haben.«[6]

Die Hizb ut-Tahrir in den Staaten Zentralasiens

Die Popularität der HT in Zentralasien nimmt weiter zu, obwohl sie überregionale Interessen völlig vernachlässigt und entgegen der Tradition keine anderen Richtungen des Islam duldet. Das mag möglicherweise damit zusammenhängen, dass die HT eine friedliche Bewegung ist. Sie sympathisiert zwar mit der IMU, hält aber nichts von deren Guerillataktik. Stattdessen hat die HT die Vision, dass sich zu gegebener Zeit Millionen ihrer Anhänger erheben und die zentralasiatischen Regierungen, vor allem das Karimow-Regime, allein durch ihre Zahl stürzen werden. Derartige Vorstellungen ähneln denen christlicher Bewegungen, die an das Tausendjährige Reich Christi auf Erden glauben.

So vage die Ziele der HT formuliert sind, so unstrittig sind die organisatorischen Fähigkeiten der Gruppe. Ihre Anführer zeigen sich zuversichtlich, dass sie selbst in Karimows engerem Kreis Rückhalt finden werden, und sie haben Sympathisanten im Militär, in den Nachrichtendiensten und auf den oberen Stufen der Bürokratie. Beispielsweise sind ihnen Beamte in der Zollbehörde bei der Verbreitung des Programms behilflich. Im Gegensatz zur PIW oder der IMU, die vor allem von Bauern und anderen Bewohnern ländlicher Gegenden unterstützt werden, rekrutiert die HT ihre Anhänger in erster Linie aus der städtischen Intelligenz: Studenten, gebildete, aber arbeitslose Jugendliche, Lehrer und sogar Fabrikarbeiter. Die Mehrzahl der in Zentralasien verhafteten HT-Mitglieder sind gebildete junge Männer über zwanzig aus großen Städten.

Tatsächlich stellen die Verhaftungsberichte eine der aufschlussreichsten Informationsquellen über die Größe und die Zusammensetzung der HT dar. Aus Chudschand, das am westlichen Ende des

Fergana-Tals liegt, wird eine große Zahl von Verhaftungen unter tadschikischen Studenten und ethnischen Usbeken gemeldet. Doch in Dörfern, nur wenige Kilometer von Chudschand entfernt, ist bislang niemand verhaftet worden; Bauersleute haben noch nie von der HT gehört, kennen aber alle die IMU. Ganz ähnlich sind in der Stadt Osch in Kirgistan, in der die Usbeken 40 Prozent der Bevölkerung ausmachen, viele HT-Aktivisten verhaftet worden. Weiter südlich, in dem ländlichen Batken hingegen, einer Hochburg der IMU-Aktivität, wissen die Dorfbewohner nichts von der HT. Die Usbeken in Usbekistan und in anderen zentralasiatischen Staaten stellen ganz eindeutig die größte Zahl der HT-Anhänger, allerdings gewinnt die Bewegung unter allen Volksgruppen in Zentralasien an Popularität.

In Usbekistan leitete die Verabschiedung des Gesetzes zur Gewissensfreiheit und zu religiösen Organisationen im Mai 1998, das die Religionsfreiheit stark einschränkte, ein scharfes Durchgreifen gegen die HT ein. Die Polizei verhörte alle Männer mit Bart oder jene mit mehr als einer Frau sowie jeden, der nach Pakistan und Afghanistan reiste. Gläubigen Muslimen wurde die Erlaubnis zu beten verweigert, Väter konnten für die angeblichen Verbrechen ihrer Söhne ins Gefängnis gesteckt werden. Sämtliche muslimischen Organisationen und Moscheen mussten sich registrieren lassen, und es war illegal, außerhalb dieser Institutionen den Islam zu lehren. Frauen drohte die Verhaftung, weil sie die *hijab* (Kopfbedeckung) trugen. Holly Carter, die Leiterin von Human Rights Watch in Zentralasien, nannte das Gesetz eines der restriktivsten Religionsgesetze der Welt. »Die Regierung schert alle Muslime über einen Kamm: diejenigen, die verbrecherische Absichten haben, und die Durchschnittsmuslime, die einfach einen Bart tragen und in die Moschee gehen«, bemerkte sie.[7] Als das Gesetz verabschiedet wurde, zog Karimow im Parlament über die islamischen Fundamentalisten her. Amnesty International meldete, dass die Gerichte in der ersten Hälfte des Jahres 1999 55 Todesstrafen verhängten und 15 Hinrichtungen vollstreckten – darunter waren auch Mitglieder der HT.

Nach Angaben der HT sitzen über 100 000 politische Gefangene in Usbekistans Gefängnissen – eine Zahl, die stark übertrieben ist. Das US-Außenministerium schätzt in seinem Human Rights Report, dass zwischen Januar 1999 und April 2000 rund 5000 Menschen in Usbekistan in Haft waren. Die Menschenrechtsorganisation Independent Human Rights Organization of Uzbekistan hat die glaubwürdigsten Angaben zu den politischen Gefangenen veröffentlicht. Demnach gab es rund 7600 politische Gefangene im Sommer 2001, von denen sage und schreibe 5150 der HT angehörten. Rund 1600 waren der IMU oder so genannten Wahhabi-Gruppen zuzurechnen.[8] Im karakalpakischen Dschaslik wurde in der Nähe eines Militärlagers ein neues Hochsicherheitsgefängnis eröffnet, um die vielen politischen Häftlinge aufzunehmen.

Das Gefängnis mit dem offiziellen Namen Strafkolonie Nr. KIN 64/74 heißt bei den Einheimischen nur »der Ort, von dem niemand wiederkehrt«. Außenstehende haben keinen Zutritt, nicht einmal Familienangehörige der Häftlinge. Laut verschiedenen Meldungen herrschen wegen der Überfüllung (gegenwärtig sind rund 800 Insassen untergebracht), der Hitze, der unzureichenden sanitären Einrichtungen und der schlechten Wasserqualität entsetzliche Haftbedingungen. Das verschmutzte Wasser führte zu Hepatitis-Erkrankungen mit einigen Todesfällen. Muslimen ist es nicht erlaubt, zu beten oder den Koran zu lesen, und alle Häftlinge werden zu Zwangsarbeiten herangezogen. Dem Vernehmen nach sind Dutzende von Insassen in Dschaslik an den schlechten Lebensbedingungen oder an der Folter gestorben. Die Human Rights Society of Uzbekistan schätzt, dass in den Jahren 2000 und 2001 dort etwa 50 Menschen ums Leben kamen.

Auf die katastrophale Menschenrechtslage in Usbekistan wies Acacia Shields von Human Rights Watch hin, als sie im September 2000 vor einem Kongressausschuss aussagte: »Die usbekische Polizei und Sicherheitskräfte haben Tausende von gläubigen Muslimen verhaftet. Diese Verhaftungen sind illegal und diskriminierend, sie sind gegen Menschen gerichtet, die nicht registrierten islamischen Gruppierungen angehören, die außerhalb der staatlich kontrollierten Moscheen ihren Glauben praktizieren oder islamische Schriften besitzen. Die Polizei foltert die Inhaftierten routinemäßig und bedroht sie; medizinische Versorgung und juristischer Beistand werden ihnen verweigert, und häufig werden sie bis zu sechs Monate lang in unterirdischen Zellen in Isolationshaft gehalten. Die Prozesse sind außerordentlich unfair, weil Richter unabhängige Muslime systematisch wegen ihrer religiösen Überzeugungen und Zugehörigkeit zu langjährigen Haftstrafen verurteilen. Hinweise auf Folter werden dabei ignoriert und erzwungene selbstbelastende Aussagen als Beweismittel anerkannt, häufig sind sie die einzigen Beweise für den Schuldspruch.«[9] Laut Human Rights Watch stieg die Zahl der Verhaftungen drastisch an, nachdem die Regierung so genannte *mahalla* (nachbarschaftliche Wachkomitees) mobilisierte, die das Kommen und Gehen verdächtig aussehender Menschen oder Unbekannter überwachten. Schätzungen zufolge wurden im Jahr 2000 über diese Wachkomitees 10 700 Menschen identifiziert, die als Staatsfeinde betrachtet und von der Polizei verhört wurden.[10]

Gleichzeitig wurden vermehrt durch Folter Geständnisse erpresst. »In der Regel werden Menschen brutal geschlagen oder getötet. Aber es gibt auch andere Formen der Folter, beispielsweise Nadeln in den Fingernagel stechen oder den Menschen Plastiktüten über den Kopf stülpen, um sie zu ersticken. Die am häufigsten angewandte Methode sind jedoch brutale Schläge, und unter den Schlägen sterben viele Menschen«, sagte Michail Ardsinow, der Vorsitzende der Independent Human Rights Organization of Uzbekistan.[11] Rustam Norbajew, angeblich HT-Miglied, der am 13. März 2000 in Taschkent verhaftet wurde, starb fünf Tage später in Untersuchungshaft, nachdem er gefoltert worden war. Amanullah Nosirow wurde 1999 der Mitgliedschaft in der HT schuldig gesprochen und starb im Dezember 2000 im Gefängnis in Nawoi. Am 15. September 2000 erklärten 15 mutmaßliche HT-Mitglieder, die in Taschkent vor Gericht gestellt wurden, dass sie geschlagen und mit Elektroschocks gefoltert worden seien. Außerdem hätten ihre

Wachen sie vergewaltigt, um von ihnen Geständnisse zu erpressen. Der Richter nahm von ihren Aussagen keine Notiz, verurteilte sie alle zu 12 bis 16 Jahren Haft und schickte sie nach Dschaslik. »Die Polizei schiebt routinemäßig Bürgern kleine Mengen von Drogen, Waffen, Munition oder islamischen Schriften unter, um eine Verhaftung zu rechtfertigen oder Schmiergelder zu erpressen. Die häufigsten Opfer dieser illegalen Praxis sind mutmaßliche Mitglieder der HT«, berichtet Human Rights Watch.

Da über die Tätigkeit der Hizb ut-Tahrir kaum Informationen von außen erhältlich sind, bieten die Prozesse gegen angebliche HT-Mitglieder selten Einblicke in das Organisationstalent und die Popularität der Gruppe. Am 20. Juli 2000 verurteilte ein Gericht in Dschisak 15 angebliche HT-Mitglieder zu 17 Jahren Gefängnishaft. Ihrem 30-jährigen Anführer, Maruf Eschonow, wurde zur Last gelegt, zwei HT-Zellen zu leiten, 200 Menschen angeworben zu haben und Flugblätter zu verteilen. Im April 2000 veröffentlichten die Behörden eine Liste mit 157 Personen im Fergana-Tal, die wegen der Verbreitung von Tahrir-Schriften gesucht wurden.

Im Juni wurden in der Provinz Dschalal Abad in Kirgistan 53 angebliche HT-Mitglieder wegen subversiver Tätigkeit vor Gericht gestellt. Im Lauf des Prozesses kam an den Tag, dass die HT kleine nachbarschaftliche Moscheen organisierte, nachts Flugblätter verteilte und jede Woche Studienkreise leitete, in denen bei Tee und Gebäck über islamische Texte gesprochen, gebetet und der Koran gelesen wurde. Diese nachbarschaftlichen Gruppen oder *ziyofats* waren die kirgisische Entsprechung zur *daira* in Usbekistan.

Von den Zellen im Fergana-Tal aus breitete sich die Bewegung rasch in benachbarte Gegenden Kirgistans und Tadschikistans aus. Über 150 angebliche Anhänger der HT wurden im Sommer 2001 in kirgisischen Gefängnissen festgehalten, vor allem in der Region um Osch. Das ganze Jahr 2000 hindurch und auch das Jahr darauf bildete der zentrale Gerichtshof in Osch den Schauplatz von Prozessen gegen angebliche HT-Mitglieder, von denen viele erst 18 Jahre alt waren. Im Mai 2000 wurden vier Aktivisten im Alter von 18 bis 25 Jahren vor Gericht gestellt, der Prozess gegen 14 andere dauert noch an. »Sämtliche Angeklagten machen kein Hehl aus ihren Zielen und erklären, dass sie bereit seien, für ihr heiliges Ziel, einen islamischen Staat auf dem Territorium des Fergana-Tals zu schaffen, jedes Opfer zu bringen«, sagte Talant Razzakow, der Chef für die innere Sicherheit in Osch.[12] Diese jungen Männer hatten ein gut ausgestattetes Büro unterhalten, in dem sie per E-Mail Anweisungen und Propagandamaterial der HT erhielten. Sie übersetzten diese ins Kirgisische und fotokopierten das Material, um es zu verteilen. Sie verwendeten auch Audio- und Videokassetten. Der Befehlshaber der kirgisischen Nationalgarde, Generalleutnant Abdygul Tschotbajew, erklärte im Juni 2000, dass 300 kirgisische Staatsbürger in Afghanistan zu einer missionarischen Tätigkeit im Untergrund für die HT und die IMU ausgebildet würden.[13] In den ersten drei Monaten des Jahres 2001 wurden 40 angebliche HT-Aktivisten verhaftet und vor Gericht gestellt.

In Anbetracht der wachsenden Armut des Landes und der öffentlichen Kritik, dass die Regierung unfähig sei, die Probleme der Bevölkerung zu lösen – oder zu korrupt, einen ernsthaften Versuch zu wagen –, erhält die Hizb ut-Tahrir in Kirgistan jetzt offenbar verstärkten Zulauf. Das rasche Bevölkerungswachstum hat die Armut verschärft. Nach der Volkszählung von 2000 hat Kirgistan eine Bevölkerung von 4,8 Millionen Einwohnern, ein Plus von 13 Prozent gegenüber 1991. In Osch ist die Einwohnerzahl um 23 Prozent gestiegen, weil arbeitslose Bauern in die Stadt gezogen sind. Bischkek hat mittlerweile 1,1 Millionen Einwohner, und in den Randgebieten sind Barackensiedlungen wie Pilze aus dem Boden geschossen, obwohl es auch in der Hauptstadt keine Arbeitsplätze gibt. Im Jahr 2001 lebten nach einem Bericht der Weltbank 68 Prozent der Bevölkerung von weniger als sieben Dollar im Monat, das durchschnittliche Jahreseinkommen betrug lediglich 165 Dollar. Das Einkommen, das für das Existenzminimum nötig ist, wurde jedoch auf 295 Dollar im Jahr geschätzt.[14] Von 1990 bis 1996 halbierte sich das Bruttoinlandsprodukt des Landes beinah, es sank um 47 Prozent. Die Industrieproduktion fiel um 61 Prozent, die landwirtschaftliche Produktion um 35 Prozent und die Investitionen sanken um 56 Prozent.

In einer geradezu vernichtenden Anklage der Armut und Verzweiflung vieler Familien berichtete die International Organization for Migration, dass 4000 kirgisische Frauen und Mädchen im Jahr 1999 illegal ins Ausland verkauft wurden, um als Prostituierte in den Vereinigten Arabischen Emiraten, in China, der Türkei und sogar in Europa zu arbeiten.[15] »Der Menschenschmuggel ist mittlerweile ein großer Wirtschaftszweig in Kirgistan … Er hat den Tourismus verdrängt und ist nach dem Drogenschmuggel zum größten Erwerbszweig geworden«, sagte Ercan Murat, der Chef der UN-Mission in Kirgistan.[16]

Die Armut hat zudem viele junge Männer gezwungen, Opium aus Afghanistan zu schmuggeln – ein gesellschaftliches Problem, das in der kirgisischen Presse immer wieder aufgegriffen wird. Im Jahr 1999 beschlagnahmte die kirgisische Grenzpolizei 7700 kg Opium von Schmugglern; im Jahr darauf wurden 11 900 kg sichergestellt. Die Drogenbehörde der Vereinten Nationen (Drug Control Program) meldet, dass diese Menge nur ein winziger Bruchteil dessen ist, was tatsächlich nach Kirgistan geschmuggelt und anschließend nach Russland und Europa verteilt wird. Auch die Zahl der Heroinsüchtigen ist drastisch angestiegen. Gemeldet sind zwar nur 4500 Heroinsüchtige, aber Nichtregierungsorganisationen (NGOs) schätzen die Zahl auf mindestens 50 000. Ein großer Teil der Süchtigen hat Aids. Im März 2001 versuchte eine europäische NGO, die Ausbreitung von Aids in Karassu zu stoppen, indem sie Frauen ermunterte, ihren Partnern Kondome zu geben. Prompt protestierte die Hizb ut-Tahrir auf Flugblättern, die NGOs würden zur Prostitution aufrufen.[17]

Kirgistans Präsident Akajew hat eingeräumt, dass der religiöse Extremismus durch die wachsende Armut der Menschen geschürt werde. Er unternimmt aber offenbar nichts, um der Korruption innerhalb der herrschenden Elite ein Ende zu setzen und sich der allgemeinen Sorgen anzunehmen. »Religiöse Extremisten betrachten Kirgistan als ein Transitland. Ihr Ziel ist das Fergana-Tal, um die geografische Reichweite des Islam auszuweiten und sogar einen Staat zu errichten – ein islamisches Kalifat. Sie setzen auf die Unterstützung der einheimischen Bevölkerung und sind sich darüber im Klaren, dass sowohl in Kirgistan als auch in Tadschikistan Armut und andere soziale Probleme existieren. Es ist kein Zufall, dass die Landbevölkerung den Leuten nachfolgt, die einen ›hohen Islam‹ predigen. Sie werden mit Geld geködert. Zeigen Sie einem Menschen eine grüne Dollarnote und er kann der Versuchung nicht widerstehen. Dagegen müssen wir dringend etwas unternehmen«, sagte Akajew im Mai 2001 einer russischen Zeitung.[18]

Es gibt ein weiteres, speziell kirgisisches Problem, das den Zorn der Islamisten erregt. 17 Prozent der Bevölkerung sind Christen. Um die ethnischen Russen davon abzuhalten, das Land zu verlassen, hat Akajew die russisch-orthodoxe Kirche aufgefordert, neue Kirchen zu bauen. Zugleich ist Kirgistan das einzige Land in Zentralasien, in dem zahlreichen christlichen, evangelistischen Bewegungen die Missionsarbeit erlaubt wurde – ein Zugeständnis, das die HT als Demütigung empfindet. Die religiösen und ethnischen Spannungen zwischen Gruppierungen, die einst friedlich zusammengelebt haben, spitzen sich zu. In der Provinz Osch, in der die Usbeken 25 Prozent der Bevölkerung ausmachen (40 Prozent in der Stadt Osch), kam es immer wieder zu ethnischen Konflikten zwischen Usbeken und Kirgisen. In der Stadt Osch liegt auch der wichtigste Wallfahrtsort Zentralasiens: Takht-i-Sulaiman (Salomons Thron). Wegen der Einschränkungen des Grenzverkehrs zwischen Usbekistan und Kirgistan wurde der Zugang zu dem heiligen Ort erschwert. Im Norden haben die Spannungen zwischen Kirgisen und dem großen russischen Bevölkerungsanteil religiösen und ethnischen Charakter. »Die Christianisierung des nördlichen Teils von Kirgistan wetteifert mit der Islamisierung im südlichen Teil«, schreibt die kirgisische Soziologin Anara Tabyschalijewa.[19]

Allmählich nimmt die Popularität der Hizb ut-Tahrir auch in Kasachstan zu, wo der radikale Islamismus bislang nicht Fuß fassen konnte. Im Jahr 2001 meldete die kasachische Polizei zum ersten Mal die Festnahme von HT-Aktivisten im Süden des

Landes. Zugleich verhaftete die kirgisische Polizei kasachische HT-Aktivisten in Kirgistan. Am 6. Juli tauchten in Tausenden von Briefkästen in Kasachstans größter Stadt, Almaty, Flugblätter der HT auf, die die Sicherheitskräfte und die Bevölkerung schockierten. Es war der offizielle Geburtstag Präsident Nasarbajews, der nur wenige Wochen zuvor sein Volk gedrängt hatte, sich dem islamischen Radikalismus zu widersetzen. In einem Fernsehinterview hatte Nasarbajew erklärt: »Einige Menschen hegen die Hoffnung, dass die muslimische Bevölkerung unserer Staaten Radikale unterstützen wird, dass der Klerus uns ins Mittelalter zurückversetzt, den Frauen die Gesichter verschleiert und bei den Männern die Bärte bis zum Bauch wachsen lässt. Ein solcher Radikalismus mag in einem einzelnen Land wie Tadschikistan oder Usbekistan triumphierend erste Fortschritte machen. Aber das ist erst der Anfang.«[20]

In Nordtadschikistan ist die HT inzwischen trotz der Kriegsmüdigkeit des Volkes außerordentlich beliebt. Im Jahr 2000 wurden über 100 angebliche HT-Mitglieder in Tadschikistan verhaftet und vor Gericht gestellt.[21] Ein Jahr später verdoppelte sich laut Angaben eines westlichen Diplomaten in Chudschand die Zahl. Ali erklärte in unserem Gespräch, dass die HT in der Provinz Chudschand (heute Sughd) 20 000 Anhänger habe und dass die Bewegung mit deren Hilfe ihren Einfluss am Südzipfel des Fergana-Tals verstärke. Im April 2001 wurden rund 7500 Bücher und 1500 Flugblätter in einer Garage in Tschkalowsk in der Provinz Sughd entdeckt, 15 mutmaßliche HT-Mitglieder wurden verhaftet. Selbst die Hauptstadt Duschanbe blieb von der Tätigkeit der HT nicht verschont. Am 16. November 2000 wurden hier fünf HT-Mitglieder im Alter zwischen 26 und 40 Jahren verhaftet, weil sie im Besitz von 5000 HT-Flugblättern waren.[22]

Die tadschikische Regierung fühlt sich eindeutig bedroht. Als Antwort hat Präsident Rachmonow die gemäßigtere Partei der Islamischen Wiedergeburt gebeten, in der Provinz Sughd den Islam zu lehren und eigene islamische Bildungseinrichtungen zu eröffnen, obwohl die PIW dort niemals eine große Basis besaß. Einheimische

PIW-Führer haben die Bevölkerung gedrängt, »sich nicht illegalen Parteien und Bewegungen anzuschließen« und »wachsam gegenüber Terroristen zu sein«, womit sie die HT meinten.[23] PIW-Führer räumen ein, dass eine jüngere Generation Tadschiken sich der HT anschließe und dass die Partei wenig dagegen tun könne. »Einige von denen, die sich der HT anschließen, sind alte Kämpfer der PIW, die nicht bereit waren, nach dem Friedensabkommen in die Armee einzutreten, die meisten aber sind junge Männer, die im Bürgerkrieg noch Kinder waren und jetzt über die HT zum ersten Mal mit der islamischen Lehre in Berührung kommen«, sagte mir der PIW-Führer Moheyuddin Kabir.

Die Hizb ut-Tahrir und der militante Islamismus

Die Hizb ut-Tahrir macht auch Politikern in westlichen Hauptstädten Sorge, auch wenn über die Bewegung wenig bekannt ist. Ende des Jahres 2000 wurde unter den Geheimdienstexperten der Clinton-Administration heftig diskutiert, ob die HT offiziell zu einer Gruppe erklärt werden soll, die Terrorismus unterstützt. Washington entschloss sich am Ende gegen eine solche Erklärung, weil die HT sich bislang nie an Guerillaattacken beteiligt, Menschen entführt oder militärische Trainingslager errichtet hatte. Tatsächlich hat sie sich immer für einen friedlichen Wandel ausgesprochen. Auch der russischen Regierung bereitet die HT Kopfzerbrechen, weil sie fürchtet, dass die Bewegung auf die muslimischen Regionen in Russland übergreift. Der russische Geheimdienst arbeitet mittlerweile bei der Bekämpfung der HT eng mit den zentralasiatischen Staaten zusammen. Die Sicherheitsbeamten fürchten, dass junge gewaltbereite HT-Anhänger, die sich in ihrem Land derselben willkürlichen Unterdrückung und Armut ausgesetzt sehen wie IMU-Kämpfer, schon bald den Rat der Älteren ignorieren und sich dem Guerillakrieg zuwenden werden.
Anführer der HT bestreiten, dass sie Beziehungen zu anderen radikalen Bewegungen wie den Taliban, al-Qaida oder der IMU unter-

halten. »Die IMU ist eine eigene Bewegung, und unter ihnen gibt es zahlreiche Strömungen und viele Konflikte. In der IMU sind auch Schmuggler von Drogen und Waffen, darum hat sie einen schlechten Ruf«, erklärte Ali. »Außerdem werden einige Elemente in der IMU von Russland für seine Ziele in Zentralasien eingesetzt. Es lässt sich unmöglich sagen, welche Partei beliebter ist: die HT oder die IMU. Ziel der HT und der IMU ist das Kalifat in Zentralasien, aber die Methoden, um es zu verwirklichen, sind verschieden, genau wie der eine Arzt lieber operiert, der andere mit Kräutern behandelt. Die IMU erklärt, dass sie nur für den Sturz Karimows kämpfe und den Islam in Usbekistan einführen wolle, aber das ist nur der erste Teil ihres Plans. Sie haben noch andere Ziele für ganz Zentralasien.«

Dennoch sind mehrere hundert HT-Aktivisten nach Nordafghanistan geflohen, wo sie von der IMU mit offenen Armen empfangen wurden. Die HT-Anhänger leben in Lagern der IMU und erhalten von den Guerillakämpfern eine militärische Ausbildung. Kirgisische Regierungsbeamte melden, dass sie während der IMU-Offensive im Sommer 2000 bei den Leichen mehrerer IMU-Kämpfer Schriften der HT entdeckt hätten, beispielsweise bei einem Zwischenfall am 12. September in der Nähe von Batken, bei dem sieben Guerillakämpfer getötet wurden.[24] Zwischen den einfachen Anhängern beider Gruppierungen bestehen ganz eindeutig enge Verbindungen, vor allem bei Mitgliedern aus demselben Heimatort.

Ali räumte ein, dass die HT für die Taliban eine gewisse Sympathie empfinde, stritt aber ab, von ihnen Hilfe erhalten zu haben. »Die HT unterstützt die Taliban-Bewegung in Afghanistan, und viele HT-Anhänger sind nach Afghanistan geflohen, um dem harten Durchgreifen in Zentralasien zu entgehen. Die Taliban verfechten einige gute Ideen; sie wollen einen reinen islamischen Staat. Aber der Unterschied zwischen uns besteht darin, dass die HT ein modernes Leben hier auf Erden wünscht. Sie möchte einen Himmel auf Erden schaffen und die Menschen darauf vorbereiten, nach dem Tod in den Himmel zu kommen. Die Taliban hingegen wollen ein Leben in Armut, und ihr ganzes Vorleben dient nur dem Ziel, in den Himmel zu kommen. Die HT möchte den Himmel sowohl hier als auch im Leben nach dem Tode.« Ali bestreitet zwar, dass die HT Unterstützung oder Gelder von Bin Laden erhalten habe, aber wie viele HT-Anhänger bewundert auch er ihn ganz offenkundig. »Wir haben keine besondere Beziehung zu Bin Laden, aber er unterstützt alle islamischen Bewegungen in Zentralasien, und er ist deswegen hier sehr bekannt.« Diplomaten in Kirgistan und Usbekistan bezweifelten diese Dementis und erklärten, dass sämtliche islamische Gruppierungen eng zusammenarbeiten würden. Sie verwiesen auf ein Treffen in Kabul im September 2000, auf dem die Taliban, die IMU, die HT, tschetschenische Separatisten und Bin Laden lange Gespräche über die künftige Zusammenarbeit geführt hatten.

Obwohl die HT noch gewaltfrei geblieben ist, scheut Ali sich nicht, eine finstere Warnung auszusprechen: »Die HT strebt einen friedlichen Dschihad an, der sich durch das Wort und die Bekehrung ausbreitet, nicht durch Krieg. Aber letzten Endes wird es zu einem Krieg kommen, weil die zentralasiatischen Regime uns so massiv unterdrücken, und wir müssen uns darauf vorbereiten. Wenn IMU-Kämpfer plötzlich im Fergana-Tal auftauchen, werden HT-Aktivisten nicht tatenlos zusehen, wie Sicherheitskräfte sie ermorden.« Die HT warnt darüber hinaus, dass die Partei durch die bevorstehende Krise in Usbekistan Gelegenheit erhalten werde, die Macht zu ergreifen. »Karimow steckt fest, weil er es nicht den Russen *und* der islamischen Bewegung recht machen kann. Karimow muss sich zwischen den Russen und dem Islam entscheiden, und er muss den Islam wählen, um die Russen aus dem Land zu halten. Wenn russische Truppen aber nach Usbekistan kommen, dann ist das sehr gut für die HT, weil dann jeder Farbe bekennen muss, die Polarisierung zunimmt und es zum Krieg kommen wird«, sagt Ali.

Auch von anderen sind solche Warnungen zu hören. »Durch die Auseinandersetzung zwischen dem autoritären Regime und der Religion spitzt sich die Lage zu, sowohl mit Blick auf die Menschenrechte als auch mit Blick auf das soziale und politische Klima des Landes. Ein solches Klima könnte durchaus einen Bürgerkrieg wie in Afghanistan zur Folge haben«, warnt Ardsinow von der Independent Human Rights Organization of Uzbekistan.[25] Eine Möglichkeit bestünde darin, die HT zu legalisieren und es ihr zu gestatten, als reguläre politische Partei tätig zu werden. Doch die zentralasiatischen Regime haben sich bislang geweigert, diese Möglichkeit in Betracht zu ziehen. Die HT sprach sich niemals für den gewaltsamen Sturz der Regime aus, und nach der Legalisierung der Partei wäre die Führung gezwungen, sich mit den lokalen Problemen auseinander zu setzen und konkrete wirtschaftliche und politische Maßnahmen vorzuschlagen, statt sich auf vage Versprechen eines tausendjährigen Reiches zu beschränken. Durch eine Legalisierung der HT würde auch die Wahrscheinlichkeit abnehmen, dass sie Kontakte zu anderen radikalen islamischen Gruppierungen knüpft, die Gewaltakte befürworten. Aber mit Ausnahme von Tadschikistan gestattet es kein zentralasiatisches Regime einer islamischen Partei, öffentlich tätig zu werden. Solange sich daran nichts ändert, wird die Hizb ut-Tahrir weiterhin Menschen in ihren Bann ziehen, und zwar ebenso sehr wegen der Aura des Widerstands und des Trotzes, die sie umgibt, wie auch wegen ihres Programms.

Seit der Bombardierung Afghanistans unter Führung der USA als Antwort auf die Angriffe auf New York und Washington vom 11. September 2001 hat sich die Lage eher noch zugespitzt. Als Usbekistan und Tadschikistan Stützpunkte anboten, die als Ausgangsbasen für Angriffe in Afghanistan durch US-Flugzeuge und Spezialtruppen verwendet werden konnten, verstärkten beide Regierungen ihre Unterdrückung der HT. Offensichtlich hofften sie, dass ihr neues Bündnis mit den Vereinigten Staaten die westliche Kritik an ihrem scharfen Vorgehen gegen islamische Gruppierungen abschwächen werde.

In der ersten Oktoberwoche sprach ein Gericht in Taschkent neun HT-Anhänger der Mitgliedschaft in einer illegalen Partei schuldig und verurteilte die Angeklagten zu neun bis zwölf Jahren Haft.

Neu an dem Prozess war, dass das Gericht sie auch wegen der Zugehörigkeit zu al-Qaida verurteilte. Die Angeklagten bestritten, Kontakte zu Bin Ladens Organisation zu haben. »Wir haben keine Verbindungen zu Osama Bin Laden oder zu anderen terroristischen Organisationen, weil wir eine andere Methode des Kampfes verfolgen. Wir kämpfen für unsere Ziele mit friedlichen Mitteln«, erklärte Nurullo Madschidow, der Anführer der Gruppe.[26]

Die Behörden bringen die HT mit Bin Laden in Verbindung, weil sie hoffen, auf diese Weise die politische Unterstützung der Vereinigten Staaten zu erhalten. Usbekistan ist besonders erpicht darauf, eine Verbindung zwischen der HT und dem weltweiten Krieg gegen den Terrorismus herzustellen. Das würde die strengen Gesetze und die noch strengeren Ermittlungsmethoden rechtfertigen, die in Usbekistan gegen militante Islamisten angewandt werden. Mit zunehmender Dauer des Kriegs beobachten Menschenrechtsaktivisten voller Besorgnis, wie Usbekistan sich die Aufnahme in das westliche Bündnis zunutze macht und die Unterdrückung des eigenen Volkes verstärkt.

Unterdessen gewinnt die vereinfachende, eindimensionale Ideologie der HT, die aus der arabischen Welt importiert wurde, an Popularität, weil die Menschen sich in düsteren Zeiten immer an einfache Lösungen klammern. Auch wenn das Programm der HT keine konkreten Lösungsvorschläge für die komplexen Probleme Zentralasiens enthält, so lautet die alles überdeckende Botschaft, dass sich alle Schwierigkeiten durch die Einführung des Kalifats und einer islamischen Staatsordnung von selbst lösen würden und eine ideale Gesellschaft entstehen werde. Den verzweifelten Jugendlichen in Zentralasien erscheinen die zielstrebigen, unbestechlichen Aktivisten der HT, denen sie in besseren Zeiten möglicherweise keine große Beachtung geschenkt hätten, in der jetzigen Lage als Retter. »In der ganzen Region nähern sich die schwachen Volkswirtschaften dem Zusammenbruch, und eine Herrschaft der starken Männer hat sich durchgesetzt. Viele Teile der ehemaligen Sowjetunion werden von einer Revolution der immer geringeren Erwartungen erfasst. Die bewaffnete Militanz hat zugenommen, nicht in Form einer Ideologie, sondern als eine Möglichkeit, die Unzufriedenheit zu äußern, wenn keine anderen Mittel zur Verfügung stehen oder alle bisherigen gescheitert sind«, schreibt die langjährige Beobachterin Zentralasiens Paula Newberg.[27] Die Befürchtung, dass die Hizb ut-Tahrir von ihrem Dschihad auf der Ebene der Lehre zu einem militanten Dschihad übergeht, könnte durchaus zu einer Prophezeiung werden, die sich bewahrheitet.

Kapitel 6
Namangani und die
Islamische Bewegung Usbekistans

Der Aufstieg des militanten Islamismus in Usbekistan nahm seinen Anfang in einer von der Landwirtschaft geprägten Kleinstadt im Herzen des Fergana-Tals, einige Monate vor dem Zerfall der Sowjetunion. Was als vergleichsweise harmloser Versuch, das Bewusstsein für die islamische Lehre in der Bevölkerung zu schärfen, begonnen hatte, uferte bereits im Dezember 1991 zu einem Gewaltakt aus: Eine Handvoll arbeitsloser junger Männer in der Stadt Namangan besetzten das Gebäude, in dem die Zentrale der Kommunistischen Partei Usbekistans (KPU) untergebracht war, nachdem der Bürgermeister sich geweigert hatte, ihnen ein Grundstück für den Bau einer Moschee zu geben. Der Vorfall setzte eine Kette von Ereignissen in Gang, die im vergangenen Jahrzehnt ganz Zentralasien erschütterten.

Die jungen Männer wurden von dem 24-jährigen Tahir Abduhalilowitsch Juldaschew angeführt, einem College-Abgänger und einheimischen Mullah aus dem islamischen Untergrund. Juldaschew war ein begeisternder Redner und ein ausgezeichnetes Organisationstalent. An seiner Seite stand Dschumaboi Ahmadschanowitsch Chodschijew, 22 Jahre alt, der später den Namen seiner Heimatstadt annahm und sich Dschuma Namangani nannte – ein charismatischer Mann voller Tatendrang, den die jüngeren Mitglieder der Gruppe wegen seiner Kühnheit wie einen Held verehrten. Namangani war 1987 in die Sowjetarmee aufgenommen worden, kam als Fallschirmspringer in Afghanistan zum Einsatz und erwarb sich dort den Rang eines Unteroffiziers. In dem Land wuchs seine große Achtung vor den afghanischen Mudschaheddin, gegen die er kämpfte. Nach Angaben seiner Freunde machte diese Erfahrung aus ihm einen »neugeborenen« Muslim. Einige dieser jungen Männer wie Abdul Ahad, 33 Jahre alt, waren zu religiösen Studien nach Saudi-Arabien gereist. Sie lernten fließend Arabisch sprechen und wurden wegen ihrer engen Kontakte zu saudischen Wahhabi-Stiftungen, die ihnen die Reise finanzierten, vom Wahhabismus geprägt.

Mit saudischen Geldern und rund 5000 jungen Anhängern begann diese Gruppe im Jahr 1990 in Namangan mit dem Bau einer neuen Moschee und einer Madrassa, die 2000 Schüler aufnehmen sollte. Auf einem Schild an der Moschee stand: »Lang lebe der islamische Staat.« Juldaschew schickte sich an, strenge islamische Sitten in Namangan einzuführen. Beispielsweise sollten die Einwohner regelmäßig ihre Gebete aufsagen und Frauen auf ihre farbenprächtigen usbekischen Gewänder verzichten und sich stattdessen von Kopf bis Fuß mit einem weißen Schleier verhüllen. Er führte auch nachbarschaftliche Wachkomitees ein, um die Kriminalität einzudämmen: Mitglieder dieser Selbstschutzgruppen patrouillierten auf den Straßen, sorgten für Recht und Ordnung und achteten darauf, dass Ladenbesitzer nicht die Preise erhöhten. Dann ging Juldaschew so weit, dass er von Präsident Karimow verlangte, die Scharia in Usbekistan einzuführen. Er lud ihn ein, nach Namangan zu kommen, um darüber zu diskutieren. Karimow reiste im April 1991 an, aber das Treffen artete rasch zu einem heftigen Wortgefecht aus. Juldaschew stellte mehrere unerfüllbare Forderungen, etwa dass Karimow Usbekistan zu einem islamischen Staat erkläre und mehr Moscheen und Madrassas eröffne. Ein wütender und gedemütigter Karimow versprach, dass das Parlament sich mit den Themen befassen werde, stand auf und ging. Die Würfel waren gefallen.[1] Gegen Ende des Jahres griffen Juldaschew und seine Männer das Hauptquartier der KPU an und gaben den Anstoß zu einer Bewegung, die sie selbst einen Dschihad nannten, mit dem Ziel, Karimow abzusetzen.

Die Gründung des
zentralasiatischen militanten Islamismus

Juldaschews Anhänger waren Mitglieder der erst vor kurzem gegründeten PIW, die enttäuscht waren über die Weigerung der Partei, eine islamische Revolution zu fordern. Als Alternative hatten sie die Gruppe Adolat (Gerechtigkeit) gegründet, die sich die islamische Revolution auf die Fahne geschrieben hatte. »Die PIW ist von der Regierung gekauft; sie wollen im Parlament sitzen. Wir haben nicht den Wunsch, im Parlament zu sein. Wir wollen hier und heute eine islamische Revolution – wir haben keine Zeit für Verfassungsspielchen«, sagte Ahad zu mir, als ich einen Tag mit ihm in der Moschee von Namangan verbrachte, wo er inzwischen Imam (Vorbeter) war.[2] Von Adolat geleitete Moscheen und Madrassas entstanden im gesamten Fergana-Tal: in Andischan, Margilan, Kuwa, der Stadt Fergana und sogar in Osch, in Kirgistan. Der Einfluss der PIW nahm spürbar ab. Auch andere militante Gruppen im Untergrund entstanden im Fergana-Tal, darunter Tauba (Reue), Islam Lashkarlary (Kämpfer für den Islam) und Hizb-i-Islami (Partei des Islam).

Im Gegensatz zu anderen islamischen Erweckungsbewegungen und der PIW hatten diese militanten Gruppen keinerlei Achtung vor dem offiziellen Islam, kannten keine Nachsicht gegenüber der Tradition und keine Angst vor Politikern und Regime. Nach ihrer allzu optimistischen Einschätzung stand Letzteres ohnehin kurz vor dem Zusammenbruch. Eine Zeit lang schien der Staatsapparat auch hilflos, ja außerstande, entweder die Polizei oder den staatlich kontrollierten »offiziellen« Islam gegen die Extremisten einzusetzen. »Unter den Kommunisten gab es drei Moscheen in Namangan, jetzt sind es 130, und die meisten von ihnen werden von diesen Extremisten kontrolliert. Ich habe nicht die nötigen Gelder, um es mit ihnen aufzunehmen«, klagte wehmütig Imam Bilal Khan, der Leiter der staatlichen Moschee in Namangan. In diesen neuen Moscheen drängen sich die Gläubigen, und die Madrassas sind so überfüllt von jungen Schülern – Jungen und Mädchen –, dass einige in drei Schichten am Tag den Koran, islamisches Recht und Geschichte lehren. »Wir werden dafür sorgen, dass zuerst Fergana, dann Usbekistan und dann ganz Zentralasien ein islamischer Staat werden«, schwärmte Ahad.

Einige Monate lang duldete die Regierung Juldaschews Herrschaft in Namangan. Minister der Regierung sagten mir, dass sie anfangs überhaupt keine Vorstellung davon hatten, wer diese Extremisten waren oder was sie wollten – sie wussten nicht einmal, was Wahhabismus war.[3] Am Ende griff die Regierung jedoch hart durch, verbot Adolat im März 1992 und verhaftete 27 Mitglieder, allerdings setzten viele Moscheen ihre Tätigkeit fort. Anführer von Adolat, darunter Juldaschew und Namangani, flohen nach Tadschikistan. Dort schlossen sie sich der PIW an, die kurz vor einem Bürgerkrieg stand.

In Duschanbe studierte Juldaschew eine kurze Zeit an der von Qazi Akbar Turadschonsoda, dem Mufti von Tadschikistan, geleiteten Madrassa. Nach Ausbruch des Kriegs setzte sich Juldaschew mit den Anführern der PIW nach Afghanistan ab. Eine Zeit lang half er, Propaganda und Zeitungen der PIW von Taloqan aus zu verbreiten, wo die PIW im Exil ein Hauptquartier errichtet hatte. In seinem Innersten hegte Juldaschew aber immer noch den Wunsch, die islamische Bewegung in Usbekistan fortzuführen, und begab sich auf Reisen: zuerst nach Pakistan und Saudi-Arabien, später in den Iran, die Vereinigten Arabischen Emirate und die Türkei. Er wollte möglichst viel über islamische Bewegungen lernen und Kontakte zu anderen islamischen Parteien knüpfen.

Darüber hinaus nahm er Kontakt zu den Geheimdiensten in diesen Ländern auf und bat sie um materielle Hilfe. Der pakistanische Geheimdienst Interservices Intelligence (ISI), der den Afghanistankrieg und später die Taliban unterstützt hatte, stellte Juldaschew Mittel zur Verfügung und gewährte ihm Zuflucht. Von 1995 bis 1998 hielt Juldaschew sich in Peschawar auf, dem Zentrum der pakistanischen und afghanischen islamischen Aktivität sowie panislamischer Dschihad-Gruppen. Er traf dort »Araber-Afghanen« (Araber, die zum Kampf gegen die Sowjetunion nach

Afghanistan gezogen waren und blieben, um für Osama Bin Laden zu kämpfen), die ihn einige Zeit darauf mit Bin Laden und anderen afghanischen Gruppen bekannt machten. Die pakistanische Gruppierung Jamiat-i-Ulema Islami, die später die Taliban unterstützte, sammelte in Peschawar Spenden für Juldaschew und nahm zugleich seine jungen usbekischen Aktivisten in ihre Madrassas auf. Im Jahr 1996 besuchte ich diese Madrassas, die von Peschawar bis nach Karatschi aus dem Boden schossen. Die Lehrer zeigten stolz die besonderen Klassenzimmer, in denen Hunderte von Schülern aus Zentralasien unter Anleitung von Dolmetschern den Islam studierten. Überwiegend waren es Usbeken aus Adolat und Tadschiken aus der PIW, daneben auch einige Kasachen, Kirgisen und Uiguren.[4]

Russische und usbekische Regierungsbeamte erklären, dass Juldaschew auch von den Geheimdiensten Saudi-Arabiens, des Iran und der Türkei sowie von islamischen Organisationen in diesen Ländern Gelder erhalten habe. Im Zuge des Aufstands der Basmatschi floh eine ansehnliche Zahl Usbeken aus Zentralasien und ließ sich in Saudi-Arabien nieder. Heute sind sie saudische Staatsbürger und überzeugte Wahhabiten. Über einen einflussreichen Geschäftsmann, der enge Verbindungen zu saudischen Prinzen pflegte, auch zu dem Chef des saudischen Geheimdienstes, Prinz Turki al-Faisal, erhielt Juldaschew großzügige Spenden aus diesen saudisch-usbekischen Unternehmerkreisen.[5] Diese Gemeinschaft hatte ihr Zentrum in Mekka und hasste Karimow, weil sie in ihm einen unverbesserlichen Kommunisten sah. Nach der Gründung der Islamischen Bewegung Usbekistans stiegen die saudischen Spenden an Juldaschew deutlich an.

Er reiste auch in den Kaukasus und traf sich im ersten Tschetschenienkrieg (1994–1996) mit tschetschenischen Rebellenführern. Dort entwickelte er sich zum Sprecher, großen Strategen und geistigen Führer der islamischen Revolution in Usbekistan. In der Türkei sprach er mit Mitgliedern der einheimischen fundamentalistischen Bewegungen und erhielt angeblich Mittel von mehreren islamischen Gruppen, die die islamische Sache in Zentralasien für ein geeignetes Mittel hielten, einen islamischen Panturkismus zu propagieren. Verschiedenen Quellen zufolge schlich Juldaschew sich Ende der neunziger Jahre mehrmals von Peschawar aus heimlich nach Usbekistan. Dabei benutzte er falsche Pässe, Papiere und Gelder, die ihm pakistanische religiöse Gruppen und saudi-arabische Geschäftsleute verschafft hatten. Auf diesen Reisen bereitete er die Reorganisierung der Adolat-Zellen im Untergrund im Fergana-Tal vor sowie in Surchandarja, im Südosten von Usbekistan, nahe der tadschikischen Grenze. Diese Zellen sollten einige Jahre später eine wichtige Rolle spielen, wenn die IMU Guerillaangriffe in Zentralasien organisierte.[6]

Ein ehemaliger tadschikischer Aktivist der PIW, der jetzt für eine westliche NGO in Duschanbe arbeitet, möchte nicht namentlich genannt werden. Nach seinen Angaben floh Namangani 1992 aus Usbekistan und kam mit gut 30 militanten Usbeken und einigen Arabern, die als Verbindungsmänner zwischen saudischen Stiftungen und Adolat fungierten, nach Kurgan-Tjube in Südtadschikistan. »Innerhalb von wenigen Monaten war Namanganis Streitmacht auf gut 200 Usbeken angewachsen, weil noch mehr junge Männer vor dem harten Durchgreifen im Fergana-Tal die Flucht ergriffen und sich ihm anschlossen. Weitere Araber aus Afghanistan, die von dem zermürbenden Bürgerkrieg im Land genug hatten, kamen ebenfalls zu ihm«, sagt der tadschikische Informant, der Namangani 1992 zum ersten Mal traf. »Als ehemaliger Sowjetsoldat kannte Namangani die Taktik der sowjetischen Armee und der Spezialeinheiten, was der PIW sehr zustatten kam, weil sie es mit der sowjetisch ausgebildeten Armee von Tadschikistan zu tun hatten. Er wusste alles über Bomben und Minenkriegführung und setzte sie wirkungsvoll bei Hinterhalten ein. Er hatte Gelder von den Saudis und Kontakte zu den Afghanen, deshalb war er nicht allein.«[7]

Die PIW stellte tadschikische Guerillakämpfer zu Namanganis Gruppe ab und verlegte sie in das Tawildara-Tal, das nach 1993 Namanganis Basis wurde und noch heute der wichtigste IMU-Stützpunkt in Zentralasien ist. Namangani nahm die Stadt Tawildara im

Verlauf des Bürgerkriegs zweimal ein und musste sie wieder abgeben. Er kämpfte im Karategin-Tal und in Gorno-Badachschan gegen Regierungstruppen. Im Jahr 1993 schlug er die wohl größte Schlacht des Bürgerkriegs um den Haboribot-Pass. Namangani begeisterte fortwährend Außenstehende für seine Sache, beispielsweise Araber, die das Interesse an Afghanistan verloren hatten und den neuen Krieg in Zentralasien für einen größeren Dschihad hielten. Sie wollten die islamische Revolution ins Kernland der ehemaligen Sowjetunion tragen. Namangani lernte im Verlauf des Kriegs die gesamte politische und militärische Elite der PIW kennen. Viele schlossen Freundschaft mit ihm und standen ihm später zur Seite, als die IMU ihre Überfälle auf Usbekistan begann.

Mehrere ehemalige militärische Befehlshaber der PIW – wie Hakim Kalindarow, der gemeinsam mit Namangani den Widerstand von Tawildara aus leitete – sind jetzt Minister oder hohe Beamte in der Koalitionsregierung in Duschanbe. Im Jahr 1996 stand Namangani unter dem Befehl des PIW-Stabschefs Mirso Sijojew, einem Neffen von Said Abdullah Nuri. Sie wurden enge Freunde, Namangani nennt Sijojew noch heute »Baba« (großen Bruder). Sijojew, der jetzige Zivilschutzminister in der Koalitionsregierung in Duschanbe, spielte eine wichtige Rolle bei den Verhandlungen zwischen Namangani und Duschanbe, als der Rebell von Afghanistan aus nach Tadschikistan zurückkehrte.

Laut Angaben von PIW-Führern, die ihn damals kannten, konnte sich Namangani auf die Loyalität seiner Männer absolut verlassen. Er war ein strenger Vorgesetzter und guter Redner, der die Menschen mitreißen konnte, aber er war auch launisch, reizbar und autoritär. Er missachtete häufig Befehle von militärischen PIW-Befehlshabern, die ihre Strategie koordinieren wollten, um den politischen Verhandlungen mit der Regierung in Duschanbe mehr Nachdruck zu verleihen. Namangani lernte Tadschikisch, spricht es allerdings noch heute nicht sonderlich gut, und heiratete eine Usbekin. Er hat eine Tochter. Während des Kriegs reiste er nach Afghanistan und traf sich mit Präsident Rabbani und Ahmed Schah Massud. Aber er traf sich auch mit Befehlshabern der Paschtunen in Nordafghanistan, die Gulbuddin Hekmatjar die Treue hielten, einem Gegner der damaligen Regierung in Kabul. Laut Isatullah Sadulojew, der während des tadschikischen Bürgerkriegs das PIW-Büro in Taloqan leitete, kam Namangani häufig ins PIW-Hauptquartier, um Pläne zu schmieden, seine Vorräte zu ergänzen und mit der politischen Führung der PIW zu sprechen.[8]

Kein Einziger der ehemaligen Freunde und Bündnispartner Namanganis spricht ihm profunde Kenntnisse der islamischen Lehre zu. »Er ist im Grunde ein Guerillaführer, kein islamischer Gelehrter, und er lässt sich leicht von seiner Umgebung beeinflussen, so wie er heute von den Taliban und Osama Bin Laden beeinflusst wird«, sagte Moheyuddin Kabir, der juristische und politische Berater von PIW-Chef Nuri, der an den Verhandlungen mit der Regierung in Duschanbe maßgeblich Anteil hatte. »Er ist ein tüchtiger Mensch, aber kein tiefsinniger oder in irgendeiner Weise intellektueller Mensch, und er wurde eher von seinen eigenen militärischen und politischen Erfahrungen geprägt als von der islamischen Ideologie. Aber er hasst die usbekische Regierung – genau das treibt ihn vor allen Dingen an. In gewisser Weise ist er ein Führer mangels Alternative, weil kein anderer Führer bereit ist, das Risiko auf sich zu nehmen, Karimow die Stirn zu bieten.«[9]

Als der tadschikische Bürgerkrieg 1997 zu Ende ging, lehnte Namangani den Waffenstillstand und das Friedensabkommen ab. »Namangani weigerte sich, den Waffenstillstand zu akzeptieren. Als die PIW-Führer anordneten, der Dschihad solle gestoppt werden, sagte Namangani Nein. Seine ganze Arbeitsweise und seine Ziele bestanden nur im Dschihad, und er war nicht flexibel genug zu erkennen, dass manchmal ein Kompromiss notwendig ist«, sagte mir Kabir. »Das war überaus peinlich für die PIW, weil hier ein Ausländer für die PIW kämpfte, der nicht auf ihre Führer hörte«, meinte ein anderer PIW-Kommandeur, der Namangani gut kannte. Es wurde Sijojew übertragen, Namangani zum Verlassen zu überreden. Am Ende willigte Namangani ein, entließ den größten Teil seiner Männer, behielt aber eine Kerntruppe aus Usbeken und einigen Guerillakämpfern in seinem Camp im Tawildara-Tal.

Namangani ließ sich in Hoit nieder, einem kleinen Dorf nördlich von Garm im Karategin-Tal, direkt an der Straße nach Kirgistan. Er kaufte sich einen Hof und lebte dort mit seiner Familie, rund 40 Usbeken und einigen Arabern. Eine Zeit lang arbeitete Namangani als Bauer, dann kam er mit einem Spediteur aus Garm ins Geschäft und wurde rasch zum Besitzer mehrerer Lastwagen, die Waren nach Duschanbe transportierten. Einigen Quellen zufolge soll er sich um diese Zeit rege am Heroinschmuggel von Afghanistan nach Tadschikistan und von dort nach Russland und Europa beteiligt haben, um Gelder für seine Organisation zu beschaffen und seinen immer noch wachsenden Kreis in Hoit zu versorgen.

»Er war jetzt Geschäftsmann und Farmer, aber jeden Tag kamen Menschen aus ganz Usbekistan – dem Fergana-Tal, Taschkent, Samarkand – zu ihm und erzählten ihm von der Unterdrückung und den Gräueltaten unter Karimows Herrschaft«, sagte ein Geschäftsmann aus Garm, der sich während Namanganis Aufenthalt in Hoit einmal in der Woche mit ihm traf. »Die Usbeken kamen und blieben für gewöhnlich einige Tage, und er beherbergte und bewirtete sie. Sie drängten ihn dann jedes Mal: ›Handle jetzt, tu endlich was, die Lage zu Hause ist schrecklich, und du lässt es dir hier gut gehn‹«, sagte er mir. Ein anderer Freund Namanganis, der jetzt als Sozialarbeiter in Garm tätig ist, gab an, Namangani habe zu ihm persönlich gesagt: »Für mich gibt es keinen Weg zurück, ich muss nach vorn gehen und den Kampf fortsetzen, weil die Menschen in Usbekistan auf mich warten.« Als sich Usbeken, Araber, Tschetschenen und Tadschiken, die von dem Waffenstillstand enttäuscht waren, um ihn scharten, wurde Namanganis Hof rasch zu einem Zentrum für radikale Islamisten. Sie alle mussten untergebracht und verpflegt werden.[10] Zu dem Zeitpunkt, als Namangani 1999 von Hoit nach Afghanistan aufbrach, lebten bei ihm rund 200 Kämpfer, viele mit ihrer Familie. Mehrheitlich waren es zwar Usbeken, aber wegen des hohen Anteils an Arabern und Angehörigen anderer ethnischer Gruppen aus Zentralasien und dem Kaukasus sah Namangani sich in seiner Überzeugung bestätigt, dass er ein islamischer Internationalist war. Das verlieh ihm ein Gefühl der Macht und der Zielstrebigkeit.

Die Geburt der Islamischen Bewegung Usbekistans

Unterdessen war Juldaschew 1997 nach Tadschikistan gereist und hatte sich mit Namangani in Hoit getroffen. Dieses Treffen brachte für die beiden Männer die Stunde der Entscheidung. In Anbetracht der neuen politischen Lage in einer Region, die ihnen jetzt feindselig schien, mussten sie ihren künftigen Kurs wählen. Der tadschikische Bürgerkrieg war zu Ende; sie hatten ihre Stützpunkte in den Bergen verloren, ebenso ihre Männer und einen Teil ihrer Waffenverstecke, die sie nach dem Waffenstillstand übergeben mussten. Ihr Bündnispartner PIW billigte den Waffenstillstand und wollte nicht den Anschein erwecken, ihn zu brechen, indem er weiterhin eine kleine Gruppe usbekischer Dissidenten unterstützte. In Afghanistan waren Rabbani und Massud von den Taliban aus Kabul vertrieben worden, und Massud, einst ein Verbündeter der PIW, machte sich jetzt für die neue Regierung der nationalen Versöhnung in Tadschikistan stark. Überdies hatte sich in Namanganis Heimat Usbekistan die Lage eindeutig verschärft. Seit August 1995, als der oberste Vorbeter von Andischan, Scheich Abduwali Mirsojew, von Taschkent nach Moskau fliegen wollte, fehlen von ihm und seinem Assistenten jede Spur. Im September 1997 verschwand ein weiterer Mitarbeiter des Scheichs. Seit März 1998 wird Obidchon Nasarow vermisst, der Imam der Tukhtaboi-Moschee in Taschkent, ebenso sein 13-jähriger Sohn. In allen Fällen wird angenommen, dass sie von Sicherheitskräften entführt und ermordet wurden, obwohl die usbekische Regierung jede Schuld an deren Verschwinden bestreitet.[11]
Karimow ging erneut scharf gegen die Islamisten vor, nachdem ein usbekischer Militäroffizier am 2. Dezember 1997 in Namangan geköpft und sein Kopf vor der Dienststelle zur Schau gestellt wurde. Am 11. Dezember wurden der ehemalige Vorsitzende einer

Kolchose und seine Frau ebenfalls geköpft. Am 19. Dezember kamen bei einem Schusswechsel drei Polizisten ums Leben. Niemand bekannte sich zu den Morden, aber die Regierung reagierte schnell und verhaftete über 1000 Menschen im Fergana-Tal. Polizisten verhörten jeden Bartträger. Die Ereignisse in Namangan lösten innerhalb der Regierung eine Panik aus. Sie befürchtete, dass der Zusammenbruch von Recht und Ordnung sich ausweiten und die Islamisten anspornen werde. Als eine in Andischan verhaftete Gruppe gestand, dass sie von Namangani ausgebildet worden sei, gab Karimow am 2. Mai 1998 vor dem usbekischen Parlament seinen berühmten Ausspruch von sich, mit dem er ein noch härteres Vorgehen gegen Terroristen forderte: »Solchen Menschen gehört eine Kugel in den Kopf geschossen. Wenn es sein muss, werde ich sie selbst erschießen«, versprach Karimow.[12] Noch im selben Monat verabschiedete das Parlament das repressive Gesetz zur Gewissensfreiheit und zu religiösen Organisationen, das den Besuch nicht registrierter Moscheen untersagte und verlangte, dass sich die gesamte muslimische Geistlichkeit registrieren ließ. Zu dieser Zeit gab es rund 4200 Moscheen in ganz Usbekistan, 2430 davon allein im Fergana-Tal. Von diesen Moscheen waren nur 1566 behördlich gemeldet.[13]

Von dem harten Durchgreifen waren auch Familienangehörige der Islamisten betroffen. Juldaschews Mutter, Karomat Asqarowa, wurde 1999 gezwungen, sich von ihrem Sohn loszusagen. »Mein jüngster Sohn war fünf, als sein Vater starb. Ich arbeitete hart in einer Bäckerei und zog ihn unter großen Schwierigkeiten auf. Ich jagte den ungehorsamen Tahir aus dem Haus, nachdem er völlig grundlos seinen jüngeren Bruder verprügelt hatte. Viele Jahre sind vergangen, und ich habe ihn seither nicht wiedergesehen. Was soll ich sagen, wenn dieser nichtsnutzige, unglaubliche Übeltäter mein Sohn ist ... Möge Tahir vom Erdboden verschlungen werden, mögen er und seine Komplizen in ihren Gräbern verrotten. Ich schäme mich vor unserem Präsidenten und dem ganzen Volk. Möge der aufsässige Tahir, der Schuld an meiner Scham ist, sterben«, erklärte sie auf einer öffentlichen Versammlung.[14]

Namanganis Schwester Machbuba Achmedow und sein Bruder Nasyr Chodschijew sagten sich ebenfalls öffentlich von Namangani los, nachdem die Polizei sie fortwährend belästigt hatte. Im März 2000 reisten sie nach Tawildara und drängten ihren Bruder, die Waffen niederzulegen. »Wir reisten, um ihm ins Gesicht zu sagen, welches Leid er seiner Familie bereite«, erklärte Achmedow. Dennoch wurden beide bei ihrer Rückkehr nach Taschkent verhaftet. Im Juni wurde Chodschijew zu 14 Jahren Gefängnis verurteilt, gemeinsam mit zehn mutmaßlichen IMU-Aktivisten, darunter vier Frauen. Namanganis Schwester befindet sich zwar nicht mehr in Haft, aber die Polizei bestellt sie immer noch regelmäßig zum Verhör. Im August wurde Namanganis Mutter zu einer öffentlichen Versammlung im Festsaal einer Schule in Namangan gerufen. Ihre Nachbarn beschimpften sie, und Angehörige von Soldaten, die bei der Bekämpfung der IMU gefallen waren, färbten ihr Gesicht schwarz und verurteilten sie, weil sie Dschuma auf die Welt gebracht hatte. Sie brach zusammen, entschuldigte sich unter Tränen und verfluchte ihren Sohn. Die Regierung hatte offenbar keinerlei Skrupel, unschuldige Verwandte von bekannten IMU-Kämpfern oder irgendjemandem mit Kontakten zu Islamisten zur Zielscheibe des Hasses zu machen. Karimow ermahnte junge Männer, sich von den Fundamentalisten nicht den Kopf verdrehen zu lassen, und warnte sie: »Jeder Versuch, sich dem Gehorsam gegenüber den Behörden zu entziehen, kann in einer persönlichen Tragödie enden.«[15]

Selbst wenn die grässlichen Morde von 1997 in Namangan vermutlich wirklich von Gefolgsleuten Namanganis verübt worden waren, hatte das darauf folgende massive Durchgreifen der Regierung nur eine neuerliche Massenflucht usbekischer Extremisten aus dem Fergana-Tal zur Folge. Diese Extremisten kamen als Flüchtlinge nach Hoit und setzten Namangani und Juldaschew unter Druck, endlich auf Karimows Repressalien zu antworten. Die beiden stimmten zu. Zunächst benötigten sie jedoch einen neuen Unterschlupf. Tadschikistan konnte nicht mehr als zuverlässige Basis für ihre Operationen angesehen werden. Hingegen bot sich

Afghanistan dafür geradezu an. Juldaschew hatte im Jahr 1997 einige Taliban in Kabul kennen gelernt, und die Taliban hatten auch allen Grund, ihm Zuflucht zu gewähren: Usbekistan unterstützte die Anti-Taliban-Allianz in Afghanistan, und Karimow selbst war ein scharfer Taliban-Gegner. Juldaschew hatte sich sogar mit Osama Bin Laden getroffen, der mittlerweile als Gast der Taliban-Führung in Kandahar lebte. Bin Laden sah in Juldaschew einen künftigen Verbündeten in einer Region, in der er noch wenig Kontakte besaß.

Nach Angaben usbekischer Regierungssprecher und tadschikischer PIW-Führer ermutigte Bin Laden Juldaschew dazu, eine eigene islamische Partei zu gründen mit dem Ziel, das Fergana-Tal und Usbekistan von Karimows Herrschaft zu befreien. Es gibt zwar keinen zwingenden Beweis, aber US-Regierungsbeamte erklärten in der Folge, dass Bin Laden zu den Hauptgeldgebern zählte, die bei der Gründung der IMU mithalfen. Wegen seiner Sympathien für den Wahhabismus gefielen Juldaschew Bin Ladens Version des Wahhabi-Islam und seine antiwestlichen Äußerungen, als er sich bereits dem noch strengeren Deobandi-Islam annäherte, der von den Taliban praktiziert wurde.

Im Jahr 1998 ließ Juldaschew sich in Kabul nieder, wo die Taliban ihm ein Haus im Diplomatenviertel Wazir Akbar Khan zur Verfügung stellten. Er erhielt auch einen Wohnsitz in der Stadt Kandahar, wo Bin Laden und der Taliban-Führer Mullah Mohammed Omar lebten. In diesem Sommer beriet Juldaschew sich mit Namangani in Kabul. Gemeinsam verkündeten sie die Gründung der Islamischen Bewegung Usbekistans (IMU), die später den Dschihad gegen das Regime Karimows ausrief. Im Oktober 2000 legte Juldaschew die Ziele der IMU in einem Interview für den Sender *Voice of America* dar, einem der wenigen längeren Interviews, die er bislang gegeben hat. »Die Ziele der IMU-Aktivität sind in erster Linie der Kampf gegen die Unterdrückung in unserem Land, gegen die Korruption, gegen die Ungleichheit sowie die Befreiung unserer muslimischen Brüder aus dem Gefängnis ... Wer wird jene Muslime rächen, die in den Gefängnissen des Regimes umgekommen sind? Natürlich werden wir das tun. Wir halten es für unsere Pflicht, sie zu rächen, und niemand kann uns dieses Recht absprechen. Wir bereuen nicht unsere Erklärung des Dschihad gegen die usbekische Regierung. So Gott will, werden wir diesen Dschihad bis zum Ende führen.«[16]

Juldaschew versprach, einen islamischen Staat zu gründen: »Wir haben einen Dschihad ausgerufen, um ein religiöses Gesellschaftssystem, eine religiöse Regierung zu schaffen. Wir wollen ein auf die Scharia gestütztes System aufbauen. Wir wollen das Modell des Islam, das vom Propheten überliefert worden ist, anders als der Islam in Afghanistan oder im Iran oder in Pakistan oder Saudi-Arabien – diese Modelle haben mit dem islamischen Modell nichts zu tun ... Bevor wir einen islamischen Staat errichten, wollen wir uns zuallererst von der Unterdrückung befreien. Deshalb vergießen wir jetzt Blut, und die Gründung eines islamischen Staates wird die nächste Aufgabe sein.« Juldaschew erklärte auch: »... wir sind eine Bewegung von 100 000 Menschen. Ein Funke genügt, um einen ganzen Wald niederzubrennen, und für einen solchen Funken reicht ein Streichholz. Wir sind stark genug, um mit Karimow abzurechnen, und so Gott will, gibt es viele tausend weitere Mudscheddin, die den gleichen Traum haben.« In dem Interview verfolgte Juldaschew die Wurzeln der IMU bis zu den Basmatschi zurück. Unsere »Wurzeln reichen 70 oder 80 Jahre zurück, als unsere Mudscheddin-Großväter gegen die Kommunisten kämpften. Wir messen uns an diesen Vorfahren und bedauern es nicht, ihr Werk fortzusetzen. ... Wir brauchen keine Kontakte zum Ausland, weil unsere Wurzeln tief reichen und in der eigenen Heimat liegen.« (Tatsächlich sollen mehrere IMU-Kämpfer von den Basmatschi abstammen. Von dem religiösen Oberhaupt der IMU, Zubayr Ibn Abdur Raheem, heißt es, er stamme aus der Familie Mangyt, den ehemaligen Herrschern von Buchara. Einige von ihnen entkamen nach der russischen Revolution nach Saudi-Arabien.)[17]

Der wohl einschneidendste Vorfall, der Karimows Verhalten gegenüber sämtlichen Muslimen in Usbekistan prägte, ereignete sich am 16. Februar 1999 um die Mittagszeit. Im Verlauf von einer Stunde detonierten im Zentrum Taschkents sechs Autobomben, es handelte sich offenkundig um einen Anschlag auf den Präsidenten. Die stärkste Bombe explodierte vor dem Eingang des Regierungsgebäudes – einer der am schwersten bewachten Orte Usbekistans. Zwei Männer sprangen aus dem Auto, eröffneten das Feuer auf die Polizeiwachen, warfen die Bombe, stiegen wieder ein und rasten davon. Karimow hatte zu diesem Zeitpunkt seinen Landsitz verlassen und war unterwegs zu einer Kabinettssitzung, als sein Fahrer von Polizisten gewarnt wurde, dass es mehrere Explosionen gegeben habe. Unter den Opfern war zwar kein Regierungsmitglied, aber 13 Menschen kamen ums Leben, und 128 weitere wurden verletzt. Der wutentbrannte Karimow stellte demonstrativ seinen Mut unter Beweis und traf wenige Minuten später auf dem Platz ein, um den Schaden zu begutachten, obwohl in anderen Teilen der Stadt immer noch Bomben hochgingen.[18]

Innerhalb von wenigen Tagen wurden wenigstens 2000 Menschen zum Verhör geschleppt. Die Regierung schlug blind um sich und gab sämtlichen Oppositionsgruppen die Schuld an den Bombenattentaten, unter anderem der IMU und den weltlichen politischen Gruppen Erk und Birlik im Exil. Karimow hatte ursprünglich Mohammed Solih, den Führer von Erk, im Visier. Solih hatte sich lange Zeit im Exil in der Türkei aufgehalten, aber vor kurzem nach Norwegen abgesetzt. Die usbekische Presse veröffentlichte Aufnahmen von einem angeblichen Treffen Solihs mit IMU-Führern in Afghanistan. Allerdings glauben viele Usbeken, dass die Aufnahmen vom usbekischen Geheimdienst gefälscht wurden. Die Bombenattentate waren gut organisiert und wurden sehr wirkungsvoll durchgeführt. Sie schürten eine ganze Reihe von Gerüchten, beispielsweise die Theorie, dass Mitglieder der Sicherheitskräfte mit Kontakten zu hohen Politikern, die auf Karimows Macht eifersüchtig waren, in die Anschläge verwickelt gewesen seien, oder aber, dass Russland versucht habe, Karimow zu ermorden, um größeren Einfluss in Usbekistan zu erhalten. Unterdessen gab Karimow weiter markige Worte von sich und erklärte am 2. April, dass er jeden Vater verhaften werde, dessen Sohn in die IMU eintrete. »Wenn mein Kind einen solchen Weg wählen würde, dann würde ich ihm persönlich den Kopf abreißen«, warnte Karimow.[19]

Die meisten Usbeken mutmaßen, dass die Bombenanschläge von Rivalen Karimows innerhalb der Regierung durchgeführt wurden, die bei der Machtverteilung übergangen worden waren, und befürchteten, dass Karimows Politik das Land ruinieren werde. Wie in Tadschikistan sind regionale Beziehungen zu einem wichtigen Faktor in der Politik der Elite geworden. Karimows Machtkonzentration und seine Bevorzugung des eigenen Clans aus Samarkand gaben verstärkt Anlass zu Unmutsäußerungen. Darüber hinaus hatte Karimow Angst, dass die regionale Elite des Fergana-Tals in einem späteren Stadium möglicherweise die IMU unterstützen oder sich mit ihr verbünden werde. »Warum sträubt sich Karimow gegen alle Bestrebungen in Fergana, Konflikte zu vermeiden? Weil sein Albtraum ein Bündnis der regionalen Eliten aus Fergana mit den Islamisten ist, das in Tadschikistan bereits geschlossen und in den Augen einiger Usbeken bereits am Tag der Bombenattentate [in Usbekistan] Realität wurde«, erklärt der Zentralasienexperte Barnett Rubin.[20]

Wer immer die Verantwortung dafür trug, die Bombenattentate erschütterten ganz Zentralasien. Andere Staatschefs befürchteten, dass ihre eigene politische Opposition jetzt Morde als ein geeignetes Mittel in Erwägung ziehen würden, und klagten, dass der radikale Islamismus außer Kontrolle gerate. Derartige Ängste waren durchaus berechtigt: Die kirgisische Regierung meldete im Mai, dass sie eine terroristische Verschwörung zur Ermordung Präsident Akajews aufgedeckt habe. Karimow hatte jedoch mit seinen Nachbarn wenig Mitleid, warf Kirgistan Nachgiebigkeit gegenüber den Extremisten vor und klagte Tadschikistan an, der IMU Zuflucht zu gewähren. Er beschuldigte ferner die Taliban,

Pakistan, die Türkei und tschetschenische Rebellen, die Bombenleger ausgebildet zu haben und IMU-Kämpfern Zuflucht zu gewähren. Karimow erklärte, einige Bombenleger seien nach Pakistan geflohen, andere in die Türkei und wieder andere nach Kasachstan. Juldaschew hingegen soll die Bombenattentate von den Vereinigten Arabischen Emiraten aus geplant haben. Diese letzte Behauptung stützt sich offenbar auf Erkenntnisse des usbekischen Geheimdienstes.[21]

Einige Monate später, am 2. April (dem Tag, an dem Karimow die Väter von IMU-Mitgliedern attackierte), wurde die Lage noch angespannter, als bei zwei Schusswechseln insgesamt 17 Menschen ums Leben kamen. Zuerst stürmte die Polizei einen Bus, der von Verbrechern (vermutlich keine militanten Islamisten) entführt worden war, und tötete neun Menschen. Dann wurden acht angebliche militante Islamisten außerhalb von Taschkent an einem Straßenposten umgebracht. Wenig später machte Karimow jedoch den Taliban den Hof – ein Kurswechsel, der für seine ziellose Außenpolitik symptomatisch werden sollte. Über die pakistanische Regierung arrangierte er, dass sein Außenminister Abdulasis Komilow sich mit Mullah Mohammed Omar traf. Die Usbeken wollten unbedingt die Taliban dazu bewegen, an einem entscheidenden Treffen in Taschkent unter Schirmherrschaft der UNO teilzunehmen, das die afghanischen Friedensverhandlungen in Gang bringen sollte. Komilow versuchte außerdem, eine Zusage der Taliban zu erhalten, dass sie die IMU nicht unterstützen würden. Bei dem Gespräch am 2. Juni in Kandahar zerschlug Omar jedoch rasch Komilows Hoffnungen. Er sagte ihm, dass die Taliban an dem Treffen in Taschkent nur teilnehmen würden, wenn Usbekistan sie als rechtmäßige Regierung Afghanistans anerkennen würde. Darüber hinaus erklärte er, dass die Taliban zwar die IMU nicht unterstützen, die Guerillakämpfer aber auch nicht ausliefern würden.

Karimows unberechenbare Außenpolitik wurde an anderen Fronten fortgesetzt. Im Juni erlitt Usbekistan einen Rückschlag in den Beziehungen zur Türkei, als Ankara aus Protest gegen den Vorwurf, die Türkei gewähre IMU-Kämpfern Zuflucht, vorübergehend ihren Botschafter aus Taschkent abberief. Als Vergeltung schloss Taschkent 20 türkische Schulen in Usbekistan. Im selben Monat wurden 22 Menschen vor Gericht gestellt, die angeblich an den Bombenattentaten von Taschkent beteiligt waren. Die Staatsanwälte erklärten in der Anklage, dass die Anschläge in Afghanistan, Pakistan und der Türkei geplant worden seien, tschetschenische Rebellen hingegen für die Ausbildung und das nötige Material gesorgt hätten. Laut Human Rights Watch wurde kein einziger stichhaltiger Beweis vorgelegt, dass auch nur einer der Angeklagten mit den Bombenanschlägen zu tun hatte. Vielmehr handelte es sich um Angehörige der Hizb ut-Tahrir (HT), die islamische Propaganda betrieben, aber keine terroristischen Aktivitäten. Dennoch wurden sechs der Angeklagten zum Tode verurteilt, acht zu 20 Jahren Haft, die übrigen wurden schuldig gesprochen, erhielten aber geringere Strafen.

Den ganzen Sommer über setzte Usbekistan die tadschikische Regierung unter Druck und warf ihr vor, Namangani Zuflucht zu gewähren. Er hielt sich zwar eindeutig im Land auf, aber »Zuflucht gewähren« traf die Sachlage nicht ganz: Tadschikistan war nicht imstande, es mit der IMU aufzunehmen. Dennoch drängte der tadschikische Präsident Rachmonow Anführer der PIW in der Koalitionsregierung, sich Namangani vom Hals zu schaffen oder ihn zumindest nach Afghanistan zu schicken. Namangani war jetzt zu einer Belastung für die guten Beziehungen zwischen Rachmonow und der PIW geworden – und für die künftige Stabilität der Koalitionsregierung.

Namangani befürchtete, dass seine Truppen entwaffnet und aufgelöst würden, und brachte sich deshalb im August 1999 in Sicherheit. Er verließ das Camp in Tawildara, überquerte die Grenze zu Kirgistan, leitete eine Welle von Entführungen und Morden ein und setzte sich anschließend nach Afghanistan ab. Am 25. August veröffentlichte die IMU ein Kommuniqué, in dem der Dschihad gegen das Regime Karimows erklärt und zu seinem Sturz aufgerufen wurde (siehe Anhang). Durch die Ereignisse des Sommers

1999, die mit den Autobomben in Taschkent ihren Anfang nahmen, wurde die IMU zur größten Gefahr für die zentralasiatischen Regime.

Namangani war jetzt in der ganzen Region zu einer wichtigen Figur, ja zu einer Berühmtheit geworden, gab aber immer noch keine Interviews. Er ging auch ausländischen Rundfunksendern aus dem Weg, die allzu gern mit ihm gesprochen hätten. Das einzige Foto von ihm war ein schmuddliges Bild ohne Datum, das von den usbekischen Sicherheitskräften in den landesweiten Zeitungen veröffentlicht wurde. Er schuf eine mystische Aura um sich, die selbst die des verschwiegenen Mullah Omar noch übertraf. Schon bald rankten sich um Namangani zahlreiche Mythen im Untergrund des militanten Islamismus, und zwar nicht nur in Zentralasien, sondern auch in Pakistan, Afghanistan und in der gesamten arabischen Welt. In der ganzen Region und im fernen Moskau verfolgten westliche Diplomaten, Militärs und Geheimdienstmitarbeiter, Angestellte von Ölkonzernen, Bankiers, Mitarbeiter von Hilfsorganisationen und Journalisten jeden seiner Schritte, stürzten sich auf jedes neue Gerücht über ihn und gaben die wildesten Spekulationen über seine Pläne und Absichten kund. Karimow und seine Regierung waren entsetzt über die Geschwindigkeit, mit der Namangani in der ganzen Region zu einem festen Begriff wurde. Die Menschen sprachen viel öfter von Dschumaboi – sein Kosename – als von der IMU. Seine Aktivitäten, ob sie nun tatsächlich von ihm verübt oder ihm zugeschrieben worden waren, wurden zu einem Albtraum für die Beobachter Zentralasiens.

Abgesehen von der Aura, die den Mann umgab, sprachen auch objektive Gründe dafür, dass Namangani zu einem Mythos wurde – vielleicht vergleichbar mit den Mythen, die sich um Che Guevara seit seinem rätselhaften Verschwinden beim letzten revolutionären Abenteuer in Südamerika rankten. Namangani hatte bereits in zwei Kriegen mitgekämpft, in Afghanistan für die Sowjetarmee und in Tadschikistan für die PIW, und er stand jetzt kurz vor einem dritten gegen die Regierung von Usbekistan. In diesen vorhergehenden Kriegen hatte er gelernt, wie Kämpfer mobilisiert und organisiert wurden, wie man gut ausgebildete und flexibel einsetzbare Soldaten heranzog, die darüber hinaus hoch motiviert für die hehre Sache des Islam waren. Er hatte das Charisma und das Talent, klammheimlich ein Netz aus Tausenden unbewaffneten »Schläfern« im Fergana-Tal und in anderen Teilen Zentralasiens aufzubauen, die sich auf ein Zeichen hin erheben würden oder seine Freischärler bei Bedarf verpflegten und führten. Auch wenn die Verbände der IMU nie eine ernsthafte Bedrohung für die Armeen Zentralasiens und Russlands darstellten, waren sie ihnen taktisch haushoch überlegen und versetzten die zentralasiatischen Regierungen in Angst und Schrecken.

Überdies legte Namangani ein feines politisches Gespür an den Tag und plante den Zeitpunkt für seine Offensiven so, dass die Konflikte innerhalb der Länder und der Region geschürt wurden. In jedem Winter drängten Russland, die Vereinigten Staaten und die NATO-Länder die zentralasiatischen Republiken, ihre militärischen und politischen Strategien zu koordinieren. Und in jedem Sommer griff Namangani von neuem an. Prompt warfen die Regierungen sich wiederum gegenseitig eine Flut von Anschuldigungen an den Kopf. Namangani wählte auch bei jeder Offensive eine andere Taktik und überrumpelte häufig die Sicherheitskräfte. »Namangani kann es nicht zulassen, dass die zentralasiatischen Staaten ihre Zusammenarbeit verbessern, und er überlegt sich genau jeden Schritt, um neue Differenzen zwischen ihnen zu schaffen. Jedes Jahr hat die IMU eine andere Taktik verfolgt, um im Fergana-Becken Fuß zu fassen, weil sie weiß, wer Fergana unter seiner Kontrolle hat, kontrolliert ganz Zentralasien«, sagte Ivo Petrow, der Leiter der UN-Mission in Tadschikistan.

Unterdessen schickte Juldaschew von seinem Stützpunkt in Kabul aus fortwährend Gelder, Material und Freiwillige, die ihm die Taliban, Bin Laden, Usbeken im Ausland, islamische Wohltätigkeitsorganisationen in Saudi-Arabien und den Golfstaaten und islamische Parteien in Pakistan zukommen ließen. Die IMU hatte ihre Kontrolle über den Heroinhandel von Afghanistan über Zentralasien nach Europa ausgeweitet und nutzte ihr Netz aus Kämpfern in der ganzen Region als Kurierdienst. Diese sich ständig ausweitenden externen Verbindungen und Quellen für Nachschub und Gelder erwiesen sich als ein wichtiger Faktor für den Dschihad der IMU gegen Karimow. Noch wichtiger für ihre wachsende Stärke waren jedoch die anhaltende Repression durch die usbekische Regierung und die verzweifelte Armut des usbekischen Volkes.

Kapitel 7
Namangani und der Dschihad in Zentralasien

Nur wenige Kilometer von Duschanbe entfernt, auf der Straße nach Norden ins Garm-Tal, sind Reisende von den majestätischen Bergen des Pamir umgeben. Die Straße schlängelt sich über die Talsohle an langen Reihen grüner Felder und armseliger Dörfer vorbei, in denen vereinzelt eine leer stehende Fabrik und ein erkalteter Schornstein zu sehen sind. Die Landschaft geht rasch in nackte Felswände und saftige grüne Weiden über, die bis hinauf zu den schneebedeckten Gipfeln reichen. Im vorderen Teil ist das Tal breit und offen und vermittelt ein Gefühl von Weite und Freiheit, aber je höher man kommt, desto enger wird es. Die Straße klettert steil aufwärts, immer dicht am Hang entlang, während unten im Tal der Fluss Surchob tost. In den Dörfern an den Felshängen laden Teehäuser mit langen teppich- und kissenbedeckten Holzbänken zur Rast ein. Tadschiken in farbenprächtigen Gewändern bewirten die erschöpften Führer von Esels- und Pferdekarawanen und die Fahrer von uralten, qualmenden Lastwagen aus der Sowjetzeit, die Obst und Gemüse aus dem Bezirk Garm ins Tal hinab zu den Märkten von Duschanbe bringen. Etwa auf halber Strecke talaufwärts, bei Darband, wo der Fluss den Blick auf ein prächtiges urwüchsiges Panorama freigibt, zweigt eine schmale Straße nach rechts ins Tawildara-Tal ab. Die Straße im Garm-Tal hingegen führt zu den Orten Garm, Tadschikabad, Hoit und Dschirgatal und über die kirgisische Grenze bis nach Osch.
Das Tawildara-Tal, in dem sich Lehmböden, Schneefelder und Geröll abwechseln, ist noch enger als das Garm-Tal. Die Straße wurde grob in eine Felswand gehauen, die so steil ist, dass die Berggipfel darüber nicht zu sehen sind. Eine falsche Bewegung des Lenkrads, und man stürzt in die Tiefe, in einen tosenden Fluss, der

aus dieser Höhe wie ein brauner Faden aussieht. Selbst im Frühjahr sinken hier die Temperaturen unter den Gefrierpunkt, und die hohen Pässe sind häufig wegen Schneelawinen und Erdrutschen blockiert. An manchen Stellen rücken die Wände so eng zusammen, dass man das Gefühl hat, die Hand ausstrecken und die Berge auf der anderen Seite mit der Hand berühren zu können.

Die Straße durch das Tawildara-Tal ist die Hauptverbindung zwischen Duschanbe und Chorog, der Hauptstadt von Gorno-Badachschan in Osttadschikistan. Einen Großteil des Jahres ist sie wegen der Schneemassen unpassierbar. Für die Region ist es lebenswichtig, dass die Straße befahrbar und unter Kontrolle der Regierung bleibt. Aus diesem Grund ist der Straßenrand auch übersät mit Wracks von zerstörten Panzern, Mannschaftstransportern und Lastwagen der Regierungstruppen. Das Tawildara-Tal war im tadschikischen Bürgerkrieg eine der Hochburgen der PIW und heiß umkämpft, als die Regierungstruppen versuchten, die Rebellen zu vertreiben – das ideale Gelände für einen Guerillakrieg.

Auf der linken Talseite liegt auf halber Höhe eine lange, schmale Schlucht, an deren Ende, in dem Dorf Sangvor, Dschuma Namangani ein befestigtes Lager, ein logistisches Zentrum und eine ständige Garnison aus IMU-Kämpfern eingerichtet hat. Seine Männer sind hier seit Anfang der neunziger Jahre, wehrten zunächst die tadschikische Armee ab und organisierten später Vorstöße gegen die usbekische Armee im Fergana-Tal. Ein halbes Dutzend Männer kann ohne weiteres den Eingang der Schlucht verteidigen, und Versuche, diese gigantische Felsmasse mit überhängenden Vorsprüngen aus der Luft zu bombardieren, sind zum Scheitern verurteilt. Jedes Mal, wenn Namangani aus Afghanistan kommt, hält er in der Dorfschule von Sangvor Hof, und ganz Zentralasien hält gespannt den Atem an. Im Frühjahr des Jahres 2001 reiste ich in die Region, um mehr über ihn in Erfahrung zu bringen. Nur wenige Wochen zuvor hatte sich Namangani hier drei Monate lang mit rund 400 Mann aufgehalten.

»Jeden Tag standen die Menschen Schlange, um ihn zu sehen: Kasachen, Tadschiken, Usbeken, Kirgisen, Araber, Tschetschenen,

Uiguren, Pakistani und Afghanen – sie alle wollten sich ihm anschließen und für den Dschihad in Zentralasien kämpfen«, sagte mir ein Bauer in dem Dorf Tawildara. »Jeden Tag kamen Hunderte von Menschen, die er verpflegen und beherbergen und denen er Geld geben musste«, sagte ein anderer. Während seines Aufenthalts hier hatte Namangani auch seine unzähligen Schläfer herbestellt, die in den Dörfern des Fergana-Tals ein unauffälliges Leben führen, ihrer täglichen Arbeit nachgehen und auf seinen Ruf zu den Waffen warten. Sie kamen her, um die Strategie für die Sommeroffensive der IMU auszuarbeiten.

Das größte Ereignis während seines Aufenthalts war seine zweite Heirat mit einer schönen Tadschikin, einer Witwe aus Gorno-Badachschan mit zwei Söhnen, deren Mann im tadschikischen Bürgerkrieg ermordet worden war. Namangani bewirtete bei seinem Hochzeitsfest Hunderte von Menschen. Laut Auskunft von Einheimischen ist die Braut eine der bekanntesten Schönheiten des Pamir – und Namangani hat ein Auge für schöne Frauen. Durch die Heirat festigte er nicht nur die Beziehungen zu den einheimischen tadschikischen Clans, sondern kam auch einer muslimischen Pflicht nach, die aus der Zeit des Propheten überliefert ist: Die Heirat mit der Witwe eines *shaheed* (Märtyrers im Dschihad) ist doppelt gesegnet. Namaganis erste Frau, eine Usbekin, und ihre gemeinsame Tochter hielten sich noch in Afghanistan auf.

Die Freischärler kauften bei den Dorfbewohnern regelmäßig Lebensmittel ein, und sie zahlten gut. Die einheimische Bevölkerung wurde auch nie von irgendwelchen Kämpfern belästigt. Nach fünf Jahren Bürgerkrieg wünschten sich die Dorfbewohner nichts sehnlicher, als ihre Höfe wiederaufzubauen, die Herden zu vergrößern und ein friedliches Leben zu führen. »Die Einheimischen dulden Namanganis Anwesenheit, weil seine Männer höflich sind und für die Lebensmittel und Waren, die sie kaufen, zahlen«, sagte ein Bauer. Namangani hatte den Einheimischen und der Regierung in Duschanbe versprochen, sich weder in die Politik Tadschikistans einzumischen noch die islamische Bewegung in Tadschikistan wiederzubeleben. Er bat lediglich darum, dass man ihn in seinem

Stützpunkt in den Bergen in Frieden ließ, und um die Erlaubnis, die tadschikisch-kirgisische Grenze ins Fergana-Tal zu überqueren, wo er seinen Krieg gegen Usbekistan fortsetzte. Da die tadschikische Regierung seine Anwesenheit schon so lang duldete, wurde sie von Usbekistan immer stärker unter Druck gesetzt.

Der Feldzug von 1999

Anfang Sommer 1999 beschloss Namangani, erneut zu den Waffen zu greifen. Er verließ seine Farm in Hoit und zog für einige Monate in die Schlucht bei Sangvor, um seine Operationsbasis zu organisieren. Er knüpfte ein Netzwerk von Anhängern, das sich vom Tawildara-Tal aus über die Berge in die Provinz Batken, im Süden Kirgistans, erstreckte und über das er seine Männer im Fergana-Tal mit Waffen und Lebensmitteln versorgen konnte. Damals gab es nur wenige militärische Straßenkontrollen. Er konnte den Nachschub also gefahrlos mit Lastwagen und Taxis das Garm-Tal aufwärts bis nach Dschirgatal transportieren, wo die Waren auf Esel- und Pferdekarawanen geladen wurden. IMU-Kämpfer marschierten dann vier oder fünf Tage lang über die Berge und die Hochebene Südkirgistans nach Batken und in die Enklaven Sukh und Vorukh. Dort wurden die Waren noch einmal umgeladen und in die nahe gelegenen Gebirgsausläufer verteilt, die das Fergana-Tal im Süden begrenzen.

Die Enklave Sukh mit 43 000 Einwohnern und von der Größe des Gaza-Streifens gehört zu Usbekistan und ist ringsum von kirgisischem Staatsgebiet umgeben – ein Ergebnis von Stalins willkürlicher Grenzziehung in den zwanziger Jahren. Das Mutterland Usbekistan ist knapp 20 Kilometer entfernt. Um es zu erreichen, muss man aber kirgisisches Gebiet durchqueren. Die Enklave wird überwiegend von Tadschiken bewohnt, die seit dem Zerfall der Sowjetunion sowohl von Usbekistan als auch von Kirgistan wenig beachtet wurden. Die Tadschiken von Sukh hatten während des Bürgerkriegs mit der PIW sympathisiert, viele von ihnen liefen jetzt zu Namangani über, weil sie sich vernachlässigt fühlten und die Regierung in Taschkent hassten. Sukh ist aber von entscheidender Bedeutung für Usbekistans Sicherheit: Wenn die IMU mit bewaffneten Truppen in die Enklave eindringen sollte, dann könnte sie von sich behaupten, usbekisches Staatsgebiet eingenommen zu haben. Die usbekische Armee könnte darauf nicht reagieren, ohne durch Kirgistan zu marschieren.

Die Enklave war erst kürzlich Anlass für eine heftige politische Auseinandersetzung in Kirgistan, als an die kirgisische Presse die Meldung durchsickerte, dass Ministerpräsident Kurmanbek Bakijew am 26. Februar 2001 mit dem usbekischen Ministerpräsidenten Utkir Sultanow ein geheimes Memorandum unterzeichnet habe. Usbekistan sollte ein schmaler Streifen kirgisischen Territoriums abgetreten werden, um so einen Landkorridor nach Sukh zu schaffen. In der kirgisischen Presse und im Parlament erhob sich ein regelrechter Proteststurm. Verwaltungsbeamte aus Batken sagten voraus, falls die Vereinbarung tatsächlich umgesetzt werden sollte, werde die Provinz Batken zu einer usbekischen Enklave und die Sicherheit Kirgistans gefährden. Die Regierung in Bischkek distanzierte sich anschließend von der Vereinbarung und erklärte, dass es sich lediglich um eine Absichtserklärung und nicht um ein Abkommen gehandelt habe. Der Vorfall führte jedoch vor Augen, welchen Druck Usbekistan ausübte und wie schwach Kirgistan war. Er zeigte auch, dass Usbekistan eines Tages Sukh gewaltsam besetzen könnte.

Die Enklave Vorukh liegt ebenfalls in Kirgistan, gehört aber zum Staatsgebiet Tadschikistans und hat rund 25 000 Einwohner, überwiegend Tadschiken. Vorukh hat eine lange Tradition als Zentrum des radikalen Islamismus: Die Menschen aus Vorukh haben mit den Basmatschi gegen sowjetische Soldaten gekämpft, und Mullahs aus Vorukh sind bekannt dafür, dass sie zum Dschihad aufrufen. Beide Enklaven sind heute Hochburgen der IMU. Und beide haben mittlerweile große Bedeutung erlangt, weil Namanganis Bestreben, ins Fergana-Tal zu gelangen, seit 1999 stark zugenommen hat.[1]

Schon während der Sowjetzeit war es schwierig, den Grenzverlauf am Südrand des Fergana-Tals, wo Tadschikistan, Usbekistan und Kirgistan zusammenstoßen, nachzuvollziehen. Inzwischen ist es noch schwieriger geworden, weil jeder Staat seine eigene Demarkationslinie gezogen hat. Seit dem Auftauchen der IMU und den strengeren Sicherheits- und Grenzkontrollen ist der Handelsverkehr Tadschikistans und Kirgistans mit dem Fergana-Tal und Taschkent, dem größten Markt Zentralasiens, praktisch zum Erliegen gekommen. Durch die neuen Grenzen sind Dörfer, Höfe und Familien geteilt worden. Wenn ein Bauer seine Verwandten im nächsten Dorf jenseits der Grenze besuchen will, braucht er einen Pass, der umgerechnet 100 Dollar kostet, und ein Visum für 10 Dollar – Summen, von denen diese verarmten Bauern nur träumen können. Bewässerungskanäle, die sich in der Sowjetzeit durch die ganze Region zogen, sind jetzt ausgetrocknet, oder das Wasser wird an der Grenze aufgehalten. Landwirtschaft ist dadurch unmöglich geworden.

Usbekistan hat mittlerweile seine Grenzen zu Tadschikistan und Kirgistan vermint und hofft, auf diese Weise die IMU zu stoppen. Jeder Dorfbewohner, der illegal die Grenze überquert, wird verhaftet. Die Grenzkontrollen hatten aber lediglich zur Folge, dass der Schmuggel blühte. Viele Schmuggler unterstützen die IMU logistisch. Statt ihre Sicherheitsvorkehrungen aufeinander abzustimmen und miteinander zu kooperieren, hat jeder Staat versucht, seine eigene Festung zu errichten – allerdings längst keine uneinnehmbare mehr. Durch die Sicherheitsmaßnahmen sind lediglich Armut und Arbeitslosigkeit gestiegen. Wenn die Regierungen jedoch weiterhin die Region vernachlässigen und nicht bereit sind, durch Investitionen in ihre Entwicklung die Bewohner für sich zu gewinnen, so schafft dies ideale Voraussetzungen für die IMU, den Unmut zu schüren.

Im August 1999 ergriff Namangani die Initiative, weil er befürchtete, dass die Regierung in Duschanbe dem usbekischen Druck nachgeben und seine Truppen auflösen werde. Von Tawildara aus entsandte er kleine, gut bewaffnete Gruppen von Freischärlern in die Enklaven auf der kirgisischen Hochebene. Am 9. August entführte eine Einheit aus 21 Mann den Bürgermeister und drei Beamte eines kleinen Dorfes westlich von Osch und forderte eine Million Dollar Lösegeld, Vorräte und einen Hubschrauber, der sie nach Afghanistan bringen sollte. Die Regierung in Bischkek war auf einen solchen Einfall nicht im geringsten vorbereitet und verfügte über zu wenig Truppen, die es mit den Freischärlern hätten aufnehmen können. Voller Panik gab sie rasch nach. Am 13. August wurden die Geiseln freigelassen, nachdem die kirgisische Regierung den Entführern freies Geleit nach Tadschikistan gewährt hatte. Es hielten sich hartnäckig Gerüchte, dass Bischkek zudem 50 000 Dollar Lösegeld gezahlt habe. Der usbekische Präsident Karimow schäumte vor Wut und warf dem kirgisischen Präsidenten vor, mit der IMU gemeinsame Sache zu machen. Usbekische Bomber griffen die Städte Tawildara und Garm an. Wie zu erwarten, lösten die zivilen Opfer in Garm Proteste von tadschikischer Seite aus und verschärften die Spannungen zwischen den beiden Staaten – das war genau der zwischenstaatliche Konflikt, den Namangani hatte schüren wollen.

Weitere Trupps der IMU marschierten in das Gebiet um Batken, drangen in drei Dörfer ein und nahmen einen Generalmajor des kirgisischen Innenministeriums gefangen. Am 23. August entführte eine IMU-Einheit weitere sieben Geiseln, darunter vier japanische Geologen, die für ein Bergbauunternehmen arbeiteten. Dieser Vorfall machte weltweit Schlagzeilen und hatte eine schwere internationale Krise für Bischkek zur Folge, weil Japan ein wichtiger Geldgeber und Investor in Zentralasien war. Der Zeitpunkt der Entführung war noch unangenehmer: Präsident Akajew eröffnete zur gleichen Zeit ein Gipfeltreffen der Shanghai-Gruppe (China, Russland, Tadschikistan, Kirgistan und Kasachstan), bei dem er die, wie er sagte, 400 IMU-Rebellen, die Zentralasien destabilisieren wollten, verurteilte.

Im Gegenzug erklärte die Islamische Bewegung Usbekistans von Afghanistan aus, dass sie einen Dschihad begonnen habe mit dem Ziel, Karimows Regime zu stürzen und das Fergana-Tal einzunehmen (siehe Anhang). Als kirgisische Soldaten in Marsch gesetzt und russische Militärberater entsandt wurden, flohen 3500 kirgisische Hirten und ihre Familien aus den umliegenden Bergen. Sie kamen als Flüchtlinge nach Batken und lösten eine schwere humanitäre Krise aus. »Wir hatten selbst kaum zu essen, und dann kamen diese Flüchtlinge. Wir mussten auch sie verpflegen, weil es Wochen dauerte, bis die Regierung Hilfsmittel für sie organisieren konnte«, sagte mir später Aitbu Nassibalijewa, eine Grundschullehrerin in dem Dorf Karabach in der Nähe von Batken.

Die Region Batken war nicht nur ein Flüchtlings- und Kriegsgebiet, die IMU rekrutierte aus ihr auch neue Kämpfer. Neun junge Kirgisen verließen Karabach in diesem Jahr und traten in die IMU ein, darunter alle vier Söhne einer Witwe. »Sie sagten einfach ihrer Mutter, dass sie dem Weg des Koran folgen müssten, und gingen. Vor Kummer und Tränen ist sie jetzt noch ganz verstört«, so Nassibalijewa. Die Sozialarbeiterin Gulmira Dowutka erzählte, dass im Jahr 2000 ein weiteres Dutzend junger Männer Batken verlassen habe, um sich der IMU anzuschließen. »Es ist überall das Gleiche: In den Dörfern gibt es keine jungen Männer – entweder sie sind nach Russland gezogen, um sich eine Arbeit zu suchen, oder sie schließen sich Namangani an, weil er sie wenigstens bezahlt und die Armut hier so groß ist.«

Batken ist der am schwächsten entwickelte Bezirk Kirgistans. Er gehörte zur Provinz Osch, wurde aber im Oktober 1999, nach dem ersten Einfall der IMU, zu einer eigenen Verwaltungseinheit erklärt. Schullehrer und einheimische Beamte sagten mir, dass die Arbeitslosigkeit bei 60 bis 90 Prozent liege und dass die Gegend die höchste Geburtenrate des Landes habe: 3,4 Prozent. Batkens fruchtbarer Boden ist wegen der übermäßigen Bewässerung in Sowjetzeiten und der Sperrung der Kanäle an der usbekischen Grenze versalzen. Vor sich hin rostende Fabriken sind geschlossen worden, Strom gibt es nur an vier Stunden jeden Tag, und Arbeitsplätze fehlen ganz. Das Milchwerk, die Ölmühle und die Weinkellerei sind seit 1991 geschlossen, und die Regierung macht keine Anstalten, sie wieder in Betrieb zu nehmen.[2] »Die Armut spielt den

Extremisten in die Hände. Nichts schafft so sehr Unzufriedenheit wie Armut, Hunger und wenn Grundbedürfnisse wie eine anständige Unterkunft nicht befriedigt werden können. Das sind natürlich Bedingungen, von denen die Menschen irgendwann genug haben«, so der Kommentar von Ercan Murat, dem Leiter der UN-Mission für Kirgistan.[3]

Bis Ende August hatten die IMU-Einheiten etwa 20 Geiseln in ihrer Gewalt, die sie wie in einem Katz-und-Maus-Spiel mit der kirgisischen Armee eine nach der anderen freiließen. Nur die japanischen Geologen behielten sie in ihrer Gewalt und lösten damit eine politische Krise in Japan aus. Dutzende japanischer Geheimdienstmitarbeiter und Diplomaten reisten an und versuchten, ihre Landsleute zu befreien. Sie begannen Verhandlungen mit benachbarten Staaten und suchten einen Verbindungsmann zur IMU. Am 4. September erklärte sich die IMU bereit, für ein Lösegeld, die Freilassung von 50 000 Häftlingen aus usbekischen Gefängnissen und sicheres Geleit ins Fergana-Tal alle Geiseln freizulassen, Kirgistan wies diese Forderungen zurück. Erneut griffen usbekische Flugzeuge von der IMU besetzte Dörfer um Batken und Osch an, töteten zwölf kirgisische Bauern und zerstörten Dutzende von Häusern. Die kirgisische Armee startete eine Offensive und versuchte, die Guerillatruppen voneinander abzuschneiden und nach Tadschikistan abzudrängen. Unterdessen begannen drei hohe kirgisische Militärs Verhandlungen mit zwei Kommandeuren der IMU in dem Dorf Sary-Tala in der Nähe von Batken. Die Gespräche und schweren Kämpfe dauerten bis zum 25. Oktober an, als die japanischen Geiseln endlich freigelassen wurden. Auch wenn japanische und kirgisische Politiker hartnäckig sämtliche Lösegeldzahlungen dementierten, berichteten westliche Diplomaten, dass Japan heimlich zwei bis sechs Millionen Dollar an kirgisische Regierungsbeamte gezahlt habe, die das Geld an die IMU weiterleiteten.

Die Einheiten der IMU zogen sich nach Tawildara zurück, denn der Winter rückte näher und die Pässe nach Tadschikistan würden dann wegen der Schneemassen unpassierbar sein. Dort wurden sie bereits von Kabinettsmitgliedern der PIW erwartet. Sie waren gekommen, um Namangani zu überreden, nach Afghanistan zu gehen. Am Ende willigte Namangani schließlich ein, das Land zu verlassen.

In der ersten Novemberwoche ereignete sich ein bizarres Schauspiel, das sich in den folgenden Jahren wiederholen sollte: Rund 600 bewaffnete IMU-Kämpfer wurden von russischen Armeehubschraubern zusammen mit ihren Frauen und Kindern aus Hoit und Tawildara an die afghanische Grenze gebracht. In Afghanistan wurden sie von einem jubelnden Juldaschew und den Taliban empfangen. Die Kämpfer wurden in Mazar i-Sharif einquartiert, ihre Familien hingegen in einem ehemaligen UN-Flüchtlingslager außerhalb von Mazar untergebracht, in dem – Ironie der Geschichte – Mitte der neunziger Jahre tadschikische Bürgerkriegsflüchtlinge gelebt hatten. Die Taliban gestatteten der Islamischen Bewegung Usbekistans, ein Trainingslager einzurichten, politische Büros in Kabul, Kandahar und Mazar zu eröffnen und frische Rekruten aufzunehmen, die schon wenig später aus dem Fergana-Tal eintrafen. Juldaschew hatte bereits mit den Taliban vereinbart, dass die IMU freie Hand für ihre militärischen Operationen gegen Usbekistan erhielt. Im Gegenzug kämpfte die IMU an der Seite der Taliban gegen Massud.

Zu keinem Zeitpunkt 1999 hatte die IMU eine ernsthafte militärische Bedrohung für Zentralasien dargestellt, aber die Freischärler hatten Erfolge erzielt, die selbst ihre kühnsten Träume übertrafen. Sie hatten die Regierungen in der Region, in Russland und im Ausland geschockt und bestehende Gräben zwischen Usbekistan, Tadschikistan und Kirgistan vertieft. Daran änderten auch die wiederholten Beteuerungen der Regierungen nichts, enger zusammenzuarbeiten. Sie hatten bewiesen, dass die schlecht ausgebildeten und ausgerüsteten Armeen der Region kein Hindernis für ihre Geiselnahmen und für ihre Taktik der Nadelstiche waren. Das Wichtigste war jedoch, dass sie sich einen Namen gemacht hatten, dass sie mitten in einem gigantischen Medienrummel ihre Ziele verkünden konnten. Der Strom neuer Rekruten war somit gesichert. Zum ersten Mal seit dem Aufstand der Basmatschi drohte Zentralasien ein militärischer Dschihad.

In diesem Winter reisten Namangani und Juldaschew häufig nach Kandahar und trafen sich dort mit Osama Bin Laden und Mullah Omar, um eine Strategie zu entwickeln und über die Lieferung von Waffen, Munition und Geld zu verhandeln – die Voraussetzung für eine Ausweitung der Tätigkeit. Ein großer Teil der Finanzmittel für die IMU stammte aus dem einträglichen Opiumhandel von Afghanistan aus. Nach Angaben der UN-Behörde für Drogenkontrolle und Verbrechensbekämpfung (Office for Drug Control and Crime Prevention, ODCCP) verdoppelte sich die Opiumproduktion in Afghanistan von 1998 bis 1999 beinah: Von 2750 Tonnen stieg sie auf 5000 Tonnen. Im Jahr 2000 ging die Produktion nur wegen einer schweren Dürre auf 3400 Tonnen zurück. Die Taliban finanzierten bereits ihre Kriegsbemühungen mit Hilfe von Abgaben für den Opiumexport.[4] Namangani hatte am Opiumschmuggel durch Taschikistan maßgeblichen Anteil und weitete jetzt seine Geschäftstätigkeit mit Hilfe seines Netzes aus IMU-Kämpfern in Zentralasien und seiner Verbindungen zu Tschetschenen aus.

Ralf Mutschke, stellvertretender Leiter der nachrichtendienstlichen Abteilung von Interpol, berichtete dem US-Kongress im Jahr 2000, dass 60 Prozent der afghanischen Opiumexporte mittlerweile über Zentralasien abgewickelt würden und dass »die IMU für bis zu 70 Prozent des Heroins und Opiums verantwortlich ist, das die Region durchquert«. Bis zum Juli 2000, als die Taliban erstmals den Anbau von Mohn verboten, hatten die IMU und andere Drogenhändler in Mazar und Kunduz einen Opiumvorrat angelegt, den ODCCP-Vertreter auf über 240 Tonnen schätzten. Im Sommer 2001 äußerten tadschikische Regierungsbeamte die Ansicht, dass Namangani und andere Drogenschmuggler in Tadschikistan Laboratorien eingerichtet hätten, in denen Opium zu Heroin verfeinert wurde. Das würde das Eintreffen großer Mengen an Rohopium aus Afghanistan erklären. Die Rekordmenge von 2,4 Tonnen Rohopium, die am 2. Juli 2001 von russischen

Grenzwächtern beschlagnahmt wurde, bestätigt diese Vermutungen. »Vermutlich gibt es hier einige Laboratorien, in denen Heroin hergestellt wird«, erklärte Oberst Kostjutschenko vom Grenzschutz. »Aus diesem Grund versuchen afghanische Schmuggler, rohe Mohnerzeugnisse zu schmuggeln, die auf den ersten Blick wertlos erscheinen.«[5]

Namangani bezog auch noch Gelder aus verschiedenen anderen Quellen. Nach Angaben von westlichen Diplomaten und Vertretern der Geheimdienste kaufte Bin Laden für Namangani zwei russische Transporthubschrauber vom Typ Mi-8, die 40 Mann transportieren können, von den Taliban. Generalleutnant Boris Mylnikow, Chef der Terrorismusbekämpfung der GUS, meldete, dass Bin Laden Namangani Anfang 2000 26 Millionen Dollar zukommen ließ und seine saudisch-usbekischen Hintermänner in Saudi-Arabien weitere 15 Millionen beisteuerten für Hightech-Ausrüstung wie Präzisionsgewehre, Kommunikationsmittel und Nachtsichtbrillen, die er vermutlich über Waffenschmuggler in Pakistan und im Persischen Golf erhielt.[6] Laut CIA versuchte Bin Laden, sich nichtkonventionelle Massenvernichtungsmittel wie biologische Waffen aus den Staaten Zentralasiens zu verschaffen. Der Verdacht wurde geäußert, dass die IMU ihm geholfen habe, Kontakte in den Staaten der ehemaligen Sowjetunion zu knüpfen. Durch die immer engeren Verbindungen zur IMU bot sich dem saudischen Dissidenten ein neues Operationsfeld in Zentralasien – einem Gebiet, in dem er zuvor kaum Kontakte gehabt hatte. In den folgenden Jahren kursierten zahlreiche Gerüchte in der Region, dass Bin Laden versuchen werde, US-Ziele in Zentralasien zu treffen: Botschaften sowie Gebäude von Ölkonzernen, die in Kasachstan und Aserbaidschan tätig sind. Die Vereinigten Staaten hatten zwar einen Botschafter für Tadschikistan berufen, der aber blieb im benachbarten Kasachstan und kam pro Monat nur für ein paar Tage nach Duschanbe, weil Bin Laden und die IMU den USA gedroht hatten.

So knüpfte die Islamische Bewegung Usbekistans ein ausgedehntes und weit verzweigtes Netz zur Beschaffung von Geldern und Waffen. Die Palette der Unterstützer reichte von islamischen Gruppen in Afghanistan und Pakistan bis zu Geldgebern in den Golfstaaten und Saudi-Arabien. Diese Spenden kamen zu Namanganis Einnahmen aus dem Opiumschmuggel und aus Lösegeldern noch hinzu. Wo immer die IMU in Erscheinung trat, ihre Kämpfer litten nie unter Geldmangel. Sie achteten sorgfältig darauf, sämtliche Lieferungen, die sie von einheimischen Dorfbewohnern erhielten, angemessen zu bezahlen. Angeblich zahlte Namangani seinen Freischärlern Monatsgehälter in Höhe von 100 bis 500 Dollar – in bar. Allein dieses Gerücht war die Garantie dafür, dass sich ihm weitere Rekruten anschlossen.

Der Feldzug von 2000

Im Juli 2000 kehrte Namangani mit einer Truppe von mehreren hundert gut bewaffneten Männern aus Afghanistan ins Tawildara-Tal zurück. Sofort begann er, seine Männer, Material und Waffen für eine neue Offensive heimlich nach Usbekistan und Kirgistan zu schaffen. Seine Truppen waren jetzt mit kugelsicheren Westen, Infrarot-Nachtsichtgeräten, Präzisionsgewehren, schweren Maschinengewehren und Raketenwerfern ausgerüstet. Namangani beabsichtigte, seinen Schläfern tief im Inneren Usbekistans Waffen zukommen zu lassen. Um das zu bewerkstelligen, musste er gut bewaffnete Gruppen in die Region entsenden, während er zugleich Scheinangriffe inszenierte und so die zentralasiatischen Armeen von den Schmuggelrouten ablenkte.

Im August startete die IMU eine gut koordinierte Offensive und führte eine Vielzahl von Angriffen aus verschiedenen Richtungen durch, während andere Gruppen Waffen und Munition ins Fergana-Tal schmuggelten. Die größte Einheit stieg erneut bei Batken von den Bergen herab und überraschte die kirgisischen Armeeverbände an mehreren Fronten in der Nähe von Sukh und Vorukh. Eine andere Einheit fuhr nach Pendschikent an der Westgrenze von Tadschikistan und wandte sich dann nach Süden. Sie überquerten die Grenze zu Usbekistan in den kargen, dünn besiedelten Bergen der Provinz Surchandarja im Südosten. Eine dritte Gruppe reiste nach Chudschand in Nordtadschikistan, überquerte unbemerkt die Grenze zu Usbekistan und begab sich in die Berge nördlich von Taschkent. Dann änderte sie die Richtung und griff usbekische Truppen um Dschangiabad und Bostanlyk an, einem großen Urlaubsort, nur 130 Kilometer von Taschkent entfernt. An all diesen Angriffen waren schätzungsweise nicht mehr als 100 oder 200 Männer beteiligt. Namangani demonstrierte sein Talent für Überraschungstaktiken und seine Fähigkeit, die Truppen des Gegners zu spalten, indem er an mehreren Fronten gleichzeitig angriff. Aus den ländlichen Gegenden um Batken, Surchandarja und Bostanlyk flohen Tausende von Menschen in panischer Angst in die Sicherheit der Städte. Am 8. August erklärte Präsident Akajew, dass 1500 IMU-Freischärler die afghanische Grenze überschritten hätten, von denen sich 200 in Kirgistan aufhalten würden.[7]

Namangani hatte seit Monaten heimlich Männer in die Berge der Provinz Surchandarja geschleust, wo sie ein befestigtes Lager mit etwa 170 Guerillakämpfern errichteten. Die usbekische Armee wusste nichts von ihrer Anwesenheit, bis die Kämpfe ausbrachen. Ausländische Diplomaten in Taschkent erzählten mir, wie bei den Kämpfen in Surchandarja usbekische Elitetruppen von einer Hand voll Freischärler entwaffnet und deklassiert wurden. Sie waren von den Russen ausgebildet worden und erst vor kurzem von einer Spezialausbildung in den Vereinigten Staaten zurückgekehrt. »Eine usbekische Spezialeinheit verlor in einem einzigen Hinterhalt, dem sie eigentlich hätte ausweichen müssen, zwölf Männer, zehn wurden verwundet, sie schienen danach vor jedem Mann mit Bart Angst zu haben. Die Kampfmoral war außerordentlich schlecht«, sagte ein Diplomat. »Sieben Rebellen hatten sich eine Woche lang in einem Hohlweg verschanzt, und die Munition ging ihnen allmählich aus, aber sie konnten nicht überwältigt werden, obwohl die Armee Kampfhubschrauber, Flammenwerfer und schwere Artillerie einsetzte«, fügte er hinzu.[8] Über einen Monat lang wurde die Festung mit schwerer Artillerie beschossen und sogar aus der Luft bombardiert, ehe die Armee in der Lage war, sie zu erstürmen. Fast alle IMU-Kämpfer wurden getötet, kein Einziger wurde gefangen genommen, einigen gelang jedoch die Flucht. Während der Operation hatten usbekische Truppen über 2000 Menschen aus drei Dörfern hoch in den Bergen zwangsweise evakuiert. Es handelte sich um tadschikische Hirten, die seit Jahrzehnten weit ab von jeder Stadt oder Regierung in völliger Isolation lebten. Ihr Leid wurde zu einem traurigen Beispiel für das Talent der usbekischen Regierung, sich im Kampf gegen die IMU das eigene Volk zum Feind zu machen. Mehrere Monate zuvor hatten die Hirten als Erste die usbekische Armee darauf aufmerksam gemacht, dass sich in den Bergen IMU-Kämpfer herumtrieben – die Berichte wurden von der Armee ignoriert. Als die Kämpfe ausbrachen, warfen die usbekischen Behörden den Bergbewohnern vor, die IMU mit Lebensmitteln zu versorgen. »Das sind einfache und gastfreundliche Leute. Jeder, der in ihre Gegend kommt, wird hereingebeten, selbst wenn er eine Maschinenpistole mit sich herumträgt. Sie haben außerdem keine Arbeit, wenn sie also die Möglichkeit hatten, etwas zu verkaufen, so schlugen sie diese gewiss nicht aus«, sagte Sumrat Kurbanowa, eine Einwohnerin von Sarjassija in Surchandarja.[9]

Die Armee vernichtete zuerst die Herden der Bergbewohner und steckte die Männer dann zwei Monate lang in ein Militärlager, wo sie kaum etwas zu essen bekamen. Anschließend wurden sie in eine noch verlassenere Gegend umgesiedelt, wo einige von ihnen vor Hunger und Kälte starben. Als sie in ihrer Naivität darum baten, Präsident Karimow zu treffen, um ihm ihr Elend zu schildern, wurden sie geschlagen. Der Hirte Chasratul Kodirow gab im Dezember dem usbekischen Dienst des BBC-Hörfunks ein Interview und schilderte die erbärmlichen Lebensbedingungen. Er wurde später von der usbekischen Armee gefoltert und ermordet. Als die Familie seine Leiche erhielt, berichtete sein Bruder Achmadul Kodirow, dass der Schädel eingeschlagen, die Arme und Beine gebrochen waren. Mit einem Schraubenzieher hatte man dem Körper wenigstens 50 Wunden beigebracht.[10] In der Folge wurden 73 Hirten wegen subversiver Tätigkeit, Terrorismus und Unterstützung der IMU angeklagt. Im Juni 2001 erklärte ein Gericht sie alle für schuldig, Terrorakte begangen zu haben, und verurteilte sie zu langen Gefängnisstrafen. Einen Monat später, am 7. Juli, starb Schowriq Rusimorodow, der Leiter der Human Rights Society of Uzbekistan, in Polizeigewahrsam. Er hatte im Alleingang das Leid der Schafhirten dokumentiert und dagegen protestiert, bevor er am 15. Juni verhaftet worden war. Sein Leichnam wurde seiner Familie übergeben. Sie beschuldigte die Sicherheitskräfte, ihn gefoltert und ermordet zu haben.

Unterdessen hatte die IMU-Offensive nördlich von Taschkent eine noch größere Panik ausgelöst. Rund 4000 Feriengäste und Kinder in Sommerlagern wurden am 24. August aus den Bergen um Bostanlyk und Gasalkent evakuiert, nachdem eine Gruppe von 15 Freischärlern zwei Soldaten getötet und vier andere als Geiseln genommen hatte. Die Kämpfer wehrten wochenlang wiederholte Angriffe der Armee ab, doch am Ende ging ihnen die Munition aus und sie wurden überwältigt. Die Kämpfe waren zum ersten Mal in die Nähe der Hauptstadt gelangt. Die Einwohner von Taschkent hörten, wie die Kampfhubschrauber und Jagdflugzeuge jeden Morgen vom Militärflughafen aus zu Bomben- und Tiefflugangriffen starteten. Die Stadt war die reinste Gerüchteküche.

Anfang August griffen die Freischärler mehrmals kirgisische Posten in Batken an, 24 Soldaten und 25 Freischärler fielen den Angriffen zum Opfer. Laut kirgisischen Militärs richteten die IMU-Kämpfer Nachschublager ein und hatten vor, einen Korridor ins Fergana-Tal zu schaffen. Kirgisische Spezialeinheiten mit martialischen Namen wie »Skorpione« oder »Schneeleoparden«, die zuvor eine Ausbildung in Fort Campbell in Louisiana absolviert hatten, wurden gegen die Freischärler ausgesandt. Im zweiten Jahr in Folge strömten Flüchtlinge aus den Bergen nach Batken und in die umliegenden Dörfer.

Am 11. August tötete ein IMU-Trupp 22 kirgisische Soldaten in einem Hinterhalt bei der Korbacha-Schlucht am Eingang des Toro-Passes, ungefähr sechs Kilometer von der tadschikischen

212

Grenze und knapp 30 Kilometer von Batken entfernt. Das war eines der größten Einzelgefechte des Kriegs. Die Freischärler gehörten einer IMU-Gruppe aus 28 Mann an, die eigens zu dem Zweck die Grenze überquert hatten, um ausländische Touristen und Bergwanderer und -kletterer zu entführen. Nach dem Hinterhalt teilten sie sich in zwei Gruppen und entführten am 12. August unabhängig voneinander zwölf ausländische Bergwanderer und Kletterer und eine Gruppe von vier Amerikanern, darunter eine Frau. Die anderen Bergwanderer und Kletterer entkamen später oder wurden von den Entführern freigelassen, aber die Amerikaner wurden von einem Trupp aus acht Männern unter Führung eines Kommandeurs aus Namangan namens Sabir festgehalten. Der Trupp wollte die Geiseln nach Tadschikistan verschleppen. Unterwegs ermordete Sabir einen kirgisischen Soldaten, den sie ebenfalls entführt hatten.[11]

Die IMU-Kämpfer und ihre Geiseln wurden jedoch rasch von 130 kirgisischen Spezialeinheiten umstellt. Nach einer tagelangen Verfolgung töteten die Kirgisen sechs Freischärler, nahmen zwei weitere gefangen und befreiten die Kletterer. Ein gefangener Freischärler gab an, dass ihm jeden Monat 500 Dollar gezahlt wurden, weil er für die IMU kämpfte; der andere sagte, er sei auf der Flucht vor dem Gesetz, weil ihm eine Vergewaltigung zur Last gelegt werde. Anhänger der IMU geraten nur selten in Gefangenschaft. Verwundete werden in der Regel von ihren Kameraden getötet, damit sie nicht der Armee in die Hände fallen. Als Kommandeur Sabir, der letzte Überlebende der Einheit, einen halben Kilometer vor der tadschikischen Grenze auf einen Vorposten der kirgisischen Armee stieß und erschossen wurde, entdeckten Soldaten bei ihm einen Zettel mit den Worten: »Wenn du diesen Brief liest, dann hast du mich getötet. Begrabe meinen Leichnam bitte nach islamischer Sitte.«[12]

Die amerikanischen Kletterer behaupteten später, sie wären am 18. August ihren Entführern entkommen, weil sie ihren Wächter, einen Tadschiken namens Rawschan Scharipow, über eine Felskante gestoßen hätten. Scharipow wurde jedoch am 27. August unverletzt von der kirgisischen Armee gefasst. Er sagte später dem amerikanischen Reporter John Bouchard, dass er betäubt worden sei (vermutlich war er eingeschlafen), und als er aufwachte, seien die Amerikaner weg gewesen. Die Kletterer verkauften ihre Story an amerikanische Zeitschriften und Buchverlage und sogar nach Hollywood.[13] Dieser eine Vorfall hatte aber noch eine weitere Bedeutung: Er trug dazu bei, dass die US-Regierung kurz danach die IMU zu einer terroristischen Vereinigung erklärte.

Der kirgisischen Armee war es gelungen, eine Videokamera sicherzustellen, mit der die Freischärler ihre Operationen gefilmt hatten (und mit der die kirgisische Armee später die Leichen der getöteten Freischärler filmte). Ich habe mir den Film angesehen. Zu sehen ist eine Gruppe gut bewaffneter junger Männer, einige eindeutig Bauern und Hirten, andere Städter, wie sie marschieren, gemeinsam essen, schlafen und sich zu Gebet und Lesungen aus dem Koran versammeln. Als sie die hohen Pässe überquerten, die Tadschikistan und Kirgistan voneinander trennen, vergrößerte sich die Gruppe auf ungefähr 30 Mann, ehe sie sich zu Entführungen und anderen Operationen in kleinere Einheiten aufteilte. Besonders auffällig sind das jugendliche Alter – einige sind offenbar noch Teenager – und die ethnische Vielfalt: Unter den jungen Männern finden sich Usbeken, Tadschiken, Kirgisen, Tschetschenen und andere Kaukasier.

Ende Oktober zog Namangani seine Einheiten zurück und ging nach Afghanistan, erneut unter den misstrauischen Blicken russischer Grenzwächter. Noch im selben Monat begann in Taschkent ein Prozess gegen zwölf Anführer der IMU und der Oppositionsgruppe Erk, von denen nur drei im Gerichtssaal saßen – hinter einem Eisengitter. Die übrigen, darunter auch Namangani und Juldaschew, wurden in Abwesenheit vor Gericht gestellt. Der usbekische Generalstaatsanwalt legte den Angeklagten eine ganze Reihe von Verbrechen zur Last. »Aus Dokumenten und Beweismaterial, die im Zuge anlassbezogener Razzien und Ermittlungen entdeckt wurden, geht eindeutig hervor, dass von 1991 bis 1999 19 Mordanschläge und 35 Attentate in den Regionen Taschkent, Samarkand und Choresm und im Februar 1999 Bombenanschläge in Taschkent durchgeführt wurden … Bewaffnete Gruppen unter der Führung von Tahir Juldaschew, Dschuma Namangani und Mohammed Solih gingen im November 1999 in Dschangiabad und im August 2000 in den Regionen Surchandarja und Taschkent subversiven Tätigkeiten nach.« Das Gericht beschuldigte die Angeklagten des Mordes an 70 Menschen und der Körperverletzung an 200 Menschen.[14] Namangani und Juldaschew wurden in Abwesenheit zum Tod verurteilt, Mohammed Solih, der Anführer von Erk, der im Exil in Norwegen lebte, erhielt 20 Jahre Haft. Nach diesen Urteilen bestand kein Zweifel, dass es zwischen Karimow und der IMU keinerlei Kompromisse geben würde.

Offiziell wurde die Zahl der Todesopfer bei den IMU-Offensiven von 2000 auf 24 usbekische Soldaten und 30 Freischärler in Usbekistan sowie 30 kirgisische Soldaten und 120 Freischärler in Kirgistan beziffert. Unabhängigen Quellen zufolge lag die Zahl der Gefallenen in beiden Landesarmeen weit höher.[15] Die Einfälle der IMU von 2000 lösten massive Reaktionen der internationalen Gemeinschaft aus: Die Vereinigten Staaten, Russland, China, die Türkei, Frankreich und Israel flogen Nachschub und Ausrüstungsgegenstände zur Terrorbekämpfung nach Kirgistan und Usbekistan. Die russische Regierung sagte Waffenlieferungen in Höhe von 30 Millionen Dollar an Usbekistan zu, unter anderem 50 gepanzerte Mannschaftstransporter, Hubschrauber vom Typ Mi-8 und Kommunikationsausrüstung. Die Chinesen ließen kugelsichere Westen, Nachtsichtbrillen und Präzisionsgewehre im Wert von 365000 Dollar nach Taschkent fliegen und versprachen, Kirgistan bei der Ausrüstung seiner Verteidigungskräfte zu unterstützen. Die Vereinigten Staaten lieferten so genannte »nichttödliche« Waffen zur Terrorbekämpfung in Höhe von drei Millionen Dollar an Kirgistan und Usbekistan.

Westliche Staaten drängten die Länder der Region, ihren Kampf zu koordinieren, und Russland wollte sich an die Spitze dieser Unternehmung setzen.[16] Am 21. August trafen sich die Präsidenten von Kasachstan, Kirgistan, Usbekistan und Tadschikistan mit hohen russischen Vertretern des Verteidigungsministeriums in Bischkek, um ihre Verteidigungskonzepte aufeinander abzustimmen. Die Gespräche trugen jedoch kaum dazu bei, die Spannungen zwischen Karimow und den anderen Staatsoberhäuptern abzubauen. Am 25. August warf Karimow dem tadschikischen Zivilschutzminister Mirso Sijojew, einem ehemaligen Kameraden Namanganis, persönlich vor, die IMU zu unterstützen – diese Behauptung wurde von Sijojew energisch zurückgewiesen.[17] Derartige Anfeindungen erleichterten es den Staaten nicht gerade, ihre militärischen Strategien zu koordinieren. Obwohl Karimow das eigentliche Angriffsziel der IMU war, gab ausgerechnet er allen anderen außer sich selbst die Schuld an der Krise in Zentralasien.

Die Regierung Clinton tat am 15. September Usbekistan einen Gefallen, als Washington die IMU zu einer terroristischen Vereinigung erklärte, weil sie angeblich mit Bin Laden in Kontakt stand und in Drogenschmuggel, Entführungen und den Mord an Zivilisten verwickelt war. Die Regierung unternahm diesen Schritt nicht zuletzt deshalb, damit der Kongress eine verstärkte Zusammenarbeit bei der Aufstands- und Terrorbekämpfung sowie beim Austausch von Informationen zwischen usbekischen Behörden, CIA und FBI bewilligte. Regierungsvertreter in Washington sagten mir, der Schritt sei eine Folge gehäufter Hinweise darauf, dass die IMU praktisch zu einem Bündnispartner bei al-Qaidas weltweitem Dschihad gegen die Vereinigten Staaten geworden sei. Über den Drogenschmuggel, die militärische Ausbildung und die Unterstützung für al-Qaida bei der Ausweitung ihrer Zellen nach Zentralasien hinaus liefere die IMU wichtige Informationen an Bin Laden über die Bewegungen hoher US-Regierungsvertreter und Diplomaten in den Hauptstädten Zentralasiens.

Der Schritt der amerikanischen Regierung schien jedoch sämtliche Hoffnungen auf diplomatische oder geheime US-Vermittlungsbemühungen zwischen Usbekistan und der IMU zu zerschlagen. Außerdem wurde der Anschein erweckt, dass Washington die brutalen Menschenrechtsverletzungen in Usbekistan stillschweigend dulde. Einige US-Diplomaten hatten sich gegen die Maßnahme ausgesprochen und argumentiert, sie sei voreilig gewesen. Bevor die IMU zu einer terroristischen Vereinigung erklärt werde, hätten die Vereinigten Staaten mit Karimow Vereinbarungen in Fragen der Menschenrechte und der Demokratie treffen müssen, wandten sie ein. Gegen diese Argumentation setzten sich jedoch CIA und FBI zur Wehr, die geheimdienstliche Informationen mit der usbekischen Regierung austauschen wollten – das konnten sie legal erst dann tun, wenn die Vereinigten Staaten die IMU zu einer Terrorgruppe erklärten.[18]

Die IMU mit ihren Stützpunkten in Mazar-i-Sharif und Kunduz in Nordafghanistan entwickelte sich rasch zu einer panislamischen Streitmacht. Zu den ursprünglich 600 Kämpfern mit ihren Familien kamen ständig neue hinzu. Mittlerweile verfügte sie über 2000 Kämpfer, zu denen kirgisische, tadschikische und usbekische Jugendliche ebenso zählten wie Tschetschenen aus dem Kaukasus und Uiguren aus der muslimischen Provinz Xinjiang in China. Vereinbarungsgemäß stellte Namangani 600 IMU-Krieger ab, die gemeinsam mit den Taliban im Spätsommer 2000 Massud im Nordosten Afghanistans angriffen. Die Taliban-Verbände umzingelten Massuds Hauptquartier in Taloqan, das am 5. September nach einmonatiger Belagerung fiel. Ein Drittel der schätzungsweise 12 000 bis 15 000 Männer, die für die Taliban kämpften, waren keine Afghanen, sondern, neben IMU-Mitgliedern, 4000 militante Islamisten aus Pakistan, 600 Kämpfer aus Bin Ladens arabischer Brigade 055 (ein Teil der al-Qaida), Tschetschenen und Uiguren. Agenten des pakistanischen Geheimdiensts Interservices Intelligence (ISI) und pakistanische Kommandotrupps aus der Eliteeinheit Special Services Group spielten bei der Koordination des Angriffs eine wichtige Rolle, unterstützten ihn logistisch und waren an der Ausarbeitung der Strategie und Taktik, vor allem beim Einsatz von Panzerfahrzeugen und Artillerie, beteiligt. Von westlichen Staaten abgefangene Funksprüche während der Belagerung ließen darauf schließen, dass die Angreifer in drei Sprachen miteinander kommunizierten: Paschtu (für die Afghanen und

Pakistani), Russisch (für die IMU) und Arabisch (für die arabischen Kämpfer).

Zum pakistanischen Kontingent, das für die Taliban kämpfte, zählten Hunderte von Anhängern extremistischer antischiitischer Gruppierungen wie Sipah-i-Sahaba und Lashkar-i-Jhangvi, die durch Morde an Schiiten in Pakistan von sich reden gemacht hatten. Beiden Gruppen hatten die Taliban Unterschlupf gewährt, gemeinsam mit den Arabern hatten die Pakistani in der Region Hasarajat die grässlichsten Massaker an afghanischen Schiiten begangen. Einige Sipah- und Lashkar-Kämpfer hatten sich bereits 1999 Namangani angeschlossen, weil sie sich einen Namen als Dschihad-Krieger in Zentralasien machen und den Deckmantel des Panislamismus umhängen wollten, statt in die Ecke antischiitischer Extremisten gedrängt zu werden. Als ausländische Diplomaten während der Entführung der japanischen Geologen 1999 versuchten, Kontakt zur IMU aufzunehmen, stellten sie überrascht fest, dass ihr Verbindungsmann ein Pakistani aus Sipah war. Diese Mitglieder von Sipah versorgten die IMU außerdem mit Nachschub, Kommunikationseinrichtungen und anderer Unterstützung aus Pakistan.

Der Fall von Taloqan war ein schwerer Rückschlag für Massud. Einige Wochen lang befürchteten seine Verbündeten Russland und Iran, dass er aus Afghanistan sogar vertrieben und gezwungen worden sei, mit seinen Kriegern nach Tadschikistan zu fliehen. Es gelang Massud immerhin, einen weiteren Vormarsch der Taliban zu verhindern, aber Taloqan war dennoch ein Wendepunkt. Nach der Niederlage verlor die internationale Gemeinschaft vollends ihr Vertrauen zu den Taliban. Die beispiellose Beteiligung islamischer Kämpfer aus so vielen Ländern an der Offensive und der ständige Aufenthalt Osama Bin Ladens in Afghanistan veranlassten Russland und die Vereinigten Staaten, Sanktionen durch den UN-Sicherheitsrat zu fordern, zu denen ein Waffenembargo gegen die Taliban zählte. Die Sanktionen traten im Januar 2001 in Kraft. Unterdessen erhielt Massud weiterhin Waffen von seinen Unterstützern.

Bei der Belagerung Taloqans sammelten die IMU-Kämpfer in einer ganzen Reihe von Angriffstechniken Erfahrungen, etwa beim koordinierten Einsatz von Panzerfahrzeugen, Artillerie und Flugzeugen. Während der Gefechte kamen sie enger mit Dschihad-Kämpfern globaler Netzwerke wie al-Qaida in Kontakt, denen die Taliban Unterschlupf gewährt hatten. Später sollte dieser Kontakt von unschätzbarem Wert sein. Unterdessen hatten die Taliban erkannt, dass die IMU ihnen auch ganz nützlich sein konnte. China wollte über seinen engen Verbündeten Pakistan die Taliban davon abbringen, in dem Lager Rishkor außerhalb von Kabul uigurische Muslime auszubilden, die einen islamischen Aufstand in der Provinz Xinjiang schüren sollten. Kurzerhand verlegten die Taliban die uigurischen Kämpfer nach Norden zur IMU in Mazar-i-Sharif. Bei einem Treffen in Kandahar zwischen dem chinesischen Botschafter in Pakistan und Mullah Omar, konnten die Taliban getrost erklären, dass sich unter ihren Streitkräften keine Uiguren befänden.

Mehrere Monate später forderte Pakistans Militärregierung die Taliban auf, Anführer von Sipah und Lashkar auszuliefern, weil sie wegen mehrfachen Mordverdachts in Pakistan gesucht wurden. Die Taliban schickte auch diese Extremisten nach Norden zur Garnison der IMU. Und als Russland nachdrücklich die Auslieferung von Tschetschenen aus Afghanistan verlangte, wurden tschetschenische Rebellen von der Kabul-Front nach Norden zur IMU verlegt. Unversehens war die IMU zu einer multinationalen, panislamischen Truppe geworden, der Kämpfer aus der ganzen Region angehörten. Zugleich war sie ein willkommenes Abstellgleis für ausländische Krieger, die den Taliban mittlerweile in ihren eigenen Reihen zu unbequem geworden waren. Auch wenn die Islamische Bewegung Usbekistans weiterhin betonte, dass ihr einziges Ziel der Sturz der usbekischen Regierung sei, zweifelte niemand daran, dass sie die Absicht hatte, den Dschihad auf ganz Zentralasien auszuweiten.

Ende November 2000 kehrte Namangani mit einer multinationalen Truppe aus etwa 300 Kämpfern nach Tadschikistan zurück.

Zentralasiatische Politiker wollten zuerst nicht zugeben, dass er wiederum in der Region war, und ließen eine entsprechende Zeitungsmeldung eilig dementieren – dann jedoch hielten sie am 5. Januar 2001 ein Gipfeltreffen in Almaty ab, auf dem sie sich mit seiner Rückkehr befassten. Karimow reagierte wie in den Jahren zuvor. »1999 und 2000 wurden wir zu Zielen der Aggression, aber das dürfen wir nicht wieder zulassen. Sämtliche zentralasiatischen Staaten müssen mehr Maßnahmen ergreifen, um eine Wiederholung des gleichen Szenarios im Jahr 2001 zu verhindern.«[19] In Wirklichkeit hatte Karimow in den Wintermonaten Geheimverhandlungen mit den Taliban geführt, um sie zu einer Auslieferung Namanganis zu bewegen. In einem Versuch, einen Dialog zwischen Usbekistan und den Taliban in Gang zu bringen, befürwortete Pakistan im Oktober 2000 Gespräche in Islamabad zwischen den beiden Botschaftern. Die Usbeken legten eine Liste mit IMU-Kämpfern vor, die von Afghanistan ausgeliefert werden sollten. Nach drei Treffen zwischen den Botschaftern brachen die Taliban die Gespräche ab. Ihr Außenminister Wakil Ahmed Muttawakil sagte mir später, dass die Taliban nie Vertrauen zu den Usbeken oder Karimow gehabt hätten. Ihm widerstrebten die Verhandlungen, und er war nicht bereit, sie fortzuführen. Muttawakil behauptete, dass lediglich rund 350 usbekische Familien Schutz vor Karimows Unterdrückung gesucht hätten und dass es ihre islamische Pflicht gewesen sei, ihren Glaubensbrüdern Zuflucht zu gewähren, in Mazar befänden sich jedoch keine IMU-Kämpfer.[20]

Auf Namanganis Ankunft in Tawildara folgten erneut ein scharfer Wortwechsel zwischen der usbekischen und der tadschikischen Regierung und noch stärkerer usbekischer Druck auf Tadschikistan und Kirgistan, sämtliche islamistischen Bewegungen zu bekämpfen. Während der strengen Wintermonate drosselte Taschkent die Erdgaslieferung an Duschanbe und Bischkek, um die Regierungen zu zwingen, die IMU auszumerzen. Usbekistan forderte von Kirgistan außerdem territoriale Zugeständnisse, um einen Korridor zur Enklave Sukh zu erhalten. Darüber hinaus verminte Usbekistan die Grenzen zu Tadschikistan und Kirgistan noch stärker und errichtete Stacheldrahtzäune. Familien und Dörfer wurden vollends voneinander abgeschnitten, der Handel kam zum Erliegen. Westliche humanitäre Arbeiter in Chudschand sagten mir im März 2001, dass in den vergangenen Monaten 30 unschuldige Menschen bei Minenunfällen ums Leben gekommen seien und Dutzende Verletzungen erlitten hätten. Taschkent schickte sich danach an, tadschikische Flüchtlinge auszuweisen, die sechs Jahre lang in Usbekistan gelebt hatten. Es handelte sich um ethnische Usbeken, die während des Bürgerkriegs aus Tadschikistan geflohen waren. Zehntausende von Flüchtlingen hielten sich im Land auf; viele von ihnen fürchteten, dass die ohnehin schwache Wirtschaft zusammenbrechen werde, wenn sie alle nach Tadschikistan zurückkehrten.

Tadschikistan hegte seit langem enormen Hass gegen Karimow. Vor allem erboste Duschanbe jedoch die Tatsache, dass Usbekistan einigen Dissidenten aus Tadschikistan Zuflucht gewährt hatte, unter anderem Oberst Machmud Chudoiberdijew, dem Anführer eines bewaffneten Einfalls in Nordtadschikistan im November 1998, der von Taschkent unterstützt worden war, und Abdulmalik Abdulladschanow, dem ehemaligen tadschikischen Regierungschef. Dieser hatte sich in seinem Exil in Usbekistan anstelle von Präsident Rachmonow zum Staatschef erklärt. Einige tadschikische Minister aus der PIW argumentierten, solange Usbekistan diesen Gestalten Zuflucht gewähre, so lange habe Tadschikistan auch das Recht, der IMU Zuflucht zu gewähren, weil sie die einzige Verhandlungsmasse für Duschanbe sei. Dennoch reisten infolge massiven Drucks von Seiten Usbekistans und der internationalen Gemeinschaft tadschikische Minister nach Tawildara und versuchten, Namangani zur Rückkehr nach Afghanistan zu bewegen. Namangani weigerte sich, mit irgendjemandem außer mit seinem ehemaligen Kameraden in der PIW, Mirso Sijojew, zu reden. Eine Woche lang hielt sich Sijojew in Tawildara auf, bis endlich eine Einigung gefunden wurde. Namangani willigte ein, das Land zu verlassen – erneut unter Aufsicht russischer Grenzwächter. Im Januar 2001 brachten sieben russische Transporthubschrauber

Namangani und über 300 Mann von Tawildara aus an die afghanische Grenze. Eine kleine IMU-Garnison blieb in dem Lager in Sangvor zurück.

In den Straßen, Ministerien und Botschaften Duschanbes kursierten die verschiedensten Verschwörungstheorien. Die dringlichste Frage lautete: Wer unterstützt Namangani? Viele tadschikische Regierungsvertreter – und sogar arme Bauern – glaubten, dass die Russen ein doppeltes Spiel spielen. Offiziell war Russland zwar ein Gegner der IMU, aber russische Grenzwächter drückten bei den Einfällen aus Afghanistan beide Augen zu, weil Moskau Druck auf Karimow ausüben wollte, russische Soldaten und damit einen stärkeren russischen Einfluss in Usbekistan zu akzeptieren. Die Tatsache, dass die russische Armee seit 1999 bereits drei Mal geholfen hatte, die IMU-Kämpfer nach Afghanistan zu evakuieren, ließ sich nicht leugnen. Dies trug natürlich maßgeblich dazu bei, diese Verschwörungsvariante zu schüren. Moskau machte sich nie die Mühe, irgendwelche Gründe für sein Vorgehen anzugeben oder die Frage zu beantworten, weshalb es Namagani half, nach Afghanistan zu entkommen, statt ihn zu verhaften. Andere tadschikische Regierungsvertreter behaupteten, die IMU werde von Saudi-Arabien und Pakistan unterstützt. Beide Staaten würden islamische Bewegungen in Zentralasien fördern, um sich Einfluss in der Region zu verschaffen und die Taliban zu unterstützen.

Dieselben Regierungsvertreter, und auch einige ausländische Diplomaten, behaupteten, dass Namangani, als er im November in Zentralasien ankam, nicht von Afghanistan aus über Land gereist sei. Stattdessen war er angeblich in Verkleidung und ohne Bart mit pakistanischer Hilfe in einer Chartermaschine von Karatschi nach Bischkek geflogen. Von dort aus sei er nach Osch und weiter nach Tawildara gefahren. Kein einziges dieser Gerüchte konnte bestätigt werden, und russische wie pakistanische Sprecher wiesen die Vorwürfe als reine Spekulation zurück. Tadschikische PIW-Mitglieder neigen dazu, ihnen Glauben zu schenken, weil sie wissen, was es heißt, einen Guerillakrieg zu führen. »Während des Bürgerkriegs nahmen wir Hilfe von jedem an, der sie uns gewährte. Jetzt wird Namangani von jedem Hilfe annehmen, der gegen Usbekistan ist«, sagte PIW-Führer Sharif Himmatsoda.[21]

Allerdings bestand das Problem keineswegs allein darin, dass Namangani problemlos nach Tadschikistan gelangen konnte. Die wirtschaftliche und politische Lage in Usbekistan verschlechterte sich zusehends, weshalb die IMU noch stärkeren Zulauf hatte. Trotz des harten Durchgreifens der usbekischen Polizei demonstrierten am 10. April 2001 gut 300 Frauen auf den Straßen von Andischan im Fergana-Tal. Sie trugen Transparente, auf denen stand: »2001 wird das Jahr der einsamen Witwen und Waisen sein.« Sie forderten die Freilassung aller politischen Gefangenen einschließlich ihrer Söhne und Ehemänner. Während die Polizei eine Gruppe Demonstranten vor dem Ratshaus verhaftete, trafen neue Busladungen mit Demonstranten ein, die an deren Stelle traten – dieser Prozess wiederholte sich noch fünf Mal im Lauf des Tages.[22] Als Zeichen der Enttäuschung der internationalen Gemeinschaft über das usbekische Regime schloss der Internationale Währungsfonds im April seine Dienststelle in Taschkent und erklärte, dass wegen der ausgebliebenen wirtschaftlichen Reformen und des Versäumnisses, einen einheitlichen Wechselkurs einzuführen, sämtliche Hoffnungen auf Usbekistans wirtschaftliche Entwicklung und ausländische Investitionen vereitelt worden seien. »Es herrscht kein Geschäftsklima, das ausländische Investitionen fördert«, sagte der IWF-Vertreter Christoph Rosenberg gegenüber Reportern, bevor er Taschkent verließ.

Die Wirtschaftskrise in Usbekistan spitzte sich deutlich zu. Sprechern der usbekischen Planungsbehörde zufolge waren 60 Prozent der Bevölkerung unter 25 Jahre alt, und die meisten von ihnen hatten keine Arbeit. Die Regierung müsste jedes Jahr 400 000 neue Arbeitsplätze schaffen – eine unlösbare Aufgabe. Die Inflation lag bei 60 Prozent. Das war zwar deutlich weniger als die 465 Prozent der Vorjahre, aber für die meisten Usbeken dennoch eine unzumutbare Belastung. In ländlichen Gegenden wurden Bauern immer noch angehalten, verstärkt Baumwolle anzubauen. Für ihre Ernte erhielten sie aber nicht mehr als einen Hungerlohn. Die

Regierung zahlte den Bauern 170 Dollar für eine Tonne Baumwolle, die sie dann im Ausland für 1300 Dollar verkaufte. Kommunale Behörden griffen wie zu Sowjetzeiten sogar auf Zwangsarbeit zurück und drängten Kinder, die Schule zu verlassen und während der Baumwollernte ohne Lohn auf den Feldern zu arbeiten. Viele Bauern wurden in Naturalien bezahlt, nicht mit Bargeld. Ein Schwund der Kaufkraft war die Folge.

Derartige Maßnahmen hatten wiederum noch geringere Baumwollernten zur Folge, die Überlebensaussichten der Bauern wurden weiter geschmälert. Das Tragische an der Lage war, dass die Regierung offenbar erkannte, dass ihr wirtschaftspolitisches Versagen der IMU neue Rekruten in die Arme trieb, dass sie aber keine Anstalten machte, die nötigen Reformmaßnahmen einzuleiten. »Fairerweise muss man eingestehen, dass Unruhen aufgrund des religiösen Fanatismus nicht allein und ausschließlich auf religiöse Widersprüche zurückzuführen sind, sondern dass sie überwiegend ihren Ursprung in ungelösten sozialen, politischen und wirtschaftlichen Problemen haben«, gab Karimow in einer Regierungsveröffentlichung zu.[23]

Der Feldzug von 2001

Als der Sommer näher rückte, bereiteten sich die Regierungen der ganzen Region auf eine weitere IMU-Offensive vor. Vieles deutete auf eine Intensivierung der multiethnischen Zusammenarbeit innerhalb der Organisation hin. Im Juni kursierten Meldungen, denen zufolge die IMU ihren Namen in Hizb-i-Islami Turkistan (Islamische Partei Turkestans) geändert habe und nunmehr danach trachte, eine islamische Revolution in ganz Zentralasien und in der Provinz Xinjiang auszulösen. Vertreter der IMU dementierten später diese Meldungen. »Wir haben nur einen Feind: das Regime in Taschkent. Wir haben keine Probleme mit benachbarten Ländern, und unser Name hat sich nicht geändert«, versicherte Zubayr Ibn Abdur Raheem, das religiöse Oberhaupt der IMU, den Hörern von Radio Free Europe in einem seiner wenigen Interviews. Raheem räumte jedoch ein: »Unsere Organisation verfolgt nicht allein usbekische Interessen. Wir sind eine islamische Gruppe. Uns gehören viele ethnische Gruppen an, Kirgisen, Kasachen und sogar Uiguren, aber weil wir alle aus Usbekistan stammen, nennen wir uns die IMU.«[24] Unterdessen verlegte Namangani zum zweiten Mal in Folge 600 IMU-Kämpfer in den Nordosten Afghanistans, um die Taliban bei ihrer Sommeroffensive gegen Massud zu unterstützen. Sie begann im Juni und dauerte bis zum Herbst, als Massud von Selbstmordattentätern in die Luft gesprengt wurde. Sie hatten sich als Journalisten ausgegeben und wurden später mit Bin Laden in Verbindung gebracht. Seite an Seite mit der IMU kämpften einmal mehr Bin Ladens Araber und pakistanische militante Islamisten.

Doch die Angriffe der IMU in Zentralasien ließen nicht lang auf sich warten. Die kirgisische Regierung meldete, dass in der Nacht vom 24. auf den 25. Juli zwei Armeeposten an der tadschikisch-kirgisischen Grenze in der Region Batken von »Banditen« angegriffen worden seien. Tadschikistan dementierte eilig – wie zu erwarten war –, dass Freischärler seine Grenze überschritten hätten, und kritisierte russische Meldungen, nach denen die IMU ihre Truppen auf tadschikischer Seite der Grenze zusammenziehe. Am 31. Juli griffen Freischärler einen kirgisischen Fernsehsender in der Region Batken an. Juldaschew bekannte sich zu diesem Anschlag. In einem Gespräch mit Hamid Ismailow vom usbekischen Dienst der BBC, das auf einem Stützpunkt in Nordafghanistan geführt wurde, verkündete Juldaschew, dass die IMU kirgisische Ziele um Batken angegriffen habe und dass zuvor bereits Freischärler gegen usbekische Soldaten in der Region Surchandarja gekämpft hätten. (Die Usbeken hatten erklärt, bei den Scharmützeln habe es sich um militärische Manöver gehandelt.) Juldaschew achtete jedoch darauf, seine afghanischen und tadschikischen Gastgeber nicht in Verlegenheit zu bringen, und versicherte, dass IMU-Kämpfer keine Grenze überschritten hätten, sondern bereits in Kirgistan und Usbekistan stationiert gewesen seien.[25]

225

Diese Kämpfer kamen offenbar tatsächlich nicht aus Tadschikistan. Vielmehr handelte es sich um Schläfer aus kirgisischen Dörfern, die ihre Angriffe durchführten und dann wieder in ihre Rolle im zivilen Leben schlüpften. Das war ein erstes Zeichen dafür, dass Namanganis Waffenschmuggel im Winter 2000/01 in und um das Fergana-Tal erfolgreich gewesen war. Der Rebellenführer schien jetzt über ständige Guerillaeinheiten mit Sitz in Usbekistan und Kirgistan zu verfügen sowie über eine neue, unabhängige Befehlsstruktur, die auch funktionierte, wenn er sich nicht in Tadschikistan aufhielt. Namangani konnte also auf die riskante Reise von Afghanistan nach Tadschikistan verzichten und musste die tadschikische Regierung nicht länger mit seiner Anwesenheit behelligen.

Als Usbekistan am 1. September den zehnten Jahrestag der Unabhängigkeit feierte, waren die wirtschaftlichen und politischen Aussichten für das Land trüb. Angesichts des massiven internationalen Drucks wegen Menschenrechtsverletzungen sah sich Karimow gezwungen, etwa 25 000 der 64 500 Häftlinge in Usbekistans Gefängnissen im Rahmen einer »Jubiläumsamnestie« zu entlassen. Die Regierung verringerte darüber hinaus die Haftstrafen für weitere 25 000 Häftlinge, nur für die 7000 politischen Gefangenen, die wegen der Zugehörigkeit zu einer islamischen Gruppe verurteilt worden waren, galt die Amnestie nicht. Zehn Tage später änderte sich jedoch die Lage Usbekistans gegenüber der internationalen Gemeinschaft schlagartig.

Die Terroranschläge vom 11. September in den Vereinigten Staaten zogen einen tiefgreifenden geostrategischen Wandel in Zentralasien nach sich – in dessen Folge die IMU gezwungen war, (vorläufig) auf ihre Sommeroffensive zu verzichten. Schon wenige Tage nach den Anschlägen machte Washington Taschkent den Hof, weil die Vereinigten Staaten lautstark militärische Stützpunkte und Landerechte in Usbekistan forderten, um einen Angriff gegen das von den Taliban kontrollierte Afghanistan vorzubereiten. Nach diesen Forderungen der USA sahen sich Russland und die Staaten Zentralasiens in einer misslichen Lage. Im vergangenen Jahrzehnt war Zentralasien gewissermaßen Russlands Hinterhof gewesen, und Moskau hatte hartnäckig versucht, größeren amerikanischen Einfluss oder eine militärische Präsenz in der Region zu verhindern. Jetzt fürchtete Moskau, dass auf Washingtons Forderung nach Stützpunkten eine langfristige Militärpräsenz in Zentralasien über die Kämpfe in Afghanistan hinaus folgen könnte.

Zentralasiatische Politiker wiederum befürchteten, dass eine offene Unterstützung der Vereinigten Staaten beim Kampf gegen die Taliban der Propaganda der IMU und der HT in die Hände spiele. Die Gruppen konnten die Regime als Lakaien der Vereinigten Staaten darstellen. Nicht zuletzt zogen derartige Aktionen möglicherweise Vergeltungsschläge der Taliban und der IMU nach sich. Diese könnten ihren Guerillakrieg gegen zentralasiatische Regierungen künftig damit rechtfertigen, dass diese nicht nur ihre nationalen Interessen verkauft, sondern auch gegen die Interessen der ganzen islamischen Welt verstoßen hätten. Hatten sie es doch einer Streitkraft Ungläubiger erlaubt, von ihrem Boden aus einen Krieg gegen afghanische Muslime zu führen.

Die Antwort auf die amerikanischen Forderungen ließ deshalb auch auf sich warten. Russlands Präsident Wladimir Putin und zentralasiatische Staatschefs sprachen zwar rasch ihr Mitgefühl über die hohe Zahl an Todesopfern in New York und Washington aus, aber sie schwiegen vorläufig zu der Forderung nach Stützpunkten. Putin zog sich auf ein Feriendomizil am Schwarzen Meer zurück und telefonierte von dort aus fast täglich mit zentralasiatischen Politikern. Er wollte sie dazu bewegen, den Amerikanern eine gemeinsame politische Entscheidung aller sechs betroffenen Staaten vorzulegen – und auf diese Weise sicherstellen, dass Moskau weiterhin die politische Richtung in Zentralasien vorgab. Am 24. und 25. September aber kündigten Putin und die zentralasiatischen Staatschefs unabhängig voneinander an, dass sie den Vereinigten Staaten begrenzte militärische Einrichtungen zur Verfügung stellen würden.

Usbekistan und Tadschikistan boten eine Zusammenarbeit der Geheimdienste an, die Nutzung ihres Luftraums und des Luftwaffenstützpunkts Chanabad, der aber nicht der Aufstellung von US-Bodentruppen für eine Invasion in Afghanistan dienen durfte. Kirgistan, Kasachstan und Turkmenistan boten ebenfalls die Nutzung ihres Luftraums an sowie Landerechte für in Not geratene US-Flugzeuge und den Austausch von Geheimdienstinformationen. Nach einem Besuch von US-Verteidigungsminister Donald Rumsfeld in Taschkent am 5. Oktober ging Usbekistan sogar einen Schritt weiter und gewährte den Vereinigten Staaten militärische Stützpunkte für amerikanische Truppen. Das Verbot, Kampfeinsätze von usbekischem Boden aus zu führen, wurde aufgehoben. Über 1500 US-Soldaten der 10. Mountain Division trafen mit Kampfhubschraubern auf dem Luftwaffenstützpunkt Chanabad in der Nähe von Termes ein, nicht weit entfernt von der 140 Kilometer langen Grenze Usbekistans zu Afghanistan. Außerdem gestattete Usbekistan Russland, dem Iran und der Türkei, sein Territorium für verstärkte Waffenlieferungen an die Anti-Taliban-Allianz zu nutzen, deren neuer Befehlshaber in Nordafghanistan, General Rashid Dostum, versuchte, die strategisch wichtige Stadt Mazar-i-Sharif einzunehmen.

Im Gegenzug wollte Taschkent Garantien von Washington zur Sicherung des Staatsgebiets und zur Unverletzlichkeit der Grenzen sowie eine stärkere technische Unterstützung seiner Streitkräfte. Die usbekische Regierung erklärte, dass am 7. Oktober ein geheimes Abkommen mit den Vereinigten Staaten unterzeichnet worden sei, das »eine qualitativ neue Beziehung« schaffe, »die auf einer langfristigen Verpflichtung basiert, die Sicherheit und regionale Stabilität zu stärken«. Über die Bestimmungen im Einzelnen ließ sie jedoch nichts verlauten, weil Usbekistan Russland nicht verärgern und der IMU kein weiteres Propagandamaterial liefern wollte. Dennoch war es ein historisches Abkommen, das weitreichende Folgen für die Zukunft haben wird, vor allem was die US- und NATO-Präsenz in der Region betrifft. Zum ersten Mal in der Geschichte sollten westliche Streitkräfte vom Herzen Zentralasiens aus operieren. Ein US-Vertreter in Taschkent bemerkte dazu: »Das ist ein historischer Moment – es ist das erste Mal, dass eine derartige Vereinbarung mit einem Land der ehemaligen Sowjetunion abgeschlossen wurde.« Die Entscheidung der US-Regierung, die IMU im Jahr 2000 zu einer terroristischen Vereinigung zu erklären, und die darauf folgende intensivierte Zusammenarbeit zwischen den Geheimdiensten der Länder machten sich ganz offensichtlich bezahlt für Taschkent. Wie Rustam Dschumajew, der erste Sprecher von Präsident Karimow, feststellte: »Unsere Zusammenarbeit mit den USA begann schon lange vor den Ereignissen vom 11. September.«[26] Wenig später kündigte die Weltbank an, dass sie eine Delegation nach Taschkent entsenden werde, um die eingefrorene Beziehung zur Regierung wiederaufzunehmen und neue Kredite für die wirtschaftliche Stabilität zu gewähren – jetzt, wo Usbekistan sich in vorderster Front am Krieg gegen den Terrorismus beteiligte.

Trotz ihrer Besorgnis wegen möglicher Vergeltungsschläge der IMU begrüßten die Staaten Zentralasiens die Aussicht, dass die Taliban, die der IMU Unterschlupf gewährt hatten, endlich entmachtet würden. Sie rechneten damit, dass die von der IMU ausgehende Bedrohung durch den Angriff einer Vereinten Front unter Führung der USA auf den Norden Afghanistans für immer beseitigt werde. Russland war ebenfalls stark daran interessiert, dass US-Streitkräfte tschetschenische Rebellen aufs Korn nahmen, die an der Seite der Taliban kämpften. Russland hegte lediglich die Sorge, dass die Vereinigten Staaten den russischen Einfluss in Zentralasien schwächen könnten – Usbekistan wiederum hielt eine strategische Allianz mit den Vereinigten Staaten für den Schlüssel zu größerer Unabhängigkeit von Russland. Die Allianz würde Taschkent auch internationale Unterstützung für den eigenen Krieg gegen den Terrorismus der IMU einbringen.

Die IMU reagierte erwartungsgemäß auf diese Schritte und mobilisierte ihre Kämpfer zur Unterstützung der Taliban und zum Widerstand gegen die US-Angriffe. Sie verlegte Kämpfer nach Mazar-i-Sharif, Taloqan und Kunduz in Nordafghanistan. Von Namangani hieß es, er befehlige sämtliche Taliban-Verbände in Taloqan. In einem Rundfunkinterview vom 9. Oktober sagte

Juldaschew, die IMU sei »bereit, Schulter an Schulter mit den Taliban« gegen ihre Feinde zu kämpfen, darunter auch Usbekistan. Er bezeichnete Taschkents Bereitschaft, die von den USA angeführte Koalition zu unterstützen, als »Verrat«, der unweigerlich Vergeltungsschläge durch die IMU nach sich ziehen werde.[27]

In Tadschikistan diskutierte die Koalitionsregierung, in welchem Ausmaß das Land die von den USA geführte Allianz unterstützen solle. »Wenn gegen einfache Afghanen ebenso Schläge geführt werden wie gegen Terroristen, dann erweckt dies eher den Anschein einer amerikanischen Aggression gegen Afghanistan«, sagte Said Abdullah Nuri, der Chef der PIW. »Ich kann nicht ausschließen, dass es unter den muslimischen Gläubigen in Tadschikistan zu Unruhen kommt.«[28] Die Vereinigten Staaten baten jedoch die japanische Regierung, eine stärkere Zusammenarbeit mit Tadschikistan auszuhandeln. Japanische Gesandte in Duschanbe erreichten von der Regierung die Erlaubnis, dass US-Spezialeinheiten tadschikische Luftwaffenstützpunkte nutzen, um der Vereinten Front Kommunikationsmittel und Informationen zu liefern.

Nach Beginn der Bombardierung Afghanistans am 7. Oktober äußerten internationale Menschenrechtsgruppen die Befürchtung, dass die Vereinigten Staaten ihre neuen Bündnisse mit zentralasiatischen Staaten, insbesondere mit Usbekistan, zum Anlass nehmen würden, Forderungen nach mehr Demokratie oder Respektierung der Menschenrechte zurückzustellen. In der Tat hat Usbekistan auch keinen Moment lang gezögert, die staatliche Unterdrückung sämtlicher islamischer Aktivitäten zu forcieren, ob sie nun friedlich oder gewalttätig waren. Das Regime nutzte die Gunst der Stunde und brachte alle derartigen Aktivitäten unmittelbar mit Osama Bin Laden in Verbindung. Die westlichen Bündnispartner konnten deshalb schwerlich gegen die Repressalien Einspruch erheben. Diese Taktik hatte in einem Urteil gegen neun Anhänger der Hizb ut-Tahrir vom Oktober Erfolg. Ihnen wurden kurzerhand Kontakte zu al-Qaida zur Last gelegt. Die kirgisische Regierung folgte dem Beispiel: Mehrere Dutzend islamischer Aktivisten wurden Anfang Oktober verhaftet und angeklagt, der

IMU oder der HT anzugehören – aber auch Kontakte zu al-Qaida zu haben.

Seit die zentralasiatischen Regime ein Militärbündnis mit den Vereinigten Staaten schlossen, intensivierten sie ihre Bemühungen, jede islamische Aktivität auf dem eigenen Territorium zu unterbinden. Die IMU wird aber mit Sicherheit nicht abwarten, bis ihre Streitkräfte durch die Bombardierung Afghanistans ausgelöscht sind. Vieles spricht dafür, dass die IMU in den kommenden Monaten einen weiteren Guerillakrieg in der ländlichen Gegend um das Fergana-Tal starten und möglicherweise auch zivile und staatliche Ziele in den großen Städten Usbekistans angreifen wird. Genau wie Karimow jetzt davon ausgehen kann, dass er die volle internationale Unterstützung für seinen Krieg gegen die IMU genießt, so kann auch Dschuma Namangani sicher sein, dass einheimische Muslime selbst eine Eskalation seines Kriegs zum Sturz Karimows unterstützen werden, weil Usbekistan sich an der US-Invasion in Afghanistan beteiligt.

Kapitel 8
Das neue große Spiel?
Die Vereinigten Staaten, Russland und China

Früher galt Zentralasien, das sich über die eurasische Landmasse erstreckt, als der Mittelpunkt der Welt. Seine kriegerischen Nomadenstämme haben wiederholt Gebiete Russlands, Europas, Indiens, Chinas und der Türkei erobert. Chinesische Kaiser errichteten die Große Mauer, um die marodierenden zentralasiatischen Stämme abzuwehren. Die Frühzeit Russlands ist weitgehend von Kriegen gegen muslimische Tataren geprägt. (Im Jahr 1552 ließ Iwan der Schreckliche nach der Einnahme der tatarischen Hauptstadt Kasan zur Erinnerung an dieses Ereignis in Moskau die Basilius-Kathedrale bauen. Die bunten Zwiebeltürme sollen abgeschlagene Tatarenköpfe mit Turbanen symbolisieren.) Die großen Reiche in Zentralasien – die der Mongolen, Timuriden und Schaibani-Usbeken – beherrschten die Hälfte der bekannten Welt und brachten weitere große Reiche hervor: das Mogulreich in Indien und das Osmanische Reich. Noch im 19. Jahrhundert nannte Sir Halford Mackinder, der Begründer der modernen Geopolitik, Zentralasien das politische Zentrum der Welt, weil es mehr Grenzen umfasste als jede andere Region. Wer immer Zentralasien unter seiner Kontrolle hatte, übte eine gewaltige Macht aus: »Es ist die größte natürliche Festung der Welt, verteidigt von Eiskappen an den Polen, Wüsten, dürren Hochebenen und Gebirgsketten.«[1]
Durch die Entdeckung neuer Seewege nach Afrika, Indien, China und Amerika verlor Zentralasien schnell seine bedeutende Stellung, der Handelsverkehr auf der Seidenstraße kam fast vollkommen zum Erliegen. Die von Land umschlossene Region war jetzt isoliert, eine reizvolle Schachfigur in der Rivalität der Großmäch-

te. Russland und Großbritannien wetteiferten um die Macht und dehnten ihre Reiche im so genannten großen Spiel bis in die asiatische Landmasse hinein aus. Die Herrschaftsbereiche Zentralasiens waren mittlerweile zu schwach, um den Großmächten Widerstand zu leisten. Einer nach dem anderen fielen sie der russischen Expansion zum Opfer und wurden von ihren muslimischen Nachbarn im Süden abgeschnitten. Nach der Russischen Revolution verkam Zentralasien aus geostrategischer Sicht zu einer Provinz: Da sie untrennbar mit der Sowjetunion verbunden war, hatten die Supermächte jedes Interesse an ihr verloren. Selbst die Sowjetunion betrachtete die Region als ein Anhängsel an das russische Reich.

Das änderte sich nach 1991. Russland spielte weiterhin eine dominierende Rolle in Zentralasien, aber andere Großmächte (die USA und China) traten ebenfalls auf den Plan. Die jungen unabhängigen Staaten waren gezwungen, ihre Außenpolitik neu auszurichten. Die Rivalität der Großmächte zeigte sich erstmals beim Wettlauf um die Förderung der Öl- und Gasvorkommen des Kaspischen Meers und Zentralasiens, erstreckte sich aber schon bald auch auf andere Themen von strategischer Bedeutung, etwa die Stabilität in einer riesigen, instabilen Region, die an so viele politisch unruhige Länder grenzt, insbesondere an Afghanistan. Zentralasiens Lage inmitten einer riesigen Landmasse blieb sein Hauptnachteil. Im 19. Jahrhundert waren die Großmächte bestrebt, durch ihre politischen Maßnahmen den Zugang zum Meer und zu Handelswegen zu kontrollieren und die Konkurrenten auszuschalten. Die heutigen Supermächte müssen jedoch feststellen, dass die Lage bei dieser zweiten Runde erheblich verwickelter ist und die Spielregeln sich geändert haben. Die Staatschefs der zentralasiatischen Regime, von denen jeder sein eigenes Spiel mit eigenen Regeln spielt, wollen nicht länger Schachfiguren der Supermächte sein. Die militanten Islamisten wiederum treiben ein ganz anderes Spiel.

Die Vereinigten Staaten: Öl und Waffen
gehen vor Wirtschaft und Menschenrechten

Die amerikanischen Erdölgesellschaften zählten zu den ersten internationalen Organisationen, die die Bedeutung der Region erkannten. Noch ehe die Vereinigten Staaten Botschaften in allen neuen Republiken eingerichtet hatten, waren die großen Konzerne, angespornt von den ersten Erdöl- und Gasfunden Chevrons, zur Stelle, um die Energieressourcen auszuloten. Seit dem Ende des Kalten Krieges waren die Vereinigten Staaten jedoch bemüht, mit der neuen strategischen Landschaft zurechtzukommen, die unzählige, keineswegs klar umrissene neue Herausforderungen barg. Zentralasien aber stand keineswegs oben auf der Tagesordnung. Washingtons erste Aufgabe lautete, eine neue Beziehung zum postkommunistischen Russland zu entwickeln. Solange das nicht abgeschlossen war, mussten die übrigen Staaten der ehemaligen Sowjetunion hintanstehen.

Während der Regierungszeit Präsident Clintons konnten sich die Vereinigten Staaten nicht einmal entscheiden, wie sie kurzfristige Ziele in Zentralasien erreichen sollten. Auch wenn einige Regierungsvertreter versuchten, eine strategische Vision für die Region auszuarbeiten, wurden ihre Ideen nie in die Praxis umgesetzt. Anfangs betrachtete die amerikanische Regierung Zentralasien durch die Brille Moskaus, weil sie sich an den Grundsatz »Russland zuerst« hielt. Mitte der neunziger Jahre schwenkten die Vereinigten Staaten zum anderen Extrem um und waren fasziniert von der Idee, eine Öl- und Gaspipeline von Baku in Aserbaidschan nach Ceyhan in der Türkei zu legen. Die Befürworter nannten sie kurzerhand die neue Seidenstraße und dachten sich einen provokanten Verlauf aus, der sowohl russisches als auch iranisches Territorium aussparte. Damit wurde das erwartete neue große Spiel zwischen den Großmächten im Kaukasus und in Zentralasien um den Verlauf der Pipelines rasch Realität. Nach dem Auftauchen der Islamischen Bewegung Usbekistans im Jahr 1999 passte die Regierung Clinton ihre Zentralasienpolitik der neuen Lage an und konzentrierte sich auf die Terrorbekämpfung. Sie versuchte, die militärische Schlagkraft der Regime zu erhöhen. Doch die Regierung versäumte es, ihre Unterstützung davon abhängig zu machen, dass die Regime ihre trübe Bilanz hinsichtlich wirtschaftlicher und politischer Reformen aufbesserten, von den Menschenrechten ganz zu schweigen.

In einer wichtigen Rede zur Zentralasienpolitik im Juli 1997 versuchte der stellvertretende US-Außenminister Strobe Talbott, den Kurs für die Regierung Clinton vorzugeben. Er betonte, dass die Vereinigten Staaten kein Interesse an einer Wiederholung des großen Spiels hätten. »Unser Ziel ist, einen solchen Atavismus zu verhindern«, erklärte er. Die zentralasiatischen Staaten hätten nunmehr »eine Chance, die Erfahrung, Bauern auf einem Schachbrett zu sein, während die Großmächte auf ihre Kosten um Reichtum und Einfluss wetteifern, für immer hinter sich zu lassen«. Talbott fuhr fort: »Durch die Konsolidierung freier Gesellschaften … vom Schwarzen Meer bis zum Pamir wird entlang der alten Seidenstraße ein wertvoller Handels- und Transportkorridor zwischen Europa und Asien eröffnet. Das unheilvolle Gegenteil trifft jedoch ebenfalls zu. Wenn wirtschaftliche und politische Reformen keinen Erfolg haben, wenn interne und grenzüberschreitende Konflikte brodeln, kann die Region zu einem Brutplatz für Terrorismus werden, zu einem Nährboden für religiösen und politischen Fanatismus und zu einem Schlachtfeld für einen richtigen Krieg. Die USA wären sehr stark davon betroffen, wenn das in einem Gebiet eintreffen sollte, in dem volle 200 Milliarden Barrel Erdöl liegen. Das ist ein weiterer Grund, weshalb die Konfliktlösung für die US-Politik in der Region oberste Priorität haben muss.«[2]

Talbotts Warnungen waren ebenso vorausschauend wie seine Ideen zur künftigen US-Strategie. Das einzige Problem war, dass Washington sich nicht daran hielt. Wenn es den Vereinigten Staaten mit ihrer strategischen Vision wirklich ernst gewesen wäre, dann hätten die Politiker nicht nur von Konfliktlösung reden dürfen. Sie hätten darauf bestehen müssen, dass sie wirklich oberste Priorität erhält. Insbesondere hätten die Vereinigten Staaten die

Versuche der Vereinten Nationen, den Bürgerkrieg in Afghanistan zu beenden, massiv unterstützen müssen. Von ihm drohte Zentralasien die größte äußere Gefahr. Die Vereinigten Staaten hätten mit Entwicklungshilfemitteln die Wirtschaft Tadschikistans stabilisieren und massiven Druck auf Aserbaidschan und Armenien ausüben können, ihren Konflikt zu beenden. Sie hätten die Beziehungen zum Iran verbessern und darüber hinaus Pläne für Pipelines und Militärhilfe ausdrücklich mit Reformen seitens der Staatschefs der zentralasiatischen Republiken verknüpfen können. Washington machte jedoch lediglich deutlich, wer seine Feinde, nicht, wer seine Freunde waren. Zwei wichtige Mächte der Region – Russland und der Iran – wurden zu Rivalen erklärt, aber keine einzige Macht in der Region wurde zum Bündnispartner auserkoren.

Da die Vereinigten Staaten im September 2000 die IMU zu einer terroristischen Vereinigung erklärten, schieden sie nun als Vermittler zwischen der IMU und der usbekischen Regierung aus. Der Mangel an Bündnispartnern in der Region hatte gleichzeitig zur Folge, dass Amerika auch in Afghanistan keinen Einfluss hatte. Zentralasien war jedoch viel zu weit entfernt, der amerikanische Einfluss zu schwach. Washington konnte nicht darauf hoffen, im Alleingang eine grenzübergreifende Politik durchzusetzen. Die Vereinigten Staaten brauchten Partner vor Ort, ohne die selbst begrenzte politische Maßnahmen zum Scheitern verurteilt waren. Angesichts des starken Einflusses der Ölgesellschaften in der neuen Regierung Bush hegten Beobachter Zentralasiens die Hoffnung, dass Washington eine umfassendere strategische Politik entwickeln werde. Im Laufe des ersten Regierungsjahres gab es jedoch wenig Anzeichen dafür, und die Gefahr, die von Afghanistan und der IMU ausging, nahm zu.

Nach den IMU-Offensiven im Frühjahr 2000 empfingen die zentralasiatischen Staaten eine Vielzahl amerikanischer Spitzenpolitiker, darunter Außenministerin Madeleine Albright, CIA-Chef George Tenet und FBI-Direktor Louis Freeh. Im Juni veranstalteten die Vereinigten Staaten in Washington eine Konferenz zur Terrorbekämpfung, an der hohe Regierungsvertreter der zentralasiatischen Staaten teilnahmen. Die Politiker wurden als angesehene Gäste behandelt und kamen sogar in den Genuss von Besuchen im CIA- und FBI-Hauptquartier. Die CIA hatte bereits im Februar ein beängstigendes Urteil über die IMU gefällt: »Mit wachsender Besorgnis beobachten wir die Tätigkeit der IMU, einer extremistischen Rebellen- und Terroristengruppe, deren alljährliche Einfälle in Usbekistan von Jahr zu Jahr blutiger und schwerer geworden sind. In Zentralasien bieten Korruption, Armut und andere soziale Missstände den Nährboden für islamische Extremisten, terroristische Netzwerke und Drogen- und Waffenschmuggel, deren Einfluss bis nach Russland, Europa und darüber hinaus reicht«, sagte Tenet vor dem Senat.[3] Obwohl er das Problem klar beim Namen genannt hatte, galten die von der Regierung Clinton ergriffenen Maßnahmen nur der Terrorbekämpfung und ließen die »sozialen Missstände« außer Acht, unter denen die Region litt.

Während Albrights Besuch in Zentralasien kündigte Washington die Gründung einer Initiative zur Sicherung der zentralasiatischen Grenzen an: Kirgistan, Usbekistan und Kasachstan sollten je drei Millionen Dollar zur Verfügung gestellt werden, um ihr Potenzial zur Aufstandsbekämpfung zu erweitern. Im Jahr 2001 wurde diese US-Hilfe in Form »nichttödlicher« Ausrüstung auf Tadschikistan und Turkmenistan ausgeweitet. Zentralasiatische Soldaten wurden mit neuen US-Uniformen, Helmen, Nachtsichtbrillen und -geräten und Kommunikationsmitteln ausgebildet. Das US-Militär setzte im Rahmen des NATO-Programms «Partnerschaft für den Frieden«, dem zahlreiche GUS-Staaten angehörten, zusätzliche gemeinsame Manöverübungen mit Kasachstan, Kirgistan und Usbekistan an. Albright nannte zwar auch die politischen und sozialen Maßnahmen, die zentralasiatische Politiker ergreifen müssten, um eine Ausweitung des Aufruhrs zu verhindern, aber die US-Hilfe war nicht an die Umsetzung dieser Reformen geknüpft. Vielmehr beschränkte sie sich ausschließlich auf die Terrorbekämpfung. Einige Mitglieder des Kongresses erkannten, dass die Krise in Zentralasien eher von den Regimes verschärft wurde als von der IMU. Dan Burton beispielsweise bemerkte: »Kasachstan ist die Perle der

Region und deshalb vermutlich ebenfalls ein Ziel extremistischer islamischer Gruppierungen ... aber das Regime Nasarbajews wird wahrscheinlich selbst die Ausweitung des islamischen Radikalismus schüren.«[4] Solche Kommentare hatten jedoch kaum Einfluss auf die amerikanische Außenpolitik. Die zentralasiatischen Staatschefs ließen sich gern von den Amerikanern belehren, solange die US-Hilfe nicht von tatsächlichen Reformen abhängig gemacht wurde.

Im Jahr 2001 stattete General Tommy Franks, der Chef von US Central Command (Centcom), Zentralasien einen Besuch ab. Er betonte einmal mehr die Gefahr, die vom Terrorismus für die Region ausging. »Ich halte es durchaus für möglich, dass eine sehr kleine Zahl fanatischer Terroristen eine Instabilität erreichen und den Menschen in der Region ein Gefühl der Unsicherheit vermitteln kann. Die Staaten in Zentralasien nehmen diese Gefahr sehr ernst und haben in den vergangenen Jahren Maßnahmen ergriffen, damit sie in der Lage sind, mit dieser Bedrohung fertig zu werden«, sagte Franks im Mai bei einer Lagebesprechung in Taschkent.[5] Franks versicherte, dass die Beziehung zwischen amerikanischen und usbekischen Militärs ausgezeichnet sei, und versprach, dass Centcom weiterhin usbekische Unteroffiziere ausbilden und die US-Spezialeinheiten gemeinsame Manöver mit usbekischen Einheiten durchführen würden – die Operationen boten einen willkommenen Deckmantel für die ständige Stationierung amerikanischer Militärs in Taschkent, um die usbekische Armee auszubilden.

In den ersten Monaten der Regierung Bush zeichnete sich eine positive Entwicklung ab. US-Militärs bildeten gemeinsam mit russischen Militärberatern die usbekische Armee aus, die amerikanische Wirtschafts- und Militärhilfe wurde erstmals auf Tadschikistan – einen russischen Satellitenstaat – ausgeweitet. Folglich betrachteten die Vereinigten Staaten und Russland sich offenbar nicht mehr als strategische Gegner im Kampf gegen die IMU und die Taliban, sondern waren zumindest vorläufig zu strategischen Partnern geworden. Zum Teil war dies ein Ergebnis einer gemeinsamen Arbeitsgruppe zur Terrorbekämpfung, die Russland und die Vereinigten Staaten im Jahr 2000 gegründet hatten, um die Politik gegenüber sämtlichen Spielarten des Terrorismus von den Taliban über die Tschetschenen bis hin zur IMU zu überwachen. Franks bestätigte, dass amerikanische und russische Interessen sich nicht mehr widerspräche, sie würden sich nunmehr in der Region »überschneiden« – ein Eingeständnis, das nur wenige Monate zuvor undenkbar gewesen wäre. Nachdem Russland über ein Jahrzehnt lang versucht hatte, Zentralasien Washingtons Einfluss zu entziehen, hatte es endlich erkannt, dass es amerikanische Unterstützung brauchte, um seine eigene Präsenz in Zentralasien zu sichern und den bedrohten Regimes Militärhilfe zukommen zu lassen. Die Präsidenten Putin und Bush vertraten zwar völlig entgegengesetzte Auffassungen bei der Nichtweiterverbreitung von Atomwaffen und bei der Raketenabwehr, aber am Ende einigten sie sich darauf, dass der Terrorismus und die IMU bekämpft werden müssen.

Russland: Ideologische Grenzen ziehen

Seit dem Zerfall der Sowjetunion versuchte Russland, das Trauma zu überwinden, dass es ein Reich verloren hatte und nunmehr mit den Staaten der ehemaligen Sowjetunion zusammenleben musste. Für die 25 Millionen ethnischen Russen, die mit einem Mal im Ausland lebten, wurde das Leben unberechenbar und gefährlich, insbesondere in Zentralasien. Alle Russen, die nicht zurück in ihr Land gingen, sahen voller Wehmut nach Moskau und hofften, dass Russland seine frühere Führungsrolle in der Region wiedererlangen und ihnen Sicherheit bieten werde. Anfang der neunziger Jahre schwankte die russische Politik jedoch zwischen den Liberalen um Präsident Boris Jelzin und extremen Nationalisten und ehemaligen Kommunisten. Die Liberalen wünschten sich engere Beziehungen zum Westen – und verbanden damit Russlands Zukunft mit Europa, auf Kosten Zentralasiens, das in ihren Augen nur die russischen Ressourcen belastete –, die Nationalisten und Exkommunisten hingegen konnten sich ein Leben ohne das alte Imperium nicht vorstellen. Sie nannten die ehemaligen Sowjetrepubliken jetzt »das nahe Ausland« und unterschieden sie auf diese Weise vom Rest der Welt.

Russlands Dilemma und die Diskussionen um den außenpolitischen Kurs wiederholten sich in Zentralasien. Hier wollten die Politiker einerseits unabhängig von Russland erscheinen, um die nationalistische öffentliche Meinung zu besänftigen, während sie nach außenpolitischen Alternativen Ausschau hielten. Andererseits wollten sie sich aber russische Militär- und Wirtschaftshilfe sichern. Kein einziges zentralasiatisches Regime wünschte sich eine enge Umarmung durch Russland, aber zugleich konnte kein einziges ohne russische Hilfe überleben. Anfang der neunziger Jahre wechselten sowohl Russland als auch die zentralasiatischen Staaten stets von einem Extrem ins andere, vom Schmusekurs zur Konfrontation und umgekehrt.

Als Einschnitt bei der Definition der russischen Interessen kann der erste Tschetschenienkrieg (1994–1996) gelten, bei dem über 4000 russische Soldaten ums Leben kamen. Es sollte verhindert werden, dass sich die tschetschenische Republik von der Russischen Föderation lossagte. Russland gab nun deutlich zu verstehen, dass die Verteidigung seiner territorialen Grenzen durchaus beim Ural enden könnte, dass die Verteidigung der ideologischen Grenzen jedoch – insbesondere die Bekämpfung der so genannten islamischen Gefahr – bis nach Afghanistan reichen würde. Während des Krieges gegen die Tschetschenen startete Russland fast schon einen Kreuzzug gegen den Islam, den es als das Böse schlechthin darstellte. Unterdessen schockierten die Verwüstung der Hauptstadt Grosny und der Mord an Zehntausenden tschetschenischer Zivilisten durch die russische Armee sowohl das Volk als auch die Staatschefs Zentralasiens, allerdings aus unterschiedlichen Gründen. Während die Bevölkerung Sympathie für ihre muslimischen Nachbarn empfand und den Mut der tschetschenischen Rebellen bewunderte, wurde den Staatschefs klar, wie groß Russlands Militärmacht war. Sie erkannten, dass sie keinesfalls ohne russische Hilfe auskommen würden, falls ihren Regimes von einheimischen islamischen Kräften jemals eine ähnliche Gefahr drohen sollte.

Der erste tschetschenische Krieg demonstrierte auch Moskaus unverhohlene Absicht, sich in innenpolitische Belange aller Staaten Zentralasiens und der Kaukasusregion einzumischen. Die Palette seiner Methoden reichte von direkter militärischer Unterstützung wie im Fall prorussischer Rebellen in Georgien, über die Manipulation örtlicher Verwaltungen, indem sie wie in Tadschikistan mit freundlich gesinnten Beamten besetzt werden, bis hin zu verdeckten Operationen wie in Aserbaidschan und Usbekistan. Russland hielt hartnäckig daran fest, dass diese instabilen Regime auf Moskaus Hilfe und Einmischung angewiesen waren, wenn sie überleben wollten.[6] Auch andere Faktoren trugen dazu bei, dass Russland sich in Zentralasien und im Kaukasus so kriegerisch gab und dass die Rivalität zu den Vereinigten Staaten zunahm: die Diskussionen um die Öl- und Gaspipeline-Routen Mitte der neunziger Jahre, der Kampf um Einfluss in den wichtigsten Ölförderländern Aserbaidschan und Kasachstan, die Verurteilung russischer Menschenrechtsverstöße in Tschetschenien durch den Westen, der Verkauf von Raketen und nuklearem Material an den Iran und Nordkorea (welche die Vereinigten Staaten für »Schurkenstaaten« hielten) und der Vormarsch der Taliban in Afghanistan, den die Vereinigten Staaten bis 1996 unterstützten.

Nach Präsident Jelzins Entscheidung, den ehemaligen KGB-Offizier und überzeugten Nationalisten Wladimir Putin zu seinem Nachfolger auszuerwählen, mussten die russischen Liberalen den letzten Rest an Hoffnung auf eine neutralere Außenpolitik begraben. Putin war mit Sicherheit fest entschlossen, dafür zu sorgen, dass Zentralasien und der Kaukasus in der Moskauer Einflusssphäre blieben. Falls die Vereinigten Staaten jedoch bereit waren, beim Kampf gegen den Terrorismus und den islamischen Extremismus mitzuwirken, dann war sogar eine Zusammenarbeit mit Washington denkbar.

Der zweite tschetschenische Krieg, der im Jahr 1999 begonnen und bis zum Herbst 2001 das Leben von mehr als 3000 russischen Soldaten gefordert hatte, verstärkte Russlands anmaßendes Auftreten in Zentralasien nur noch. Der Feldzug gegen den Islam hat jetzt noch bizarrere Züge angenommen; inzwischen macht Moskau sich nicht einmal mehr die Mühe, zwischen so genannten guten und schlechten Muslimen zu unterscheiden. Von Anfang an brachte Moskau die tschetschenischen Widerstandskämpfer und die IMU, obwohl sie voneinander unabhängige Kampfgruppen sind, mit dem weltweiten Terrorismus, Osama Bin Laden, den Taliban und allen islamischen Gruppierungen von Algerien bis nach Indonesien in Verbindung. Die Vereinigten Staaten legten andererseits Wert darauf, sich diesem Feldzug gegen den Islam nicht anzuschließen. Sie unterschieden weiterhin zwischen islamischen Terrorgruppen und dem Rest der islamischen Welt. Als im Jahr 2000 im Nahen Osten eine neue Welle der Gewalt zwischen Palästinensern und Israelis ausbrach, machte Washington anders als die Russen nicht die ganze muslimische Welt für die Aktionen muslimischer Terroristen verantwortlich.

Seit dem Zerfall der Sowjetunion war Russland die wichtigste äußere Macht in Zentralasien und dürfte diese Rolle auch in absehbarer Zukunft behalten. Aber die russische Politik wird durch tiefes beiderseitiges Misstrauen beeinträchtigt. Russlands zielstrebige, klar umrissene Strategie – nämlich die zentralasiatischen Staaten in seine eigene Einflusssphäre zu ziehen und jeden islamischen Radikalismus auszumerzen – ist auf zahlreiche Schwierigkeiten gestoßen, vor allem in Usbekistan.

Dieser größte Staat Zentralasiens widersetzt sich seit Mitte der neunziger Jahre erfolgreich allen russischen Versuchen, ihn zu einem Vasallenstaat zu machen. Präsident Karimow ist es bei all seiner sprunghaften Außenpolitik gelungen, Usbekistans Autonomie zu bewahren. Er arbeitete darauf hin, Russland als Bündnispartner zu behalten, und vermied zugleich eine allzu enge Umarmung. Karimows Verhandlungen mit Russland waren von extremen Kurswechseln in der Politik begleitet, die immer unvorhersehbarer und unbegründeter wurden. Seine politischen Maßnahmen, die sich eher nach Karimows persönlichen Neigungen als nach Konsultationen mit der usbekischen Elite richteten, haben den langfristigen Interessen Usbekistans außerordentlich geschadet.

Im Februar 1999 verabschiedete sich Karimow aus einem kollektiven Sicherheitspakt der GUS-Staaten unter Moskauer Führung und bildete gemeinsam mit Georgien, der Ukraine, Aserbaidschan und Moldawien die prowestliche Staatengruppe GUUAM, die sich verpflichtete, ihre gemeinsamen Sicherheitsinteressen ohne russischen Einfluss zu verfolgen. Aber schon im Dezember war Karimow wieder zurück, unterzeichnete ein neues Sicherheitsabkommen mit Moskau, weigerte sich aber, GUUAM zu verlassen. Derartige Kehrtwendungen setzten sich auch im nächsten Jahr fort. »Usbekistan sucht nach Schutz. Es kann sich nicht selbst schützen, weil die Kräfte, die es bedrohen, über riesige Ressourcen verfügen. Usbekistan findet diesen Schutz in Gestalt von Russland«, erklärte Karimow plötzlich im Mai 2000 und überraschte damit sein eigenes Volk und seine Nachbarn völlig. Im Monat darauf unterzeichnete Usbekistan eine umfassende Vereinbarung zur militärischen Zusammenarbeit mit Moskau, die Usbekistans Luftraum praktisch der russischen Luftwaffe übertrug. Nur wenige Monate später aber, im September, erklärte Karimow: »Usbekistan ist imstande, sich selbst zu schützen. Wir haben niemals Streitkräfte von außerhalb Usbekistans eingeladen und haben das auch in Zukunft nicht vor, gleich, aus welchem Land sie kommen« – eindeutig ein Affront gegen Russland.[7]

Im Mai 2001 brüskierte Karimow die Russen bei einem Besuch in Moskau noch stärker. Er lehnte den kollektiven Sicherheitsvertrag der GUS unter Führung Moskaus ab und entschied sich für das NATO-Programm Partnerschaft für den Frieden. Ferner wollte er einer neuen Zollunion der GUS nicht beitreten, verurteilte seine Nachbarn, weil sie russische Soldaten auf ihrem Boden duldeten, und kritisierte Moskaus Erklärung, einen neuen Militärstützpunkt in Tadschikistan zu errichten. Noch im selben Monat einigte sich Russland jedoch bei einem GUS-Gipfel in Armenien mit Kasachstan, Kirgistan und Tadschikistan, eine schnelle Eingreiftruppe für

Zentralasien aufzustellen, die in Bischkek stationiert sein und sich gegen terroristische Organisationen wie die IMU richten sollte. Karimow wollte nichts mit dieser Streitmacht zu tun haben, obwohl die IMU vor allem sein Problem war.

Diese unberechenbaren Kurswechsel fanden auch in anderen Bereichen der usbekischen Politik statt und hatten weitere Spannungen mit Russland zur Folge. Nachdem die Regierung in Taschkent die Taliban mit Beschimpfungen überhäuft hatte, nahm sie im Oktober 2000 plötzlich direkte Gespräche mit ihnen auf, um sie zur Ausweisung der IMU zu bewegen. Um sich bei den Taliban einzuschmeicheln, warf Karimow Moskau sogar vor, die von Afghanistan ausgehende Gefahr zu übertreiben. »Diejenigen, die die Bedrohung seitens der Taliban für Zentralasien übertreiben, möchten Investoren den Weg in unsere Region versperren und sie abschrecken, damit kein Kapital nach Zentralasien fließt«, erklärte er.[8] Im Frühjahr 2001 scheiterten die Gespräche – wie die meisten Experten vorhergesagt hatten —, und Karimow schickte sich wieder an, die Taliban als Hort des Terrorismus und der Instabilität in Zentralasien zu verurteilen. Ein weiterer Affront gegenüber den Taliban war sein Treffen mit Dr. Abdullah Abdullah, dem Außenminister der Anti-Taliban-Allianz – seit Jahren das erste Treffen zwischen einem hohen Regierungsvertreter Usbekistans und einem Anführer der Taliban-Gegner.

Karimows Politik hatte auch Folgen für Russlands Beziehungen zu anderen zentralasiatischen Staaten. In einem Moment, in dem Kirgistan gute Nachbarn und Unterstützung brauchte, um IMU-Überfälle abzuwehren, tat Karimow alles, potenzielle Partner zu verärgern. Usbekistan hegt schon seit langem den Wunsch, aus Kirgistan einen Vasallenstaat zu machen, und Karimow zieht bei jeder sich bietenden Gelegenheit über Präsident Akajew her. Im Februar 1999 erklärte er im usbekischen Rundfunk, die Lage in Kirgistan sei deshalb so chaotisch, weil sein Staatschef zu nichts anderem fähig sei, als zu lächeln (ein Wort, das in der kirgisischen Presse mit *irsay* übersetzt wurde, »dumm grinsen«). »Kirgistan ist ein armes Land, und es ist nicht meine Aufgabe, mich um die

Bevölkerung zu kümmern«, verkündete Karimow.[9] Der Hauptgrund für die Feindschaft zu dem Nachbarland war Karimows Überzeugung, dass die Bombenleger von Taschkent auf kirgisischem Territorium Zuflucht gesucht hätten. Bei ihrer Verfolgung überquerten usbekische Sicherheitsbeamte ohne Erlaubnis die kirgisische Grenze, um in Osch ethnische Usbeken mit kirgisischer Staatsbürgerschaft zu verhaften.

Usbekistan hat darüber hinaus Bischkek immer wieder den Gashahn zugedreht, entlang der usbekisch-kirgisischen Grenze Minen und Stacheldraht gelegt und kein usbekisches Wasser in den kirgisischen Teil des Fergana-Tals gelassen. Die kirgisische Presse und das Parlament haben wiederholt Karimow angegriffen und Präsident Akajew vorgeworfen, ihm viel zu oft nachzugeben, aber Akajew sind die Hände gebunden. Kirgistan ist ganz auf Energielieferungen von außen angewiesen, und Usbekistan exportiert rund 15 Prozent seiner Jahresproduktion von 53,8 Milliarden m^3 Erdgas nach Kirgistan, Kasachstan und Tadschikistan.[10] Kirgistan war Usbekistan praktisch wehrlos ausgeliefert und bat Russland um diplomatischen Beistand.

Dieser Beistand blieb jedoch aus. Die russische Regierung war ohnehin nicht gut auf Akajew zu sprechen, weil er sich so stark nach Westen orientierte, und wollte nicht wegen des winzigen Kirgistans den großen Nachbarn Usbekistan verärgern. Als Folge dieses Drucks sowie der IMU-Überfälle wurde Akajews Regierungsstil zunehmend autoritärer, einerseits um seine Nachbarn zufrieden zu stellen, andererseits um die politische Opposition im Land zu zähmen. Inzwischen gibt er seine geringfügigen Devisenreserven für die Ausrüstung der kirgisischen Armee aus, statt ausländische Schulden zu tilgen und wirtschaftliche Entwicklungsprogramme zu fördern. Kirgistan wird auch weiterhin die Hauptlast der IMU-Offensiven tragen, aber diesen Umstand berücksichtigen weder seine Nachbarländer noch Russland.

Turkmenistan lehnte es ebenfalls ab, sich an die Seite Russlands oder der Vereinigten Staaten zu stellen. Die Regierung erklärte, eine neutrale Außenpolitik zu verfolgen, und unterstützte beide

Seiten im afghanischen Bürgerkrieg. Einerseits lieferte sie Treibstoff an die Taliban und ließ sich nicht in Russlands zentralasiatische Anti-Taliban-Allianz einbinden. Aus diesem Grund hat die IMU, die von den Taliban gebremst wurde, Turkmenistan (bislang) verschont. Andererseits unterhielt die turkmenische Regierung jedoch Beziehungen zur Anti-Taliban-Allianz und nahm an UN-Friedensgesprächen zum Thema Afghanistan teil. Sie hoffte, dass man nach einer afghanischen Friedenslösung mit dem Bau von Gaspipelines von Turkmenistan nach Pakistan beginnen würde. Doch die Hoffnungen auf ein solches Projekt zerschlugen sich schon bald, weil der Bürgerkrieg kein Ende nahm. Den Taliban gelang es nicht, die Kontrolle über das ganze Land zu übernehmen oder internationale Anerkennung zu erlangen, weil sie weiterhin Bin Laden Unterschlupf gewährten.[11]

Turkmenistan ist der einzige Staat Zentralasiens, der ausgezeichnete Beziehungen zu Pakistan hat, das seinerseits mehrmals den Taliban über turkmenisches Staatsgebiet militärische Nachschublieferungen zukommen ließ. Zugleich hat die turkmenische Regierung sorgfältig darauf geachtet, Russland nicht vor den Kopf zu stoßen. Sie duldet russische Soldaten auf turkmenischem Boden, um die Grenze zum Iran zu bewachen, liefert Erdgas über russische Pipelines nach Europa und erhält dafür einen niedrigen, von Russland diktierten Preis. Außerdem verhindert sie einen großen Auszug ethnischer Russen aus dem Land, indem sie ihnen die doppelte, die russische und turkmenische, Staatsbürgerschaft anbietet. Als Folge der kurzsichtigen und sprunghaften politischen Entscheidungen Präsident Saparmurad Nijasows bleibt Turkmenistan jedoch ein stark isoliertes Land. In einer Region autoritärer Gesellschaftssysteme steht Nijasow an der Spitze des diktatorischsten Regimes in Zentralasien, und sein Personenkult stellt selbst den Stalins in den Schatten. Wegen der ausgebliebenen wirtschaftlichen und politischen Reformen im vergangenen Jahrzehnt sind die ausländischen Investitionen inzwischen fast versiegt, selbst die Investitionen in die gewinnträchtigen Erdgasvorkommen des Landes.

Es ist schwer zu sagen, wie lange Nijasow sein Land gegen den radikalen Islamismus in den Nachbarstaaten abschotten kann oder wie lange die IMU und die HT auf Distanz bleiben werden, bevor sie versuchen, die unterdrückte und verarmte Bevölkerung Turkmenistans für ihre islamische Sache zu gewinnen. Sowohl die Taliban wie auch die IMU haben sich bereits mit Hilfe korrupter turkmenischer Beamter Transitwege durch das Land geschaffen, über die afghanisches Heroin in den Westen geschmuggelt wird. Turkmenistan ist zu einem der wichtigsten Korridore für den Drogenhandel in Zentralasien geworden. Interpol führt eine lange, geheime Liste mit hohen turkmenischen Regierungsvertretern, die daran beteiligt sind. Darüber hinaus haben tschetschenische Rebellen und arabische Kämpfer aus den Golfstaaten einige Jahre lang das Land als Durchgangsstation auf dem Weg nach Afghanistan und Pakistan genutzt – dieses Entgegenkommen ist Russland ein Dorn im Auge. Nijasow duldet keine Opposition zu seiner Herrschaft, aber die im Untergrund agierenden islamischen Bewegungen im Land sind in der idealen Ausgangslage, um eine regierungsfeindliche Stimmung zu schüren. Sobald das Regime Nijasows erste Anzeichen von Schwäche erkennen lässt, dürfte Russland einen Staatsstreich inszenieren und eine neue turkmenische Regierung an die Macht bringen. Die neue Regierung wird vermutlich bereitwilliger den russischen Forderungen Folge leisten, sich dem Kreuzzug gegen den Islam in Zentralasien anzuschließen. Das riesige Kasachstan, das sich über zwei Kontinente erstreckt und über reiche Öl- und Gasvorkommen verfügt, hat sowohl bei Russland wie auch bei den Vereinigten Staaten beträchtlichen Einfluss. Dem Land ist es gelungen, beiden Supermächten den Hof zu machen, gerade weil es sie auf Distanz hält, wenn Präsident Nursultan Nasarbajew das für nötig hält. Beispielsweise lädt Nasarbajew zu amerikanischen Investitionen in der Öl- und Gasförderung ein und hat versucht, die Wirtschaftsreformen umzusetzen, die von ausländischen Investoren gefordert wurden. Aber er hat Washington auch mehrfach vor den Kopf gestoßen, wenn es um den autoritären Führungsstil, die Korruption im Land oder demokratische und politische Reformen ging. Kasachstans massiv manipulierte Präsidentschaftswahlen wurden zum Vorbild für die anderen zentralasiatischen Staatschefs.

Gegenüber Russland wendet Nasarbajew eine ähnliche Taktik an. Obwohl ihm die große im Norden des Landes ansässige russische Bevölkerungsgruppe immer wieder Schwierigkeiten macht, ist es ihm gelungen, den Frieden in seinem Land zu sichern. Seine Zugeständnisse an die Russen gingen nie so weit, dass die ethnischen Kasachen diese Maßnahmen als Affront empfunden hätten. Solange westliche Konsortien nicht neue Pipelines fertig gestellt haben, ist Kasachstan beim Öl- und Gasexport nach Europa auf russische Pipelines angewiesen. Es braucht außerdem russische militärische Unterstützung, weil es sich allmählich von der IMU bedroht fühlt. Kasachstan hat sich dem von Moskau angeregten Projekt angeschlossen, eine schnelle Eingreiftruppe für Zentralasien aufzustellen, aber es hat auch amerikanische Militärhilfe und Ausbildung seiner Offiziere angenommen. Seit dem Jahr 2000 hat Kasachstan seine Militärausgaben erhöht, um der Gefahr, die von der IMU ausgeht, begegnen zu können. Kasachstans Probleme mit Russland werden aber zunehmen, wenn Pipelines gebaut werden, die nicht durch Russland führen, sondern durch die Türkei, den Iran zu den riesigen, lukrativen Märkten in China.

China: Eine Macht kehrt nach Zentralasien zurück

Über Chinas Rolle in Zentralasien lässt sich aus heutiger Sicht am wenigsten vorhersagen, allerdings könnte Peking in der Zukunft unter den drei Supermächten durchaus der wichtigste Akteur werden. Seit 1991 knüpft die chinesische Regierung enge bilaterale Handelsbeziehungen zu allen zentralasiatischen Staaten und investiert in die Region. Bis vor kurzem hat sie es jedoch vermieden, sich an militärischen Abkommen und Sicherheitspakten zu beteiligen, und versuchte, sich aus der amerikanisch-russischen Rivalität herauszuhalten. Mittlerweile hat China diese politische Linie aufgegeben, weil die IMU und die Taliban uigurische islamische Separatisten aus Chinas einziger muslimischer Provinz Xinjiang rekrutierten und mit ihren Guerillaangriffen gegen chinesische Sicherheitskräfte eine wachsende politische Unruhe auslösten. In den neunziger Jahren verfolgte China das strategische Hauptziel, dafür zu sorgen, dass die zentralasiatischen Regierungen politische Aktivitäten von Uiguren auf ihrem Boden streng überwachten und uigurische Minderheiten in den Ländern daran hinderten, ihre Stammesbrüder in der Provinz Xinjiang zu unterstützen. Die zentralasiatischen Staaten kamen Chinas Wunsch nach, indem sie uigurische Schriften verboten, Büros schlossen und Uiguren verhafteten, die die chinesische Politik kritisierten. Sie öffneten ihre Grenzen zu China für den Handel, schlossen sie aber für den Export von Waffen, Propagandamaterial und Geldern zu uigurischen Separatisten in Xinjiang.

Daneben hatte China ein großes strategisches Interesse daran, die Spannungen an seiner langen Grenze zu Zentralasien und Russland zu beenden, die riesige Zahl chinesischer Soldaten, die an dieser Grenze stationiert sind, zu reduzieren, und die unzähligen gegenseitigen Gebietsansprüche zu klären. Sie gingen noch auf die Zarenzeit zurück und hatten die Beziehungen zwischen China und der Sowjetunion fortwährend belastet. Seit Mitte der neunziger Jahre bildete China gemeinsame Grenzkommissionen mit Russland, Kasachstan und Kirgistan, die im Laufe der Jahre die Mehrzahl der Hunderte von Grenzstreitigkeiten schlichten konnten. Der Grenzstreit mit Tadschikistan ist allerdings noch nicht gelöst. Peking beansprucht rund 30 Prozent des tadschikischen Gebiets in Gorno-Badachschan entlang ihrer gemeinsamen Grenze, in dem riesige Goldvorkommen liegen. Ihren ersten bedeutenden Schritt in Zentralasien unternahm die chinesische Regierung gerade mit dem Ziel, derartige Streitigkeiten beizulegen. Im Jahr 1996 lud sie zu einem Gipfeltreffen in Shanghai zwischen den fünf Staaten mit gemeinsamen Grenzen ein: China, Russland, Tadschikistan, Kasachstan und Kirgistan. Der Gipfel hatte eine Reduzierung der Grenzsoldaten und eine Demarkation der Grenzlinie zur Folge.

Innerhalb eines 100 Kilometer breiten Streifens beiderseits der Grenze sollen ein Informationsaustausch über alle Manöver und gemeinsame Militärpatrouillen eingeführt werden. Das wichtigste Ergebnis des Gipfels war die Gründung der Shanghai-Gruppe, einer ständigen Staatengruppe, die jährlich einmal zu einem Gipfeltreffen zusammenkommt. Die Shanghai-Gruppe, oder Shanghaier Fünf, wie sie auch genannt wird, hat sich im Laufe der Zeit zu einem umfassenden Militär-, Sicherheits- und Wirtschaftspakt entwickelt. Als die Staatschefs der fünf Länder im August 1999 in Bischkek zusammenkamen, hatte die IMU zum ersten Mal Kirgistan überfallen und vier japanische Geologen als Geiseln genommen. Der Gastgeber des Gipfels, Präsident Akajew, geriet dadurch in eine überaus peinliche Lage. Das Gipfeltreffen wurde zu einem Forum für die Gefahren des islamischen Fundamentalismus, des Drogen- und Waffenhandels, die sich von dem verwüsteten Afghanistan aus ausbreiteten und Zentralasien destabilisierten. Am Ende des Gipfels unterzeichneten die fünf Staatschefs eine Erklärung, dass sie die Zusammenarbeit beim »Kampf gegen den internationalen Terrorismus, den illegalen Drogenhandel, Waffenschmuggel, illegale Einwanderung, Separatismus und religiösen Extremismus« verbessern wollen. Sie verpflichteten sich auch, eine »multipolare Welt« zu schaffen – eine von Russland angeregte Formel, die sich im Grunde gegen eine US-Hegemonie richtet. Der russische Präsident Boris Jelzin und der chinesische Präsident Jiang Zemin sprachen bei einem gemeinsamen Frühstück über Möglichkeiten, ihre »strategische Partnerschaft« auszuweiten. Die Botschaft war klar: Russland, China und Zentralasien betrachteten nunmehr den radikalen Islam als eine Gefahr für sie alle, und sie waren bereit, ihre Meinungsverschiedenheiten zu begraben, um ihn wirksamer zu bekämpfen. Zum ersten Mal wandten sich zentralasiatische Staaten an China um militärische Hilfe.[12]

Ein Jahr später (2000) wurde in Duschanbe aus der Shanghai-Gruppe das Shanghai-Forum, weil Usbekistan einen Beobachterstatus erhielt, obwohl es nicht an China grenzte. Die Gipfelteilnehmer einigten sich erstmals auf eine konkrete militärische

Zusammenarbeit: die Schaffung eines gemeinsamen Zentrums zur Terrorbekämpfung, um der von der IMU und den Taliban ausgehenden Gefahr entgegenzutreten. Mittlerweile war das Forum zur wichtigsten geostrategischen Partnerschaft in der Region geworden und entwickelte gemeinsame Programme für die Sicherheit, aber auch zu wirtschaftlichen, politischen und anderen Themen. Länder wie Indien, Pakistan, die Mongolei, Südkorea und der Iran wollten sich dem Forum anschließen, Usbekistan bestand auf einer vollen Mitgliedschaft. Beim nächsten Gipfeltreffen in Shanghai, Mitte Juni 2001, wurde Usbekistan Vollmitglied, während die anderen Länder nicht aufgenommen wurden. Das Forum gab sich wiederum einen neuen Namen und hieß jetzt Shanghai Cooperation Organization (SCO). Die Staatsoberhäupter unterzeichneten einen neuen Sicherheitspakt und versprachen, den Handel und die Investitionen zwischen ihren Ländern zu intensivieren.

Immer noch beschäftigte die Politiker jedoch die Hauptsorge. »Die Shanghai-Konvention schafft die juristische Grundlage für die gemeinsamen Bemühungen im Kampf gegen Separatismus, Terrorismus und Extremismus«, sagte Präsident Jiang nach der Unterzeichnung des neuen Abkommens. Der kasachische Präsident Nasarbajew fügte hinzu: »Die Wiege von Terrorismus, Separatismus und Extremismus ist die instabile Lage in Afghanistan.«[13] Die Staatschefs versprachen, den Ausbau des immer noch schlummernden Zentrums zur Terrorbekämpfung in Bischkek zu beschleunigen. Mittlerweile lieferte China Militärhilfe an die zentralasiatischen Regime für den Kampf gegen die IMU. In den Jahren 2000 und 2001 schickte Peking Usbekistan und Kirgistan technische und militärische Ausrüstung in Höhe von jeweils 1,3 Millionen Dollar. Dazu zählten Präzisionsgewehre und materielle Hilfe für ihre Grenzwächter. Später erklärte China sich bereit, den Bau von Bunkern und Unterkünften für kirgisische Grenztruppen zu finanzieren.

Für China stellte die IMU eine ernste Gefahr dar, weil Uiguren sowohl aus Zentralasien als auch aus China rekrutiert und in IMU-Camps im Norden Afghanistans ausgebildet wurden. »Die

Uiguren in Xinjiang führen ihren eigenen Dschihad gegen Peking, und China sieht, dass hier eine grenzüberschreitende Gefahr droht, die nicht einfach nur von Xinjiang aus gestoppt werden kann. Die Chinesen haben erkannt, dass noch mehr Uiguren bei Namangani Hilfe und Unterschlupf finden werden, falls die IMU Erfolg haben sollte«, erklärte Moheyuddin Kabir von der tadschikischen PIW. In Wirklichkeit haben militante Uiguren bereits seit den achtziger Jahren erheblichen Anteil an den islamischen Dschihads in der Region, als ihre ersten Vertreter nach Süden reisten und sich in Pakistan afghanischen Mudschaheddin-Gruppen anschlossen. Hunderte von Uiguren studierten in pakistanischen Madrassas und vertieften ihre Kampferfahrung in Afghanistan, anfangs in den Reihen der Hizb-i-Islami, später mit den Taliban. Massud nahm mehrere uigurische Guerillakämpfer an der Front gefangen und präsentierte sie stolz Vertretern der internationalen Presse.[14] Auf Druck Chinas und ihres Verbündeten Pakistan hin verlegten die Taliban ihre uigurischen Kämpfer im Jahr 2000 von der Kabul-Front nach Nordafghanistan. Dort wurden sie aufgefordert, sich der IMU anzuschließen. Folglich konnten die Taliban abstreiten, dass sie unmittelbar uigurische Kämpfer beherbergen würden.

Neue Spielregeln

Vermutlich werden China, Russland und die Vereinigten Staaten in Zentralasien Rivalen bleiben, aber die Spielregeln des großen Spiels haben sich geändert. Im 19. Jahrhundert benutzten Russland und Großbritannien die zentralasiatischen Staaten als Schachfiguren, heute sehen sich die Supermächte selbst hilflos Kräften ausgeliefert, zu deren Aufstieg sie maßgeblich beigetragen haben. Nur sind die Kräfte jetzt ihrer Kontrolle entglitten. Die aus Afghanistan drohenden Gefahren (die Taliban, Osama Bin Laden und die IMU) hatten die Schwäche der drei Großmächte demonstriert und sie gezwungen, sich über bilaterale Abkommen zu verständigen. Die Großmächte haben nunmehr ein gemeinsames Interesse daran, nach den Taliban auch die IMU auszuschalten und die militärische Schlagkraft der zentralasiatischen Staaten zu stärken. Allerdings bleiben sie Rivalen beim Bau von Pipelines und bei der Ausbeutung von Zentralasiens Bodenschätzen.

Die Ereignisse vom 11. September führten auf dramatische Weise vor Augen, wie sehr sich die Spielregeln geändert hatten. Als Russland und China zusagten, mit den Vereinigten Staaten bei ihrem Kampf gegen die Taliban und al-Qaida zusammenzuarbeiten, waren die drei Großmächte plötzlich im Kampf gegen Terrorismus und islamischen Extremismus in Afghanistan und Zentralasien vereint. Die drei konnten jetzt nicht nur hoffen, dass die Taliban besiegt würden und in Kabul eine neue, multiethnische Regierung mit einer breiten Basis Einzug halten würde, sondern auch dass die IMU als potenzielle Gefahr für die Region ausgeschaltet werden kann. Darüber hinaus war China überzeugt, dass Angriffe unter amerikanischer Führung die Verbindungen zwischen uigurischen Separatisten und radikalen islamischen Bewegungen in Pakistan und Afghanistan schwächen würden. Als US-Soldaten in der Region eintrafen, führte China ein großes Manöver in der Provinz Xinjiang durch, um seine Militärmacht zu demonstrieren. Zusätzliche Soldaten wurden an die Grenzen zu Afghanistan und Pakistan verlegt, und die Grenze wurde für Reisende aus den beiden Ländern geschlossen. Solange die Allianz den Kampf gegen die Taliban und al-Qaida fortsetzte, bestand kein Zweifel daran, dass die drei Großmächte Seite an Seite marschieren würden – es ist aber nicht abzusehen, wie sich die Beziehungen nach dem Ende der Kämpfe entwickeln werden. Falls die Vereinigten Staaten, wie Russland befürchtet, eine ständige militärische Präsenz in Zentralasien anstreben sollten, wird vermutlich eine neue Runde in dem großen Spiel eingeläutet.

Russland und China haben sich in einer ganzen Reihe von Themen darauf geeinigt, ihr Vorgehen eng aufeinander abzustimmen. Vor allem erscheint es beiden wünschenswert zu verhindern, dass die Vereinigten Staaten zur einzigen Weltmacht aufsteigen. Aber auch wenn Russland und China in Zentralasien gemeinsame Sicherheitsinteressen haben, wird Moskau gegenüber einem militärischen Part Chinas in seinem Hinterhof misstrauisch bleiben. Ebenso werden sich die meisten zentralasiatischen Staaten davor hüten, eine offene chinesische Militärpräsenz im Land zu dulden. Diese Staaten haben ihre eigene uigurische Minderheit, die ihnen Kopfzerbrechen bereitet. Wenn sie sich Peking annähern, dann verärgern sie diese Uiguren. Deshalb vollführen die zentralasiatischen Staaten einen schwierigen Balanceakt, indem sie eine chinesische Unterstützung für ihre Armeen erleichtern, aber eine offene chinesische Militärpräsenz oder einen Einfluss in der Region erschweren.

China und die Vereinigten Staaten müssen noch einen gemeinsamen Nenner in Zentralasien finden. Über die Unterstützung der Allianz unter Führung der USA hinaus wird mittlerweile vermutet, dass Washington Geheimdienstinformationen über uigurische Kämpfer bei den Taliban und der IMU mit Peking austauscht. Auf den meisten anderen Gebieten werden die Vereinigten Staaten und China jedoch Gegner bleiben. Sobald die militärische Bedrohung abgenommen hat, wird die Rivalität zwischen den drei Mächten zunehmen, sofern es den zentralasiatischen Staaten gelingt, sich in wirtschaftlicher und politischer Hinsicht besser zu präsentieren. Es liegt im eigenen Interesse Zentralasiens, die drei Mächte zu einer gemeinsamen Plattform zusammenzuführen, die sich nicht auf Bedrohungen ihrer eigenen Sicherheit beschränkt, sondern sie an einer gerechten Nutzung der zentralasiatischen Energiereserven beteiligt. Das könnte wiederum auch die wirtschaftliche Entwicklung und die politische Liberalisierung der Region beschleunigen.

Aber noch besteht Hoffnung. Zum ersten Mal haben sich die drei großen Mächte in Zentralasien zusammengeschlossen, um die territoriale Integrität der Region zu verteidigen und den dortigen Terrorismus auszumerzen. Vielleicht sind sie in der Zukunft bereit, auch bei Öl- und Gaspipelines von Zentralasien aus in die Außenwelt zusammenzuarbeiten, zur wirtschaftlichen Entwicklung der benachteiligten Region beizutragen und die politische und wirtschaftliche Lage in Afghanistan zu stabilisieren, damit das Land wieder ein Teil der internationalen Gemeinschaft werden kann. Der schreckliche Krieg, der am 7. Oktober 2001 mit der amerikanischen Bombardierung Afghanistans begann, könnte zum ersten Mal in der Geschichte der Region mit einer Zusammenarbeit und nicht mit einem Wettstreit unter den Großmächten enden.

Kapitel 9
Zentralasien und seine
Nachbarn

Zentralasiens muslimische Nachbarn im Süden haben eine Vielzahl widersprüchlicher Interessen, und die zentralasiatischen Staatschefs versuchen seit einem Jahrzehnt, diese Rivalitäten gegeneinander auszuspielen. Die meisten Nachbarn – insbesondere Pakistan, Iran und die Türkei – verpflichteten sich sogar in multilateralen Organisationen wie der Economic Cooperation Organization, der Organisation der Islamischen Konferenz und den Vereinten Nationen mit vielen schönen Worten zur Zusammenarbeit mit Zentralasien, aber konkrete Projekte zur Stabilisierung der Region scheiterten bislang an den bestehenden Streitigkeiten und unterschiedlichen Zielen. Weiter im Süden, in den arabischen Golfstaaten, haben Parteien und Einzelpersonen der IMU Gelder zukommen lassen, die gesamte muslimische Welt hingegen hat nur geringfügige Anstrengungen unternommen, um Zentralasien wieder in die Weltgemeinschaft zurückzuführen.

Oberste Priorität für die Region haben eine dauerhafte Friedenslösung in Afghanistan und eine Regierung in Kabul, die sich weigert, der IMU und anderen militanten islamischen Gruppen zukünftig Unterschlupf zu gewähren. Das Tragische an der Sache ist, dass die muslimischen Nachbarn genau wie Russland und die Vereinigten Staaten den Bürgerkrieg geschürt, mal die eine, mal die andere Seite mit Waffen und Geldern unterstützt und die Republiken ohne Rücksicht auf deren eigene Wünsche hineingezogen haben.

Der Krisenherd Afghanistan

Die Krise in Afghanistan ist der wichtigste externe Faktor für die anhaltende Instabilität in Zentralasien. Afghanistan ist historisch und kulturell eng mit den nördlichen Nachbarländern verbunden. Im Lauf der Jahrhunderte waren die beiden Regionen in mehreren Reichen miteinander vereint. Ethnische Gruppen in Nordafghanistan haben denselben Ursprung wie die Usbeken, Tadschiken und Turkmenen Zentralasiens. Folglich reichen die ethnischen, sozialen, kulturellen und politischen Verbindungen zwischen Afghanistan und Zentralasien weit zurück. Der derzeitige Austausch zwischen den Regionen darf deshalb nicht als Irrweg der Geschichte betrachtet werden, sondern kann als Fortsetzung eines historischen Prozesses gelten, der durch die 74-jährige Sowjetherrschaft für kurze Zeit unterbrochen war.

Historisch gesehen wurde auch nur eine alte Tradition der Gewährung von Gastfreundschaft und Zuflucht fortgesetzt, als sich die IMU in das von den Taliban kontrollierte Afghanistan zurückzog. Im 20. Jahrhundert wurden in Afghanistan zahlreiche Gäste aufgenommen: nach der Russischen Revolution die Herrscher von Buchara, Chiwa und Kokand, die Basmatschi nach ihrer Niederlage gegen die Bolschewiken und Mitglieder der tadschikischen PIW, die während des Bürgerkriegs in Tadschikistan hier Zuflucht suchten. Wie die IMU setzten sowohl die Basmatschi als auch die PIW von Stützpunkten in Afghanistan aus ihren Krieg in Zentralasien fort. Umgekehrt haben auch Afghanen, vor allem seit Ausbruch der Kämpfe im Jahr 1979, in Zentralasien Zuflucht gesucht. Aber weder mit der Tradition noch mit der sprichwörtlichen muslimischen Gastfreundschaft lässt sich die Bereitschaft der Taliban rechtfertigen, der IMU Unterschlupf zu gewähren. Vor den Ereignissen vom 11. September beherbergten die Taliban die extremistischsten islamischen Gruppen in der muslimischen Welt, die allesamt ganz eindeutig militant genannt werden können. In Afghanistan kämpften diese Gruppen für die Taliban und erhielten im Gegenzug militärische Ausbildung, Kampferfahrung, Waffen,

Gelder, Zugang zum Drogenhandel und Kontakte zur gesamten Welt des radikalen Islamismus.

Aber mit der jahrhundertealten Geschichte lässt sich nicht erklären, weshalb Afghanistan zum Gastgeber für alle islamischen Extremisten der Welt wurde. Antwort auf diese Frage geben die jüngeren Ereignisse: die Bemühungen der Vereinigten Staaten während der achtziger Jahre, einen Aufstand gegen die Sowjetunion zu schüren. Als die CIA den afghanischen Mudschaheddin über Pakistans Interservices Intelligence (ISI) Waffen zukommen ließ, da bevorzugte der ISI die radikalen islamischen Parteien (die leichter für einen antisowjetischen Dschihad gewonnen werden konnten) und überging gemäßigte nationale und islamische Parteien in Afghanistan. Damals hatte die CIA keinerlei Einwände gegen diese Politik. Die Taliban waren Erben dieses Kriegs und dieser Begünstigung, obwohl ihre strenge Auslegung des Deobandi-Islam und ihr Bestreben, Afghanistan nach ihren Vorstellungen von einer Scharia umzugestalten, mit der islamischen Tradition des Landes nicht im Einklang stand.

Die Taliban spiegelten keine bedeutende islamistische Richtung wider, die in Afghanistan verwurzelt oder aus dem Dschihad gegen die Sowjetunion hervorgegangen war. Sie waren weder von der Ikhwan-ul-Muslimeen (Muslimbruderschaft) inspiriert – den ersten islamischen Radikalen im 20. Jahrhundert –, noch traten sie in die Fußstapfen der mystischen Sufi. Sie gründeten ihren Islam auch nicht auf der Ulema, den islamischen Weisen. All diese Richtungen des Islam haben entweder historische Wurzeln in Afghanistan oder entstanden während des Dschihad. Die Taliban verfügten über keine gesicherte Stammesbasis oder stammesgeschichtliche Legitimation unter ihrer eigenen ethnischen Gruppe, den Paschtunen, der größten ethnischen Gruppe Afghanistans. Ein großer Teil der paschtunischen Stammesführer weigerte sich, die Taliban anzuerkennen, und floh nach Pakistan. In Wirklichkeit passten sie überhaupt nicht in das Spektrum islamischer oder nationaler Ideen und Bewegungen, die in Afghanistan zwischen 1979 und 1994 aufkamen. Stattdessen war ihre Ideologie des Deobandi-Islam weitgehend aus Pakistan importiert. Ihre anfängliche Popularität in den Jahren 1994–1996 verdankten sie weniger ihrem islamistischen Eifer als anderen Faktoren, die in Afghanistan zum Tragen kamen: dem Wiederaufleben des paschtunischen Nationalismus angesichts der tadschikischen Herrschaft in Kabul und der Notwendigkeit, Recht und Ordnung wiederherzustellen, die Straßen wieder zu öffnen und die Herrschaft der räuberischen Warlords zu beenden. All diese Punkte schrieben sich die Taliban anfangs auf die Fahne, bevor sie ab 1996 begannen, ausländische militante Gruppen aufzunehmen.

Bevor die Taliban nach der Einnahme Kabuls 1996 mit Osama Bin Laden und anderen nichtafghanischen islamischen Gruppen in Berührung kamen, kannten sie jedoch keine internationale islamische Agenda. Einige Taliban-Führer hatten zuvor bereits von einer »Befreiung« der heiligen muslimischen Städte Buchara und Samarkand geträumt, aber die meisten hatten nicht einmal eine Vorstellung davon, wo Buchara und Samarkand liegen. Die Zehntausende von pakistanischen Kämpfern und die Tausende von zentralasiatischen, arabischen, afrikanischen und ostasiatischen Kämpfern, die seither für die Taliban im Einsatz waren, importierten eine globale Perspektive des radikalen Islamismus, die von den Taliban als ihre eigene übernommen wurde. Bin Laden und seine arabischen Anhänger beteiligten sich zuletzt sogar am Entscheidungsprozess innerhalb der Taliban-Führung und drängten die Taliban, ihre Ziele über Afghanistan hinaus nach Zentralasien auszuweiten.[1] Auf diesen Punkt gehe ich in meinem Buch über die Taliban ausführlicher ein, hier mag der Hinweis genügen, dass die Taliban ebenso sehr auf die ausländischen Kämpfer angewiesen waren, um ihre Ideologie zu verbreiten, wie die ausländischen Kämpfer die Taliban als Unterschlupf brauchten.[2]

Solange in Afghanistan kein Frieden herrschte oder zumindest solange die Taliban-Führung nicht entmachtet wurde (als Folge des Feldzugs gegen Osama Bin Laden unter US-Führung), war es höchst unwahrscheinlich, dass die Taliban ihre Politik änderten. Da sie nicht im geringsten den Wunsch verspürten, einen modernen politischen Staat aufzubauen, hielten sie bis zuletzt die Fortsetzung des Kriegs gegen die Nordallianz für das einzige Mittel, um sich die Loyalität ihrer Kämpfer zu erhalten. Also hätten die Taliban, selbst wenn sie die Nordallianz besiegt und nach Tadschikistan vertrieben hätten, vermutlich nur eine noch aggressivere Politik gegenüber den zentralasiatischen Regimes verfolgt. Ständig neue Feinde heraufzubeschwören, war die beste Methode, den permanenten Dschihad zu schüren – das einzige Band, das die Armee zusammenhielt und motivierte. Tadschikistan hätte vermutlich das erste Feindbild abgegeben, weil dort russische Truppen stationiert sind, später wäre Usbekistan gefolgt. Das Tragische an den Taliban war der Umstand, dass ihre Führer Angst hatten, ein Frieden würde die Bewegung zerstören, weil sie keinen Plan für den Wiederaufbau des Landes hatten. Deshalb wollten sie auch keinen Millimeter von ihrer Politik abweichen.

Auch wenn die Taliban-Führung mittlerweile abgesetzt ist, dürfte unter den ethnischen Gruppen, Warlords und den verbliebenen Taliban-Abtrünnigen jetzt nach Kriegsende ein heftiges Geschacher um Posten in der neuen Regierung ausbrechen. Die besten Aussichten auf einen dauerhaften Frieden hätte das Land, wenn sich die Afghanen um den ehemaligen König Zahir Schah scharen würden, der angeregt hat, eine multiethnische Koalitionsregierung auf breiter Basis als Alternative zu den Taliban zu bilden. Diese Koalition könnte die Basis einer neuen, international anerkannten Regierung in Kabul sein. Derartige Bemühungen haben jedoch nur Erfolg, wenn der Westen nach dem Ende der Kämpfe in Afghanistan bleibt. Zur Stabilisierung der Region sind nicht nur für längere Zeit UN-Friedenssicherungstruppen nötig, es müssen auch Unmengen von Geldern für den Wiederaufbau des Landes zur Verfügung gestellt werden. Dieser Wiederaufbau erfordert eine zielstrebige und langfristige internationale Hilfe, damit Afghanistan wieder in die Staatengemeinschaft zurückkehrt.

Pakistan: Militante Islamisten heranziehen

Pakistan schuf zwar nicht die Taliban, aber die Taliban hätten unter den kriegführenden Splittergruppen Afghanistans nicht überleben können ohne die Unterstützung Islamabads. Die Angst vor Pakistans Einfluss war denn auch einer der ausschlaggebenden Faktoren dafür, dass die zentralasiatischen Staaten (mit Ausnahme von Turkmenistan) gegen die Taliban mobil machten. Die zentralasiatischen Staatschefs glauben außerdem (mit Recht), dass der pakistanische Geheimdienst ISI bis vor kurzem die IMU und andere radikalislamische Gruppen in ihren Ländern unterstützt hat. Diese Männer haben zudem nicht vergessen, dass das Militärregime von Pakistans Präsident Mohammed Zia ul-Haq in den achtziger Jahren die afghanischen Mudschaheddin ermunterte, Zentralasien anzugreifen, und dass die CIA den Mudschaheddin zu diesem Zweck über den ISI Waffen zukommen ließ. In der Tat ist die Aversion dieser Staatschefs selbst gegen die friedfertigste Ausübung des islamischen Glaubens oder der Frömmigkeit nicht zuletzt auf den Afghanistankrieg zurückzuführen, als Pakistan auf der gegnerischen Seite stand. Weil Islamabad danach die Taliban und die Paschtunen unterstützte und Präsident Pervez Musharraf im Sommer 2001 sogar die nichtpaschtunischen ethnischen Gruppen in Afghanistan überging, weil sie angeblich für Pakistans Interessen bedeutungslos waren, distanzierten sich Zentralasiens Staatschefs weiter von dem Land.[3] Musharrafs kurzsichtige Außenpolitik seit seinem Militärputsch im Jahr 1999 trug das Ihre dazu bei, die Kluft zwischen Pakistan und seinen nördlichen Nachbarn zu vergrößern.

Mehrere pakistanische Regierungen haben bereits wiederholt zugesagt, die Unterstützung, die Pakistans islamische Parteien, die Taliban und andere militante Gruppen in Zentralasien vom ISI erhielten, zurückzufahren und künftig keine zentralasiatischen Extremisten an pakistanischen Madrassas aufzunehmen. Aber Islamabad hat diese Versprechen aus Eigeninteresse und aus Angst vor einem islamischen Aufstand im eigenen Land nie gehalten. In

Wirklichkeit sind in den letzten Jahren Scharen zentralasiatischer und uigurischer Extremisten ins Land geströmt, um in einer der unzähligen Madrassas des Deobandi-Islam zu lernen. Die Islamische Bewegung Usbekistans, die Hizb ut-Tahrir und die tschetschenischen Rebellen haben viele ihrer jungen Anhänger zum Studium nach Pakistan geschickt. Die islamischen Parteien Pakistans wiederum präsentieren zum Beweis ihres Einflusses in der Region stolz ihre Studenten aus Zentralasien. Diese Ausbildung in Madrassas und die Kultur des Dschihad, die in ihnen gepflegt wird, bringen mehr verblendete, radikale Islamisten für künftige Kämpfe in Zentralasien hervor als die Schlachtfelder Afghanistans.

Die pakistanische Politik ist unter anderem von der gegenseitigen Feindschaft zwischen Indien und Pakistan sowie von Islamabads Angst vor einer indischen Hegemonie in Südasien geprägt. Der einstige Einfluss Indiens in Kabul hat die Beziehung Pakistans zu Afghanistan stark belastet. Aus diesem Grund wünschte sich Islambad schon seit den fünfziger Jahren eine freundlich gesonnene Paschtunen-Regierung in Kabul. Seit den Achtzigern betrachtete Pakistan seinen westlichen Nachbarn als eine Basis für »strategische Tiefe«, wie Präsident Zia ul-Haq es nannte, für den Fall eines Kriegs gegen Indien. Entschlossen, Indien jeden Einfluss in Afghanistan zu verwehren, schürte Pakistan 1989 einen Aufstand im indischen Teil Kaschmirs, der als eine Volksbewegung der einheimischen Bevölkerung begonnen hatte. Als Indien und die Vereinigten Staaten Pakistan beschuldigten, auf seinem Boden kaschmirische und pakistanische Separatisten für den Kampf in Kaschmir auszubilden und zu bewaffnen – und damit den Terrorismus zu unterstützen –, lieferten die Taliban eine willkommene Ausrede. Wie die Taliban pakistanische und uigurische Extremisten zur IMU verlegt hatten, schickte auch Pakistan einen Großteil der kaschmirischen Separatisten nach Afghanistan zu den Taliban. Mehrere pakistanische Gruppen verfolgten die politische Linie, ihre jungen Kämpfer zuerst für die Taliban kämpfen zu lassen, bevor sie an die härtere Guerillafront in Kaschmir verlegt wurden.

Nach dem Zusammenbruch der Sowjetunion im Jahr 1991 erhielten Zia ul-Haqs Forderungen nach strategischer Tiefe in Zentralasien und Afghanistan eine tiefere Bedeutung. Eine Zeit lang hatte es für einige Pakistani den Anschein, dass das Wiederaufleben des Islam in Zentralasien und der Bürgerkrieg in Tadschikistan die gegenwärtige Generation der zentralasiatischen Staatschefs aus sowjetischer Schule hinwegfegen würden. Folglich intensivierte Pakistans Militär seine Bemühungen, eine willfährige paschtunische Regierung in Kabul einzusetzen, weil es hoffte, dass diese dann Pakistan einen leichten und ausschließlichen Zugang zu Zentralasien ermöglichen werde. Einige gemäßigte Stimmen argumentierten 1991, Islamabad solle sich für ein rasches Ende des afghanischen Bürgerkriegs einsetzen, in der Hoffnung, dass jede stabile Regierung in Kabul Pakistan Handelswege eröffnen werde. Sie wurden rasch zum Schweigen gebracht. Das Militär dehnte als logische Fortsetzung seiner Politik in Afghanistan die Vorstellung von der strategischen Tiefe auf Zentralasien aus, und das zu einer Zeit, als die zivile Regierung Pakistans versuchte, eine positivere Politik zu verfolgen und wirtschaftliche Beziehungen zu Zentralasien zu knüpfen.

Im Jahr 1991 strebte die gewählte Regierung von Ministerpräsident Nawaz Sharif eine neue Beziehung zu Zentralasien an, die sich auf den Handel, Pipeline-Routen, Investitionen und gemeinsame wirtschaftliche Entwicklung stützte. Das machte auch Sinn: Immerhin ist Karatschi für die zentralasiatischen Staaten der nächste Hafen, und Islamabad liegt näher bei Taschkent als bei Karatschi. Die Entfernung von Duschanbe nach Karatschi beträgt auf der Straße nur 2700 Kilometer, im Vergleich zu 3600 Kilometern bis zum iranischen Hafen Bandar Abbas, 4200 Kilometern bis Rostow am Don in Westrussland und 9500 Kilometern bis nach Wladiwostok im Fernen Osten. Die einzige Voraussetzung für die Nutzung dieser Optionen war Frieden in Afghanistan. Der ISI blockierte jedoch hartnäckig jede Friedenslösung. Die Versuche Sharifs und seines Wirtschaftsministers Sardar Asif Ali wurden außerdem vom Einzug islamischer Parteien Pakistans in Zentralasien torpediert. Sie betrachteten die Region als unberührtes Territorium, das reif war für ihre besondere Richtung des Islam. Qazi Hussein Ahmad, das Oberhaupt der mächtigen Partei Jamiat-i-Islami, drängte Sharif, »Zentralasien lieber islamische Richtlinien zukommen zu lassen als wirtschaftliche Hilfe«.[4] Zugleich versuchten mehrere pakistanische und arabische Gruppierungen, die mit dem Wahhabismus sympathisierten, mit saudi-arabischen Geldern in Zentralasien Fuß zu fassen. Anhänger der pakistanischen Extremistengruppen Lashkar-i-Jhangvi und Sipah-i-Sahaba, die ursprünglich von Saudi-Arabien finanziert wurden, kämpfen an der Seite der IMU.

Im Jahr 1994, als die Taliban auf die Bühne traten, hatten sich die Hoffnungen der pakistanischen Regierung, einträgliche Beziehungen zu Zentralasien zu knüpfen, so gut wie zerschlagen. Die einzige Ausnahme bildete eine blühende Beziehung zum neutralen Turkmenistan. Ironischerweise setzte nicht der ISI, sondern ausgerechnet Ministerpräsidentin Benazir Bhutto, die liberalste, weltlichste Regierungschefin Pakistans der letzten Jahre, dem Versuch, neue Beziehungen zu Zentralasien zu knüpfen, ein Ende. Statt einen umfassenderen Friedensprozess in Afghanistan zu unterstützen, der eine natürliche Nord-Süd-Handelsroute zwischen Zentralasien und Pakistan eröffnet hätte, unterstützte Bhutto die Taliban wegen eines übereilten und hochtrabenden Projekts, das den Bau einer neuen Handels- und Pipeline-Route in West-Ost-Richtung von Turkmenistan durch den Süden Afghanistans nach Pakistan vorsah. Die Taliban sollten für die nötige Sicherheit sorgen. Der ISI unterstützte wenig später diese Politik, weil sein afghanischer Schützling Gulbuddin Hekmatjar bei seinem Marsch auf Kabul keine Fortschritte erzielte. Die Taliban hingegen schienen stark genug, die Hauptstadt einzunehmen. Die Vorstellung, dass Pakistan das übrige Zentralasien zu Gunsten von Turkmenistan ignorieren werde und zugleich die Taliban in Afghanistan unterstützte, nährte das Misstrauen unter den übrigen zentralasiatischen Staatschefs gegenüber Islamabads Zielen.

Die pakistanische Regierung wiederum beobachtete voller Sorge, dass die Staaten Zentralasiens sich erneut ihren alten Feinden

Russland und Indien zuwandten, während die derzeitigen Rivalen Iran und Türkei ebenfalls mit Macht in die Region drängten. Das Militär, das in der Außenpolitik Pakistans immer schon das Sagen hatte, sah wenig Hoffnung, die zentralasiatischen Staatschefs zu einem strategischen Richtungswechsel und zu einem freundlicheren Kurs gegenüber Islamabad zu überreden. In dem Maße wie Pakistan sich immer enger an die Taliban kettete, von der Anti-Taliban-Allianz entfremdete und den Kaschmirkonflikt verschärfte (der 1999 wegen des militärischen Einfalls in Kargil durch Pakistan sowie Ende 2001 dramatisch eskalierte), nahm auch der Antagonismus zwischen Islamabad und Zentralasien zu. Diese Feindschaft beruhte auf Gegenseitigkeit. Die zentralasiatischen Staatschefs warfen bei jedem nennenswerten Vorstoß der Taliban nach Norden dem pakistanischen Militär vor, mit ihnen gemeinsame Sache zu machen.

Beobachter gehen davon aus, dass der ISI die Islamische Bewegung Usbekistans immer noch heimlich unterstützt. Unter anderem hatte er in den neunziger Jahren Juldaschew Unterschlupf gewährt und Namangani mehrmals heimlich ins Land reisen lassen. Der ISI hält die IMU für eine Kraft, die vielleicht nicht stark genug ist, die Macht in Usbekistan an sich zu reißen, aber immerhin als Katalysator für radikale Veränderungen der Führungsschicht Zentralasiens dienen kann. Pakistans Militärregime möchte auf Nummer Sicher gehen: Es sagt außerdem voraus, dass es die Freundschaft Zentralasiens zurückgewinnen könne, indem es die Vermittlerrolle zwischen den Regimes und der IMU übernehme. Also hat Pakistan nicht unbedingt die Absicht, die ideologischen Ansichten der IMU zu unterstützen oder sie an die Macht zu bringen, sondern möchte lediglich die IMU als Druckmittel innerhalb Zentralasiens benutzen. Zugleich sind hohe ISI-Beamte überzeugt davon, dass die IMU enge Beziehungen zum russischen Geheimdienst hat. Das würde erklären, weshalb die Gruppe so offen an der afghanisch-tadschikischen Grenze agieren konnte. Wegen dieser Beziehungen wird die IMU langfristig zu einem unzuverlässigen Partner für die, nennen wir es, antirussischen Taliban. Der ISI traut der

IMU nicht über den Weg und ist überzeugt, dass Pakistan einen heimlichen Wettstreit mit Russland führt, wer mehr Einfluss auf die Terrorgruppe hat. Aus taktischen Gründen soll die IMU aber weiter in den Diensten des ISI bleiben.

Trotz der hartnäckigen Dementis aus Islamabad, die IMU nicht zu unterstützen, verfolgte das Militärregime offenbar bis zum 11. September einen Kurs, bei dem es freundschaftliche Beziehungen zu den zentralasiatischen Regierungen anstrebte, aber zugleich Dissidentengruppen wie die IMU unterstützte, um den Druck auf diese Regierungen zu erhöhen. Nach Ansicht von Islamabad muss die gegenwärtige Generation von Staatschefs in Zentralasien von stärker islamisch orientierten Politikern abgelöst werden, die sich eher an Pakistan als an Indien oder Russland um Hilfe wenden würden. Ein Teufelskreis aus gegenseitigem Misstrauen und Vorwürfen bestimmt folglich Pakistans Verhältnis zu den Staaten Zentralasiens.

Zugleich haben die wiederholten innenpolitischen Krisen in Pakistan die Staatsmacht geschwächt und den Einfluss nichtstaatlicher Akteure gestärkt. Dazu zählen extremistische islamische Parteien mit ihren Madrassas und ihrer Strategie des Dschihad, arabische Terrorgruppen wie al-Qaida, die Mafiagruppen und Drogenschmuggler – die allesamt wiederum ganz unabhängig vom ISI und von seiner Politik enge Kontakte zu den Taliban und der IMU haben. Als Folge sind in Pakistan Gruppen mit eigenen Interessen, islamische wie auch nichtislamische, aus dem Boden geschossen, die vom afghanischen Bürgerkrieg und von den islamischen Aufständen in Zentralasien profitierten. Wenn es nach diesen Gruppen geht, bräuchte man keinen Frieden. Die Schwächung der Staatsmacht, nicht nur in Pakistan, sondern in der ganzen Region, ermöglicht erst ein Blühen ihrer Geschäftsinteressen und islamistischen Ziele.

Die Ereignisse vom 11. September haben das Militärregime von Präsident Musharraf jedoch zu einer drastischen Kehrtwende gezwungen. Das Ultimatum des amerikanischen Präsidenten George W. Bush, dass Staaten entweder auf der Seite der Vereinigten

Staaten stehen oder gegen sie sind, ließ Pakistan kaum eine andere Wahl, als den Taliban seine Unterstützung zu entziehen und den amerikanischen Feldzug gegen diese und al-Qaida zu unterstützen. Musharrafs Schritt war innerhalb Pakistans äußerst umstritten; die militanten islamischen Parteien widersetzten sich seiner Entscheidung, an der Seite des Westens zu kämpfen, und organisierten Proteste auf den Straßen Pakistans. Pakistan hat jetzt die Chance, seine Politik gegenüber der ganzen Region zu ändern und in seinem eigenen Haus aufzuräumen.

Wenn Pakistan sich weiter an der Ausschaltung der Taliban und der IMU beteiligt und eine neue international anerkannte Regierung in Kabul unterstützt, kann es das Vertrauen der zentralasiatischen Staaten zurückgewinnen. Dieser Schritt würde es Pakistan ermöglichen, sich an neuen Öl- und Gaspipelines aus Zentralasien zu beteiligen, die quer durch Afghanistan und Pakistan zum Persischen Golf führen. Eventuell bringt der Kurswechsel des Militärregimes in der Afghanistanpolitik später auch eine veränderte Haltung gegenüber den kaschmirischen Separatisten mit sich. Dann wäre das Land gezwungen, seine Beziehungen zu Indien zu verbessern.

Letzten Endes wird das Regime scharf gegen die Madrassas vorgehen müssen, die so viel Unruhe in der Region verbreitet haben. Um diese Gunst der Stunde für Pakistan – die Chance, die internationale Glaubwürdigkeit wiederzugewinnen, die diplomatische Isolation in der Region zu beenden und zu einem Partner statt zu einem Rivalen für Zentralasien zu werden – zu nutzen, müssen das Militär und der ISI sich allerdings von ihrer Vision der vergangenen 50 Jahre verabschieden und eine Strategie verfolgen, die in Zentralasien Freunde und nicht Feinde schafft.

Iran: Schiiten unter Sunniten

Bei all seiner islamischen Propaganda hat der Iran in Zentralasien die zurückhaltendste und klügste Politik verfolgt. Als die Sowjetunion kurz vor dem Zerfall stand, wandte sich der Iran rasch der Region zu. Im November 1991 reiste Außenminister Ali Akbar Velayati in alle fünf Republiken. Im Persisch sprechenden Tadschikistan, das ein Gegengewicht gegen den usbekisch-türkischen Einfluss schaffen wollte, und in Turkmenistan, das an den Iran grenzt und einen Hafen für seine Gasexporte braucht, konnte er einige Erfolge erzielen. Teheran intervenierte für kurze Zeit an der Seite der PIW im tadschikischen Bürgerkrieg, erkannte aber schon bald, dass es sich aus dem Konflikt heraushalten musste, wenn es Russland nicht als Verbündeten verlieren wollte. In der Folge spielte der Iran eine wichtige Rolle bei der Beendigung des Kriegs, obwohl zahlreiche PIW-Anführer in Teheran Zuflucht gesucht hatten. Der Iran finanzierte auch den Bau einer Eisenbahn und einer Gaspipeline nach Meschhed im Ostiran, die es Turkmenistan ermöglichten, Waren und Gas in den Iran und über iranische Häfen ins Ausland zu exportieren.

Anfang der neunziger Jahre war die enge Freundschaft des Iran zu Russland sein größter Vorteil in Zentralasien. Von 1989 bis 1993 kaufte der Iran russische Waffen im Wert von zehn Milliarden Dollar, um seine Streitkräfte nach dem kräftezehrenden Krieg gegen den Irak neu auszustatten. Teheran kaufte auch – gegen den Widerstand der USA – russische Atom- und Raketentechnologie ein und knüpfte intensive Handelsbeziehungen zu Moskau. Im Hinblick auf diese Kontakte und weil der Iran offenbar nicht daran interessiert war, einen islamischen Radikalismus zu exportieren, hatten die zentralasiatischen Staatschefs keinerlei Berührungsängste gegenüber dem Land. Tatsächlich erachteten der Iran und Russland übereinstimmend die Taliban und den US-Einfluss als die größten Gefahren für die regionale Stabilität. Darüber hinaus waren beide entschlossen, eine Dominanz der Vereinigten Staaten bei der Förderung der Energiereserven in Zentralasien zu verhindern. Die Vereinigten Staaten wiederum beteuerten, jeden Versuch Teherans, sein Land als natürliche Exportroute für Zentralasiens Öl und Gas zu präsentieren, zu durchkreuzen – auch wenn die großen Häfen des Iran am Kaspischen Meer und am

Persischen Golf und seine riesige Infrastruktur mit Pipelines und Raffinerien für die eigene Ölindustrie tatsächlich ein natürlicher Ausgangspunkt für diese Öl- und Gaspipelines wären.

Amerikanischen Ölkonzernen ist es zwar wegen der US-Sanktionen verboten, im Iran Geschäfte zu tätigen, aber europäische und asiatische Ölkonzerne richten Büros in Teheran ein und wollen nicht nur in die Öl- und Gasfelder des Iran investieren, sondern ziehen auch Optionen für Exportrouten aus Zentralasien in Betracht. Unterdessen hat Washington die westlichen Konzerne und die zentralasiatischen Staatchefs unter Druck gesetzt, um zu verhindern, dass der Iran eine große Pipeline-Route quer durch Kasachstan und Turkmenistan nach Süden zu iranischen Häfen am Golf baut. Aber es ist nur eine Frage der Zeit, bis die Pipeline gebaut wird. Die Kosten für den Bau längerer Pipelines bis zur Türkei oder nach China lassen die iranische Alternative immer attraktiver erscheinen. In der Zwischenzeit hat der Iran bereits erfolgreich ein Tauschgeschäft eingefädelt: Zentralasiatisches Öl wird an iranische Häfen am Kaspischen Meer geliefert und in der Industrie des Landes weiterverarbeitet, im Gegenzug überschreibt Teheran den zentralasiatischen Staaten iranisches Öl in der Nähe von Häfen am Golf, das sie auf dem internationalen Markt verkaufen dürfen. Wie die Vereinigten Staaten die Versuche des Iran abgeblockt haben, Pipelines in Zentralasien zu bauen, so hat der Iran auch US-Konzerne von der Region ferngehalten. Beispielsweise blockierte er die geplante Gaspipeline des US-Konzerns Unocal von Turkmenistan nach Pakistan.

Die Zurückhaltung des Iran in Zentralasien betrifft nicht nur die Wirtschaft. Die pragmatischen Mullahs erkannten schon bald, dass sie mit ihrer schiitischen Ideologie im sunnitischen Zentralasien auf taube Ohren stoßen würden. Notgedrungen hat Teheran deshalb seine ideologischen Ziele in dieser Region zurückgestellt und knüpft zwischenstaatliche und Handelsbeziehungen, statt die Revolutionäre Garde zu schicken und die islamische Revolution zu propagieren. Anders als im Nahen Osten hebt der Iran in keinem der Länder Zentralasiens die Besonderheiten oder Vorzüge des schiitischen Glaubens oder der islamischen Revolution hervor. Das zweite wichtige strategische Ziel des Iran, das sich ebenfalls mit Russlands Interessen deckt, lautet im Grunde: die Ausbreitung des radikalen sunnitischen Islamismus – beispielsweise der Taliban in Afghanistan, der IMU in Usbekistan oder der sunnitischen Extremisten in Pakistan – zu stoppen.

Moderne sunnitische Extremisten weigern sich sogar anzuerkennen, dass der Schiismus ein legitimer Zweig des Islam ist, und beschimpfen Schiiten als *kafirs*, Ungläubige. In dem neuen Weltbild sunnitischer Dschihad-Ideologen, das auf den Wahhabismus und Deobandismus zurückgeht, folgt der Iran auf der Liste der bösen Mächte gleich hinter den Vereinigten Staaten und Russland. Der Iran hat zwar darauf verzichtet, andere Muslime zum Übertritt zu bewegen, fühlt sich aber verpflichtet, auf solche Angriffe zu antworten, weil er sich als Schutzmacht der Schiiten in aller Welt betrachtet. Folglich hat der Iran scharf gegen die wiederholten Massaker an Schiiten in Pakistan durch sunnitische Extremisten und in Afghanistan durch die Taliban protestiert. Pakistan wurde verurteilt und die Grenze zu dem von den Taliban beherrschten Afghanistan zeitweise geschlossen. Auch Russland hat immens davon profitiert, dass es einen verlässlichen, ungefährlichen Bündnispartner im Lager des radikalen Islamismus hatte, auch wenn er der Minderheit, den Schiiten, angehört.

Irans Beziehungen zu Usbekistan sind von zentraler Bedeutung für seine Gesamtstellung in Zentralasien und haben in jüngster Zeit starken Schwankungen unterlegen. Präsident Karimow brach an einem Tag die Beziehungen zu Teheran ab und nahm sie am nächsten schon wieder auf. Karimow misstraut dem Iran, aber die Türkei und Pakistan gefallen ihm auch nicht besser. Er kann es sich nicht leisten, am Südrand Usbekistans so viele Feinde gleichzeitig zu haben. Der Iran brüskierte seinerseits Usbekistan immer wieder, indem er etwa Interviews mit IMU-Führern auf seinen persischen und usbekischen Rundfunksendern sendete. Mitte der neunziger Jahre trafen sich iranische Geheimdienstagenten mit Juldaschew in der Hoffnung, die IMU unter Hinweis auf ihre ethnisch usbekischen Ursprünge für die Anti-Taliban- und Anti-Pakistan-Politik des Iran zu gewinnen – sie vielleicht sogar zu einem künftigen Stellvertreter des Iran in Zentralasien zu machen. Auch wenn einige usbekische Regierungsvertreter der Ansicht sind, dass die IMU Finanzhilfe vom iranischen Geheimdienst annahm, verbündete sich die Organisation mit den Taliban, mit dem sunnitischen Extremismus und den Feinden der Schiiten. Zuletzt war der Iran einer der Hauptlieferanten von Waffen und Munition für die Nordallianz. Teherans Bereitschaft, sich gegen die Taliban zu stellen, hat die Wertschätzung des Iran in den Hauptstädten Zentralasiens gesteigert.

Türkei: Panturkische Bündnisse schmieden

Die Beziehungen der Türkei zu Zentralasien waren ähnlich schwierig. Im Jahr 1991 hegte die Türkei die große Hoffnung, zur einflussreichsten Macht in der Region aufzusteigen, weil die Türken ethnisch und sprachlich mit den Völkern Zentralasiens verwandt sind. Türkische Internationalisten träumten von einem zusammenhängenden turksprachigen Block, der sich vom Mittelmeer bis nach China erstreckt. Der alte Traum vom Panturkismus lebte zum ersten Mal wieder auf, seit Kemal Atatürk das Osmanische Reich 1924 abgeschafft und aus der Türkei einen weltlichen Staat gemacht hatte, der sich eher nach Europa als nach Asien orientierte. Die Türkei wurde sogar von den Vereinigten Staaten und der NATO unterstützt, die es gern gesehen hätten, wenn Zentralasien das türkische Modell eines prowestlichen, kapitalistischen und säkularen Staates übernommen hätte. US-Diplomaten ermunterten zentralasiatische Staatschefs, dem türkischen Beispiel zu folgen, und empfahlen ihnen, in die Türkei zu reisen und sich ein Bild von der Blüte eines weltlichen muslimischen Staates zu machen. Zugleich drängten sie amerikanische Unternehmen, sich türkische Geschäftspartner zu suchen und ihnen beim Vorstoß in die zentralasiatischen Märkte zu helfen.

Eine gewisse Zeit lang hatte man auch den Eindruck, als würden die zentralasiatischen Staatschefs die Türkei als Modell akzeptieren. Denn der Türkei ist es gelungen, ein reicher, westlich orientierter und säkularer Staat zu werden, ohne dabei die islamische und türkische Identität zu verlieren. Eine Verbesserung der Beziehungen zur Türkei schien der natürliche Weg zu sein, den Frieden im Land zu erhalten, wo die Öffentlichkeit zunehmend von der Türkei fasziniert war und über Satellit türkisches Fernsehen ausgestrahlt wurde. Tausende von zentralasiatischen Studenten kamen über türkische Stipendien und Ausbildungsprogramme in die Türkei. Bereits im Dezember 1992, nur ein Jahr nach der Unabhängigkeit, hatte Zentralasien türkische Darlehen, Handelskredite und Joint Ventures mit der türkischen Privatwirtschaft in Höhe von 1,2 Milliarden Dollar erhalten. Türkische muslimische Führer begannen mit dem Bau staatlicher Madrassas und Schulen in Zentralasien, die den türkischen Islam lehrten und islamischen Radikalismus ablehnten. Aber wenig später wurde die Türkei von einer Reihe politischer und wirtschaftlicher Krisen erschüttert, und der radikale politische Islam hatte selbst innerhalb der türkischen Gesellschaft größeren Zulauf. Die Vorstellungen des Panturkismus erhielten jetzt einen radikalislamischen Beiklang, der die Staatschefs Zentralasiens abschreckte.

Aber die Türkei hat in Zentralasien schon immer mit beiden Seiten zusammengearbeitet. Der türkische Geheimdienst stand in engem Kontakt zu zentralasiatischen Oppositionsbewegungen und gewährte Anführern Zuflucht, die aus Turkmenistan oder Usbekistan fliehen mussten. Im Jahr 1999 schloss die usbekische Regierung eine Reihe türkischer Schulen, die von dem Sufi-Priester Fetullah Gulen geleitet wurden. Man warf ihm vor, dass er radikale islamische Gruppen und die verbotene Oppositionspartei Erk unterstütze. Anführer der IMU reisten Mitte der neunziger Jahre in die Türkei, weil sie Finanzhilfen brauchten und sie auch erhielten. Da die Türkei auch den afghanischen Usbekenführer Rashid Dostum gegen die Taliban unterstützte, appellierte die IMU stärker an den Geist des Panturkismus als an den islamischen Fundamentalismus. Die Türkei half der IMU anfangs, einerseits um sich alle Optionen offen zu halten, andererseits um die Aktivität der IMU zu beobachten. Die türkische Unterstützung wurde jedoch eingestellt, nachdem die IMU sich mit den Taliban und Osama Bin Laden verbündet hatte. Es gibt Meldungen, dass in letzter Zeit türkische Islamisten in Afghanistan aufgetaucht seien.

Inzwischen betrachtet die Türkei die IMU als eine Gefahr für Zentralasien und bemüht sich darum, die Beziehungen zu Usbekistan wieder aufzunehmen. Sie leistet Militärhilfe und bietet usbekischen und kirgisischen Offizieren eine Ausbildung in türkischen Militärschulen an. Verärgert jedoch reagierte die Türkei auf das Ausbleiben politischer und wirtschaftlicher Reformen in den zentralasiatischen Republiken und auf die repressive Politik der Staatschefs. Die türkische Privatwirtschaft hat ihre Investitionen in Zentralasien nicht nur wegen der Wirtschaftskrise in der Türkei zurückgefahren, sondern auch, weil ihnen die Investitionen in Anbetracht ausbleibender Reformen und mangelnder Transparenz beim Geschäftsverhalten und bei der Vergabe von Aufträgen zu unsicher sind.

Das türkische Engagement in Zentralasien nahm in den letzten Jahren aus mehreren Gründen ab: wegen der wirtschaftlichen und politischen Krise in der Türkei selbst, wegen der fehlenden Bereitschaft der zentralasiatischen Staatschefs, Reformen einzuleiten, und wegen der Rivalität der sechs Länder untereinander. Die türkische Regierung hätte gern einen gemeinsamen Markt gegründet und gemeinsame Sicherheitsverträge mit den zentralasiatischen Staaten abgeschlossen, aber diese Projekte sind an der Rivalität der Staatschefs untereinander gescheitert. Die Türkei bleibt aber eine wichtige Macht in Zentralasien, weil seine und die Bevölkerung Zentralasiens eng miteinander verwandt sind und weil sie für weltliche und demokratische Gruppen in Zentralasien einen politischen Modellcharakter hat. Zudem genießt sie die Unterstützung der Vereinigten Staaten, der NATO und Israels, die allesamt die Türkei zu einem stärkeren Engagement in der Region ermuntern. Aber solange in Zentralasien keine neue Generation von Politikern an die Macht kommt, die das türkische Modell positiver beurteilen – vielleicht sogar versuchen, es nachzuahmen –, ist die Türkei nicht imstande, Stabilität in der Region zu schaffen.

Saudi-Arabien: Verbreitung des Wahhabismus

Saudi-Arabien hat die zwischenstaatlichen Beziehungen zu Zentralasien vernachlässigt. Stattdessen hat es die Regierung saudischen Wohltätigkeitsorganisationen und Gruppierungen, die den Wahhabismus propagieren, gestattet, islamische Gruppen, Moscheen und Madrassas zu finanzieren und Menschen zu unterstützen, die zur alljährlichen Pilgerreise *(hadsch)* nach Mekka zogen. Islamische Wohltätigkeitsorganisationen haben Zentralasien mit Missionaren, Stipendien und islamischer Literatur eingedeckt, darunter auch Millionen von Koran-Exemplaren in den Landessprachen. Doch die saudische Großzügigkeit hatte ihren Preis, denn die Saudis trachteten danach, die Bewohner Zentralasiens zu ihrer eigenen radikalen Lehre des Wahhabismus zu bekehren. Abgesehen davon hat Saudi-Arabien trotz seines Ölreichtums relativ wenig in der Region investiert, auch wenn einige kleinere Ölgesellschaften in saudischem Besitz an dem Pipeline-Projekt quer durch Afghanistan beteiligt waren. Anfangs sahen die Saudis ihre Aufgabe in Zentralasien darin, die Menschen wieder für den Islam (möglichst für den Wahhabismus) zu gewinnen, statt wirtschaftliche, politische oder Handelsbeziehungen anzuknüpfen. Diese Politik hat sich als kurzsichtig, ja, gefährlich für Saudi-Arabien erwiesen: Die von den Saudis finanzierten Gruppen schlossen sich mittlerweile Bin Laden an, dem Feind des saudischen Königshauses. Die zentralasiatischen Regierungen hingegen sind außerordentlich kritisch gegenüber dem Land geworden und sehen in den Saudis mittlerweile eher eine Gefahr für die Stabilität als einen Verbündeten. Durchweg haben die Saudis die extremistischsten islamischen Gruppen der Region unterstützt. Das begann schon in den achtziger Jahren mit der Finanzierung der Partei Hekmatjars,

274

Hizb-i-Islami, in Afghanistan. Außerdem unterstützten sie die Taliban bis 1996, als sie sich wegen Bin Laden mit ihnen überwarfen. Während des Bürgerkriegs in Tadschikistan ließen die Saudis auch der Partei der Islamischen Wiedergeburt Gelder zukommen, um eine Annäherung an den Iran zu verhindern. Das saudische Regime hat zudem nie einen Versuch unternommen, die reichlichen Spenden von saudisch-usbekischen Geschäftsleuten in Mekka und Medina an die Islamische Bewegung Usbekistans zu stoppen (siehe Kapitel 6 und 7). Viele große und reiche Wohltätigkeitsorganisationen, die unter den Geldgebern ganz oben rangieren, werden von den Wahhabi-Ulema kontrolliert. Das Königshaus mischt sich nicht gern in deren Angelegenheiten ein, weil es sehr empfindlich auf jede Kritik seitens der Ulema reagiert.

Die Diplomatie des Landes basierte traditionell darauf, dass es potenzielle Gegner einfach kaufen konnte, wie etwa die radikaleren Palästinensergruppen im Nahen Osten und andere islamische Gruppen im Sudan und am Golf. In den achtziger Jahren ermunterte die Regierung saudische Dissidenten, an weit entfernten Orten wie Afghanistan zu kämpfen, und hielt sie so davon ab, im eigenen Land Unruhe zu schüren. Aber heute stellen mehrere tausend Saudis, die für die Taliban, die IMU und die tschetschenischen Rebellen kämpften, eine ernste Bedrohung der nationalen Sicherheit dar. Diese radikalisierten Saudis sind jetzt entschlossen, die Königsfamilie zu stürzen, und haben sich Bin Laden zugewandt. Saudi-Arabien droht, ein zweites Algerien zu werden, in das in den neunziger Jahren Hunderte von Kämpfern aus Afghanistan zurückkehrten, um im eigenen Land Bürgerkrieg zu führen. Die saudische Außenpolitik basiert in der Regel auf persönlichen Beziehungen und steht unter der Schirmherrschaft einheimischer Gruppen wie der Ulema. Deshalb ist es beinah unmöglich, eine kohärente nationale Sicherheitspolitik zu entwerfen. Die Saudis haben niemals eine klare Außenpolitik gegenüber Afghanistan und Zentralasien entwickelt, ein Versäumnis, das die Vereinigten Staaten und andere westliche Nationen schwer enttäuscht hat. Weil sie aber auf saudisches Öl, lukrative Waffenaufträge und das

Wohlwollen angewiesen sind, haben sich westliche Nationen, vor allem die Vereinigten Staaten, geweigert, Saudi-Arabien zu einem Kurswechsel in der Politik zu drängen. So kam es, dass zur gleichen Zeit, als die Vereinigten Staaten die Armeen Zentralasiens aufrüsteten, ihr wichtigster Bündnispartner in der muslimischen Welt, Saudi-Arabien, weiterhin Spenden saudischer Staatsbürger an die IMU duldete.

Das änderte sich jedoch schlagartig nach dem 11. September. Von den 19 Selbstmordattentätern, die Flugzeuge in das World Trade Center und das Pentagon flogen und das vierte, abgestürzte Flugzeug entführten, waren 15 saudische Staatsbürger. Die saudische Regierung sagte zwar sofort ihre Unterstützung für den Kampf gegen den Terrorismus unter Führung der USA zu, weigerte sich aber, Stützpunkte für US-Streitkräfte zur Verfügung zu stellen oder mit dem FBI bei der Untersuchung der Herkunft der saudischen Terroristen zusammenzuarbeiten. US-Politiker und Medien äußerten sich zunehmend kritisch über Saudi-Arabien. Einige Regierungsvertreter kritisierten, dass die Saudis die Finanzierung der Taliban und sogar al-Qaidas durch saudische Wohltätigkeitsorganisationen nicht konsequent unterbanden. Seit die Vereinigten Staaten damit begannen, Listen der terroristischen Vereinigungen und Organisationen zu veröffentlichen, die Bin Laden finanziell unterstützten – darunter etliche saudische –, sah sich das Regime gezwungen, die Tätigkeit dieser Organisationen und anderer Geschäftsleute, Spender der IMU, genau zu überwachen. Das könnte dazu führen, dass die Regierung endlich scharf gegen diese Geldquellen vorgeht.

Eine neue muslimische Partnerschaft?

Auch andere arabische Staaten am Persischen Golf haben versucht, radikalislamische Gruppen zu kaufen, indem sie private Spenden an sie duldeten oder ihnen Einrichtungen in ihren Häfen und Städten zur Verfügung stellten. Die Taliban, Bin Laden und die IMU haben diese Städte als Dreh- und Angelpunkte für den Drogenschmuggel, den Schmuggel von Konsumgütern und Waffen, Geldwäsche und andere kriminelle Machenschaften genutzt. Der Freihafen von Dubai in den Vereinigten Arabischen Emiraten ist zu einem Zentrum dieser Machenschaften geworden. Laut westlichen Geheimdiensten gilt Dubai weltweit als wichtigstes Bank- und Geldwäschezentrum für islamische Extremistengruppen.[5] Aber weder die Vereinten Nationen noch die westlichen Länder haben jemals versucht, die Lage in Dubai zu kontrollieren, obwohl der UN-Sicherheitsrat im Januar 2001 Sanktionen und ein Waffenembargo gegen die Taliban verhängte und die Vereinigten Staaten vor Ort eine große Zahl Truppen stationiert haben. Dubai, und nicht Peschawar oder Karatschi, wurde zum Zentrum der IMU und der Taliban, in dem sie ihre Spenden sammelten und sich Waffen beschafften.

Auch die Rolle multilateraler islamischer Organisationen in Zentralasien war kein Ruhmesblatt. Die Organisation der islamischen Konferenz (OIC), die wichtigste Organisation, der 55 muslimische Länder angehören, hat wenig unternommen, um die Spannungen in Zentralasien abzubauen oder zwischen der usbekischen Regierung und der IMU zu vermitteln. Auch zwischen den Kriegsparteien in Afghanistan hat sie nicht vermittelt. Die von den arabischen Golf-Staaten dominierte OIC, die wegen der Streitigkeiten innerhalb der muslimischen Welt gespalten ist, hat sich in den Gebieten als nutzlos erwiesen, wo sie dringend benötigt worden wäre. Zentralasiens muslimische Nachbarn haben immer schon rivalisierende außenpolitische Ziele oder aber Ziele verfolgt, die von den islamischen Extremisten im eigenen Land vorgegeben wurden. Das hat sie wiederum daran gehindert, in der Region konstruktive Aufbauarbeit zu leisten. Wenn die islamische Welt Zentralasien nicht aktiv in seinem Bemühen unterstützt, die internen Konflikte zu beenden, und die Investitionen in die wirtschaftliche Entwicklung der Region steigert, werden aus Zentralasien und Afghanistan weiterhin radikale Islamisten hervorgehen. Zu gegebener Zeit werden diese wiederum ihre Aufmerksamkeit den muslimischen

Regimes im eigenen Land zuwenden. Gewiss haben die zentralasiatischen Regime nicht die Notwendigkeit erkannt, ihre eigenen islamischen Organisationen in ihr Staatswesen zu integrieren, aber die übrige muslimische Welt hat ihrerseits nicht die Bedürfnisse Zentralasiens und die unabdingbare Notwendigkeit erkannt, die Region zu stabilisieren. In der neuen Ära, die für die Zeit nach dem Ende das Kriegs in Afghanistan und nach der Entmachtung der Taliban in Aussicht gestellt wird, können die Friedliebenden in der Region nur darauf hoffen, dass die muslimische Welt und Zentralasien diese Fehler erkennen und beseitigen.

Kapitel 10
Eine ungewisse Zukunft

Die wachsende Beliebtheit des militanten Islamismus in Zentralasien ist in erster Linie auf die repressive Haltung der Regime zurückzuführen. Diese Regierungen weigern sich, ihre politische Basis zu erweitern, lehnen selbst die kleinsten demokratischen Reformen ab und lassen keine politische Opposition zu. In Anbetracht der steigenden Armut und Arbeitslosigkeit – und der sinkenden wirtschaftlichen Möglichkeiten – sind die hoch verschuldeten Gesellschaften Zentralasiens anfällig für jede Organisation oder Partei, die Hoffnung auf ein besseres Leben verspricht. Die Regime antworten mit verschärfter Repression und betrachten nicht nur den militanten Islamismus, sondern jede Ausübung des Islam als eine Bedrohung ihrer Macht. Eine derartige Kurzsichtigkeit hat lediglich den Rückhalt für noch radikalere islamische Gruppen gestärkt.

Die größte Gefahr für Zentralasiens Stabilität ging zwar vermutlich von dem langjährigen Bürgerkrieg in Afghanistan aus, doch die Probleme innerhalb der Region wurden durch die Zunahme des islamischen Extremismus und Terrorismus um Osama Bin Laden und seine Araber-Afghanen noch verschärft. Letztere hatten beträchtlichen Einfluss auf die Taliban, die Islamische Bewegung Usbekistans und islamische Dschihad-Gruppen in Pakistan. Bin Laden ermunterte die Taliban dazu, eine panislamische Ideologie zu übernehmen. Beispielsweise hatte er maßgeblich Anteil daran, die Taliban dazu zu überreden, der IMU 1999 Unterschlupf zu gewähren. Abgesehen von seiner finanziellen Unterstützung für die IMU hat er andere zentralasiatische Kämpfer in seine eigene Gruppe al-Qaida aufgenommen. Das globale Netzwerk al-Qaidas, das laut US-Geheimdiensten in 34 Ländern Mitarbeiter und Zellen unterhält, bringt die zentralasiatischen Radikalen mit der Politik des weltweiten radikalen Islamismus in Berührung. Es bietet den Gruppen finanzielle sowie militärische Unterstützung und hilft ihnen, heimlich die betreffenden Staaten zu bereisen.

All diese Gruppen profitierten von dem Drogenhandel aus Afghanistan, an dem Bin Laden in großem Umfang beteiligt war. In den achtziger Jahren waren die Drogenexportwege ausschließlich auf Pakistan beschränkt; inzwischen verlaufen sie durch den Iran, China, die zentralasiatischen Staaten und über den arabischen Golf. Kontrolliert werden sie von pakistanischen, afghanischen, arabischen, tschetschenischen und zentralasiatischen Verbrecherorganisationen. Mit Drogen werden politische Aktivitäten finanziert, mit Drogen werden Waffen bezahlt. Sie sind zur Zeit das wichtigste Standbein der IMU und anderer radikalislamischer Bewegungen.

Unterdessen hatten die regionalen Konflikte in Zentralasien ein wirtschaftliches Chaos zur Folge, weil sich extremistische Gruppen und das organisierte Verbrechen über den Krieg selbst erhalten. Ihre Armeen sind angewiesen auf militärische Stützpunkte, Unterschlupfmöglichkeiten und kriminelle Geschäfte, die zwar weit entfernt abgeschlossen werden, aber dennoch die eigenen Länder unterminieren. »Die Schwächung der Grenzen und der Verwaltungskapazität im Verein mit der Mobilisierung transnationaler Netzwerke und der Organisation transnationaler bewaffneter Gruppen schaffen ideale Voraussetzungen für das Gedeihen einer Schmuggel- und Kriegswirtschaft, die auf Plünderung, Schmuggel oder illegalem Handel mit Drogen, Waffen oder sogar Menschen beruht. Diese wirtschaftliche Aktivität schafft ein Interesse daran, dass das Netzwerk aus schwachen Staaten und Konflikten, das die Gewinne überhaupt ermöglicht, weiter Bestand hat«, bemerkte Barnett Rubin.[1] Armut, organisiertes Verbrechen und Drogenhandel bringen außerdem unvorhergesehene Probleme mit sich. Das Internationale Komitee zur Bekämpfung von Aids (International Committee for Combating Aids) meldet, dass in den fünf zentralasiatischen Republiken schätzungsweise bereits 300 000 Menschen mit dem HIV-Virus infiziert sind und dass die Wahrscheinlichkeit für eine große Epidemie steigt, wenn der Drogenkonsum zunimmt und immer mehr Süchtige gebrauchte Nadeln benutzen.[2]

Als der Sommer 2001 seinem Ende zuging und Zentralasien eine weitere Offensive der IMU erwartete, schien die internationale Gemeinschaft zum ersten Mal zu erkennen, welche globale Gefahr von der Krise in ganz Zentralasien ausging. Auf den Korridoren der NATO, der Europäischen Union, des Weißen Hauses unter Bush, der chinesischen und der japanischen Regierung wurden Erklärungen abgegeben, Berichte veröffentlicht, und es wurde davor gewarnt, dass die Konflikte in Zentralasien und Afghanistan sowie die Gefahr des internationalen Terrorismus ein Risiko für die weltweite Sicherheit und Stabilität darstellten. Anthony Lake, der ehemalige nationale Sicherheitsberater von US-Präsident Clinton, hat eine Studie über sechs Krisenherde veröffentlicht, die den Weltfrieden gefährden. Er zählte das Fergana-Tal zu den drei weltweit »heißesten Gefahrenzonen« der Zukunft. »Religiöse Fanatiker mit Stützpunkten in Afghanistan haben begonnen, sich über ganz Zentralasien und den Kaukasus auszubreiten, und rechnen damit, dass radikale Appelle wegen der wirtschaftlichen Not noch mehr Zulauf haben werden«, warnte er. Die Internationale Krisengruppe mit Sitz in Brüssel erklärte ähnlich unheilvoll: »Die Lage [in Zentralasien] ist für die große Mehrheit der Bevölkerung so aussichtslos, dass die Geduld allmählich zu Ende ist und die Unruhe drastisch zunimmt. ... Es besteht die Wahrscheinlichkeit, dass die bittere Armut – im Verein mit Verzweiflung und Wut über die wuchernde Korruption, repressive Maßnahmen und das Versagen der Regierung, die lokalen Sorgen zu beheben – örtliche Unruhen ausbrechen lässt, die sich zu einem größeren regionalen Konflikt ausweiten könnten.«[3]

Die *New York Times* warnte im August 2001 als erste der großen US-Medien vor einer drohenden Krise: »Die Regierungen [Zentralasiens] behaupten, dass sie stabilisierende Kräfte seien, aber gerade ihre Repression schürt die Instabilität. Usbekistan ist führend, wenn es darum geht, massiv alle Formen des Islam in der gesamten Region zu unterbinden, die nicht staatlich kontrolliert sind – eine Repression, die ganze Dörfer in die Opposition treibt und die Religion in den Untergrund zwingt ... Wenn in Zentralasien eine Taliban-ähnliche Gefahr droht, so nur deshalb, weil die Diktaturen unbeabsichtigt geholfen haben, sie heraufzubeschwören.«[4]

Vor dem 11. September 2001 fiel es den autoritären Herrschern der Region jedoch leicht, die internationale Gemeinschaft zu täuschen, indem sie die drohende Gefahr aufbauschten oder die zahlreichen Konflikte gegeneinander ausspielten, wie beispielsweise Pakistan, Usbekistan und Russland. Selbst als die usbekische Regierung mehr Waffen forderte, um die nationale Sicherheit zu stärken, bestritt sie hartnäckig, dass die IMU eine ernste politische oder militärische Gefahr darstellte. Dabei versäumte es die Regierung außerdem, die wirtschaftlichen Ursachen für den Konflikt zu beseitigen. Während Pakistan vorgab, als Vermittler zwischen den Taliban, der IMU und der internationalen Gemeinschaft aufzutreten, unterstützte es gleichzeitig die bewaffneten Gruppen in seinem Kräftemessen mit Indien und dem Iran. Saudi-Arabien erklärte gegenüber der internationalen Gemeinschaft, dass es mit dem Konflikt in Zentralasien nichts zu tun habe und auch nicht hineingezogen werden wolle, während es zugleich seine extremistische Wahhabi-Ulema drängte, die Taliban und die IMU weiter finanziell zu unterstützen. Moskau hat ein noch schändlicheres Spiel gespielt: Russland agierte auf der einen Ebene als die verantwortliche Supermacht und half bei der Bekämpfung von Freischärler-Einfällen, aber zugleich hielt es die Konflikte am Laufen, indem es Waffen lieferte und die staatliche Repression billigte. Außerdem wird Moskau verdächtigt, verdeckte geheimdienstliche Kontakte zur IMU zu haben.

Dieses komplexe Szenario fand sich in noch stärkeren Verflechtungen in jeder einzelnen Republik wieder. Beispielsweise setzten in Tadschikistan die PIW-Minister in der Koalitionsregierung ihre Beziehungen zur IMU fort und ließen ihr sogar Unterstützung zukommen, um die eigene Machtbasis innerhalb der Koalition zu sichern. Präsident Rachmonows Fraktion hingegen half der

Nordallianz in ihrem Krieg gegen die Taliban, um ein Druckmittel zu haben und Militärhilfe von Moskau zu erhalten. Also unterstützten beide Seiten externe Kräfte, die bedeutungslos – ja sogar schädlich – waren für die wirtschaftliche Entwicklung Tadschikistans, und das nur, weil sie maßgeblichen Einfluss auf die Machtstruktur in Duschanbe hatten.

In Usbekistan war die Lage genauso verworren. Durch das Friedensabkommen in Tadschikistan wurden wichtige politische Akteure aus dem Norden ausgeschlossen, die überwiegend ethnische Usbeken waren. Karimow machte sich diesen Umstand zunutze, indem er diesen Dissidenten Zuflucht und Operationsbasen in Usbekistan gewährte. Selbst als er Anfang des Jahres 2001 begann, diese tadschikischen Flüchtlinge in ihr Heimatland zurückzuschicken, betrachtete er dies als Mittel zu dem Zweck, Unruhe in Tadschikistan zu schüren: Die ethnischen Usbeken würden mit den mehrheitlichen Tadschiken in Konflikt geraten, und allein ihre Zahl würde die zerbrechliche Wirtschaft des Landes erheblich belasten. Indem Karimow den usbekischen Feldherrn Machmud Chudoiberdijew und seine Männer in Taschkent zurückhielt, konnte er Druck auf Tadschikistan und Russland ausüben. Von beiden Ländern wurde angenommen, dass sie heimlich die IMU unterstützten. »Das falsche Verhalten des Karimow-Regimes untergräbt mittlerweile direkt die regionale Stabilität, indem es den Rückhalt für den bewaffneten islamischen Extremismus stärkt und eine schwerwiegende wirtschaftliche Verschiebung und zunehmende Spannungen zwischen benachbarten Staaten verursacht«, stellte die Internationale Krisengruppe fest. Der chinesische Präsident Jiang Zemin gab seinen Nachbarn den Rat: »Kein Land kann seine eigene Sicherheit stärken, indem es grundlegende Sicherheitsinteressen eines anderen verletzt.«[5] Jiang befürchtete jedoch, dass genau das zur gleichen Zeit an Chinas Westgrenze geschah, weil sowohl die Taliban wie auch die IMU Uiguren ausbildeten, um einen Aufstand in der Provinz Xinjiang zu schüren. Notgedrungen ist China zu einer wichtigen Macht in Zentralasien geworden.

Mangelte es bereits den zentralasiatischen Republiken, China und Russland an einer umfassenden Strategie, um diese Probleme in den Griff zu bekommen, so erging es den Vereinigten Staaten und anderen westlichen Ländern nicht besser. Die Politik der Regierung Clinton, den repressiven Regimen beim Kampf gegen den Terrorismus zu helfen, sie aber wegen ihrer Menschenrechtsverletzungen nur milde zurechtzuweisen, war noch lang keine strategische Vision für die Region. Dazu wäre es nötig gewesen, Militärhilfe mit wirtschaftlicher Hilfe und wirtschaftlichen Anreizen zu verknüpfen. Auf die Regime hätte massiver Druck ausgeübt werden müssen, die Volkswirtschaften und die politischen Systeme zu liberalisieren. Zugleich hätte schon damals internationale Unterstützung mobilisiert werden müssen, um den Krieg in Afghanistan zu beenden. Der Westen brauchte eine Strategie, die die Region in ihrer Gesamtheit und nicht als eine Vielzahl lokaler Probleme ins Auge fasste.

Beispielsweise hätte der Westen sich nicht am Kampf gegen die IMU beteiligen dürfen, ohne die sich zuspitzende Lage in Afghanistan zu berücksichtigen. Auch der Tatsache, dass Tausende von militanten Kaschmiris und Pakistanis gemeinsam mit der IMU im Land trainiert hatten, musste Rechnung getragen werden. Für das ungeschulte westliche Auge mag die Region wie ein Patchwork aus mehreren Staaten, ethnischen Gruppen und Interessen erscheinen, aber die Konflikte brachten eine zunehmende Einigkeit unter den Rebellen und eine gemeinsame Zielstrebigkeit an den Tag. Die verschiedenen Kämpfer halfen sich gegenseitig und wurden in militärischer und ideologischer Hinsicht immer enger miteinander verflochten. Pakistanische Anti-Schiiten schlossen sich den Taliban und der IMU an, um sich als »Dschihad-Kämpfer« zu präsentieren, die IMU wiederum kämpfte für die Taliban, und Bin Ladens Araber kämpften für alle.

Statt eine strategische Vision auszuarbeiten, haben westliche Politiker wichtige Faktoren ausgeklammert und sich im Wesentlichen auf zwei Elemente konzentriert, die, so hofften sie zumindest, die Stabilität in der Region stärken sollten: auf den Aufbau der zentralasiatischen Streitkräfte zur Bekämpfung der Unruhen und auf die Nutzung der Energieressourcen, darunter der Bau neuer Pipelines, um den Regimes wirtschaftliche Anreize zu bieten, die soziale Lage im Land zu verbessern. Dabei hatte die Militärhilfe eindeutig Vorrang und wurde rasch zu einem großen internationalen Projekt.

Wie die anderen GUS-Staaten und sogar Russland litten die zentralasiatischen Staaten infolge der dahinsiechenden Wirtschaft unter einer dramatischen Verschlechterung ihrer militärischen Schlagkraft. Die aus den Zeiten der Sowjetunion übernommenen Flugzeuge, Panzer und Geschütze waren bereits schrottreif, und ein großer Teil der schweren Waffen war nicht einsatzfähig, als die IMU im Jahr 1999 zum ersten Mal zuschlug. Die Armeeoffiziere, darunter viele ethnische Russen, waren für die Aufstandsbekämpfung nicht ausgebildet worden, zudem hatte die Kampfmoral wegen der schlechten Bezahlung und Unterkunft, der fehlenden Aufstiegsmöglichkeiten und der Korruption einen Tiefstand erreicht. Die Streitkräfte aller Republiken setzen sich aus Wehrpflichtigen und nicht aus freiwilligen Berufssoldaten zusammen. Das Ausbildungsniveau, die Motivation und die Professionalität lassen zu wünschen übrig, dafür ist die Quote der Deserteure hoch, weil Soldaten Beschimpfungen, Zwangsarbeit, schlechtes Essen und Krankheiten ertragen müssen. In jüngster Zeit haben Russland und die Vereinigten Staaten eine umfassende Weiterbildung für Offiziere und Mannschaften angeboten, und die Vereinigten Staaten halfen bei der Aufstellung von Spezialeinheiten in den usbekischen und kirgisischen Streitkräften nach dem Vorbild der Special Forces der US-Armee. Aber Kampfmoral und -bereitschaft können nicht von heute auf morgen gesteigert werden.

Usbekistan verfügte mit 50 000 Mann und ebenso vielen Reservisten über die größte Armee der Region, zu der auch die 18 000 Soldaten des Innenministeriums und 1000 Mann der Nationalgarde zählten.[6] Doch die usbekischen Truppen erwiesen sich bei den IMU-Offensiven im Jahr 2000 als außerordentlich unfähig, als sie mehrmals ahnungslos der IMU in die Falle gingen. Außerdem stehen die usbekischen Streitkräfte wegen der langen Grenze des

Landes (zu allen zentralasiatischen Republiken und zu Afghanistan) vor einer kaum zu bewältigenden Aufgabe. Die Grenze zu schließen, wie Usbekistan es im Fergana-Tal versuchte, war keine Lösung. Die IMU hat die Grenzwächter mehrmals umgangen und überlistet. Wie die Geschichte schon oft gezeigt hat, sind große Armeen bei der Aufstandsbekämpfung so gut wie nutzlos.

Kirgistan vernachlässigte seine Streitkräfte bis zum Jahr 1999, als die IMU in das Land einfiel. Die Regierung sah sich gezwungen, die Bevölkerung aufzurufen, sich freiwillig zu melden, weil das Ausbildungsniveau und die Moral der Wehrpflichtigen so gering waren. Unter den angeworbenen Soldaten waren Nomaden-Jäger und Spurensucher, die zumindest wussten, wie man mit einer Waffe umging. Von 1999 bis 2001 erhöhte die kirgisische Regierung ihren Verteidigungshaushalt von 14 auf 29 Millionen Dollar – acht Prozent des Bruttoinlandsprodukts. Im Jahr 2001 verfügte Kirgistan über 20 000 Soldaten; 12 000 davon gehörten der regulären Armee an, die übrigen waren auf das Innenministerium, das Verteidigungsministerium und die Nationalgarde aufgeteilt. Kirgistans Luftwaffe zählt etwa 50 Flugzeuge aus der Sowjetzeit, die bis heute wegen fehlender Ersatzteile und anstehender Reparaturen nicht einsatzfähig sind. Allerdings baut die Luftwaffe inzwischen eine kleine Hubschrauberstaffel auf. Die russische Armee unterhält ein Hauptquartier in Kirgistan, das vom Stützpunkt eines russischen Transportbataillons in Osch aus operiert. Ihm gehören über 100 russische Militärberater an, die den kirgisischen Einheiten zur Aufstandsbekämpfung zugeteilt sind. Ironischerweise waren Anfang 2001 die Hotels in Osch auch mit Green Berets überfüllt, Spezialeinheiten der US-Armee, die kirgisische Soldaten durch Kurse zu Kommandounternehmen jagten.

Nach dem Bürgerkrieg in Tadschikistan wurden 1000 Guerillakämpfer der PIW in die reguläre Armee eingegliedert, aber noch im Jahr 2001 zählten die tadschikischen Streitkräfte, die unter ständigem Geldmangel litten, nur 9000 Mann. Die im Land stationierten russischen Truppen waren der Garant für die Sicherheit. Dazu zählten 8200 Mann der 201. motorisierten Schützendivi-

sion, der so genannten Gatschinsker Division, die auf fünf Stützpunkte im ganzen Land verteilt ist, und 14 500 russische Wächter
an der afghanisch-tadschikischen Grenze, die sich vor allem aus
tadschikischen Wehrpflichtigen unter dem Kommando russischer
Offiziere zusammensetzen. Russische Offiziere und Soldaten erhalten, um sie zum Bleiben zu bewegen, ein um 50 Prozent höheres
Gehalt als die Tadschiken. Diese Grenzwächter sind berüchtigt für
ihre Bestechlichkeit. Einige hohe Offiziere waren in den Drogenhandel verwickelt.

Im Jahr 2001 erhöhte Kasachstan seinen Verteidigungshaushalt in
Höhe von 171 Millionen Dollar, oder einem Prozent des BIP, auf
mehr als das Doppelte, um seine Ölfelder vor IMU-Angriffen zu
schützen. Offiziere und Soldaten erhielten eine 30-prozentige Ge-
haltserhöhung. Im Juli 2001 hielt Kasachstan zwölf Tage lang sein
bis dato größtes Manöver in drei südlichen Bezirken ab. Mit amerikanischer Hilfe begann das Land, Kommandotrupps für die Aufstandsbekämpfung auszubilden. Die uralte sowjetische Ausrüstung wurde rasch überholt, die Vereinigten Staaten lieferten neue
Kommunikationsmittel und Ausrüstung für einen Krieg im Gebirge. Kasachstan strukturierte seine Verteidigungsstrategie völlig
um und schuf vier neue Militärbezirke, denen mobile Einheiten
zur Aufstandsbekämpfung zugeteilt wurden. Die kasachischen
Streitkräfte verfügen inzwischen über rund 60 000 Mann.

Im Januar 2001 kündigte Russland an, dass es gemeinsam mit Kasachstan, Kirgistan und Tadschikistan eine schnelle Eingreiftruppe
mit 3000 Mann aufstellen werde. Die Truppe sollte in Tadschikistan an einem neuen Militärstützpunkt stationiert werden, den
Russland von Duschanbe mieten wollte. Aber nur Tadschikistan
schien bereit, eine solche Truppe zu akzeptieren, die auf seinem
Boden unter russischem Befehl operierte. In absehbarer Zukunft
dürfte aus der schnellen Eingreiftruppe nichts werden, abgesehen
von einer willkommenen Tarnung, damit Russlands 201. motori-
sierte Schützendivision unter der Bezeichnung »schnelle Eingreiftruppe« in Duschanbe bleiben darf.

Von der Shanghai-Gruppe wurde ein ähnliches Projekt angeschoben. Im Jahr 2000 beschloss die Fünfergruppe die Gründung eines neuen Zentrums zur Terrorbekämpfung in Bischkek, das die geheimdienstliche Tätigkeit, Truppenaufstellungen und militärische Operationen koordinieren soll. Aber bis heute hat kein einziges der beteiligten Länder die notwendigen Gelder oder Mitarbeiter bereitgestellt. Jeder Staat zieht es immer noch vor, die eigenen Streitkräfte zu unterhalten und zu kontrollieren. Trotz der großen Töne ist es noch ein langer Weg bis zu einer echten militärischen Zusammenarbeit.

Inzwischen ist ausländische Militärhilfe in die Region geflossen (siehe Kapitel 8). Schon vor dem 11. September 2001 stellten die Vereinigten Staaten, China, Israel und die NATO-Länder (im Rahmen des Programms Partnerschaft für den Frieden) Militärhilfe für den Wiederaufbau der zentralasiatischen Streitkräfte zur Verfügung. Der Westen beschränkte sich zwar weitgehend auf die Ausbildung und finanzielle Unterstützung, aber China und Russland schickten auch Waffen. Gewiss ist es nötig, die herabgesetzte militärische Schlagkraft der Armeen Zentralasiens zu verbessern und sie in den modernen Methoden der Aufstandsbekämpfung zu schulen, diese internationale Hilfe war jedoch nicht an wichtige wirtschaftliche und politische Bedingungen geknüpft. Die zentralasiatischen Regime waren nicht gezwungen, ihre Staatssysteme zu reformieren. Es wurde versäumt, parallel zur Militärhilfe umfassende wirtschaftliche Anreize zu bieten (etwa Zusagen, die Auslandsschulden der Regierung zu streichen, oder umfangreiche Geldmittel für die wirtschaftliche Entwicklung). Den Regimes fehlte deshalb jeder Ansporn, neben einer militärischen auch eine sozioökonomische Strategie zu entwickeln.

Gerade die sozioökonomische Hilfe hat sich in der Geschichte als ein maßgeblicher Faktor bei der Aufstandsbekämpfung erwiesen. In einer wohlgenährten Bevölkerung, in der jeder ein Dach über dem Kopf und eine Arbeit hat, würden sich die IMU oder irgendeine andere Terrororganisation schwer tun, neue Rekruten zu finden. Jetzt besteht dazu die Gelegenheit. Das westliche Bündnis hat in Zentralasien Stützpunkte für seinen Krieg gegen den Terrorismus und al-Qaida erhalten. Auch wenn die Vereinigten Staaten die zentral-asiatischen Regime während der Kämpfe gegen die Taliban vermut-lich nicht noch mehr unter Druck setzen wollten, so werden sie jetzt mit Sicherheit großen Einfluss haben und die Regime zu Reformen drängen können – sofern sich die USA dazu durchringen.

Die zweite große westliche Strategie, die dazu beitragen könnte, die Krise in Zentralasien zu entschärfen, umfasst die Nutzung der Ener-gieressourcen Kasachstans, Turkmenistans und Aserbaidschans. Es müssten neue Pipelines gebaut werden, die unabhängig von Russ-land und dem Iran sind, Öl- und Gasexporte aus Zentralasien in den Westen sichern und ausländische Devisen in die Region brin-gen, wo sie zumindest theoretisch der Bevölkerung zugute kommen. Aber bislang ist noch kein Geld aus den Investitionen westlicher Öl-konzerne in Zentralasien bis zu den Massen gelangt. Die ölreichsten Staaten der Region, Aserbaidschan, Kasachstan und Turkmenistan, sind zugleich die korruptesten Regime. Die Politiker dieser Länder haben von amerikanischen Ölkonzernen fette Prämien sowie Rei-sen ins Ausland und teure Geschenke erhalten. All diese Staaten sind trotz ihrer Deviseneinkünfte bei der Auszahlung regulärer Ge-hälter und Renten im Rückstand.

Tatsächlich schüren die Investitionen der westlichen Ölkonzerne nur die sozialen Unruhen, indem sie eine superreiche, korrupte Eli-te hervorbringen. Die wirtschaftliche Ungleichheit und die Kor-ruption werden den Menschen Zentralasiens tagtäglich vor Augen geführt: in Gestalt von Mercedes- und BMW-Limousinen auf den Straßen Bakus und Almatys, schick herausgeputzten Ladys der herrschenden Schicht, die sich in Fünf-Sterne-Hotels einquartie-ren, Designerkleider und protzigen Schmuck tragen, sich eine gro-ße Datscha und einen ausschweifenden Lebensstil leisten, und in Gestalt von Schweizer Bankkonten der Staatschefs mitsamt ihrem Gefolge. Das gleiche Muster ist auch in anderen ölreichen Ländern der Dritten Welt wie Indonesien und Nigeria zu beobachten, in die plötzlich große Geldsummen flossen: Die winzige Elite wird immer reicher, die überwältigende Mehrheit der Bevölkerung hin-gegen immer ärmer, wütender und frustrierter.

An dieser Stelle scheint es angebracht, daran zu erinnern, wie der amerikanische Kommunist John Reed schon vor über 80 Jahren den Bolschewiki Zentralasiens die amerikanische Leidenschaft für Erdöl erklärte:

»Wisst ihr, wie ›Baku‹ auf Amerikanisch heißt? Es heißt ›Erdöl‹. Und der amerikanische Kapitalismus trachtet danach, ein Weltmonopol auf Erdöl zu errichten. Wegen Erdöl wird Blut vergossen. Wegen Erdöl wird ein Kampf geführt, in dem die amerikanischen Banker und die amerikanischen Kapitalisten überall versuchen, Orte zu erobern und Völker zu versklaven, wo Öl gefunden wird. ... Ihr Völker des Ostens, ihr Völker Asiens habt die Herrschaft Amerikas noch nicht am eigenen Leib erfahren.«[7]

Der dreiste und gescheiterte Versuch von Unocal, während des Bürgerkriegs eine Gaspipeline quer durch Afghanistan zu bauen, ist ein Beispiel dafür, dass amerikanische Ölkonzerne sich nach wie vor Konflikte zunutze machen wollen, um ihren Gewinn zu maximieren.

Es wäre jedoch übertrieben, die derzeit einflussreichen Ölkonzerne, die ein gewisses soziales Bewusstsein entwickelt haben, mit dem rohen Kapitalismus der Vergangenheit zu vergleichen, den Reed beschreibt. Heute bauen große Ölkonzerne häufig Schulen, Krankenhäuser und Straßen und führen, wie beispielsweise Chevron in Kasachstan, in den Gebieten, in denen sie nach Öl bohren, Umweltschutzmaßnahmen durch. Die Ölkonzerne fühlen sich aber offenbar nicht verpflichtet, ihren Reichtum und Einfluss dafür einzusetzen, die Regierungen Zentralasiens zur Entwicklung einer umfassenden Strategie zu bewegen. Die Strategie sollte die Konflikt- und Problemlösung zum Ziel haben und sich nicht auf die Aufstellung neuer Regimenter beschränken. Die Erschließung von Zentralasiens Ölreserven und der Bau von Pipelines, die alle Länder durchqueren – auch diejenigen, die kein Öl haben –, sind die wichtigsten Mittel der Vereinigten Staaten und anderer westlicher Länder, die Regime zu sozialen und politischen Reformen zu zwingen. Dieser Hebel ist bislang nie stark genug angesetzt worden. Wenn die Ölgesellschaften meinen, dass sie einfach nur

Pipelines durch ein von Krieg und Elend geplagtes Land legen oder diese Pipelines warten könnten, ohne sich um die sozialen Nöte der Menschen zu kümmern, dann handeln sie unverantwortlich und politisch kurzsichtig.

An die Erdölvorkommen knüpft sich die größte Hoffnung auf grenzübergreifende Zusammenarbeit. Der gegenwärtige Konkurrenzkampf zwischen den Großmächten Russland, China und den Vereinigten Staaten um die Ausbeutung der Energiereserven der Region und den Bau von Pipelines muss in eine Kooperation umgewandelt werden. Russland kann eigentlich keinen amerikanischen Beistand bei der Terrorbekämpfung erwarten, wenn es andererseits US-Ölkonzerne daran hindert, die Region zu erschließen, und den zentralasiatischen Staaten vorschreiben will, welche Route sie für den Export ihrer Energieträger wählen sollen. Chinas Energiebedarf wird im kommenden Jahrzehnt in die Höhe schnellen. Es sollte gemeinsam mit den Vereinigten Staaten und Russland Ölkonsortien gründen, die nicht nur neue Energiequellen finden, sondern auch den zentralasiatischen Regimes demonstrieren, dass sie die Meinungsverschiedenheiten zwischen den großen Mächten nicht länger dazu benutzen können, die dringend notwendigen Reformen im Land zu verschieben.

Folgendes Szenario wäre die schönste Hoffnung für die Region: Nach dem Krieg in Afghanistan und dem Antritt einer stabilen Koalitionsregierung in Kabul sind die Vereinten Nationen – unterstützt von den großen Mächten, den regionalen Regierungen, der Weltbank und den Ölgesellschaften – imstande, den wirtschaftlichen Wiederaufbau in den Ländern Zentralasiens zu beginnen. Pipelines aus dem Herzen Asiens verlaufen quer durch Afghanistan zum Golf und bescheren sowohl den Afghanen als auch den Völkern Zentralasiens Einnahmen, Arbeits- und Ausbildungsplätze und Schulen. Sie würden Afghanistan mit der Außenwelt verbinden und die Aussichten für eine überregionale Zusammenarbeit verbessern. »Pipelines für den Frieden« könnte der neue Slogan der Ölgesellschaften lauten.

Jede umfassende Strategie für die Region muss insbesondere das

Fergana-Tal berücksichtigen, das immer noch unter Usbekistan, Kirgistan und Tadschikistan aufgeteilt ist. Das UN-Entwicklungsprogramm Fergana Valley Development Program, das Fergana-Projekt der Soros-Stiftung und die amerikanische Arbeitsgruppe Fergana Valley Working Group, die vom Zentrum für präventives Handeln (Center for Preventive Action) geleitet wird, haben in ausführlichen Berichten darauf hingewiesen, dass die akuten Probleme des Beckens nur gelöst werden können, wenn es nicht mehr in separate politische und wirtschaftliche Zonen aufgeteilt ist. Es müssen grenzübergreifende Institutionen geschaffen werden, die »die wirtschaftliche Entwicklung und interethnische Zusammenarbeit fördern und ... potenzielle Konflikte überwachen«.[8] Die drei Staaten müssen direkte ausländische Investitionen in dem Tal durch internationale Hilfsorganisationen ermöglichen, die gerade die geografische Gegebenheit nutzen, dass Fergana ein einziges Tal ist, und die ein Erstarken der Landwirtschaft und der Industrie auf der ganzen Fläche zum Ziel haben. Das ist aber nicht möglich, und die zehn Millionen Bewohner können nicht gewinnbringend beschäftigt werden, solange die Regime nicht erkennen, dass Grenzkontrollen, Minenfelder, Stacheldraht und die Sperrung von grenzüberschreitenden Straßen und Bewässerungskanälen jede Art von Entwicklung, insbesondere die industrielle und landwirtschaftliche, behindern.

Wenn Dschuma Namangani davon träumt, das Tal zu erobern, dann betrachtet er es als zusammenhängenden Block und nimmt keine Rücksicht auf die künstliche Aufteilung in mehrere Staaten. Namangani könnte mit seinem Bestreben durchaus Erfolg haben, wenn die Regime das Tal weiterhin als drei separate Einheiten ansehen, die von drei souveränen Staaten regiert werden. Usbekistan vertritt am stärksten diese Haltung. Die Regierung hat es abgelehnt, Hilfsorganisationen wie den Vereinten Nationen, der Soros-Stiftung, ACTED und der Aga-Khan-Stiftung eine grenzüberschreitende Entwicklungsarbeit im ganzen Tal zu erlauben. Gegenwärtig sind all diese Organisationen gezwungen, im tadschikischen und kirgisischen Teil des Tales separate Filialen einzurichten, während es ihnen untersagt ist, den usbekischen Teil zu betreten. Taschkent erklärt öffentlich, dass es keine wirtschaftlichen Probleme im Tal gebe, folglich würden auch die Organisationen nicht benötigt.

In jenen Bereichen aber, zu denen ihnen der Zutritt gestattet ist, initiieren die Hilfsorganisationen elementare und dennoch nützliche Entwicklungsprogramme wie zum Beispiel Kleinkredite. Diese ermöglichen es den Bewohnern, wieder einer Tätigkeit nachzugehen und damit nicht mehr auf wohltätige Organisationen angewiesen zu sein. Überdies haben die Anstrengungen der Hilfsorganisationen bewiesen, dass für einen umfassenden Plan zur Entwicklung des Fergana-Tals keine riesigen Summen nötig sind. Mit einem Gesamtbudget von nur 100 000 Dollar hat ACTED Zehntausenden von Bauern in den kirgisischen Regionen Batken und Fergana über die Vergabe von Kleinkrediten geholfen. Die Bauern erhielten Mittel für den Anbau neuer Getreidesorten, für die Viehwirtschaft und für die Reparatur der Bewässerungssysteme.

Die Tatsache, dass die zentralasiatischen Staaten keinen integrierten Ansatz für die wirtschaftliche Entwicklung verfolgen, erhöht außerdem in der nahen Zukunft die Gefahr eines Kriegs um Wasservorräte. In der Sowjetzeit wurden gewaltige Reservoirs und ein komplexes Bewässerungssystem angelegt, um das Schmelzwasser aus den Gebirgsketten Tadschikistans und Kirgistans aufzufangen und die riesigen Baumwollfelder Zentralasiens zu bewässern. Diese Bewässerungssysteme verliefen von der chinesischen Grenze durchgehend bis zum Ural. Durch die Schaffung neuer Staaten und Grenzkontrollen wurde der Wasserstrom jedoch unterbrochen. Sowohl Kirgistan als auch Tadschikistan haben das Wasser als Druckmittel eingesetzt, um Strafaktionen seitens ihrer Nachbarn zuvorzukommen, beispielsweise als Usbekistan die Gaslieferungen nach Bischkek einstellte und die Kirgisen drohten, die Wasserzufuhr zu Usbekistans Bewässerungskanälen zu stoppen. Laut Angaben der Weltbank hat die Wassermenge in den Bewässerungssystemen in ganz Zentralasien infolge von Wassermangel, des Zusammenbruchs der Bewässerungssysteme und der erpresserischen

Politik der Staaten um 50 Prozent abgenommen. Seit 1991 werden 20 bis 30 Prozent des gesamten fruchtbaren, bewässerten Landes aus Wassermangel nicht mehr genutzt. In Tadschikistan, wo nur 7 Prozent des Landes sich für den Ackerbau eignen, gelangt auf rund 50 Prozent des bewässerten Anbaulandes kein Wasser mehr, weil die Bewässerungskanäle im Bürgerkrieg zerstört wurden.[9]

Soll eine umfassende Friedensstrategie für die Region entwickelt werden, so muss sich auf Tadschikistan das besondere Augenmerk richten. Wenn nämlich ein Land als politisches Modell für die Zukunft Zentralasiens gelten kann, so ist es Tadschikistan. Hier endete ein grausamer Bürgerkrieg mit der Bildung einer Koalitionsregierung, die Islamisten, Neokommunisten und Clanchefs umfasste. Die Islamisten haben die Wahlen verloren, aber sie *waren* bei den Wahlen vertreten und haben ihre Niederlage anerkannt. Zentralasiatische Regime, die gegenwärtig danach trachten, ihre muslimische Bevölkerung zu unterdrücken, sollten dem tadschikischen Beispiel folgen und den Gedanken breit angelegter Regierungsbündnisse fördern, in denen verschiedene Richtungen, politische Parteien und Ansichten vertreten sind.

Aber in Tadschikistan herrscht bittere Armut. Im Jahr 2000 litt das Land unter der schlimmsten Dürre seit 74 Jahren. Die Getreideproduktion sank um 47 Prozent, 1,2 Millionen Menschen oder einem Fünftel der Bevölkerung drohen Hunger und Unterernährung. »Es wäre falsch, sogar gefährlich, die Ernährungskrise als eine allein auf die Dürre zurückzuführende Naturkatastrophe zu betrachten. Hier handelt es sich um einen Notfall mit komplexen politischen und wirtschaftlichen Ursachen«, hieß es in einem Bericht des Internationalen Komitees des Roten Kreuzes (IKRK). Im August 2001 meldete das IKRK, dass die Jahresernte sogar noch um 15 Prozent unter der katastrophalen Ernte von 2000 liegen werde und eine Millionen Menschen zu verhungern drohe, wenn der Westen nicht helfe. »Die Menschen haben die Türen und Fenster ihrer Häuser verkauft, um Lebensmittel zu kaufen, und jetzt haben sie nichts mehr, was sie verkaufen könnten«, sagte

IKRK-Sprecher Roger Bracke. »Wir haben Kinder gesehen, die Rattenlöcher in den Weizenfeldern ausgruben, weil sie nach Getreide suchten, das die Nagetiere für den Winter gehortet hatten.« 65 000 Kinder im Süden Tadschikistans können nicht in die Schule gehen, weil sie keine Schuhe oder Kleider haben.[10]

Die Koalitionsregierung ist offenbar außerstande, mit dieser wirtschaftlichen Not fertig zu werden. Die schwachen staatlichen Institutionen können nicht einmal den Anspruch erheben, das ganze Land zu kontrollieren. Deshalb muss es notgedrungen immer wieder den Gastgeber für die IMU spielen, die zumindest die Bauern bezahlt und die Menschen ernährt, die sich den Freischärlern anschließen. Und weil der Westen das Land in der Vergangenheit ignoriert hat, ist es zu einem Satellitenstaat Russlands geworden, der sicherheits- und wirtschaftspolitisch ganz von Moskau abhängig ist. Durch großzügige westliche Hilfen bei der Reorganisation des Staatsapparats, der Wiederbelebung der Landwirtschaft und beim Wiederaufbau der Wirtschaft könnte nicht allein Tadschikistan stabilisiert werden. Derartige Hilfe würde darüber hinaus den Nachbarländern vor Augen führen, welche Vorteile es hat, der globalen Gemeinschaft beizutreten und sich an internationale Verhaltensregeln und Standards beim Aufbau eines Staates zu halten. Solange die zentralasiatischen Staaten sich nicht anschicken, einige dieser Maßnahmen mit Hilfe der internationalen Gemeinschaft umzusetzen, wird Zentralasien weiter ein Herd der Instabilität bleiben. Terrorismus, militanter Islamismus, Drogenschmuggel, Aids und ethnische Unruhen werden rasant zunehmen. Sprechern des Drogenbekämpfungsprogramms der Vereinten Nationen zufolge hängen rund 30 bis 50 Prozent der Wirtschaftstätigkeit in Tadschikistan vom Drogenschmuggel von Afghanistan aus ab.

Weder die Islamische Bewegung Usbekistans noch die Hizb ut-Tahrir verfügen über die Macht, den Rückhalt oder die militärische Stärke, um in der Region als Sieger hervorzugehen. Ihr gegenwärtiger Erfolg ist in erster Linie der repressiven Politik der zentralasiatischen Staaten zu verdanken, die aus ihren Anhängern

Märtyrer macht, und auf die Inkompetenz, mit der diese repressiven Maßnahmen durchgeführt werden. Auch äußere Faktoren der Instabilität wie der Krieg in Afghanistan spielen eine wichtige Rolle. Die IMU hat eine andere Ideologie, Organisationsform und soziale Basis als die Taliban oder die HT, aber ihre militärische Schlagkraft hat mit der Unterstützung durch die Taliban zugenommen. Ihre Ideologie ist von dem afghanisch-pakistanisch-arabischen Netzwerk geprägt worden, das schon die Taliban mit Rat und Tat unterstützte.

Auch wenn die islamische Ideologie der IMU nicht rein wahhabitisch ist, wie Karimow behauptet, so fußt ihre Vorstellung von einem universalen Dschihad doch stark auf den Lehren der Deobandi und Wahhabi, die aus Pakistan und Saudi-Arabien importiert wurden – Lehren, die mit dem traditionellen Islam Zentralasiens wenig zu tun haben. In Anbetracht der Unfähigkeit der IMU, die Geschichte und Traditionen der Menschen zu berücksichtigen, die sie angeblich mit ihrer extremistischen islamischen Ideologie repräsentiert, dürfte die öffentliche Unterstützung außerhalb des Fergana-Tals begrenzt sein. Auch die HT leitet ihre Ideologie von externen Quellen ab, die den zentralasiatischen Traditionen fremd sind. Ihre Dschihad-Schriften sind für ein globales Publikum geschrieben worden und befassen sich nicht mit den wirklichen Problemen Zentralasiens und seiner Menschen. Überdies werden die Führung und die Hierarchien beider Gruppen geheim gehalten. Diese Anführer können sich nicht als Alternativen zu den Präsidenten Karimow oder Akajew präsentieren, ohne sich zu erkennen zu geben. Dann aber müssen sie Farbe bekennen, was sie den Menschen Zentralasiens wirklich zu bieten haben. Die beste Möglichkeit für die zentralasiatischen Regierungen, den Einfluss dieser Gruppen zu zerstören, wäre, sie ans Tageslicht zu zerren. Die Regierungen sollten die Ausübung des Islam in ihren Ländern gestatten und Reformen durchführen, sodass die Bewegungen anschließend nichts anderes zu bieten hätten als ihre fremdartigen Ideologien.

Unter besseren wirtschaftlichen und sozialen Verhältnissen hätten derartige fundamentalistische Bewegungen geringen Zulauf und wenig Einfluss. Sie würden eine Randerscheinung der islamischen Welt Zentralasiens bleiben, so wie es die HT in vielen anderen muslimischen Ländern ist. Wegen der besonderen Umstände der Krise in Zentralasien rückten die IMU und die HT jedoch in den Mittelpunkt und brachten junge Menschen mit einem eigenartigen Rollenverständnis hervor. Je größer die Gefahr wurde, desto kompromissloser wurden die zentralasiatischen Regime und desto weniger waren sie bereit, sich der dringenden Nöte ihrer Bevölkerung anzunehmen. Während die Enttäuschung und die Wut in der Öffentlichkeit zunehmen, ignorieren die herrschenden Eliten weiterhin die Notwendigkeit eines Wandels. »Ein gescheiterter Staat ist nicht unbedingt ein sterbender Staat, auch wenn er das ebenfalls sein kann. Ein gescheiterter Staat ist ein Staat, in dem ein Scheitern politischer Maßnahmen niemals als ausreichender Grund angesehen wird, sie neu zu überdenken«, warnt der pakistanische Diplomat und Gelehrte Ashraf Jehangir Qazi. Damit könnte Qazi jeden Staat, angefangen mit Pakistan über Afghanistan bis hin zu den zentralasiatischen Republiken, gemeint haben.[11]

Die Krise, die seit den Angriffen vom 11. September 2001 ausgebrochen ist, birgt unzählige Gefahren, aber sie bietet auch eine unschätzbare Gelegenheit für einen Wandel. Indem die zentralasiatischen Staaten der westlichen Allianz gegen al-Qaida beitraten, haben sie sich für den Krieg der internationalen Gemeinschaft gegen Terrorismus und islamischen Extremismus entschieden. Infolgedessen können sie es sich nicht leisten, die langfristigen Konsequenzen ihres Handelns zu ignorieren. Wenn die Allianz unter Führung der USA die Gefahr, die von der IMU ausgeht, erfolgreich beseitigt, dann kann die internationale Gemeinschaft darauf bestehen, dass sich die zentralasiatischen Regime an internationale Standards in Sachen Demokratisierung, wirtschaftliche Entwicklung und soziale Verantwortung halten. Die zentralasiatischen Regime stehen an einem Scheideweg. Sie können die Lehren aus Afghanistan und den Zusammenbruch der afghanischen Staatsmacht ignorieren und zusehen, wie Terrorismus, Instabilität und Hunger in ihrem Land zunehmen wie zuvor in Afghanistan. Oder sie nutzen das neue Engagement der internationalen Gemeinschaft in der Region, um ihre Länder wiederaufzubauen. Die eigentlichen Krisenherde in Zentralasien sind die Staaten, nicht die Aufständischen. Wenn die internationale Gemeinschaft dies endlich erkennt, dann waren die Aussichten für einen wirklichen Frieden in Zentralasien nie besser.

Anhang

RUSSLAND

Orsk

Aktjubinsk

Ural

Atyrau

Astrachan

Aralsee

Kaspisches Meer

Grosny

Nukus

KAUKASUS
Schwarzes
Meer   Tbilisi
GEORGIEN   (Tiflis)

Urgentsch

ARMENIEN   ASERBAID-
             SCHAN

TURKMENISTAN

Jerewàn
(Eriwan)

Baku

Nebit-Dag

WÜSTE KARAKU

TÜRKEI

Karakumkanal

KOPETDAG
Atrek

Aschchabat

Täbris

SYRIEN

ELBURS

Mosul

Teheran

IRAK

Bagdad

IRAN

Persischer Golf

RUSSLAND

Astana

Karaganda

Ust-Kamenogorsk

Baikonur

KASACHSTAN

Aralsk

Balchaschsee

Balchasch

Syrdarja

Ksyl-Orda
(Qyzylorda)

K A R A T A U

Tschu (Shu)

Talas

Bischkek   Almaty

WÜSTE KYSYLKUM   Turkestan

KIRGIS-ALATAU

ALATAU

Tomak

Tschimkent

KIRGISTAN

Talas

T I E N - S C H A N

Karakol

USBEKISTAN

Tasch-
kent

Naryn

Issyk-Kul

Aidarkul

Andischan

Naryn   *KOKSCHAL-TAU*

Serawschan

Osch

Karadarja

Aksay   *Toxkan*

Buchara

Samarkand

Pendschikent

Kysyl-Kija

Sary-Tasch

Kashi (Kashghar)

Yarkanddarja

Karschi

SERAWSCHAN Garm

TADSCHIKISTAN

P A M I R

CHINA

Karakumkanal   *Amudarja*

Duschanbe

Kuljab

Murgab

Kerki

Murgab

Kurgan-Tjube

*BADACH-
SCHAN*

Pjandsch

WAKHAN

Mazar-i-Sharif

Kunduz   Taloqan

Gebiet von Karte 2

H I N D U K U S C H

KASCHMIR

Herat

AFGHANISTAN

Jalalabad

Swat

Srinagar

Indus

Kabul

Peschawar

Shindand

Ghazni

Islamabad

H I M A L A Y A

Zaranj

Kandahar

Lahore

PAKISTAN

Indus

INDIEN

302

Dokument

Der Aufruf zum Dschihad der
Islamischen Bewegung Usbekistans

Das folgende Dokument wurde im August 1999 von der Islamischen Bewegung Usbekistans als Erklärung zum Dschihad gegen die usbekische Regierung veröffentlicht. Das ursprünglich auf Usbekisch verfasste Dokument wurde im Internet in englischer Übersetzung veröffentlicht.

Im Namen Allahs, des Barmherzigsten, des Gnädigsten

Eine Botschaft des Oberkommandos der
Islamischen Bewegung Usbekistans

»Und kämpfet wider sie, bis keine Verfolgung *(fitnah)* mehr ist und bis alles an Allah glaubt.«

Al Anfaal: 8, 39

Der Amir (Befehlshaber) der Harakatul Islamiyyah (Islamischen Bewegung) Usbekistans, Mohammed Tahir Faruq, hat den Beginn des Dschihad gegen die tyrannische Regierung Usbekistans und die Marionette Islam Karimow und seine Helfershelfer ausgerufen. Die Führung der Islamischen Bewegung bestätigt folgende Punkte:

Diese Erklärung erfolgt nach Absprache mit den großen *ulema* und der Führung der Islamischen Bewegung.
Die Vereinbarung basiert auf eindeutigen Beweisen für unsere Verpflichtung, einen Dschihad gegen die *tawagheet* (abtrünnigen Herrscher) zu führen und das Land und die Menschen zu befreien.
Das Hauptziel dieser Erklärung des Dschihad ist die Errichtung

eines islamischen Staates, in dem die Scharia gilt, auf der Grundlage des Korans und der Hohen Prophetischen Sunna.

Zu den Zielen der Erklärung des Dschihad zählen ferner:

Die Verteidigung unserer Religion des Islam in unserem Land gegen jene, die sich dem Islam widersetzen.
Die Verteidigung der Muslime in unserem Land gegen jene, die sie erniedrigen und ihr Blut vergießen.
Die Verteidigung der Gelehrten und der muslimischen Jugend, die ermordet, ins Gefängnis gesteckt und auf schlimmste Weise gefoltert wird – ohne Rücksicht auf ihre Rechte.

Und der Allmächtige sagt:
»Und sie rächten sich an ihnen [den Gläubigen] allein darum, dass sie an Allah glaubten, den Mächtigen, den Rühmenswerten.«
Al Buruj: 85, 8

Ferner die Freilassung der rund 5000 Schwachen und Unterdrückten, die in den Gefängnissen von den Missetätern festgehalten werden. Der Allmächtige sagt:
»Und was ist euch, dass ihr nicht kämpfet in Allahs Weg und für die Schwachen unter den Männern und die Frauen und Kinder«
An Nisaa: 4, 75

Und die Wiedereröffnung der Tausende von Moscheen und islamischen Schulen, die von der infamen Regierung geschlossen wurden.
Die Mudschaheddin der Islamischen Bewegung haben nach ihrer Erfahrung in der Kriegsführung ihre Ausbildung abgeschlossen und sind bereit, den geheiligten Dschihad zu führen.
Die Islamische Bewegung warnt die usbekische Regierung in Taschkent, den Kampf gegen die Muslime zu verstärken oder zu unterstützen.
Die Islamische Bewegung warnt Touristen, diesem Land lieber

304

fernzubleiben, damit sie nicht von den Mudschaheddin niedergeschlagen werden.

Der Dschihad wird aus dem Grund in Kirgistan begonnen, weil
der Herrscher Askar Akajew in Bischkek Tausende von muslimischen Usbeken verhaftet hat, die als Flüchtlinge nach Kirgistan
ausgewandert waren und nun an Karimows Helfershelfer ausge-
händigt wurden (d. h. an das usbekische Regime).

Der Allerhöchste sagt:

**»Wahrlich, die Unterdrücker sind einander Freunde und Beschüt-
zer.«**

Die Islamische Bewegung wird, nach dem Willen Allahs, einen
Dschihad für die Sache Allahs führen, um alle ihre Ziele zu erreichen.

Mit Bedauern stellen wir fest, dass bislang keine ausländischen
Mudschaheddin (Al Ansaar) in unsere Reihen eingetreten sind.

Die Islamische Bewegung fordert die herrschende Regierung und
die Karimow-Führung in Taschkent auf, selbst zurückzutreten –
bedingungslos, bevor das Land in ein Stadium des Krieges und der
Zerstörung des Landes und der Menschen eintritt. Die Verantwortung liegt ganz auf den Schultern der Regierung, die dafür bestraft
werden wird.

Allah ist groß und Ehre sei dem Islam.

Oberhaupt der religiösen Führung der
Islamischen Bewegung Usbekistans
Az Zubair Ibn Abdur Raheem
4. Jumadi Al Awwal (ah)
25. August 1999

Anmerkungen

Quellen

Zusätzlich zu den weiter unten angegebenen Quellen benutzte ich die folgenden Medien und internationalen Nachrichtenagenturen bzw. Institutionen:

Agence France Presse (AFP)
Amnesty International (Berichte)
Associated Press (AP)
BBC World Service
BBC Uzbek Language Service
Central Asia Analyst (Washington, D.C.)
Daily Telegraph (London)
Dawn (Karachi)
The Economist (London)
Energy Information Administration (Website, eia.doe.gov)
Eurasia Insight (Website-Nachrichtendienst mit Sitz in New York, Eurasianet.org)
Far Eastern Economic Review (Hongkong)
Herald (Karachi)
Human Rights Society of Uzbekistan (Berichte)
Human Rights Watch (Berichte)
The Independent (London)
Institute of War and Peace (London/Berichte)
Interfax (Russische Nachrichtenagentur mit Sitz in Moskau)
International Crisis Group (Brüssel/Berichte)
International Herald Tribune (Paris)
Itar Tass (Russische Nachrichtenagentur mit Sitz in Moskau)
Jamestown (Virginia) *Monitor*
Los Angeles Times
Le Monde (Paris)
The Nation (Lahore)

New York Times
The News (Lahore)
Nesawissimaja Gaseta (Moskau)
Radio Free Europe (Prag)
Rossijskaja Gaseta (Moskau)
Turkistan Newsletter (Website, Nachrichtendienst, euronet.nl/users/sota/turkistan)
United Nations Integrated Regional Information Network (IRIN, Islamabad)
U.S. State Department (US-Außenministerium): Berichte zur Lage der Menschenrechte
Uzbekistan Ovozi (Taschkent)
Wall Street Journal (New York)
Washington Post

Alle Dollarbeträge im Text sind in US-Dollar angegeben.

Einleitung

1 Barbara Metcalf, *Islamic Revival in British India*, 1860–1900, Islamabad 1982.

Kapitel I
Eroberer und Heilige

1 Marco Polo, *The Travels of Marco Polo*, New York 1961. Hier zitiert nach folgender Ausgabe: Marco Polo, *Von Venedig nach China,* neu herausgegeben und kommentiert von Theodor A. Knust, Tübingen/Basel 1972, S.84.
2 Die aktuellste und informativste Arbeit zum Fergana-Tal ist: Council of Foreign Relations, Ferghana Valley Working Group Report, *Calming the Ferghana Valley: Development and Dialogue in the Heart of Central Asia*, New York 1999.
3 Die Quellen zu diesem kurzen historischen Abriss finden sich in meinem früheren Buch *The Resurgence of Central Asia: Islam or Nationalism?*, London 1994.

4 Julian Baldick, *Mystical Islam: An Introduction to Sufism*, London 1989.

5 Bruce Lawrence, »The Eastward Journey of Muslim Kingship«, in: John Esposito (Hg.), *The Oxford History of Islam*, Oxford 1999.

6 Fernand Braudel, *A History of Civilizations*, Harmondsworth 1993.

Kapitel 2
Der islamische Untergrund in der Sowjetunion

1 F. M. Bailey, *Mission to Tashkent* (1946), Oxford 1992.

2 Vgl. hierzu: Alexandre Bennigsen und S. Enders Wimbush, *Muslim Nationalism in the Soviet Union: A Revolutionary Strategy for the Colonial World*, Chicago 1979.

3 Robert Conquest, *Harvest of Sorrow*, London 1988.

4 Gustav Krist, *Allein durchs verbotene Land. Fahrten in Zentralasien*, Wien 1937. (Englischer Titel: *Alone Through the Forbidden Land: Journeys in Disguise Through Soviet Central Asia* [1938], Cambridge 1992.)

5 Yaacov Roi, *Islam in the Soviet Union from the Second World War to Gorbachev*, London 2000.

6 Ebenda.

7 Dieser Vorgang wird sehr viel detaillierter beschrieben in meinem Buch *Taliban. Afghanistans Gotteskrieger und der Dschihad*, München 2001. (Englischer Originaltitel: *Taliban: Militant Islam, Oil and Fundamentalism in Central Asia*, New Haven 2000).

8 Interview des Autors mit einem Berater des stellvertretenden russischen Ministerpräsidenten Jegor Gaidar, Moskau, 24. November 1994; Alexander Solschenizyn, *Russlands Weg aus der Krise*, München 1990, S.12. (Russischer Originaltitel: *Kak nam obustroit Rossiju?*, Paris 1990.)

Kapitel 3
Das erste Jahrzehnt der Unabhängigkeit

1 Die Referenden fanden im Oktober 1994, im Februar 1996 und im Oktober 1998 statt.

2 World Bank, *Kyrgyzstan Data*, Washington, D.C., Dezember 2000; International Crisis Group, *Kyrgyzstan at Ten: Trouble in the Island of Democracy*, Brüssel, August 2001.

3 Zitiert bei: Edward A. Allworth, *The Modern Uzbeks from the Fourteenth Century to the Present: A Cultural History*, Stanford/Kalifornien 1990.

4 AFP, »Uzbekistan Asks Russia for Protection Against Terrorism«, 19. Mai 2000; AFP, »Uzbek President Hits Out at Russia«, 22. September 2000.

5 Zitiert bei Ahmed Rashid, »Asking for Holy War«, in: *Far Eastern Economic Review*, Taschkent, 9. November 2000.

6 International Crisis Group, *Uzbekistan at Ten: Repression and Instability*, Brüssel, August 2001.

7 Ebenda.

Kapitel 4
Die Partei der Islamischen Wiedergeburt

1 Olivier Roy, *The New Central Asia: The Creation of Nations*, London 2000.

2 Kamoludin Abdullaev und Catherine Barnes, *Politics of Compromise: The Tajikistan Peace Process*, London 2001.

3 Interview mit Mohammed Sharif Himmatsoda, abgedruckt in: »The Crescent of Islam Rises in Tajikistan«, in: *The Nation*, 25. Dezember 1991.

4 S. Olimova, »Islam and the Tajik conflict«, in: Sagdeev, Roald, und Susan Eisenhower, Hg., *Islam and Central Asia*, Washington, D.C., 2000.

5 Interview mit Qazi Akbar Turadschonsoda in: »The Crescent of Islam Rises in Tajikistan.«

6 Reuters, »No Policy Change Following Nabiev's Ouster«, 8. September 1992.

7 Interview mit Ivo Petrow, Duschanbe, 15. März 2001.

8 IRIN, »IOM Meets over Overflow of Itinerant Workers«, Duschanbe, 22. Dezember 2000.

9 Interviews mit Moheyuddin Kabir und Mohammed Sharif Himmatsoda, Duschanbe, 16. und 17. März 2001.

10 General Tommy Franks, zitiert nach Ahmed Rashid, »Western Powers Bolster Tajikistan«, in: *Central Asia Analyst* (Tokio), 23. Mai 2001.

Kapitel 5
Die Hizb ut-Tahrir

1 Abdul Qadeem Zaloom, *How the Khilafah Was Destroyed*, Lahore, Publikation der HT, 1998. Zaloom folgte Nabhani als Anführer der HT nach.

2 Persönliches Gespräch mit einem HT-Mitglied, 2. August 2001.

3 Taqi ud-Din an-Nabhani, *The Islamic State*, 1962; Lahore, Publikation der HT, 1998.

4 Interview des Autors mit »Ali« (HT-Führer), Usbekistan, Oktober 2000.

5 Olivier Roy, »Changing Patterns Among Radical Islamic Movements«, in: *Brown Journal of World Affairs*, Winter/Frühjahr 1999.

6 An-Nabhani, *Islamic State*.

7 Erklärung Holly Carters von Human Rights Watch gegenüber der Presse, 25. Januar 2000.

8 U.S. State Department, *Uzbekistan: Human Rights Practices 2000*, Washington, D.C., Februar 2001; Independent Human Rights Organization of Uzbekistan, *About Political Prisoners in Uzbekistan*, Juli 2001. Nach Angaben der Organisation saßen zusätzlich zu den 5150 Häftlingen der HT und den 1600 aus der IMU und anderen Wahhabi-Organisationen 650 praktizierende Muslime ohne politische Neigung, 200 Menschen aus sozialen Hilfsorganisationen und 6 Menschenrechtsaktivisten in usbekischen Gefängnissen.

9 Aussage von Acacia Shields vor dem Ausschuss für Internationale Beziehungen des US-Repräsentantenhauses, 7. September 2000.

10 State Department, *Uzbekistan: Human Rights Practices 2000*.

11 IRIN, »Uzbekistan: Interview with Human Rights Activist«, 31. Mai 2001.

12 AFP, »Islamic Extremists Charged in Kyrgyzstan«, Bischkek, 1. Mai 2000.

13 Tagesberichte über Staaten der ehemaligen Sowjetunion, *Jamestown Monitor*, 28. Juni 2000.

14 U.S. State Department, *Kyrgyzstan: Human Rights Practices, 2000,* Washington, D.C., Februar 2001.

15 AFP, »4000 Kyrgyz Women, Kids Sold to Slavery«, Bischkek, 20. Dezember 2000.

16 IRIN, »Interview with UN Chief in Kyrgyzstan«, Bischkek, 28. August 2001.

17 »Bischkek bekämpft Islamisten, so gut es kann«, in: *Nesawissimaja Gaseta,* 14. April 2001.

18 »Kirgisischer Präsident verspricht, religiösen Extremismus zu bekämpfen«, in: *Rossiskaja Gaseta,* 16. Mai 2001.

19 Anara Tabyshalieva, »The Kyrgyz and the Spiritual Dimensions of Daily Life«, in: Roald Sagdeev und Susan Eisenhower, Hg., *Islam and Central Asia,* Washington, D.C., 2000.

20 Reuters, »Neighbors Asked to Resist Radicalism«, Almaty, 19. Juni 2001.

21 U.S. State Department, *Tajikistan: Human Right Practices, 2000,* Washington, D.C., Februar 2000.

22 AFP, »Islamic Militants Held in Tajik Capital«, 16. November 2000.

23 »Crackdown on Terrorist Groups in Central Asia«, in: *Jamestown Monitor,* 2. Oktober 2000.

24 Igor Rotar, »The Hizb ut-Tahrir Party in Central Asia: A Fault Line?«, in: *Jamestown Monitor,* 1. Mai 2001.

25 IRIN, »Usbekistan: Interview with Human Rights Activist«, 31. Mai 2001.

26 »Tashkent Cracks Down on Islamists«, Institute of War and Peace, Bericht vom 12. Oktober 2001.

27 Paula Newberg, »Central Asia and Democracy«, in: *Los Angeles Times,* 19. November 2000.

Kapitel 6
Namangani und die Islamische Bewegung Usbekistans

1 Juldaschew soll folgende Forderungen gestellt haben: »Wir stellen fünf Bedingungen, die von den Behörden erfüllt werden müssen: Erstens muss Islam Karimow hierher kommen. Zweitens muss er seine Treue zum Islam auf den Koran beschwören und hier und heute einen islamischen Staat ausrufen. Drittens muss der Besuch der Moscheen

311

für alle Muslime zur Pflicht werden, auch für die Staatsführer, die gemeinsam mit dem Volk beten müssen. Viertens sollte der Freitag zu einem arbeitsfreien Tag erklärt werden, und fünftens müssen sofort religiöse Schulen eröffnet werden.« (Oleg Yakubov, *The Pack of Wolves: The Blood Trail of Terror*, Moskau 2000). Das Buch ist eine von der usbekischen Regierung veröffentlichte Propagandaschrift, enthält aber einige interessante Reden.

2 Abdul Ahad, zitiert in Ahmed Rashid, »Caught in a Cleft: Economic, Religious Pressures Threaten Uzbekistan«, in: *Far Eastern Economic Review*, 19. November 1992.

3 Im November 1992 schrieb ich drei Artikel für die Zeitung *The Nation*, in denen diese neuen militanten Gruppen zum ersten Mal beschrieben werden. Siehe insbesondere Ahmed Rashid, »Karimov Faces New Threats«, in: *The Nation*, 13. November 1992. Alle jungen Männer, die ich interviewte, verkündeten stolz, dass ihre Finanzmittel aus Saudi-Arabien kämen.

4 Auf Pakistans Rolle in Zentralasien und die Gründe für die Unterstützung der IMU gehe ich in Kapitel 9 näher ein. Sowohl Sprecher des pakistanischen Geheimdienstes als auch usbekische Diplomaten erklärten, dass Juldaschew aus einer Vielzahl von Quellen Gelder erhielt.

5 Diese Information stammt aus Interviews, die ich im Februar 2001 in Duschanbe mit westlichen und asiatischen Diplomaten, PIW-Führern und der IMU nahe stehenden Einzelpersonen führte. Mir wurden mehrere Namen usbekisch-saudischer Geschäftsleute genannt, unter anderem der Name des einflussreichen Hadschi Dschamsched. Abgesehen davon kann ich ihre Verbindungen zur IMU nicht bestätigen.

6 Diese Information stammt aus Interviews in Duschanbe im März 2001 mit mehreren PIW-Führern und Aktivisten, die Juldaschew gut kannten. Im Oktober 2000 sagten mir usbekische Regierungsbeamte in Taschkent, dass Juldaschew mit falschen Pässen weit und viel reise. Die Pässe habe er aus Pakistan, der Türkei, Saudi-Arabien und dem Iran erhalten. Juldaschew und Namangani waren beide Meister der Verkleidung und gaben sich häufig als Pakistani, Araber vom Golf oder tadschikische Geschäftsleute aus.

7 Interview mit einem ehemaligen PIW-Aktivisten, Duschanbe, 14. März 2001.

8 Interview mit Isatullah Sadulojew, Duschanbe, 16. März 2001.

9 Interview mit Moheyuddin Kabir, Duschanbe, 16. März 2001.

10 Diese Information stammt aus Interviews, die der Autor vom 18. bis zum 21. März 2001 in Garm mit Geschäftsleuten und anderen Einwohnern führte. Alle Befragten wollten anonym bleiben.

11 Amnesty International berichtete im Jahr 2001, dass Mirsojew mehrere Jahre lang in einer unterirdischen Zelle in Taschkent saß, wo er fortwährend gefoltert wurde. Es war ihm nicht erlaubt, zu beten oder den Koran zu lesen.

12 Council on Foreign Relations, Ferghana Valley Working Group Report, *Calming the Ferghana Valley: Development and Dialogue in the Heart of Central Asia*, New York 1999. Karimow hielt seine Rede am 2. Mai 1998.

13 A. Ilkhamov, »Political Islam in Uzbekistan: Imported Ideology or Grass-Root Movement?«, Zentrum für Sozialforschung, Usbekistan, 2001.

14 Karomat Asqarowa, zitiert nach *Uzbekistan Ovozi*. Ich danke John Bouchard dafür, dass er mir diesen Zeitungsausschnitt zuschickte, zu dem ich leider keine Datumsangabe habe.

15 G. Bukharvaeva, »Uzbek Terror Suspects Targeted«, Institute of War and Peace, Bericht vom 7. Juli 2000; U.S. State Department, *Uzbekistan: Human Rights Practices, 2000*, Washington, D.C., Februar 2001; Islam Karimov, *Uzbekistan on the Threshold of the Twenty-first Century*, Taschkent 1997.

16 Interview mit Tahir Juldaschew in dem Sender *Voice of America*, 6. Oktober 2000.

17 Raheem ist der Unterzeichner der Dschihad-Erklärung durch die IMU (siehe Anhang).

18 Yakubov, *Pack of Wolves*.

19 Islam Karimow, zitiert in Amnesty International, *Human Rights Report: Uzbekistan*, Juni 2001.

20 Interview mit Barnett Rubin, Juli 2001.

21 Yakubov, *Pack of Wolves*.

Kapitel 7
Namangani und der Dschihad in Zentralasien

1 Informationen über die Bedeutung dieser Enklaven und zu Namanganis Strategie im Jahr 1999 stammen aus zahlreichen Interviews mit us-

bekischen Regierungsvertretern in Taschkent im Oktober 2000 und mit tadschikischen PIW-Führern in Duschanbe im Februar 2001, sowie mit zentralasiatischen Diplomaten und UN-Repräsentanten seit 1999.

2 Diese Interviews führte der Autor in Batken im März 2001.

3 IRIN, »Interview with UN chief in Kyrgyzstan,« Bischkek, 19. August 2001.

4 Siehe Ahmed Rashid, *Taliban: Militant Islam, Oil and Fundamentalism in Central Asia,* New Haven 2000; deutsch: *Taliban. Afghanistans Gotteskrieger und der Dschihad,* München 2001. Kapitel 8 mit dem Titel »Vom Heroin berauscht: Die Wirtschaft der Taliban und die Drogen« befasst sich ausgiebig mit dem Drogenhandel in Afghanistan.

5 Siehe S. Levine, »Uzbekistan's Crackdown on Radicalism May Fuel the Fervor«, in: *Wall Street Journal,* 3. Mai 2001; »Tajik, Russian Officials Suggest Tajikistan Is Developing into Drug Production Center«, Eurasia Insight, 14. August 2001.

6 General Mylnikow wurde von der Nachrichtenagentur Itar Tass zitiert: »Bin Laden lässt usbekischen Kämpfern Millionen von Dollar zukommen«, 14. Dezember 2000. Siehe auch S. Abdvldavey, »Batken, a Small Episode in a Big Game«, in: *Times of Central Asia,* 20. April 2000.

7 Ahmed Rashid, »IMU Insurgency Threatens Tajikistan Political Reconciliation«, in: *The Analyst,* 27. September 2000.

8 Interview mit einem ausländischen Diplomaten, der ungenannt bleiben will, Taschkent, Oktober 2000.

9 G. Bukharvaeva, »Local Communities Uprooted«, Institute of War and Peace, Bericht vom 19. August 2000.

10 B. Ergashev, »Uprooted Uzbek Villagers Abandoned,« Institute of War and Peace, Bericht vom 31. Januar 2001.

11 Greg Child, »Fear of Falling«, in: *Outside,* November 2000. Der Artikel enthält einen packende Schilderung der Entführung nach den Angaben der vier amerikanischen Kletterer. Allerdings wurde ihre Darstellung in der Folge angezweifelt, als der Freischärler, den sie angeblich über eine Felskante gestoßen hatten, unverletzt von der kirgisischen Armee gefasst wurde. Unter den übrigen verschleppten Kletterern waren sechs Deutsche, drei Russen, zwei Usbeken und ein Ukrainer.

12 Dem amerikanischen Reporter und Kletterer John Bouchard möchte ich ausdrücklich dafür danken, dass er mir seine Ermittlungsergebnisse zu diesem Vorfall zukommen ließ. Sämtliche Informationen basieren auf seiner Darstellung. Bouchard schreibt an einem Buch über die Entführung.

13 Bouchard berichtete, dass die amerikanischen Kletterer die Zeitschriftenrechte an ihrer Story für 17 500 Dollar, die Buchrechte für 350 000 Dollar an Villard Press und die Filmrechte für eine hohe sechsstellige Summe an Universal Studios verkauft haben.

14 BBC World Service, »Uzbek Court Charges IMU«, 18. Oktober 2000.

15 U.S. State Department, *Uzbekistan: Human Rights Practices, 2000*, Washington, D.C., Februar 2001. Diplomaten und lokale Beamte in Duschanbe und Taschkent sagten mir in den Jahren 2000 und 2001, dass beide Armeen in Wirklichkeit ein paar hundert Mann verloren hätten.

16 Ahmed Rashid, »Asking for Holy War«, in: *Far Eastern Economic Review*, 9. November 2000.

17 Ahmed Rashid, »IMU Insurgency Threatens Tajikistan Political Reconciliation«, in: *The Analyst*, 27. September 2000.

18 Diese Information stammt aus Interviews mit US-Regierungsvertretern in Washington im Sommer 2001.

19 Ahmed Rashid, »Uzbek Militants Return to Central Asia«, in: *The Nation*, 12. Januar 2001.

20 Die Taliban weigerten sich, mir ein Visum für eine Reise nach Afghanistan zu geben, nachdem mein Buch über sie im Frühjahr 2000 erschienen war. Zufällig flog ich einmal mit Muttawakil in einem UN-Flugzeug, das ihn in Kabul absetzte, während ich nach Duschanbe weiterflog. Wir führten ein langes, angenehmes Gespräch, in dem er mir ein Visum versprach, aber ich habe nie eines erhalten. Er hatte große Achtung vor der IMU und schilderte ausführlich die seiner Ansicht nach schrecklichen Bedingungen für Muslime in Usbekistan. Präsident Karimow kritisierte er scharf.

21 Interview mit Mohammed Sharif Himmatsoda, Duschanbe, März 2001.

22 B. Musaev, »Uzbeks Losing Patience«, Institute of War and Peace, Bericht vom April 2001.

23 Islam Karimov, *Uzbekistan on the Threshold of the Twenty-first Century*, Taschkent 1997.

24 Bruce Pannier, »IMU Leader Says Group's Goal Is Return of Islam«, Radio Free Europe, 6. Juni 2001.

25 BBC Uzbek Service, »Uzbek Militants Claim Kyrgyz Attack«, 1. August 2001.

26 David Stern, »Historic Pact Signed with US«, in: *Financial Times,* 13. Oktober 2001; Susan Glasser, »US Operated Secret Alliance with Uzbekistan«, in: *Washington Post,* 14. Oktober 2001.

27 BBC Uzbek Service, »IMU Response to Uzbekistan's Granting of Bases to the US«, 9. Oktober 2001.

28 Vladimir Davlatov, »Dushanbe Finally Backs US Campaign«, Institute of War and Peace, Bericht vom 12. Oktober 2001.

Kapitel 8
Das neue große Spiel?

1 Milan Hauner, *What Is Asia to Us? Russia's Asian Heartland, Yesterday and Today.* London 1990.

2 Strobe Talbott, »Remarks on U.S. Foreign Policy in Central Asia at the Paul Nitze School for Advanced International Studies«, U.S. State Department, 21. Juli 1997.

3 US-Senat, Aussage von CIA-Direktor George Tenet vor dem Geheimdienstausschuss des US-Senats, 8. Februar 2000.

4 US-Repräsentantenhaus, Rede des Kongressmitglieds Dan Burton, 21. März 2001.

5 U.S. State Department, »Centcom Chief General Tommy Franks' Roundtable Press Briefing in Tashkent«, 21. Mai 2001.

6 Die Kämpfe gegen die muslimische Welt haben viele Russen das Leben gekostet. Russland verlor in Afghanistan 13 500 Soldaten, in den beiden tschetschenischen Kriegen 7000 Soldaten und 200 im tadschikischen Bürgerkrieg.

7 AFP, »Uzbekistan Asks Russia for Protection Against Terrorism«, Taschkent, 19. Mai 2000; AFP, »Uzbek President Hits Out at Russia«, 22. September 2000. In dem kollektiven Sicherheitsabkommen der GUS, das am 15. Mai 1992 unterzeichnet wurde, schlossen neun GUS-Staaten (Armenien, Aserbaidschan, Belarus, Georgien, Kasachstan, Kirgistan, Russland, Tadschikistan und Usbekistan) ein Sicherheitsbündnis. Der Vertrag wurde im Mai 1999 erneuert. Damals wei-

gerten sich Aserbaidschan, Georgien und Usbekistan aber, ihn zu unterzeichnen, und bildeten stattdessen gemeinsam mit der Ukraine und Moldau die Gruppe GUUAM.

8 AFP, »Uzbekistan Says Taliban Threat Exaggerated«, Bischkek, 26. September 2000.

9 N. Megoran, »The Borders of Eternal Friendship: Kyrgyz-Uzbek Relations in 1999«, Eurasia Insight, Januar 2000.

10 Im Jahr 2000 nahm Usbekistan 309 Millionen Dollar aus diesen Ölexporten ein.

11 In meinem Buch *Taliban: Militant Islam, Oil and Fundamentalism in Central Asia,* New Haven 2000; deutsch: *Taliban. Afghanistans Gotteskrieger und der Dschihad,* München 2001, habe ich dieses neue große Spiel viel ausführlicher geschildert.

12 Ahmed Rashid, »Unstable Fringe«, in: *Far Eastern Economic Review,* 9. September 1999.

13 AFP, »Six Countries to Fight Terrorism«, Shanghai, 14. Juni 2001.

14 Interview mit Moheyuddin Kabir, Duschanbe, 16. März 2001; Ahmed Rashid und Susan Lawrence, »Joining Foreign Jehad«, in: *Far Eastern Economic Review,* 7. September 2000.

Kapitel 9
Zentralasien und seine Nachbarn

1 Siehe Ahmed Rashid, »First the War«, in: *Far Eastern Economic Review,* 26. Juli 2001. In diesem Artikel gehe ich auf die Besorgnis vieler Afghanen und der Bush-Administration ein, dass die Taliban-Führung mittlerweile stark unter dem Einfluss von Bin Laden und seinen arabischen Gefolgsleuten steht.

2 Ahmed Rashid, *Taliban: Militant Islam, Oil and Fundamentalism in Central Asia,* New Haven 2000; deutsch: *Taliban. Afghanistans Gotteskrieger und der Dschihad,* München 2001.

3 Am 25. Mai 2000 gab Pakistans »Chief Executive« (später Präsident) General Pervez Musharraf die bislang eindeutigste Erklärung ab über die Gründe für Pakistans anhaltende Unterstützung der Taliban. Er erklärte, dass angesichts der demografischen und geografischen Gegebenheiten Afghanistans größte Stammesgruppe der Paschtunen auf ihrer Seite stehen müsse. »Das ist in unserem nationalen Interesse. Die

Paschtunen werden momentan von den Taliban repräsentiert, und die Taliban dürfen von Pakistan nicht verärgert werden.« Er fügte hinzu: »Wir haben dort ein nationales Sicherheitsinteresse.«

4 »Central Asian Muslims Looking Towards Ummah«, in: *The Nation,* 18. September 1991.

5 Bei einer internationalen Konferenz zur Drogenbekämpfung im Juni 2001 in London kritisierten Vertreter der Vereinigten Staaten und Großbritanniens sowie anderer Behörden zur Drogenbekämpfung offen das Versäumnis ihrer Regierungen, den Drogenschmuggel im Golf einzuschränken. Amerikanische und europäische Regierungsvertreter kennen sehr wohl die Gefahr, die von Dubais Freihafen ausgeht, aber sie haben bislang keinerlei Druck auf die Regierung in Abu Dhabi ausgeübt, etwas dagegen zu unternehmen.

Kapitel 10
Eine ungewisse Zukunft

1 Barnett Rubin, »Regional Instability in Southern Central Asia«, unveröffentlichter Aufsatz, August 2001.

2 Kasachisches staatliches Fernsehen, überwacht von der BBC, »Unofficial Figure for HIV-Positive in Central Asia Hits 300,000«, 8. August 2001.

3 Anthony Lake, *Six Nightmares: Real Threats in a Dangerous World and How America Can Meet Them,* Boston 2000; International Crisis Group, *Incubator of Conflict: Central Asia's Localized Poverty and Social Unrest,* 8. Juni 2001.

4 »Trouble in Central Asia«, in: *New York Times,* 17. August 2001.

5 International Crisis Group, *Uzbekistan at Ten: Repression and Instability,* Brüssel, August 2001; AFP, »Jiang Calls for New Order to Counter US«, Moskau, 17. Juli 2001.

6 International Crisis Group, *Central Asia Fault Lines in the New Security Map,* Brüssel, 4. Juli 2001.

7 John Riddell, Hg., *To See the Dawn: Baku 1920 – The First Congress of the Peoples of the East,* New York 1993.

8 Council of Foreign Relations, Ferghana Valley Working Group Report, *Calming the Ferghana Valley: Development and Dialogue in the Heart of Central Asia,* New York 1999. Siehe auch United Nations

Development Project, *UNDP Ferghana Valley Development Report,* New York, August 1998, und Soros Foundation, *Soros Foundation Ferghana Project,* Bischkek und New York 1998.

9 World Bank, *Poverty Assessment Report,* Washington, D.C., Juni 2000.

10 International Committee of the Red Cross, *World Disaster Report 2001,* Genf 2001; United Nations Integrated Regional Information Network (IRIN), »One Million People Face Starvation in Tajikistan«, Duschanbe, 29. August 2001.

11 Interview mit Ashraf Jehangir Qazi, Januar 2001. Qazi war in Moskau, Peking und Neu-Delhi Pakistans Botschafter und hat große Erfahrung mit der ganzen Region, von der hier die Rede ist.

Glossar

Abdullah Saidow: *siehe* Nuri, Said Abdullah.

Adolat (Gerechtigkeit): radikalislamische Gruppe im Fergana-Tal, Vorläufer der IMU.

Ahmad, Qazi Hussein: Chef der Partei Jamiat-i-Islami in Pakistan.

Akajew, Askar: Präsident Kirgistans seit 1991.

al-Qaida (Die Basis): globales Terrornetz unter Führung von Osama Bin Laden.

an-Nabhani, Scheich Taqi ud-Din Filastyni (der Palästinenser): Gründer der HT.

Basmatschi: türkisches Wort, das so viel heißt wie »Banditen«. Die Sowjets bezeichneten damit den Aufstand und die islamischen Mudschaheddin, die nach 1917 in Zentralasien Widerstand gegen das kommunistische System leisteten.

Bin Laden, Osama: saudi-arabischer Extremist im Exil, Chef von al-Qaida.

Birlik (Einheit): Oppositionspartei in Usbekistan. Birlik wurde 1988 gegründet, 1992 verboten und rief später die Human Rights Society of Uzbekistan ins Leben.

Chodschijew, Dschumaboi Ahmadschanowitsch: *siehe* Namangani, Dschuma.

Dostum, General Rashid: nach der Ermordung Ahmed Schah Massuds Führer der Anti-Taliban-Allianz (auch Nordallianz genannt) und Anführer der usbekischen Minderheit in Nordafghanistan.

Dschihad: das Bestreben, ein guter Muslim zu sein und Dienst an der Gemeinschaft zu tun; auch ein Aufruf zum heiligen Krieg gegen Nichtmuslime.

EBWE: internationales Finanzinstitut zur Unterstützung der Staaten Mittel- und Osteuropas beim Übergang von der Zentralverwaltungswirtschaft zu marktwirtschaftlichen Strukturen«, auch bekannt unter der Bezeichnung «Osteuropabank«.

Erk (Freiheit): Oppositionspartei in Usbekistan. Die Splittergruppe von Birlik wurde 1990 gegründet und 1992 verboten; später gründete sie die Independent Human Rights Organization of Uzbekistan.

GUS: *siehe* Gemeinschaft Unabhängiger Staaten.

Gemeinschaft Unabhängiger Staaten (GUS): Staatengemeinschaft nach der Unabhängigkeit der Sowjetrepubliken, der 2001 Armenien, Aserbaidschan, Georgien, Kasachstan, Kirgistan, Moldau, Russland, Tadschikistan, Turkmenistan, die Ukraine, Usbekistan und Weißrussland angehörten.

KPT: Kommunistische Partei Tadschikistans.

Hadith: Sammlung der überlieferten Äußerungen und Taten des Propheten Mohammed, die das korrekte Verhalten eines Muslims vorschreiben und gemeinsam mit dem Koran die Basis für die *Scharia* bilden (das islamische Recht).

Hadsch: jährliche Pilgerreise nach Mekka; ein religiöses Ritual, das jeder Muslim mindestens einmal in seinem Leben vollziehen muss.

Hekmatjar, Gulbuddin: afghanischer Warlord, Gründer der Hizb-i-Islami.

Himmatsoda, Mohammed Sharif: Anführer des militärischen Flügels der PIW.

Hindustani, Mohammed Rustamow: Deobandi-Anführer einer islamischen Untergrundbewegung in Tadschikistan während der Sowjetära.

Hizb-i-Islami (Partei des Islam): radikalste Partei der afghanischen Mudscheddin; von Gulbuddin Hekmatjar als Widerstandsgruppe gegen die sowjetische Invasion in Afghanistan gebildet.

Hizb-i-Islami Turkistan (Islamische Partei Turkistans): angebliche Namensänderung der IMU; sollte eine neue Mission signalisieren, nämlich die Verbreitung islamischer Revolution in ganz Zentralasien und in der Provinz Xinjiang.

Hizb ut-Tahrir al-Islami (HT; Partei der Islamischen Befreiung): fundamentalistische islamische Bewegung; versucht mit gewaltlosen Mitteln, das Kalifat wiederzuerrichten und die *Scharia* in der ganzen muslimischen Welt einzuführen.

HT: *siehe* Hizb ut-Tahrir al-Islami.

Ikhwan-ul-Muslimeen (Muslimbruderschaft): in den dreißiger Jahren in Ägypten gegründete Gruppe; sprach sich dafür aus, dass Kolonien die Unabhängigkeit von ihren Kolonialmächten anstreben und versuchen, islamische Staaten zu bilden.

Imam: Vorbeter in einer Moschee, der sich religiöses Wissen angeeignet hat und das Ansehen der Gemeinde genießt.

IMU: *siehe* Islamische Bewegung Usbekistans.

Interservices Intelligence (ISI): pakistanischer Geheimdienst.

Islamische Bewegung Usbekistans (IMU): militante islamische Gruppierung; 1999 von Tahir Juldaschew und Dschuma Namangani gegründet; rief einen Dschihad gegen die usbekische Regierung aus.

Islam Lashkarlary (Kämpfer für den Islam): radikalislamische Gruppe im Fergana-Tal.

ISI: *siehe* Interservices Intelligence.

IWF: Internationaler Währungsfond.

Jamiat-i-Islami (Islamische Partei): größte religiöse Partei in Pakistan.

Jamiat-i-Ulema Islami (JUI; Islamische Partei der Ulema): pakistanische Organisation, die die IMU und die Taliban unterstützt.

Jiang Zemin: Präsident der Volksrepublik China.

Juldaschew, Tahir Abduhalilowitsch: Gründungsmitglied und Anführer der IMU.

Karimow, Islam: Präsident Usbekistans seit 1991.

khilafat (Kalifat): islamische Staatsform, von den Nachfolgern des Propheten Mohammed in den ersten Jahren nach seinem Tod errichtet. Alle muslimischen Länder waren unter einem einzigen Kalifen *(khalifa)* vereinigt, was wörtlich übersetzt »Nachfolger des Propheten« heißt.

Lali Badachschan: Partei der Tadschiken im Pamir, die während des Bürgerkriegs eine größere Autonomie anstrebte.

Lashkar-i-Jhangvi: extremistische Anti-Schiitengruppe in Pakistan.

Madrassa: Schule, in der die Schüler sich mit islamischen Themen beschäftigen, in islamischem Recht und im Koran unterrichtet werden.

Massud, Ahmed Schah: bis zur Machtübernahme der Taliban Verteidigungsminister Afghanistans; nach 1997 Anführer der Anti-Taliban-Allianz; im September 2001 ermordet.

Mudschaheddin: Gotteskrieger für den Dschihad oder heiligen Krieg.

Mullah: traditioneller Vorbeter in der Moschee.

Musharraf, Pervez: »Chief executive« Pakistans, 1999–2001; seit 2001 Präsident.

Nabijew, Rachman: Präsident Tadschikistans, 1991/92. Obwohl in Tadschikistan mittlerweile eine Koalitionsregierung herrscht, erkennen die Vereinten Nationen ihn immer noch als Präsident an.

Nahzar-i-Islami (Islamisches Wissen): illegale tadschikische, islamische Bildungsorganisation; von Said Abdullah Nuri gegründet.

Namangani, Dschuma: Gründer und militärischer Anführer der IMU.

Nasarbajew, Nursultan: Präsident Kasachstans seit 1991.

NGO: Nicht-Regierungs-Organisation (Nongovernmental organization).

Nijasow, Saparmurad: Präsident Turkmenistans seit 1991.

Nomenklatura: die herrschende sowjetische kommunistische Elite.

Nuri, Said Abdullah: Gründer von Nahzar-i-Islami und Gründungsmitglied und Anführer der PIW Tadschikistans.

ODCCP: UN-Behörde zur Drogenkontrolle und Verbrechensbekämpfung (Office for Drug Control and Crime Prevention).

OTO: *siehe* Vereinigte Tadschikische Opposition.

Partei der Islamischen Wiedergeburt (PIW): islamische politische Organisation, gegründet 1990 in der Sowjetunion, mit unabhängigen Ablegern in den zentralasiatischen Republiken. Nur in Tadschikistan ist die PIW eine legale Partei.

Pir: Ehrentitel für das Oberhaupt eines Sufi-Ordens.

PIW: *siehe* Partei der Islamischen Wiedergeburt.

Rabbani, Burhanuddin: Präsident Afghanistans, 1992–1996.

Rachmonow, Emomali: Präsident Tadschikistans seit 1992.

Shanghai Cooperation Organization (SCO): *siehe* Shanghai-Gruppe.

Shanghai-Gruppe: Verbund aus fünf Ländern (China, Russland, Tadschikistan, Kasachstan und Kirgistan) mit gemeinsamen Grenzen, die sich zu jährlichen Gipfeltreffen verpflichtet haben. 2000 nannten sie sich in Shanghai-Forum um, Usbekistan erhielt Beobachterstatus. Seit 2001 heißt die Gruppe Shanghai Cooperation Organization: Usbekistan wurde Vollmitglied, und mehrere Länder erhielten Beobachterstatus.

Scharia: islamisches kanonisches Recht, das auf dem Koran und der Hadith des Propheten beruht.

Schia: islamische Konfession, die vor allem im Iran und in einigen arabischen Ländern anzutreffen ist.

Schura: religiöser (islamischer) oder politischer Rat.

Sijojew, Mirso: Minister in der tadschikischen Koalitionsregierung; Freund des IMU-Führers Dschuma Namangani.

Sipah-i-Sahaba: pakistanische Extremistengruppe, radikale Schia-Gegner.

Solih, Mohammed (Pseud. von Salai Madaminow): Dichter und Führer von Erk im Exil.

Sufismus: islamischer Mystizismus.

Sunna: Hauptkonfession des Islam.

Tariqa: religiöser Sufi-Orden.

Tauba (Reue): radikalislamische Gruppe im Fergana-Tal.

Turadschonsoda, Akbar: Großmufti (*qazi*) der Muslime Tadschikistans während der letzten Jahre der Sowjetzeit; PIW-Führer (1998 aus der Partei ausgeschlossen); seit 1998 Mitglied der Koalitionsregierung in Tadschikistan.

Ulema: islamische Gelehrte; Gemeinschaft aller Muslime.

Umma: gesamte islamische Welt.

Vereinigte Tadschikische Opposition (russ. abgekürzt: OTO): Allianz der PIW und nationaler tadschikischer Parteien während des tadschikischen Bürgerkriegs.

Wahhabi: extremistische Sekte des Islam aus Saudi-Arabien.

Zaloom, Scheich Abdul Qadeem: Anführer und eifriger Autor der HT.

Zia ul-Haq, Muhammad: Präsident Pakistans, 1978–1988.

Register

Abdulladschanow, Abdulmalik 141, 221

Abdullah, Abdullah 244

Achmedow, Machuba 187

ACTED 292 f.

Adolat 137, 178 ff.

Afghanistan 43, 48, 56, 109, 115, 119, 193, 253, 257 ff.

– Basmatschi 57, 257

– Hizb ut-Tahrir al-Islami 171 f.

– IMU 26, 171 f., 193, 206 ff., 220, 222, 225, 256

– Islamismus 68 f., 258

– Krieg 22, 66 f., 75, 129, 148, 179, 236, 255 f., 263, 266

– Madrassas 149

– PIW 138

– USA 24, 173, 230 f., 256, 258, 284

Afrasiab, König 108

Aga Khan 45, 121

Aga-Khan-Stiftung 125, 292

Ägypten 22

Ahad, Abdul 177 ff.

Ahmed, Qazi Hussein 132, 264

Aids-Virus (HIV) 92, 101, 167, 280, 295

Akajew, Askar 24, 70, 77, 83, 96–101, 167 f., 191, 203, 210, 244 f., 250, 296

Al Biruni 40

Alasch Orda 54 ff.

Alascha Khan 84

Al-Azhar-Universität Kairo 62, 152, 155

Albright, Madeleine 100, 236 f.

Alexander der Große 37 f., 41, 104

Alexandreia Eschate 38

al-Faisal, Turki 180

Algerien 22

Ali (Pseudonym) 154 ff., 160, 169, 171 f.

Ali, Sardar Asif 263

Alijew, Nodir 156

Alijew, Rachat 91

Almaty 71, 86, 220

– Unruhen 74

al-Qadir, Abd 47

al-Qaida 18 ff., 153, 170, 174, 216, 219, 230 f., 253, 266 f., 276, 279, 289, 297

– Brigade 055 217

al-Wahhab, Mohammed Abd 69

Amir 19, 154

Amnesty International 103, 162

Andischan 44, 186

an-Nabhani Filastyni, Taqi ud-Din 152 ff., 157

Anti-Taliban-Allianz (Nordallianz) 108, 125, 146, 188, 228, 244, 246, 260, 265, 271, 283

Araber 49

Araber-Afghanen 179, 181 f., 279

Aralsee 105, 110

Ardsinow, Michail 164, 173

Armenien 74 f.

Aschar 96

Aschchabad 70 f.

– Erdbeben 105

– Unruhen 74

Aserbaidschan 75, 89, 243, 289

Asqarowa, Karomat 186

Astana 86, 92

Astrachan 133

Atatürk, Kemal 159, 271

Atomtestgelände 85, 87
Attila 39

Babur, Großmogul 36
Baikonur 85, 87
Bakijew, Kurmanbek 201
Baktrien 38
Baku 60
– Ceyhan-Pipeline 93, 106, 234
– Muslim-Kongress (1920) 55
Barlas 41
Basmatschi 23, 45, 57 f., 83, 95, 104,
    120, 129 f., 180, 189, 201, 207,
    257
Batken 102, 162, 171, 201, 203 f.,
    212, 225
Baumwolle 35, 43 f., 83, 104, 110,
    223 f., 293
BBC 211, 225
Bergkarabach 75
Bewässerungssysteme 35 f., 44, 59,
    104 f., 110, 202, 204, 293 f.
Bhutto, Benazir 264
Bin Laden, Osama 18 f., 25, 28, 30,
    117, 147 f., 153, 172, 174, 180,
    183, 188, 195, 207 f., 216, 218,
    225, 230, 242, 246, 252, 259,
    273 ff., 279 f., 284
Birlik 110, 116, 190
Bischkek 96, 98, 101, 166, 244, 250,
    288
Bolschewiki (Russische Kommunisti-
    sche Partei) 51, 53 ff., 83, 257, 290
Bose, Igor 143
Bostanlyk 210, 212
Bouchard, John 214
Boutros-Ghali, Boutros 138
Bracke, Roger 295
Braudel, Fernand 49
Buchara 37, 40 ff., 44 f., 47, 50, 58,
    62, 108, 121, 189, 257, 259
Bucharer 159
Buddha 39, 120

Buddhismus 33, 39, 46, 120
– Mahayana- 39
Buinaksk 60
Burqa 20
Burton, Dan 237
Bush, George W. 236, 238 f., 266, 281

Carter, Holly 162
Centkom siehe US Central Command
Ceyhan 93, 106, 234
Chanabad 228
Che Guevara 194
Chevron 88, 234, 290
China 24, 39, 56, 99, 219, 232 f.,
    248–254, 280 f., 283 f.
– Militärhilfe 26, 100, 215, 250 f.,
    288
– Öl 88 ff., 93, 291
– Shanghai-Gruppe 90, 100, 203, 287
Chinesen 86
Chiwa 42, 44, 257
Chodschijew, Dschumaboi Ahmad-
    schanowitsch (Dschuma Namanga-
    ni) 176
Chodschijew, Nasyr 187
Chorasan 40
Choresm 47
Christentum 33, 46, 102, 161, 168
Chruschtschow, Nikita 61
Chudoiberdijew, Machmud 141, 221,
    283
Chudonasarow, Dawlat 134
Chudschand 38, 121 ff., 137, 141,
    161 f.
CIA 208, 216, 236 f., 258, 261
Clinton, Bill 170, 216, 234 f., 237,
    281, 284
Coalition NGO 101

Dagestani 27
Daira 156, 165
Darius I. 33, 38
Demokratie 73, 80, 158

Demokratische Partei Tadschikistans
139
Deobandismus 67 f., 129, 131, 158,
188, 258, 262, 270, 296
Derwisch 47
Deutsche 36, 86
Dostum, Rashid 109, 115, 228, 272
Dowutka, Gulmira 204
Drogenschmuggel 143, 167, 195,
207 f., 247, 266, 280, 295
Dschadidismus 28, 50 ff., 54, 56, 159
Dschadid-Reformen 48, 50, 110
Dschagati 41
Dschalal Abad 101, 165
Dschalalow, Abdulhafis 118
Dschangiabad 210
Dschaslik 163, 165
Dschihad 26, 57, 68, 145, 153 f., 172,
175, 182, 197–231, 260, 262, 266,
284, 296
– Armee 158
– Bedeutung 17 f.
– gegen Karimow 26, 100, 171, 177,
183
– Gruppen 19 f., 279
Dschingis Khan 37, 41 f., 94
Dschumajew, Rustam 229
Dubai 277
Duschanbe 74, 121 f., 124, 133 ff.,
142

Economic Cooperation Organization
256
Erk 110, 116, 190, 214 f., 272
Erster Weltkrieg 44
Eschonow, Maruf 165
Europäische Bank für Wiederaufbau
und Entwicklung (EBWE) 107
Europäische Union 281

FBI 216, 236 f., 276
Fergana Valley Development Program
292

Fergana Valley Working Group 292
Fergana-Tal 26, 36 f., 39, 44, 51, 65,
108, 165, 186, 191, 292 f.
– Grenzziehung 58
– Hizb ut-Tahrir al-Islami 167 ff.
– IMU 195, 198, 200 ff., 209
– Islam 37, 48, 63, 68, 108, 137
– militanter Islamismus 178, 181, 187,
281
– Unruhen 74
– Wahhabismus 69
Fetullah, Gulen 272
Firdausi 40
Fort Campbell, Louisiana 212
Frankreich 215
Franks, Tommy 148, 238 f.
Freeh, Louis 236
Fundamentalismus, islamischer 19 f.,
25, 29, 73, 99, 116, 123

Gaidar, Jegor 76
Galijew, Mir Said Sultan 55 f.
Garm 122, 197, 203
Gasalkent 212
Gasprali, Ismail 50
Gemeinschaft unabhängiger Staaten
(GUS) 70 f., 87, 106 f., 237, 285
– Zollunion 243
Geok Tepe 104
Georgien 241, 243
Ghasnawiden 40
Gorbatschow, Michail 62, 65, 71–75,
77, 133
Gorno-Badachschan 45, 119, 121,
123, 125, 137, 139, 146, 182,
249
Grosny 240
Großbritannien 24, 43, 57, 60, 67,
119, 233, 252
Großes Spiel 24, 89, 232 ff., 252 f.
GUS siehe Gemeinschaft unabhängiger
Staaten
GUUAM 243

Haboribot-Pass 182
Hadith 160
Hadsch 62
Hanafi 45
Hasarajat 218
Hekmatjar, Gulbuddin 68, 132, 155,
  183, 264, 274
Hijab 162
Himmatsoda, Mohammed Sharif
  132 f., 145, 223
Hinduismus 33, 39, 46, 102
Hindustani, Mullah Mohammed
  Rustamow 131 f.
Hitler, Adolf 60
HIV-Virus/Aids 92, 101, 167, 280,
  295
Hizb ut-Tahrir al-Islami (HT; Partei
  der Islamischen Befreiung) 27 f.,
  92, 147, 151 f., 193, 227, 230,
  247, 262
– Geschichte 152–161
– militanter Islamismus 170–175
– Zentralasien 161–170, 295 ff.
Hizb-i-Islami 132, 178, 252, 275
Hizb-i-Islami Turkistan 224
Hoit 184 f., 187
Hsiung-nu 38
HT siehe Hizb ut-Tahrir al-Islami
Human Rights Report 163
Human Rights Society of Uzbekistan
  212
Human Rights Watch 162 ff., 193
Hunnen 39

Ibn Sina 40
Idschtihad 28
Ikhwan-ul-Muslimeen (Muslim-
  bruderschaft) 154, 158, 258
IMU siehe Islamische Bewegung
  Usbekistans
Independent Human Rights
  Organization of Uzbekistan 163 f.,
  173

Indien 49, 88, 131, 232, 251, 262,
  265, 267, 282
International Crisis Group 118
International Organization of Migra-
  tion (IOM) 143, 167
Internationale Krisengruppe 281, 283
Internationaler Währungsfonds (IWF)
  83, 90, 97, 107, 113, 125, 148,
  223
Internationales Komitee des Roten
  Kreuzes (IKRK) 294 f.
Internationales Komitee zum Kampf
  gegen Aids 280
Interpol 207, 247
Interservices Intelligence (ISI; pakista-
  nischer Geheimdienst) 24, 179,
  217, 258, 261, 263–267
Iran 24, 28, 49 f., 56, 81, 124, 137,
  140, 218, 236, 241, 251, 256, 265,
  267–271, 280, 282
– Öl-/Gaspipelines 106, 268 f.
– IMU 180, 270 f.
– Militärhilfe 228
– Öl/Gas 89, 268 f.
– Revolution (1979) 22, 68
– Russland 268, 270
– Taliban 270 f.
– Usbekistan 270
Islam 21 f., 27 f., 33 f., 37, 40, 44–52,
  54 ff., 80 ff., 108, 110, 160, 281,
  296
– Fundamentalismus 19 f., 25, 29, 73,
  99, 116, 123
– Geschichte 17 f., 151 ff.
– Kasachstan 84
– Kirgistan 95, 102
– Revolution 178, 180, 224, 270
– Tadschikistan 129 ff., 150
– Unterdrückung 56, 58–65, 279
– Untergrund 62 ff., 83
Islam Lashkarlary 137, 178
Islamische Bewegung Usbekistans
  (IMU) 18 ff., 26 ff., 68, 92, 102,

117, 125, 129, 144 ff., 151, 154, 158, 161 ff., 166, 170 f., 190–196, 198 f., 236 ff., 242, 244–254, 270, 282–288, 295 ff.
– Afghanistan 26, 171 f., 193, 206 ff., 222, 225, 256 f.
– al-Qaida 216
– Drogenhandel 195 f., 207, 280
– Dschihad gegen Karimow 26, 100, 171, 177, 183, 188 f., 193, 196, 203
– Feldzug von 1999 200–209, 285
– Feldzug von 2000 209–224, 236
– Feldzug von 2001 224–231, 281
– Finanzmittel 207 ff., 256, 261, 265
– Geiselnahmen 100, 203, 205, 213, 218, 250
– Gründung 185–189, 234
– Guerilla 181 f., 226
– Iran 180, 270 f.
– Pakistan 264 ff.
– Saudi-Arabien 27, 180 f., 195, 208 f., 275 f.
– Taliban 206, 217 f., 225 ff., 229 f., 262, 279
– Türkei 183, 272 f.
Islamisches Direktorat für Zentralasien und Kasachstan 60
Islamismus, militanter 65–70, 74, 80, 84, 102, 117 f., 157–168, 170–176, 185 ff., 191, 201, 233, 238, 241, 250, 258 f., 279 f., 283, 295, 297
– Gründung in Zentralasien 178–185
– Pakistan 261–267
Ismailiten 45, 139
Ismailow, Hamid 225
Israel 152, 159, 215, 242, 273, 288
Issyk-Kul 94
Iwan der Schreckliche 232
IWF siehe Internationaler Währungsfonds

Jamiat-i-Islami 132, 155, 264
Jamiat-i-Ulema Islami 180
Japan 281
– Geiseln in Kirgisien 100, 203, 205, 218, 250
– Öl 88
– Tadschikistan 230
Jekschejew, Jipar 101
Jelzin, Boris 70, 76, 239, 241, 250
Jomut 57, 104
Jordanien 152
Juden 33, 46, 159 f.
Juldaschew, Tahir Abdulilowitsch 176–181, 185–189, 192, 195, 206 f., 214, 225, 229, 265, 270

Kabir, Moheyuddin 145, 170, 183, 252
Kalifat 27, 151 f., 154, 157 ff., 168, 171, 174
Kalifat-e-Rashida 151
Kalindarow, Hakim 182
Kanishka, König 39
Kapitalismus 73, 158
Karachaniden 40
Karakirgisen 94
Karategini 133
Karategin-Tal 123, 135, 138, 182
Karimow, Islam 21, 26, 52, 70, 75, 84, 87, 100, 109–119, 131, 138, 153, 159, 161 f., 171 f., 177, 180, 184–194, 203, 211, 215 ff., 220 f., 224, 226, 229, 231, 242 ff., 270, 283, 296
– Bombenanschlag 117, 190–194
Kasachen 36, 45, 49, 55, 58, 85 f., 94
Kasachstan 21, 59, 65, 84–94, 287
– Drogenkonsum 92
– Hizb ut-Tahrir al-Islami 168 f.
– Korruption 90 ff., 289
– Öl 88 ff., 93
– Privatisierungen 90
– Russland 247 f.

- Shanghai-Gruppe 90, 100, 203, 287
- USA 228, 237, 247
Kaschmir 22, 262, 265, 284
Kaspisches Meer 89, 107, 233
Kaufmann, General von 104
KGB 241
Khan Tura 44
Khan, Imam Bilal 178
Khan, Mohammed Qurban Junaid 57, 104
Kharrazi, Kamal 146
Kirgisen 44 f., 49, 58 f., 74, 94, 96, 99, 102, 168, 217
Kirgistan 21, 24, 65, 94–102, 201, 215, 220, 244 f.
- China 251
- Hizb ut-Tahrir al-Islami 165–169, 230
- IMU-Geiselnahme 100, 203, 205, 250
- Shanghai-Gruppe 90, 100, 203, 287
- Streitkräfte 286
- USA 228, 237
- Wirtschaftskrise 97 f., 166 f.
Kodirow, Achmadul 211
Kodirow, Chasratul 211
Kokand 42, 257
Kolbin, Gennadi 74
Kollektivierung 56, 58 ff., 65, 83, 130
Komilow, Abdulasis 192
Kommunismus 55 ff., 110
Kommunistische Partei Usbekistans (KPU) 111, 176 f.
Kommunistische Partei der Sowjetunion (KPdSU) 51, 56, 59 f., 63 ff., 73, 77, 95
Kommunistische Partei Kasachstans 74, 86, 91
Kommunistische Partei Tadschikistans (KPT) 77, 121 f., 134
Korbacha-Schlucht 212
Koreaner 36, 86
Kostjutschenko, Oberst 208

Krawtschuk, Leonid 70
Kubra 47
Kubrawiyya 47
Kulebajew, Timur 91
Kuljab 121, 123, 125, 137 f.
Kunajew, Dinmuchamed 74
Kunduz 138, 217, 229
Kungrad 42
Kurbanowa, Sumrat 211
Kurgan-Tjube 122 f., 138, 181
Kushan-Reich 39, 120

Lake, Anthony 281
Lali Badachschan 139
Lashkar-i-Jhangvi 218 f., 264
Lawrence, Bruce 48
London 155

Machanow, Kachar 77
Mackinder, Sir Halford 232
Madaminow, Salai (Mohammed Solih) 116, 190, 215
Madrassas 37, 60, 62 f.
- Afghanistan 149
- Pakistan 28, 67, 149, 180, 252, 261 f., 266 f.
- Saudi-Arabien 67, 69, 149, 274
- Türkei 272
- Usbekistan 177 f.
Madschidow, Nurullo 174
Mahalla 164
Mahayana-Buddhismus 39
Manas 94 f.
Mangit 42
Mangyt, Familie 189
Manichäismus 33
Margilan 44
Massalijejew, Absamat 95 f.
Massud, Ahmed Schah 68, 119 f., 123, 125, 138, 140, 146, 149, 155, 182, 185, 206, 217 f., 225, 252
Mazar-i-Sharif 109, 206, 217, 219, 228 f.

Menschenrechte 26, 92, 103, 114, 116 f., 172 ff., 234 f.
Menschenrechtsgesellschaft Usbekistans 116
Merrem, Gerd 142
Mescheten 74
Meschhed 106
Metcalf, Barbara 18
Ming 42
Minsk, Vertrag von 70
Mirsojew, Abduwali 185
Modernismus 56
Mogulreich 232
Mohammed, Prophet 17 f., 20, 27, 151 ff., 189, 199
Mohammed, Sayed Shari 69
Moldawien 243
Mongolei 251
Mongolen 34, 38 ff., 232
Mudschaheddin 23, 57 f., 66 f., 69, 75, 109, 132, 157, 176, 189, 252, 258, 261
Mullah 46, 55, 57, 60, 62 ff., 66, 79 f., 82, 84, 149
Murat, Ercan 167, 205
Musharraf, Pervez 261, 266 f.
Muslimbruderschaft (Ikhwan-ul-Muslimeen) 154, 158, 258
Muslimische Kommunistische Partei 55
Mutschke, Ralf 207
Muttawakil, Wakil Ahmed 220
Mylnikow, Boris 208

Nabijew, Rachman 70, 122 f., 134, 136 ff., 148
Nahzar-i-Islami 132
Namangan 74, 176 ff., 185 ff.
Namangani, Dschuma (Dschumaboi) 19, 21, 26 f., 117, 144, 147, 176, 179, 181–188, 190, 193 ff., 198–202, 204, 206–210,

214–223, 225 f., 229, 231, 252, 265, 292
Naqschband, Mohammed ibn Baha ad-Din 47
Naqschbandiyya 47 f.
Naryn 96, 101
Nas, Dariga 91
Nasarbajew, Nursultan 70, 74, 77, 83, 86 ff., 90 f., 169, 238, 247 f., 251
Nasarow, Obidchon 185
Nassibalijewa, Aitbu 204
Nationalismus 54 ff., 72, 80, 129 ff., 158, 259
NATO 87, 195, 228, 271, 273, 281
– Partnerschaft für den Frieden 114, 148, 237, 243, 288
Navai, Mir Alisher 42
New York Times 281
New-York-Attentat (11.9.2001) 20, 226, 253, 257, 276
Newberg, Paula 175
NGOs siehe Nichtregierungsorganisationen
Nichtregierungsorganisationen (NGOs) 101, 167
Nijasow, Saparmurad 70, 102 f., 105 ff., 112, 246 f.
Nomaden 44, 54, 56, 58 f., 85, 94
Norbajew, Rustam 164
Nordallianz siehe Anti-Taliban-Allianz
Nordkorea 241
Nosirow, Amanullah 164
Noworossijsk 88
Nuri, Said Abdullah 124, 132 f., 136, 140 f., 144 ff., 182 f., 230

OIC siehe Organisation der Islamischen Konferenz
Ölfirmen 83, 88, 105 ff., 115, 234, 236, 269, 289 ff.
Olij Madschlis 112
Omar, Mullah Mohammed 19, 188, 192, 194, 207, 219

Omsk 43
Ordas 40, 54, 65, 84
Organisation der Islamischen Konfe-
renz (OIC) 256, 277
Osch 37, 44, 74, 95 f., 162, 165 f.,
168, 245, 286
Osmanisches Reich 17, 49, 158, 232,
271
OTO *siehe* Vereinigte Tadschikische
Opposition

Pakistan 22, 24, 28, 81, 131, 192 f.,
246, 251, 256, 270, 280
– Afghanistan 67, 140, 218 ff.
– Hizb ut-Tahrir al-Islami 262
– IMU 195, 209, 264 ff., 282
– Islamismus 68 f., 261–267
– Madrassas 28, 67, 149, 180, 252,
261 f., 266 f.
– Pipelines 263 f., 267
– Taliban 264–268, 284
Palästina 242
Pamir 34 f.
Panislamismus 147, 151, 179, 218 f.,
279
Panturkismus 54, 56, 73, 181, 271 f.
Partei der Demokratischen Bewegung
101
Partei der Islamischen Befreiung *siehe*
Hizb ut-Tahrir al-Islami
Partei der Islamischen Wiedergeburt
(PIW) 26, 82, 116, 122 ff., 155,
161, 169 f., 178–183, 193 f., 206,
221 ff., 230, 252, 257, 275, 282
– Niedergang 142–150
– tadschikischer Bürgerkrieg 137–141,
183, 185, 198, 200, 268, 286
– Ursprung 131–137
Parther 38
Paschtunen 68, 109, 140, 259 ff.
Patriotische Volksbewegung 101
Persisches Reich 33 f., 38, 49, 120
Peschawar 179 f.

Peter der Große 43
Petrow, Ivo 141, 195
Philippinen 22
Pirs 129
PIW *siehe* Partei der Islamischen Wie-
dergeburt
Pjandsch 132
Polat, Aburahim 116
Polo, Marco 35
Putin, Wladimir 227, 239, 241

Qadiriyya 47
Qazi, Ashraf Jehangir 297

Rabbani, Burnahuddin 138, 140, 182,
185
Rachmonow, Emomali 115, 123 ff.,
138, 140 ff., 144–148, 169, 193,
221, 282
Radio Free Europe 225
Raheem, Zubayr Ibn Abdur 189,
224 f.
Raschidow, Scharif 111
Razzakow, Talant 166
Reed, John 290
Rishkor, Ausbildungslager 219
Rote Armee 55, 59, 66
Roxane 38
Roy, Olivier 158
Rubin, Barnett 191, 280
Rumsfeld, Donald 228
Rusimorodow, Schowriq 212
Russen 50, 73 f., 85 f., 98, 105, 114,
122, 239
Russische Kommunistische Partei *siehe*
Bolschewiki
Russland 24, 43 ff., 71 ff., 75, 79,
124, 195, 218, 232 f., 236,
239–248, 252 ff., 265, 284
– Hizb ut-Tahrir al-Islami 170
– IMU 171, 222, 229, 238 f., 242, 285
– Iran 268, 270
– Islam 240 ff., 247

– Militärhilfe 26, 100, 114 f., 215, 228, 239, 240, 282
– Pipelines 89, 105 f., 291
– Oktoberrevolution 45, 51, 54, 104, 110, 233, 257
– tadschikischer Bürgerkrieg 139 f.
– Taliban 238 f.
– US-Stützpunkte 226 f.
– Wirtschaftshilfe 240
– Zarenreich 43 ff., 48, 50 f., 53 ff., 85, 119

Sabir, Kommandeur 213
Sacharow, Andrej 96
Sadulojew, Isatullah 183
Saidow, Abdullah 131
Saka-Stämme 38
Salahuddin 156
Salomon, König 37
Samaniden 40
Samarkand 37, 40 ff., 45, 50, 58, 65, 108, 121, 259
Samisdat-Literatur 63
Sanginow, Rachmon 145
Sangvor 198, 200, 222
Sary-Tala 205
Sassaniden 38 f.
Satibalda, Kairat 91
Saudi-Arabien 22, 28, 81, 152, 189, 274 ff.
– Afghanistan 67, 140, 275
– IMU 27, 180 f., 195, 208 f., 275 f.
– Madrassas 67, 69, 149, 274
– Wahhabismus 28, 69, 177, 264, 274 ff., 282
Schah, Zahir 260
Schaibani-Usbeken 42, 49, 109 f., 232
Scharia 19, 46, 51, 55, 57, 73, 92, 133, 154, 158, 189, 258
Scharipow, Rawschan 213
Schiiten 45, 49, 68, 137, 160, 218, 267–271, 284
Schura 154

Schuschkjewitsch, Stanislaw 70
Seidenstraße 17, 21, 33 f., 40 ff., 104, 120, 232, 235
Seldschuken 40 f.
Semipalatinsk 85, 87
Sergejew, Igor 146
Shabnama 157
Shaheed 199
Shanghai 249
– Forum 250 f.
– Gruppe 90, 100, 203, 250, 287
Shanghai Cooperation Organization (SCO) 251
Sharif, Nawaz 263 f.
Shields, Acacia 163
Sijojew, Mirso 147, 182 f., 216, 221
Sipah-i-Sahaba 218 f., 264
Sogdiana 38
Solih, Mohammed (Salai Madaminow) 116, 190, 215
Solschenizyn 76
Soros-Stiftung 292
Sowjetunion 21 ff., 45, 104
– Bürgerkrieg (1923) 55
– Perestroika/Glasnost 56, 62, 65–70, 133
– Putsch gegen Gorbatschow 77
Sozialismus 158
Special Services Group (Pakistan) 217
Stalin, Jossif 22, 33, 36, 50 f., 56, 58, 60 f., 83, 94 f., 105, 110 f., 121, 200, 246
Südkorea 251
Sufi-Schreine 64, 80 f., 149, 159
Sufismus 28, 44, 46 ff., 63, 69, 80 ff., 129, 159, 258
Sughd 169
Sukh 200 f., 209, 220
Sultanow, Utkir 201
Sunniten 45, 49, 68 f., 137, 267–271
Surchandarja 181, 210 f., 225

Tabyschalijewa, Anara 168
Tadschiken 36, 49 f., 58, 74, 119 f.,
    130, 217
Tadschikistan 21, 34, 43, 45, 50, 58,
    62 f., 65, 68, 118–126
– Afghanistankrieg 67
– Bürgerkrieg (1992–1997) 25, 77,
    115, 118, 121 ff., 129 ff., 135–144,
    148, 150, 183, 198 ff., 222, 257,
    268, 275, 286
– Drogenschmuggel 143
– Friedensabkommen 124 f., 140 f.,
    144, 183, 185, 283
– Gatschinsker Division 287
– Hizb ut-Tahrir al-Islami 168 f.
– IMU 26, 193, 220 ff., 226, 282 f.
– Islam 129 ff., 150
– Shanghai-Gruppe 90, 100, 203, 287
– Streitkräfte 286 f.
– USA 227 f., 230, 237 f.
– Wiederaufbau 142 f., 147 f., 294 f.
Tahrir-Schriften 152, 156, 160, 165
Takht-i-Sulaiman (Salomons Thron)
    37, 168
Talas 40, 96
Talbott, Strobe 235
Taliban 18 ff., 25, 28, 30, 34, 44,
    107 f., 115, 117, 119, 124 f.,
    139 f., 143, 146 f., 149, 151, 158,
    170 ff., 179 f., 183, 185, 188, 191,
    195, 206 f., 218 ff., 238 f., 241 f.,
    244, 246 f., 249, 251 ff., 257–262,
    277 ff., 283, 296
– Deobandismus 68, 129, 258
– IMU 206, 217 f., 225 ff., 229 f.,
    262, 284
– Iran 270 f.
– Pakistan 264–268, 282, 284
– Saudi-Arabien 275 f.
– Türkei 272 f.
Taloqan 21, 138, 146, 179, 217 ff.,
    229
Tamerlan siehe Timur

Tariqas 46 f., 63
Taschkent 43 f., 51, 60, 62, 65, 108 ff.
– Bombenanschlag 117, 190–194
– Friedensverhandlungen 192
– Sowjet 53
Tataren 50, 110, 232
Tauba 137, 178
Tawildara 135, 138, 144, 146, 181 ff.,
    197 ff., 202 f., 205, 220
Tekke 104
Tenet, George 236 f.
Tengis-Pipeline 83, 88 f., 93
Terrorismus, weltweiter 30, 174, 281,
    297
Tibeter 36
Timur (Tamerlan) 37, 41 f., 94, 108
Timuriden 42, 109, 232
Toro-Pass 212
Transoxanien 33, 38, 40, 41
Tschetschenen 27, 61, 86, 217
Tschetschenien 48, 180, 239 ff., 262,
    275
Tschotbajew, Abdygul 166
Tugril Bek 40
Turadschonsoda, Qazi Akbar 135 f.,
    144, 179
Türkei 22, 24, 28, 50, 56, 81, 192 f.,
    256, 265, 271 ff.
– IMU 183, 272 f.
– Madrassas 272
– Militärhilfe 215, 228, 273
– Öl 88
– Wirtschaftshilfe 113
Turkestan 38, 41, 44, 120
– Autonome Sozialistische Sowjetre-
    publik 53 f., 58
Turkmenen 49, 57 f., 103 f.
Turkmenistan 21, 35, 43, 65, 89,
    102–108, 245 ff., 264, 289
– Öl/Gas 105 ff.
– USA 228, 237
Turkvölker 34, 38 f., 41 f., 104, 120

Ufa 60
Uiguren 27, 38, 99, 217, 219, 249,
    251 ff., 283
Ukraine 243
Ulema 42, 48 ff., 55, 129, 258, 275
ul-Haq, Mohammed Zia 261 ff.
Umma 66, 81
Unabhängige Menschenrechtsorgani-
    sation Usbekistans 116
UNO *siehe* Vereinte Nationen
Unocal 269, 290
US Central Command (Centcom) 148,
    238
USA 24, 58, 195, 208, 217, 232 f.,
    252, 271, 273
– Afghanistan 24, 67, 230 f., 257
– Anschläge (11.9.2001) 20, 226, 253,
    257, 276
– Anti-Terror-Allianz 30, 229 ff.,
    253 f., 297
– Bürgerkrieg (1861–1865) 43
– IMU 229, 234, 236 ff.
– Militärhilfe 26, 100, 215, 237 ff.,
    284–288
– Öl/Gas 88 f., 234–239, 268 f., 291
– Saudi-Arabien 275 f.
– Stützpunkte in Usbekistan 226 ff.
– Taliban 147 f., 226 ff., 238 f., 288
– Terrorbekämpfung 236 ff., 241,
    253, 281
– Wirtschaftshilfe 87, 113 ff., 238
– Zentralasienpolitik 234 ff., 284
Usbek Khan 42
Usbeken 36, 50, 55, 74, 96, 99,
    108 ff., 115, 119, 130, 162, 168,
    180, 217, 221, 282
Usbekistan 21, 35, 43, 50, 58, 62, 65,
    108–118, 215 f., 220, 230, 244,
    273, 283
– Afghanistankrieg 67
– Armee 285 f.
– Bodenschätze 110 f.
– China 251

– Hizb ut-Tahrir al-Islami 162 ff.
– Iran 270
– islamische Revolution 180
– Jubiläumsamnestie 226
– Menschenrechte 162 ff., 174, 211 f.,
    217, 226
– Russland 242 ff.
– Shanghai-Forum 251
– tadschikischer Bürgerkrieg 139 f.
– Taliban 220
– USA 226 ff., 237 f
– Wirtschaftskrise 112 f., 223 f.
Ussubalijew, Turadukun 95 f.
Usul-i-dschadid 50
Utajew, Abdullah 137

Velayati, Ali Akbar 268
Vereinigte Arabische Emirate 192,
    277
Vereinigte Tadschikische Opposition
    (OTO) 123 f., 139 f., 142
Vereinte Nationen (UN; UNO) 124,
    138, 140 ff., 167, 195, 236, 246,
    256, 260, 277, 291 f., 295
– Drug Control Program 167
– Mission für Kirgistan 205
– Office for Drug Control and Crime
    Prevention (ODCCP) 207
– Sicherheitsrat 140, 218, 277
– Welternährungsprogramm 143
Voice of America 188
Volksdemokratische Partei Tadschikis-
    tans 124, 141
Volksdemokratische Partei Usbekis-
    tans 111
Volksfront Rastoches 139
Vorukh 200 f., 209

Wachan-Korridor 119
Wahhabismus 28, 69 f., 116, 129,
    154, 158 ff., 163, 179, 188, 264,
    270, 274 ff., 296
Wali, Mahmud Ibn 109

Washington D.C.-Attentat (11.9.2001) 20, 226, 253, 257, 276
Weiße Armeen 55
Weltbank 90, 101, 113, 125, 148, 166, 229, 293
Welthandelsorganisation (WTO) 97

Xinjiang (Sinkiang) 27, 38 f., 99, 109, 119, 151, 217, 219, 224, 249, 252 f., 283

Yasawi, Ahmed 47
Yasawiyya 47

Zaloom, Abdul Qadeem 152, 155, 157
Zemin, Jiang 250 f., 283
Zentralasien 21
– Anti-Terror-Allianz 30, 229 ff., 297
– Bodenschätze 43, 83, 90, 98, 110 f., 113, 253 f., 268 f., 285, 289 ff.
– Friedenstruppe 107
– Geografie 33–37
– Geschichte 33, 37–45, 232 f.
– Grenzstreitigkeiten 249
– Grenzziehung 33, 36, 50, 58, 121, 200
– Islam 21 f., 27 f., 33 f., 37, 40, 80 ff., 160
– militanter Islamismus 178–185, 250
– Öl/Gas 24, 88, 233 f.
– Pipelines 24, 83, 88, 105 ff., 253, 285, 289 ff.
– Russland 71 ff., 75, 79, 240 ff.
– schnelle Eingreiftruppe 248, 287
– Sowjetunion 21 f., 70–82
– Unabhängigkeit 23, 52, 56, 70 ff., 78 f., 83 f.
– Union 78
– Wirtschaftskrise 75 f., 78 f., 90
Zentrum für präventives Handeln 292
Zikr 47
Ziyofats 165
Zoroastrismus 33, 39, 46, 48
Zwangsumsiedlung 36, 56, 59, 61, 83, 132
Zweiter Weltkrieg 60 f.